KB166253

조선대학교 재난인문학연구사업단

재난인문학 연구총서 9

재난 시대의 언어와 담론

* 이 책은 2019년 대한민국 교육부와 한국연구재단의 지원을 받아 수행된 연구임
 (NRF-2019S1A6A3A01059888)

조선대학교 재난인문학연구사업단
재난인문학 연구총서 9

재난 시대의 언어와 담론

초판1쇄 인쇄 2023년 2월 10일
초판1쇄 발행 2023년 2월 24일

기획	조선대학교 재난인문학연구사업단
편저	강희숙
저자	강희숙 송현주 이정애 축일남(祝一男) 김성주 신유리 손달임 신문적 왕림 김진해 박서희 신진원 안희연 양명희 공나형 박소연 윤영 심선향
펴낸이	이대현
편집	이태곤 권분옥 임애정 강윤경
디자인	안혜진 최선주 이경진
마케팅	박태훈

펴낸곳	도서출판 역락
출판등록	1999년 4월 19일 제303-2002-000014호
주소	서울시 서초구 동광로 46길 6-6 문창빌딩 2층(우06589)
전화	02-3409-2060
팩스	02-3409-2059
홈페이지	www.youkrackbooks.com
이메일	youkrack@hanmail.net

ISBN 979-11-6742-520-1 94300
    979-11-6742-220-0 94080(세트)

재난인문학
연 구 총 서
09

조선대학교 재난인문학연구사업단

재난 시대의 언어와 담론

◆

강희숙 편저

역락

'재난인문학 연구총서' 9권
『재난 시대의 언어와 담론』 간행에 부쳐

　지난 2019년 12월 말, 중국의 우한 지역에서 첫 환자가 발생한 후, 이듬해인 2020년 3월 11일 세계보건기구가 감염병의 세계적 대유행을 뜻하는 사상 세 번째 팬데믹을 선언하였을 때만 해도 우리는 코로나19가 이토록 오랫동안 우리의 삶을 뒤흔들어 놓을 수 있으리라고는 감히 상상도 하지 못했던 듯싶다. 사실, 당시만 하더라도 인류는 다소 성급한 판단을 했다고 봐야 한다. 마치 한바탕 폭풍우가 지나가듯 금방 지나갈 수 있으리라는 판단하에 포스트 코로나를 진단하고 예측하는 일이 너무 쉽게 이루어졌다고 할 수 있는 것이다. 그러나 3년의 세월이 훨씬 지난 지금까지도 코로나19는 여전히 우리 곁에서 머뭇거리고 있고, 거듭되는 백신 개발과 접종에도 불구하고 그 변이종의 위세가 여전한 가운데 우리는 마스크를 벗어 던지는 데 두려움을 느끼고 있다.

　문제는 인류가 직면하고 있는 재난이 코로나19 팬데믹이라는 감염병 재난만은 아니라는 것이다. 누군가의 매우 적절한 비유가 말하여 주듯, 코로나19는 고작 수류탄급 크기의 재난에 지나지 않는다고 한다면, 이보다 훨씬 큰 핵폭탄급 위기가 전 인류를 공격하고 있기 때문이다. 자연적 순환의 질서를 파괴한 채 수시로 찾아드는 폭염과 한파, 태풍, 가뭄과 홍수 등등의 자연재해와 함께 수많은 생명체의 멸종을 부르고 있는 생태계 파괴와 환경오염 등등 손으로 꼽기도 어려울 정도의 다양한 재난이 우리의 일상을 위협하고 있으니 인류는 바야흐로 재난의 시대를 살고 있다고 해도 과언이 아니다.

이와 같은 상황이고 보니 재난에 대한 세간의 관심이나 학문적 접근 또한 그 어느 때보다 활발해지고 있다고 할 수 있는바, 우리의 언어학자들이 조명하고 있는 재난 시대 언어의 모습과 담론의 양상은 어떠한지 한 권의 책으로 묶을 필요가 있다는 생각을 하기에 이르렀다. 마침 조선대학교 인문학연구원에서 수행하고 있는 인문한국플러스(HK⁺) 사업의 일환으로 재난인문학 연구가 활발하게 이루어지고 있는 만큼 새로운 연구총서의 대열에 합류할 수 있으리라는 기대가 한몫을 하기도 하였다. 이렇게 하여 탄생한 것이 바로 이 책 『재난 시대의 언어와 담론』이다.

본서의 내용은 2020년부터 2022년까지 최근 3년간 간행 또는 발표된 총 16편의 논문을 크게 네 가지 주제로 묶어 구성하였다.

제1부는 '재난 관련 어휘의 사용 양상과 개념화'를 주제로 하는 강희숙(2021), 송현주(2020), 이정애(2022), 축일남·김성주(2021) 등으로 이루어졌다. 코로나19 신어를 통해 보는 새로운 일상에 대한 분석에서부터 코로나19 감염병의 개념화 양상 및 개인적 재난과 관련한 한국 문화의 핵심어 '팔자'와 운명관에 대한 분석, 코로나19에 관한 한국어와 중국어의 언어 표현을 확장 개념적 은유 이론으로 분석한 것이 주된 내용이다.

제2부는 '재난 시대의 매체 언어와 담론'을 주제로 한 네 편의 논문 강희숙(2020), 강희숙·신유리(2021), 손달임(2020), 신문적·왕림·김진해(2020) 등으로 구성하였다. 빅카인즈(BIGKinds)의 자료와 신문 기사 및 사설, 뉴스 보도 등의 대중 매체의 언어를 대상으로 '재난 약자'와 'K-방역', '헤드라인에 반영된 공포와 혐오', '코로나19' 담론의 전개 양상에 대한 분석이 다양하게 이

루어졌다.

제3부는 '재난 시대의 정치·종교 언어와 담론'을 주제로 하는 박서희(2021), 신진원(2022), 안희연(2021), 양명희(2022)로 구성되어 있다. 코로나19와 관련하여 이루어진 정치 지도자들의 연설과 담화문에 대한 비평적 담화 분석과 함께 종교 지도자의 담화문에 대한 분석, 신문 사설 헤드라인을 통해 코로나19로 확대된 반중, 반미, 반일 정서를 살펴볼 수 있음이 그 특징이다.

마지막으로 제4부는 '재난 시대의 리터리시와 교육 담론'을 주제로 하는 강희숙(2022), 공나형(2022), 공나형·박소연·윤영(2022), 심선향(2021) 등으로 이루어졌다. 이 연구들에서는 교육적 관점에서 재난과 관련한 리터러시 함양을 위한 목표와 내용을 살피고 언어 교육의 현재를 비판적으로 검토함으로써 발전 방향을 모색하였다. 또한 언어적 공공성 측면에서 재난 관련 매체 언어를 비판적으로 검토함으로써 언어적 소수자를 고려한 재난 언어 교육 및 재난 언어 사용의 중요성을 강조하였다.

이상에서 소개한 논문들은 코로나19 팬데믹이라는 재난 상황 속에서 이루어진 언어 사용과 담론의 양상에 대한 언어학적 분석이 주를 이루지만 이른바 '재난인문학'의 정립을 목표로 하는, 본 사업단 연구 아젠다의 발전을 위해 함께 참여하고 있는 집단연구회(cluster)의 성과물도 여러 편 포함되었다는 점에서 그 의의가 적지 않다고 본다. 언어학의 연구주제를 '재난'이라는 대상으로 확장함으로써 결과적으로는 '재난인문학'이라는 학문 분야의 또 다른 영역으로 자리매김될 수 있으리라는 기대를 해 본다.

끝으로 본서에 실린 20편의 논문의 원래 서지사항을 밝힘으로써 독자들의 이해를 꾀하고자 한다. 이러한 논문들은 대부분 이 책에 원문 그대로 수록되었거나, 하나의 일관된 체제를 위해 약간씩의 수정, 보완을 거쳤음을 우선 밝혀 둔다.

	제1부: 재난 관련 어휘의 사용 양상과 개념화
1	강희숙(2021), 「코로나-19 신어와 코로나 뉴노멀」, 『인문학연구』 61, 조선대학교 인문학연구원, 115-138.
2	송현주(2020), 「전염병의 개념화 양상 –코로나19를 중심으로–」, 『동서인문』 14호, 경북대학교 인문학술원, 103-129.
3	이정애(2022), 「문화 핵심어 '팔자'와 운명관에 대한 민속 화용론적 연구 –개인적 재난과 관련하여–」, 『국어문학』 81, 국어문학회, 81-112.
4	축일남·김성주(2021), 「한·중 확장 개념적 은유 대조 연구 –코로나19를 중심으로–」, 『돈암어문학』 40, 243-283.
	제2부: 재난 시대의 매체 언어와 담론
1	강희숙(2020), 「'재난약자' 담론에 대한 사회언어학적 분석」, 『우리말연구』 66, 우리말학회, 107-132.
2	강희숙·신유리(2021), 「'K-방역'에 대한 언론 사설의 담화 전략 분석 –담론 형성의 언론사별 대조를 중심으로–」, 『우리말연구』 68, 우리말학회, 187-217.
3	손달임(2020), 「코로나19 관련 뉴스 보도의 언어 분석 – 헤드라인에 반영된 공포와 혐오를 중심으로–」, 『이화어문논집』 51, 137-166.
4	신문적·왕림·김진해(2020), 「한·중 코로나19 관련 신문기사의 비판적 담화 분석 – 의료진 및 확진자를 중심으로–」, 『한말연구』 57, 한말연구학회, 97-129.
	제3부: 재난 시대의 정치·종교 언어와 담론
1	박서희(2021), 「코로나19 관련 정치 담화에 대한 비판적 담화 분석: 트럼프와 쿠오모의 연설 비교를 통하여」, 『사회언어학』 29-3, 한국사회언어학회, 139-165.
2	신진원(2022), 「코로나19로 확대된 반중·반미·반일 정서와 담화특징 연구: 신문사설 헤드라인을 중심으로」, 『담화와 인지』 29(2), 담화·인지언어학회, 49-70.
3	안희연(2021), 「압둘라 2세 요르단 국왕의 대국민 담화문에 대한 비평적 담화분석 –포스트코로나 연설문을 중심으로–」, 『한국이슬람학회논총』 31-2, 한국이슬람학회, 177-206.
4	양명희(2022), 「코로나 위기 상황에서의 종교 지도자 담화문 연구 19: 2020년 2~3월의 담화문을 중심으로」, 『한국언어문학』 122집, 한국언어문학회, 5-31.
	제4부: 재난 시대의 리터러시와 교육 담론
1	강희숙(2022), 「기후정의 담론의 양상과 리터러시 교육」, 한국언어문학회/재난인문학연구사업단 공동학술대회 발표문.
2	공나형(2022), 「재난 리터러시 관점에서의 코로나19 관련 정례브리핑에 대한 비판적 분석」, 『한국언어문학』 122집, 한국언어문학회, 33-68.
3	공나형·박소연·윤영(2022), 「문화간 의사소통 관점에서의 공익광고 이해 양상 분석 –광주 및 전남 지역에 거주하는 유자녀 중국 국적의 결혼 이주 여성을 대상으로–」, 『현대사회와 다문화』 12(4), 대구대학교 다문화사회정책연구소, 121-157.
4	심선향(2021), 「비대면 교육 환경에서의 디지털 리터러시 활용 한국문화 교육의 이론과 실제 연구」, 『외국어로서의 한국어교육』 63, 연세대학교 언어연구교육원 한국어학당, 119-139.

작업을 끝내고 보니 550쪽이 넘는, 상당히 방대한 분량의 책이 되었다. 우선은 귀한 원고를 선뜻 내 주어 한 권의 책으로 거듭날 수 있도록 협조하여 주신 저자들께 진심으로 감사를 드린다. 저자 한 분 한 분께 직접 연락을 취하여 원고를 수집하고 출판사에 전달하는 등의 온갖 잡다한 일들을 불편한 기색 없이 도맡아 해 준 제자 박수연 선생에게도 감사의 뜻을 전하는 바이다. 언제나처럼 뒤늦게 원고를 보내놓고서 정해진 기일 안에 반드시 책이 나와야 한다는 부당한 요구에도 불구하고 차질 없이 문제를 해결해 주신 역락출판사의 이대현 사장님과 이태곤 이사님을 비롯한 편집진 여러분들께는 진심으로 특별한 감사의 말씀을 전한다. 계묘년 새해에는 정말 대오각성하여 조금이라도 일찍 원고를 보낼 수 있게 되기를 바라는 마음 간절하다.

2023년 1월

조선대학교 인문학연구원 재난인문학연구사업단장

강희숙 씀.

차례

제1부

재난 관련 어휘의 사용 양상과 개념화

제2부

재난 시대의 매체 언어와 담론

제4부

재난 시대의 리터러시와 교육 담론

제1부

재난 관련 어휘의 사용 양상과 개념화

코로나19 신어와
코로나 뉴노멀

강희숙

(조선대)

1. 머리말

불과 1년여의 시간이 흐르는 동안 코로나19는 세계를, 인류의 삶을 송두리째 흔들어 놓았다. 국경 폐쇄, 고강도의 사회적 거리 두기가 지구촌 곳곳에서 발효되는 가운데 정치와 경제는 물론이거니와 과학 기술, 사회 문화, 예술, 교육 등등 거의 모든 영역에서 급격한 변화가 이루어지고 있는 것이다. 최재천 외 5인(2000)에서 코로나19 이후 인류는 완전히 다른 삶을 살게 될 것이라는 전제하에 포스트 코로나 시대의 삶을 상징적으로 표현하는 용어로 '코로나 사피엔스'라는 명칭을 사용하고 있는 것도 바로 이와 같은 이유에서라고 할 것이다.

비유적으로 말하여 '코로나 사피엔스'라는 이름의 신인류가 살아가게 될 새로운 미래와 관련하여 비교적 자주 사용되고 있는 용어 가운데 하나가 바로 '코로나 뉴노멀'이다. 광범위하게 이루어진 사회적 환경의 새로운 변화, 새로운 일상과 규범 혹은 표준이라는 뜻을 지닌 말이다.

이른바 '코로나 뉴노멀'이라는 용어로 기술할 수 있는, 코로나19가 우리의 삶에 가져온 변화 가운데 하나로 배놓을 수 없는 것이 바로 언어생활의 변화이다. '비말감염'이나 '음압병상', '코호트격리', '선별진료소' 등 의학 분야에서 일종의 전문어로 사용되던 용어들이 이제는 국민의 대다수가 알고 사용하는 일상어의 지위를 차지하는 한편, '애프터 코로나(After Corona)',[1] '포스트 코로나(Post-Corona)', '위드 코로나(With Corona)' 등과 함께 '우한폐렴', '신종 코로나바이러스감염증', '사회적 거리두기', '생활 속 거리두기', '비말차단마스크' 등등 감염병 관련 신어들이 새롭게 등장하여 그 사용 범위를 점차로 확대하고 있는 것이다. 최근의 연구 성과인 이수진·강현아·남길임(2020)에서 2019년 12월 이후[2] 새롭게 출현한 코로나19 신어로 모두 302개의 용어를 수집할 수 있게 된 것도 바로 이와 같은 언어적 사실과 무관하지 않다.

코로나19 이후 인류는 이전과는 완전히 다른 삶을 살게 될 것이라는 예측이 가능하고 보면, 코로나19 신어에는 우리가 살고 있고, 또 살아가게 될 사회와 문화의 특징이 오롯이 담겨 있다고 할 수 있다. 본 연구의 출발점은 바로 여기에 있다. 따라서 이 글에서는 코로나19가 발생한 이후 새로이 출현한 신어에 초점을 맞추되 이른바 '코로나 뉴노멀' 관련 신어를 중심으로 코로나19의 영향으로 나타난 개인의 사회와 개인의 삶의 변화를 심층적으로 분석하는 작업에 중점을 두고자 한다.

2. 연구 대상 및 방법

인류문화의 지속적인 발전과 변화 속에서 새로운 대상과 개념은 끊임없이 발생하게 되고, 그러한 대상이나 개념을 지시하기 위해서는 필연적으로 이전에는 존재하지 않았던 새로운 어휘들이 생기게 된다. 근래만 하더라도 디지털화와 인터넷 기술의 개발, 스마트폰과 인공지능(AI)의 확산 등 과학과 문화의

---

1 이제 인류의 역사는 새롭게 기술될 것으로 예측되고 있다. '코로나 이전'(B.C., Before Corona)과 '코로나 이후'(A.C., After Corona)가 바로 그것이다.
2 조사 기간은 2019년 12월 코로나19가 출현한 이후부터 2020년 7월까지이다.

급진적인 변화가 새로운 개념을 꾸준히 양산해 왔다(정한데로 2019: 10). 인류가 현재 당면하고 있는 코로나19의 확산과 관련해서도 새로운 대상과 개념이 상당히 다양하게 생성되고 있는바, 이를 지시하기 위한 용어를 일컬어 코로나19 신어라고 할 수 있다.

『표준국어대사전』에 따르면 '신어' 또는 '새말'이란 "새로 생긴 말. 또는 새로 귀화한 외래어"를 가리킨다. 그러나 신어에 대한 『표준국어대사전』의 정의는 비교적 좁은 의미에 속한다. 예컨대 남기심(1983: 193)에서는 신어를 "이미 있었거나, 새로 생겨난 개념이나 사물을 표현하기 위해 지어낸 말, 그리고 이미 있던 말이라도 새 뜻이 주어진 것[3]을 통틀어 일컬으며, 다른 언어로부터 사물과 함께 차용되는 외래어도 포함된다."라고 정의하고 있다. 이러한 정의를 바탕으로 하면 신어의 유형에는 모두 세 가지가 있다. 형태 차원의 신어두 가지와 의미 차원의 신어 한 가지가 그것이다.

코로나19라는 전대미문의 재난과 언어의 상관관계에 관한 연구는 세계 여러 나라에서 비교적 활발하게 이루어지고 있다.[4] 이와 같은 연구의 흐름에 부응하는 연구 성과 가운데 하나가 바로 이수진·강현아·남길임(2020)이다. 이 연구에서는 기존에 이루어진 국립국어원의 신어 수집 방법 외에 주제 특정적 신문 말뭉치에 해당하는 '코로나19 말뭉치'[5]를 활용하여 2019년 12월 이후 7월까지 1회 이상의 출현 빈도를 보이는 사전 미등재 단어 또는 구를 대상

---

3 김일환(2019: 60)에서도 "신어 탐지의 개념을 확장하면 기존의 형태 차원의 신어뿐 아니라 의미에 변화가 생기거나 새로운 의미가 추가된, 의미 차원의 신어도 포착할 수 있는 길이 열린다."라고 하고 있는바, 대상어가 쓰인 문맥의 변화를 통해서 확인되는 다음과 같은 사례가 이러한 유형의 신어에 속한다.
4 이에 대한 구체적인 사례는 이수진·강현아·남길임(2020: 136) 참조.
5 이 말뭉치는 네이버 inlink 77개 매체를 대상으로 구축되었음이 특징이다.

으로 모두 302개의 신어를 조사하였다.[6]

문제는 이수진 · 강현아 · 남길임(2020)에서 수집된 신어 가운데는 조사 기간보다 훨씬 이전 시기에 등장하여 지속적으로 사용되어 온 단어 또는 구(句)가 적지 않게 포함되어 있다는 것이다. 다음과 같은 사례들이 그것이다.

> (1) 코호트격리, 긴급재난지원금, 착한가격업소, 집콕족, 차별금지법, 덱사메타손, 언택트, 언택트기술, 집관, 홈카페족, 요린이, 스테이블코인, 격리생활시설, 원격수업시대, 침아일체 등.

그렇다면 이러한 단어들은 언제부터 우리 사회에 등장하여 사용되었을까? (1)의 예들 가운데 몇몇 단어의 용례를 제시하면 다음과 같다.

> (2) ㄱ. 주민들이 하루빨리 안정을 되찾도록 23일 오전 **긴급재난지원금** 7000만원을 주택침수 피해지역 70세대에 지원했으며, 모현면 시설채소 49 농가에 3000여 만 원의 재난지원금을 28일 추가 지원키로 했다.(2010. 9. 24., 경남신문)
>
> ㄴ. 개인서비스업종 가운데 저렴한 가격으로 물가안정에 기여한 업소를 대상으로 운영하는 **착한가격업소**도 22개소에서 50개 업소로 확대하기로 했다.(2012. 2. 7., 충청일보)
>
> ㄷ. 보건당국은 D병원에서 14번 감염자로 인해 의사 등 3명이 3차감염됐지만 응급실 등에 대한 **코호트격리**(병동 전체 격리 또는 환자

---

6 그 유형 및 범위는 다음과 같다.
　a. 관련 의학 용어
　b. 제도 및 정책적 대응
　c. 삶의 양식 및 일상에서의 영향
　d. 경제적 파급 '코로나19'

를 같은 병실 또는 병동으로 수용)는 불가능하다고 밝혔다. (2015. 6. 5., 세계일보)

ㄹ. 현대자동차그룹 임직원의 절반 이상이 주로 집에서 시간을 보내는 이른바 '**집콕족(族)**'이고 집에 있는 동안 소파에 기대 TV를 보거나 게임 삼매경에 빠져 보내는 시간이 가장 많은 것으로 조사됐다. (2016. 8. 1., 문화일보)

위 용례들에서 확인할 수 있는 바와 같이, '긴급재난지원금'은 2010년부터, '착한가격업소'는 2012년부터 사용되었음이 특징이다. 또한 '동일집단 격리'를 의미하는 '코호트격리'는 2015년부터, '집콕족'은 2016년부터 각각 사용되었다.

그러나 본 연구의 관심은 코로나19 신어가 과연 몇 개인지를 확인하는 데 있지 않다. (1)과 같은 사례가 있긴 하지만, 이수진·강현아·남길임(2020)을 통해 코로나19 신어의 윤곽은 어느 정도 확인이 된 후이고 보면 상당한 시간과 품이 드는 코로나19 신어의 수집 작업을 새롭게 시도한다는 것은 무의하기도 하고, 개인 연구자 혼자서 할 수 있는 작업으로는 역량 밖의 일이라고 할 수 있기 때문이다. 따라서 본 연구에서는 이수진·강현아·남길임(2020)에서 수집된 신어 목록을 참조하되 (1)과 같은 문제점을 보완할 수 있는 한 가지 방법으로 한국언론진흥재단에서 제공하는 빅카인즈(BIGKinds)의 뉴스 분석 서비스를 활용하여 코로나19 발생 이후부터 2020년 한 해 동안 새로이 등장한 신어들 가운데 '코로나 뉴노멀'의 의미 범주에 속하는 신어의 유형 및 사용 양상을 중점적으로 살펴보기로 한다.[7]

---

7 이수진·강현아·남길임(2000)에서 이루어진 코로나19신어의 조사 기간이 2019년 12월 코로나의 발생 이후 2020년 7월까지라는 점에 비추어 볼 때, 본 연구는 7월 이후에 형성된 신어까지를 포함하여 조사 분석이 이루어졌다는 장점이 있다.

주지하는 바와 같이 빅카인즈 서비스는 1990년부터 현재까지 약 30년 동안 서울, 경기 등 7개 지역별 54개 언론사[8]에서 제공하고 있는 약 6천8백만 건 뉴스 콘텐츠를 빅데이터화하고 있는 만큼 본 연구의 대상인 코로나19 관련 신어의 출현 시기와 빈도 및 사용 양상을 비교적 분명하게 파악할 수 있도록 해 준다는 점에서 상당히 유용한 자료라고 할 수 있다. 김일환(2019: 60)에서는 기존의 신어 추출(extraction)은 신어 후보가 되는 단어를 연구자가 일차적으로 탐색하고, 그 결과를 검토하여 최종적인 신어 후보를 확보하는 방식에 의해 이루어졌다고 하면, 빅데이터에 기반을 두는 신어 연구에서는 기계적 통계적 방법을 적용하여 신어 후보를 자동으로 탐지(detection)하여 연구자에게 제공하는 방식으로 이루어진다고 보고 있다. 따라서 본 연구에서는 빅카인즈에서 제공하고 있는 대규모 말뭉치에서 조사 기간 동안 새롭게 출현한 코로나19 관련 신어를 대상으로 하되, 이러한 신어들이 반영하는 '코로나 뉴노멀'의 양상을 다음과 같이 크게 네 가지로 구분하여 살펴보기로 하겠다.

(3) ㄱ. 언택트/비대면 문화의 확산
　　ㄴ. 온택트 소통 방식의 확대
　　ㄷ. 거대 정부[9]의 진격에 따른 각종 제도 및 경제적 지원의 다양화
　　ㄹ. 집콕 문화 및 대안적 생활 방식 확산

---

8 여기에서 말하는 언론사는 종합일간지, 경제지, 지역일간지, 방송사 등을 포함한다.
9 '거대 정부'의 개념에 대해서는 2020년 4월 27일 자 ≪중앙일보≫ 기사 참조.

3. 코로나19 신어와 코로나 뉴노멀

앞에서 언급한 바와 같이, '코로나 뉴노멀'이란 코로나19의 대확산으로 나타난 사회적 환경의 새로운 변화, 새로운 일상과 규범 혹은 표준이라는 뜻을 지닌 말이다. 빅카인즈의 자료에서만 하더라도 지난 1년간 '코로나 뉴노멀'이란 신어의 빈도가 288건이나 되는 것을 보면, 코로나19는 인류의 삶에 엄청난 대변혁 또는 문명의 대전환을 가져온 사건임에 틀림이 없다고 할 것이다. 따라서 아래에서는 빅카인즈 자료에서 추출한 신어를 통하여 확인할 수 있는 '코로나 뉴노멀'의 구체적인 모습을 차례로 기술해 보고자 한다.

3.1. 언택트/비대면 문화의 확산

주지하는 바와 같이 세계보건기구가 코로나19의 전 세계적 확산을 공식화한 것은 지난해 3월 11일이었다. '코로나19 팬데믹' 선언이 그것이다. 전 세계 코로나 확진자가 10만 명을 넘고, 이탈리아에서의 대규모 확산과 이동금지 봉쇄령, 미국과 프랑스, 스페인 등등 북미대륙에서 유럽 여러 나라로 코로나19가 광범위하게 확산된 데 따른 조치였다.

우리나라의 경우도 코로나19로 인한 사망자가 100명이 넘은 직후, 2020년 3월 24일부터 고강도 '사회적 거리 두기'를 방역 대책으로 내놓기 시작하면서 사회적 접촉이나 지역 간 이동이 자유롭지 못하게 된 결과, 이른바 '언택트' 혹은 '비대면화' 운동이 본격적으로 전개되기 시작하였다.[10]

'비대면'을 뜻하는 '언택트'라는 용어는 사실 코로나19 시대의 신어가 아니

---

10 코로나-19의 이와 같은 전개 양상에 대해서는 천주희·신영은(2020: 35~51) 참조.

다. 다음에서 보듯, 원래 '언택트'는 지난 2017년 하반기부터 주로 마케팅 분야에서 사람 간의 접촉 없이 이루어지는 '무인 기술' 정도의 의미로 사용되기 시작한 용어인 것이다.

> (4) ㄱ. 무인기술이 사람 간의 접촉을 지워버린 **언택트(Untact) 기술**'의 확산은 손님에게 말 걸지 않고 혼자 조용히 살펴볼 수 있게 두는 침묵의 서비스를 낳고, 스페인어 '케렌시아'처럼 나만의 휴식공간을 추구하는 경향은 공간 비즈니스와 수면 산업 등을 발전시킬 것으로 예측됐다.(2017. 10. 27., 서울경제)
> ㄴ. 마음을 위로하는 '플라시보 소비', 사람이 필요 없는 '**언택트' 기술**, 소비를 통해 부를 과시하기보다 신념을 나타내는 '미닝아웃', 발레카핑과 하우스키핑에 이어 컨시어지 서비스 등 모든 선택에서 서비스가 훨씬 중요해지는 '만물의 서비스화'가 더욱 가속화할 것으로 내다봤다.(2017. 10. 30., 중앙일보)

위의 용례에서 보듯 원래 '언택트'는 주로 '기술'과 함께 쓰여 무인 기술, 혹은 사람 간의 상호작용 없이 이루어지는 비대면 서비스를 가리키는 용어로 사용되었다. 그러나 코로나19 이후 '언택트'는 단순한 경제활동에서 벗어나 모든 산업 분야로 확대되어 쓰이거나, 하나의 사회 문화적 현상을 가리키는 말로 자리 잡게 되었다. 다음은 이와 같은 사실을 입증하는 신어 목록을 하나의 표로 정리한 것이다.

<표 3> 언택트/비대면 문화 관련 신어 목록

분야 \ 신어	목록	비고
사회	비접촉사회, 언택트사회, 언컨텍트사회	
경제	언택트경제, 언택트이코노미, 언택트산업, 언택트마케팅, 언택트소비, 언택트영업부, 언택트존, 언택트주, 언택트채용, 언택트버프, 비대면채용, 비대면바우처11	언택트버프 ← untact buff
교육	언택트러닝, 비대면강의, 비대면시험	
문화	언택트트렌드, 언택트문화, 언택트시네마, 비대면영화관, 비대면주거문화, 언택트족	

위 목록을 통하여 알 수 있듯이, '언택트/비대면 문화' 관련 신어는 분야별로 크게 네 가지로 구분된다. 첫 번째로, '언택트/비대면 문화'가 지배하는 시대 혹은 사회를 가리키는 용어로 '언택트사회, 언컨텍트사회, 비접촉사회' 등의 신어가 사용되고 있음을 알 수 있는데 빅카인즈에서 이러한 용어들이 출현한 순서대로 용례를 제시하면 다음과 같다.

(5) ㄱ. **비접촉 사회(untact society)** 또는 비대면 사회란 단순히 모든 경제 활동이 최소화되는 사회는 아니다.(2020. 3. 18., 국제신문)

ㄴ. 코로나19 **언택트사회**(2020. 4. 10., 파이낸셜뉴스)

ㄷ. 저자는 "**언컨텍트 사회**는 예고된 미래였지만, 코로나19의 갑작스러운 등장으로 전환 속도가 엄청나게 빨라졌다"며 "새로운 차별과 위험성을 내포한 **언컨텍트 사회**에 대해 본격적인 대응에 나서야 한다"고 강조한다.(2020. 4. 23., 부산일보사)

---

11 정부가 2010년 10월부터 도입한 제도로 비대면 서비스를 도입하는 중소기업에 그 비용의 90%를 지원하는 '비대면 서비스 바우처' 사업을 가리키는 말이다.

위의 예들을 통하여 우리는 코로나19가 초래한 사회 변화와 관련하여 쓰이는 신어로 '언택트사회, 언컨텍트사회, 비접촉사회' 등이 있음을 알 수 있다. (5ㄷ)의 용례를 보면, 이러한 사회 변화 혹은 전환은 예고된 미래였으되, 그 전환 속도가 엄청나게 빨라졌음을 확인할 수 있다.

<표 3>의 신어 목록에서 확인할 수 있는 또 한 가지 언어적 사실은 가장 숫자가 많은 것이 바로 경제 분야 신어라는 것이다. "비대면 경제로의 급격한 전환"을 의미하는 '언택트버프'라는 신어가 쓰이고 있는 데서 짐작할 수 있듯이, 비대면 경제활동이 그만큼 활발하게, 다양한 방식으로 이루어지고 있기 때문이라고 할 것이다.

한편, <표 3>의 신어를 구성 요소별로 구분하면, 언택트/비대면 문화 관련 신어는 크게 두 가지 계열로 나뉠 수 있음을 알 수 있다. '언택트' 계열과 '비대면' 계열이 그것이다. 두 가지 계열 가운데 압도적으로 높은 빈도를 차지하는 것은 '언택트' 계열이다. 이와 같은 현상은 외래어 계열 신어가 더 훨씬 더 활발하게 사용되고 있는 데서 비롯된 것으로 보인다.

3.2. 온택트 소통 방식의 확대

코로나19의 확산에 대한 초기의 대응으로 선택된 사회적 거리 두기 또는 단절은 필연적으로 온라인을 통한 접촉과 문제 해결을 요구하게 되었다. 빅카인즈에서 확인된 다음과 같은 신문기사 용례에서 확인할 수 있듯이, 언택트 시대의 소통법으로 온라인을 통한 온택트 소통 방식이 확대되고 있는 것이다.

(6) ㄱ. 신종 코로나바이러스감염증(코로나19) 여파로 언택트(비대면) 문화
    가 자리 잡자, 언택트에 '연결'을 더한 **온택트** 문화도 확산하고 있

는 것으로 나타났다.(2020. 4. 21., 아시아경제)

ㄴ. 코로나19 확산 초기에는 거리 두기와 단절을 위한 '언택트'의 중요
성이 부각됐지만, 사태의 장기화로 온라인을 통해 소통하는 **'온택트'**
로 전환하는 셈이다.(2020. 4. 22., 세계일보)

ㄷ. 이노션의 이수진 데이터커맨드팀장은 "**온택트** 시대에는 모든 연령
층이 디지털의 영역에서 일상생활과 산업활동을 영위하는 진정한
디지털 트랜스포메이션이 펼쳐질 것"이라고 전망했다.(2020. 4. 22,
세계일보)

이러한 예들에서 알 수 있듯이, '코로나19'는 '온택트' 소통 방식이 확대되는
결과를 가져왔다. '언택트'에 '연결'을 더한 것이라는 의미의 '온택트'는 '온라
인'을 통해 소통하는 방식으로, 모든 연령층이 디지털 영역에서 일상생활과
산업활동을 영위하게 되는 것을 의미한다고 할 수 있다.

'온택트' 소통 방식의 확대와 관련하여 빼놓을 수 없는 것이 있다. '랜선'과
'줌' 문화의 형성이 그것이다. 우선 다음 용례를 보기로 하자.

(7) ㄱ. 인터넷을 통해 이루어지는 온라인의 다양한 활동이 하나의 **랜선 문
화**로 자리 잡고 있다.(2020. 6. 24., 동아일보)

ㄴ. 한편으론 코로나19로 인해 **'랜선문화'**와 같은 비대면 문화 향유 방
식이 확산되고 OTT(인터넷동영상서비스)와 같은 온라인 플랫폼 발
전 등 문화 향유와 소비의 패턴, 문화산업 환경도 급변하고 있
다.(2020. 8. 3., 중부일보)

(8) ㄱ. 지금은 일종의 **'줌 문화'**가 형성돼 줌을 이용해 생일파티를 열거나
공연을 열기도 한다.(2020. 4. 29., 아시아경제)

ㄴ. **줌 시대**의 규범, 즉 'Zorms(Zoom+Norms)'도 필요하다.(2020. 6.
22. 매일경제)

위 용례 가운데 (7)은 '랜선 문화'가, (8)은 '줌 문화'가 코로나19 이후 뉴노멀로 자리 잡고 있음을 보여주고 있다. '랜(LAN)+ 선(線)'의 구조로 이루어진 '랜선'은 현실 공간이 아닌 온라인상을 비유적으로 이르는 말로,[12] 그동안 '랜선라이프'와 같은 형태로 사용되어 오다가[13] '코로나19'로 인해 하나의 문화로 자리 잡고 있다. 또한 '줌'은 코로나19 상황 속에서 이른바 '코로나 특수'를 누린 원격근무 솔루션 업체로 전 세계에서 가장 많은 주목을 받은 만큼 온택트 시대의 가장 보편적인 소통 방식이 될 수 있음을 보여준다.[14]

'언택트/비대면' 문화 관련 신어와 마찬가지로 코로나19 이후 나타나고 있는 뉴노멀을 반영하는 '온택트' 소통 방식 신어 또한 비교적 다양하게 확인되었다. 다음은 이와 관련된 신어 목록을 하나의 표로 정리한 것이다.

〈표 4〉 온택트 관련 신어 목록

분야 \ 신어	목록	비고
사회	온택트시대, 랜선시대, 줌시대, 줌세대, 베이비주머스, 주머[15]	주머 ← zoomers
교육	온라인개학, 온라인강의, 온라인시험, 랜선강좌, 랜선육아반, 랜선야학, 화상교실, 화상지도교실, 원격교육선도학교	랜선야학: 방과 후 맞춤형 멘토링 프로그램.

---

12 『우리말샘』의 설명과 용례에 따르면, '랜선'은 다음과 같이 2015년 이후부터 사용된 것으로 볼 수 있다.
例. 네티즌들이 악플과 키보드 배틀에만 몰두하는 것이 아니라, **랜선** 너머 따뜻한 공감을 나눌 수 있음을 보여 줬다는 점에서 더 큰 의미를 찾을 수 있다.《동아사이언스 2015년 10월》

13 빅카인즈의 뉴스 텍스트에서 검색한 결과 '랜선라이프'는 2018년에 처음 등장하여 그해만 하더라도 무려 714회나 사용되었을 정도로 높은 빈도를 보이는 단어였다.

14 2020년 8월 26일에 이루어진 오데드 갈 줌 최고제품책임자 인터뷰 기사에 따르면, 이용량이 정점을 찍었을 때는 하루에 전 세계 인구(약 78억 명)의 4%에 해당하는 3억 명이 줌에 접속했을 만큼 엄청난 특수를 이루고 있는 상황이다.(2020. 8. 26. 동아일보 기사 참조)

경제	온택트경제, 온택트마케팅, 온택트소비재	
문화	온택트문화, 온택트공연, 온택트외교, 온택트피트니스, 온택트회의, 랜선문화, 랜선놀이, 랜선생파, 랜선축하, 랜선축제, 랜선술자리, 랜선호캉스, 랜선해외여행, 랜선운동, 랜선여행족, 사이버술자리, 줌문화, 줌룰렛, 줌에티켓, 줌폭탄	줌룰렛: 회의 주최자가 무작위로 소규모 가상 회의를 조성하는 것.

위의 표에서 알 수 있는 바와 같이, '온택트' 소통 방식 관련 신어는 사회, 교육과 경제, 문화 등 분야별로 다양하게 형성되어 있되, 특히 문화 관련 신어가 가장 높은 빈도로 사용되고 있음을 보여준다. 이와 같은 신어들은 구성 요소에 따라 다음과 같이 구분할 수 있음이 특징이다.

(9) ㄱ. 사이버 + X: 사이버술자리

ㄴ. 온라인 + X: 온라인개학, 온라인강의, 온라인시험

ㄷ. 원격 + X: 원격교육선도학교

ㅁ. 화상 + X: 화상교실, 화상지도교실

(10) ㄱ. 온택트 + X: 온택트문화, 온택트공연, 온택트외교, 온택트회의

ㄴ. 랜선 + X: 랜선시대, 랜선문화, 랜선강좌, 랜선야학, 랜선육아반, 랜선생파, 랜선축하, 랜선술자리, 랜선호캉스, 랜선해외여행, 랜선운동, 랜선여행족

ㄷ. 줌 + X: 줌시대, 줌세대, 줌문화, 베이비주머스, 주머, 줌룰렛, 줌에티켓, 줌폭탄

---

15 '주머'((Zoomers)란 베이비붐 세대를 뜻하는 부머(Boomers)에 빗대어 사용하는 말로 '줌 세대'의 이칭이다. 다음의 기사 참조..
미 언론들은 아예 줌을 애용하는 젊은 세대를 'Z세대'가 아닌 '줌 세대', 혹은 베이비붐 세대를 뜻하는 부머(Boomers)에 빗대 주머(Zoomers)라고 이름 붙였다.(2020. 3. 25, 조선일보)

위의 구분에서 알 수 있듯이, 코로나19 이후 하나의 사회 현상 혹은 문화 코드로 자리 잡게 된 온택트 소통 방식 관련 신어의 특징 가운데 하나는 신어를 구성하는 요소 가운데 선행 요소가 매우 다양하다는 점을 들 수 있다. 위의 예들 가운데 (9)의 구성 요소는 코로나19 이전 시기부터 존재했던 것인 반면, (10)은 '랜선'이나 '줌'처럼 비교적 최근에 형성되어 사용되었거나, 코로나19 이후 시기에 형성된 신어 '온택트'를 구성 요소로 한 것이라는 차이를 보인다.

<표 4>의 예들 가운데 '랜선'을 구성 요소로 하는 신어들은 특기할 필요가 있다. 즉, '랜선'을 활용한 생활 방식, 곧 '랜선라이프'가 2018년부터 보편화되면서 그동안 '랜선집들이, 랜선모임, 랜선친구, 랜선연애, 랜선여행' 등의 용어가 꾸준히 사용되어 오다가 최근 들어 그 영역을 확대해 오고 있기 때문이다.[16] 다음은 '코로나19' 이후 새로 등장한 '랜선강좌, 랜선운동, 랜선해외여행'의 용례이다.

(11) ㄱ. 윤범모 관장의 **랜선 강좌,** 국립현대미술관 애장품 12점 이야기 (2021. 4. 9., 중앙일보)

ㄴ. 또한 언택트, 온택트, 집콕족, 홈트, **랜선운동,** 웨비나 등 코로나19로 인해 새롭게 등장한 신조어도 수없이 많다.(2020. 12. 16., 대전일보)

ㄷ. 아쉬운 마음 조금이라도 달래시라고 9일간의 **랜선 해외여행**을 준비했습니다.(2020. 9. 26., 중앙일보)

---

16 『우리말샘』에서만 하더라도 '랜선' 관련 단어가 무려 14개나 등재되어 있음이 이를 방증한다.

3.3. 거대 정부의 진격에 따른 각종 제도 및 경제적 지원의 다양화

"거대한 위기는 거대한 권력을 만들어 낸다."[17]라는 유럽외교협회 베셀라 체르네바 부회장의 선언은 코로나19 시대가 가져온 또 다른 유형의 코로나 뉴노멀과 밀접한 관련이 있다고 할 수 있다. 이른바 '거대 정부'의 진격에 따른 각종 제도 및 경제적 지원의 다양화가 그것이다. 방역 관련 제도나 법률이 제정되거나 천문학적 수준의 경제적 지원이 가능해진 것도 바로 이러한 이유에서이다. 다음은 거대 정부에 의한 각종 제도 및 경제적 지원의 다양화를 <u>보여주는</u> 신어의 사례이다.

(12) ㄱ. 이어 "상임위에 계류 중인 민생법안까지 포함하면 244건"이라며 "여기엔 감염병 예방을 위한 **'코로나 3법'**인 검역법, 의료법, 감염병예방관리법도 포함돼있다"고 부연했다.(2020. 2. 13., 머니투데이)

ㄴ. 서울시가 혼잡 지하철의 **마스크 착용 의무제**를 시작한 이날까지도 덴탈마스크는 자판기 상품으로 올라가지 않았다.(2020. 5. 13., 머니투데이)

ㄷ. 교육부의 경우 한국형 원격교육의 추진 근거를 마련한 **'원격교육기본법'**을 만들어 9~10월쯤 정부입법에 나설 예정이다.((2020. 6. 24, 경향신문)

(13) ㄱ. 이재웅 쏘카 대표가 29일 신종 코로나바이러스감염증(코로나19) 사태로 어려움을 겪고 있는 국민에게 **재난기본소득**으로 50만원씩 지급하는 정책을 제안했다.(2020. 2. 29., 아시아경제)

---

17 https://www.chosun.com/site/data/html_dir/2020/04/21/2020042100151.html?utm_source=naver&utm_medium=original&utm_campaign=news

ㄴ. 코로나19 여파로 유치원·어린이집 등원이 제한되고 있는 상황을 감안해 아이들이 가지고 놀 수 있는 완구류나 킥보드·자전거 구매 등에도 **아동돌봄쿠폰**이 사용되고 있는 것으로 파악된다.(2020. 4. 22. 머니투데이)

ㄷ. 이번에 일반업종의 소상공인은 작년 대비 올해 가게 매출이 줄고 연 매출이 4억원 이하여야 100만원의 **버팀목자금**을 받는다.(2020. 12. 29., 한국경제)

코로나19는 정상적인 경제 활동을 불가능하게 함으로써 기업은 마이너스 성장률을 보이는 한편, 취약계층이나 소상인들은 생계를 위협받는 결과를 가져왔다. 이러한 상황이고 보니 국가와 정부의 역할 및 권한이 증대되면서 ⑫의 '코로나 3법'이나 '마스크 착용 의무제', '원격교육기본법' 같은 법률 또는 제도의 도입이 차례로 이루어졌다. 또한 ⑬의 사례와 같이 대규모의 경제 지원책으로 '재난기본소득'과 함께 아동 양육비 지원을 위한 '아동돌봄쿠폰' 지급이 이루어지기도 하고, 최근 들어 소상공인들을 위한 '버팀목자금'이 지급되기도 한 것이다. 다음은 이와 같은 현상을 보여주는 신어 목록이다.

〈표 5〉 거대 정부의 진격에 따른 각종 제도 및 경제적 지원의 다양화 관련 신어 목록

분야 \ 신어	목록	비고
제도	① 코로나 3법, 취합검사법, 원격교육기본법, 집합금지명령, 집합제한명령, 집합중지명령, 공공장소이동제한령, 국가봉쇄령, 전국봉쇄령, ② 마스크5부제, 마스크의무제, 마스크착용의무제, 재난긴급소득지원제도 ③ 생활방역체계, 생활방역체제, 비상공공의료체계, 재난지도시스템, 공적공급시스템	

경제적 지원	① 재난긴급생활비, 재난생활비, 재난생계지원금, 재난긴급생활지원금, 재난수당, 재난구조수당, 재난생계수당, 재난극복수당, 재난기본소득, 재난생계소득, 재난지원소득, 재난소득기금, 재난생활안정자금, 재난사회보험기금 ② 긴급재난소득, 긴급재난지원소득, 긴급재난기본소득, 긴급고용안정지원금, 긴급민생지원금, 긴급고용지원금, 긴급재난생계지원금 긴급재난금, 긴급생활지원자금, 긴급생존자금, 긴급고용안정자금, 긴급재난생계비, 긴급재난수당, 긴급생계수당, 긴급청년수당, 긴급생활비, 긴급돌봄제도 ③ 정부긴급재난지원금, 국민재난지원금, 국민재난기금, 기업구호긴급자금, 사업유지지원금, 코로나지원금, 코로나채권, 기본재난소득, 기본재난지원금, 비상생계비, 비상생계자금, 아이돌봄쿠폰, 새희망자금, 버팀목자금, 청년긴급수당, 서울시재난생활비	

　　<표 5>의 신어 목록을 보면, 코로나19 이후 지난 1년간 거대 정부의 성격을 띤 국가나 지자체에 의해 매우 다양한 법률과 제도의 도입 및 경제적 지원이 이루어졌음을 알 수 있다. 제도의 경우만 하더라도 '코로나 3법'[18]을 위시한 각종 법령(①), '마스크 5부제' 등의 제도(②), '생활방역체계'를 비롯한 시스템의 도입이 다양하게 이루어졌다. 경제적 지원과 관련해서는 '재난'을 선행 요소로 하는 명칭의 다양한 지원(①)에서부터 '긴급'을 선행 요소로 하는 것(②), '기타'에 해당하는 것(③) 등등 국가와 지자체가 중심이 되어 이루어진 경제 지원책이 매우 다양하게 이루어졌음을 보여 준다.[19] 이와 같은 제도의 도입이나 경제적 지원은 '코로나 팬데믹', 곧 전 세계적 차원의 감염병 재난의

---

18 '코로나 3법'이란 감염병 유행 지역 입국 금지 근거 및 환자 강제 입원 규정 등을 골자로 한 <감염법의 예방 및 관리에 관한 법률>, <검역법>, <의료법> 등 3개 법의 일부개정안을 말한다. 이 3개의 법안은 2020년 2월 26일 국회를 통과하였다.
19 전문 분야에 따른 코로나19신어의 유형에 대해 분석하고 있는 이수진·강현아·남길임(2020: 149)에 따르면, '복지' 관련 신어가 57개(41.91.%)로 가장 높은 비중을 차지하는 것으로 보고되었다. <표 5>의 '경제적 지원' 관련 신어의 다양성은 바로 '복지'의 증진과 관련이 있다고 할 것이다.

상황이 아니었다면 거의 불가능했을 수준의 것이라는 점에서 이는 '코로나 뉴노멀'의 또 다른 양상 가운데 하나임에 틀림이 없다고 할 것이다.

3.4. 집콕 문화 및 대안적 생활 방식 확산

코로나19라는 팬데믹 수준의 감염병에 대한 엄청난 공포와 사회적 거리 두기를 강제하는 강력한 방역 정책의 시행은 개인의 일상 또한 180도로 바꿔 놓았다. 문제를 해결할 수 있는 최선의 해법은 바로 '집콕' 또는 '방콕'이라는 인식이 확산되면서 가족 전체가 집안에 머무르게 되는 일상이 새로운 문화로 자리 잡고 있는 한편, 불가능해진 생활 방식을 대신할 수 있는 대안적 생활 방식이 또 하나의 '코로나 뉴노멀'로 등장하고 있는 것이다. 다음은 이러한 사실을 뒷받침해 주는 신어의 사례이다.

> (14) ㄱ. 웬만하면 사람이 모이는 것을 피해 집에서 즐길 거리를 찾으려는 **'집콕시대'**가 이어지면서 자연스럽게 영화를 비롯한 영상물 시청이 늘어났기 때문이다.(2020. 3. 12, 부산일보사).
> ㄴ. 한샘이 **집콕문화**에 부응, 침실을 호텔처럼 꾸밀 수 있는 침대와 매트리스를 새로 내놓았다.(2020. 9. 16. 헤럴드경제)
> (15) ㄱ. 지난 30일 한 커뮤니티 게시판에는 '실시간 **산스장**(산에 있는 헬스장) 상황'이라는 제목으로 한 장의 사진이 올라왔다.(2020. 8. 31., 동아일보)
> ㄴ. 바로 산 중턱이나 인근 공원 등에 자리한 이른바 '산스장(산+헬스장)' 혹은 **공스장**(공원+헬스장)'이다.(2020. 9. 4., 한국일보)
> ㄷ. **'빵공족'**도 최근 코로나19 사태를 반영한 신조어다. 카페에서 공부하는 이들을 일컫는 말인 '카공족'에서 파생된 단어이다.(2020. 9. 6., 세계일보)

ㄹ. 재택 말고, **'재텔근무'**하세요 (9. 11., 매일경제).

위의 예들 가운데 ⑭은 '집콕 문화'를, ⑮는 코로나 상황에서 불가능해진 생활 방식에 대한 대안적 생활 방식을 보여주는 신어의 사례이다. 이러한 문화 혹은 생활 방식을 보여주는 신어 또한 적지 않은 편이다. 이를 하나의 표로 정리하면 다음과 같다.

〈표 6〉 집콕문화 및 대안적 생활 방식 확산

신어 영역	목록	비고
집콕문화	① 집콕시대, 집콕문화, 집콕챌린지, 스테이앳홈챌린지, 투게더앳홈 ② 재택경제, 집콕콘텐츠 ③ 코로나집밥, 집콕요리, 돌밥돌밥, 돌밥모드, 달고나커피 ④ 어페웨어	
대안적 생활방식	신종효도족,20 산스장, 공스장, 빵공족, 재텔근무	산 +(헬)스장

위의 표를 통해 알 수 있는 바와 같이 코로나19로 인한 '코로나 뉴노멀' 가운데 하나로 '집콕문화'와 '대안적 생활 방식의 확산'을 반영하는 신어 또한 비교적 다양하다고 할 수 있다. 이 가운데 '집콕문화'를 반영하는 신어는 다음과 같이 크게 네 가지로 구분이 가능하다.

---

20 온라인 쇼핑에 익숙하지 않은 고향의 부모님을 위해 '온라인 대리 쇼핑'에 나선 이들을 가리키는 말. 서울 등에서 직장 생활을 하는 30~50대, 외국에 유학이나 이민을 간 자녀들까지 대리 쇼핑을 하고 있어 이들을 가리키는 말로 등장하였다.(2020. 2. 28., 한국경제)

(16) ㄱ. 시대: 집콕문화, 집콕챌린지, 스테이앳홈챌린지, 투게더앳홈

　　 ㄴ. 경제: 재택경제, 집콕콘텐츠

　　 ㄷ. 식생활: 코로나집밥, 집콕요리, 돌밥돌밥, 돌밥모드, 달고나커피

　　 ㄹ. 의생활: 어퍼웨어(upper wear)

　한편, 집콕문화의 부산물로 나타난 신어들도 몇 가지 존재한다. '확찐자, 작아격리, 살천지' 등 오랜 집콕 생활로 몸무게가 늘 수밖에 없는 상황을 희화하거나, '코로나이혼, 코로나디보스' 등 오랫동안 함께 지내야만 하는 상황에서 부부간의 대립이나 갈등이 증가하였음을 보여주는 것들이 그것이다. 전자의 경우, '확찐자, 작아격리'처럼 발음의 유사성을 전제로 하거나 '살천지'처럼 집단감염의 원인이 되었던 '신천지' 교회를 근거로 하는 유추를 바탕으로 하고 있는 일종의 언어유희에 속한다. 이러한 사례들은 감염 공포에 움츠러들지 않으려는 사람들의 유머와 재치를 보여주는 것으로 웃음으로써 눈물을 닦으려는 해학적 미학을 드러내는 것이라고 할 수 있다. 구체적인 사례를 제시하면 다음과 같다.

(17) ㄱ. 살이 찐다. 확진자가 아니라 **확찐자.**(3. 4., 경향신문)

　　 ㄴ. '확찐자는 옷이 **작아격리** 중'이라는 우스갯소리까지 확산되고 있다. (4. 11., 강원도민일보)

　　 ㄷ. 온 몸이 살 천지가 되었다는 뜻의 '**살천지**', 코로나19 '확진자'에 빗대 단기간에 체중이 불어난 사람을 일컫는 '확찐자', 침대에 있는 시간이 늘어나 침대와 한 몸이 되었다는 '**침아일체**' 등이 일상이 되었다는 사례가 자주 올라오고 있다.(3. 18., 매일신문)

흑사병과 스페인 독감 등 역사적으로 출현하였던 다른 팬데믹 현상과 마찬가지로 코로나19 또한 불과 1년여의 시간이 흐르는 동안 세계를, 인류의 삶을 송두리째 흔들어 놓았다. 지금도 현재진행형에 속하는 코로나19는 정치와 경제는 물론이거니와 과학 기술, 사회 문화, 예술, 교육 등등 거의 모든 영역에서 급격한 변화를 초래하고 있는 것이다. 따라서 본 연구에서는 코로나19는 인류의 삶에 엄청난 대변혁 또는 문명의 대전환을 가져온 사건임에 틀림이 없다는 전제하에 '코로나19' 발생 이후 새로이 출현한 신어 가운데 이른바 '코로나 뉴노멀' 관련 신어에만 초점을 맞추어 '코로나19'의 영향으로 나타난 개인의 삶과 사회적 변화를 심층적으로 분석하는 데 관심을 두었다.

본 연구의 수행을 위한 자료의 수집은 이수진·강현아·남길임(2020)에서 이루어진 코로나19 신어 목록을 참조하되 문제점을 보충하거나 실제 용례의 확인을 위해 한국언론진흥재단에서 제공하는 빅카인즈(BIGKinds)의 뉴스 분석 서비스를 활용하는 방식으로 이루어졌다. 결과적으로는 빅카인즈에서 제공하고 있는 대규모 말뭉치에서 코로나19 발생 이후부터 2020년 한 해 동안 새롭게 출현한 코로나19 관련 신어의 용례를 살펴봄으로써 그러한 신어들에서 확인할 수 있는 '코로나 뉴노멀'의 양상을 다음과 같이 크게 네 가지로 구분하여 분석하였다.

첫째, 언택트/비대면 문화의 확산
둘째, 온택트 소통 방식의 확대
셋째, 거대 정부의 진격에 따른 각종 제도 및 경제적 지원의 다양화
넷째, 집콕 문화 및 대안적 생활 방식 확산

주지하는 바와 같이 '코로나 뉴노멀'이란 코로나19의 대확산으로 나타난 사회적 환경의 새로운 변화, 새로운 일상과 규범 혹은 표준이라는 뜻을 지닌 말이다. 따라서 본 연구는 코로나19 이후 새롭게 출현한 신어의 유형을 분석하는 작업에만 그치지 않고, 그러한 신어에 반영된 '코로나 뉴노멀'의 모습을 구체화하였다는 점에서 의의가 있다고 할 수 있다.

다만 본 연구의 기반이 된 데이터가 빅카인즈의 뉴스 텍스트라는 점에서 국어 사용자들이 사회연결망(SNS) 등에서 활발하게, 또는 역동적으로 사용하고 있는 신어까지를 포괄하지는 못하였다는 점에서 한계가 있을 수도 있다. 후일을 기약한다.

김일환(2019), 「빅데이터 시대의 신어」, 『새국어생활』 29-3, 국립국어원, 55-67.

남기심(1983), 「새말[新語]의 생성과 사멸」, 이기문 외, 『한국 어문의 제문제』, 일지사, 192-228.

남길임·이수진·최준(2017), 「대규모 웹크롤링 말뭉치를 활용한 신어 사용 추이 조사의 현황과 쟁점」, 『한국사전학』 제29호, 한국사전학회, 72-106.

남길임(2019), 「신어의 빈도와 사용 추이」, 『새국어생활』 29-3, 국립국어원, 25-38.

이수진·강현아·남길임(2020), 「코로나19 신어의 수집과 사용 양상 연구-주제 특정적 신어의 수집과 사용에 대한 고찰-」, 『한국사전학』 36, 한국사전학회, 136-171.

정한데로(2019), 「신어의 탄생, 사회와 문화를 담다」, 『새국어생활』 29-3, 국립국어원, 9-24.

이유원(2019), 「사전과 신어-국립국어원 ≪우리말샘≫을 중심으로」, 『새국어생활』 29-3, 국립국어원, 39-54.

천주희·신영은(2020), 「코로나19 타임라인」, 『문화과학』 103, 문화과학사, 35-51.

최재천 외 5인(2000), 『코로나 사피엔스』, 인플루엔셜.

Renouf, A(2013), A finer definitionof neology in English: The lfe-cycle of a word, In Hasselgård et al. (Eds.), Corpus Perspectives on Patterns of Lexis(pp. 176-207), John Benjamins Publishing Company.

코로나19의 개념화 양상

송현주

(경북대)

1. 서론

이 연구는 인지언어학의 관점에서 코로나19에 대한 한국인의 개념화 양상을 살펴본 것이다. 2020년 발생한 전염병인 코로나19를 우리는 어떻게 개념화하고 있는가? 이 질문에 답하기 위해 2020년 출판된 코로나19를 주제로 한 단행본을 대상으로, 코로나19에 대한 한국인의 개념화 양상을 살펴보기로 한다.[1]

2020년 1월 코로나19 환자가 처음 확인된 후 2020년 10월까지 대한민국의 코로나19 누적 확진자는 이미 25,000명이 넘었고 최근까지도 사회적 거리두기 2단계가 유지되었다. 우리는 2000년 이후 사스, 메르스 등의 새로운 전염병을 경험했지만, 코로나19는 이전의 전염병과는 비교할 수 없을 정도로 우리의 삶에 깊숙이 들어와 긴 시간 동안 큰 영향을 미치고 있다.

코로나바이러스감염증-19(코로나19)는 과거에 발견되지 않았던 새로운 코로나바이러스인 SARS-CoV-2에 의해 발생하는 호흡기 감염병으로, 이 바이러

---

1 지난 2020년에 코로나19를 겪기 시작했음에도 불구하고, 그 영향력의 크기를 보여주듯이 현재까지도 코로나19와 관련된 단행본과 신문 기사, 방송, 유튜브의 개인 방송까지 많은 양의 자료가 쏟아져나오고 있다. 개인 연구자의 자료 분석의 한계로 인해, 이 연구는 2020년에 발간된 단행본을 연구 대상으로 삼았다. 신문이나 방송 자료는 지면이나 시간 제약으로 인해 코로나19와 관련한 객관적 사실을 중심으로 제시되지만, 단행본의 경우 코로나19가 갖는 특성에 대해 일반인들의 이해를 도울 수 있도록 비교적 상세하게 말할 수 있기 때문에 질병에 대한 개념화 양상을 자세히 살펴볼 수 있다는 특징이 있다.

스에 감염되면 무증상부터 중증에 이르기까지 다양한 임상증상이 나타날 수 있다. 이 새로운 전염병은 2019년 12월 중국 우한에서 처음 보고되었고, 현재 전 세계에 확산되었다.[2]

코로나19에 대한 언어적 표현은 우리가 코로나19라는 전염병을 이해하고 소통할 수 있도록 도와주고, 환자와 보호자가 해당 질병을 치료하는 과정을 수용할 수 있게 해 준다. 전염병에 대한 적절한 언어 표현은 전염병에 대해 잘 알지 못하기 때문에 생기는 막연한 두려움을 줄여 주고, 전염병에 어떻게 대처해야 할지 알려주며, 이를 극복할 수 있다는 자신감을 준다. 이에 이 연구에서는 2020년 출판된 코로나19에 대한 단행본을 대상으로 코로나19에 대해 언어 표현을 통해 코로나19에 대한 한국인이 개념화 양상을 파악하고자 한다.

2. 질병에 대한 언어학적 관심

오랫동안 비유는 수사학이나 문학에서 사용되는 장식을 위한 표현의 하나로 취급되었지만, 인지언어학자인 Lakoff & Johnson(1980)의 *Metaphors we live by*를 통해 비유에 대한 새로운 관점이 도입되었다.[3] 인지언어학(cognitive linguistics)은 인간 마음의 본질이 무엇인지 규명하기 위한 학제적 연구의 하

---

2 http://ncov.mohw.go.kr/faqBoardList.do?brdId=3&brdGubun=38(질병관리청, 코로나바이러스감염증-19(COVID-19) 홈페이지의 Q&A 참조)
3 Semino & Demjén(2017: 1-2)은 Lakoff & Johnson의 우리의 일상생활 속에 널리 퍼져있다는 점에 주목하여 개발한 개념적 은유 이론(Conceptual Metaphor Theory)은 은유 연구의 새로운 패러다임으로서 언어학뿐만 아니라 과학과 음악 같은 다양한 분야를 포함한 많은 학문 분야 내에서 은유를 중요한 연구 대상으로 삼게 하였다고 평가하였다.

나로 탄생한 이론이다. 인지언어학에서는 은유와 환유 등의 비유가 언어와 사고에 있어 핵심적인 역할을 하며 일상 언어에 널리 퍼져 있다고 본다.

인간은 낯선 대상을 이해하고 설명하기 위해 비유를 사용하고, 비유로 개념화된 것을 통해 세상의 많은 것을 파악한다. 다양한 텍스트 장르별 비유 연구를 활발히 수행 중인 Dancygier & Sweetser(2014: 3)는 "비유적 언어와 사고에 관한 지난 40년간의 연구를 통해 우리는 비유 언어 및 사고와 언어적 체계의 통합적 관계를 새롭게 이해하게 되었다."라고 평가하였다.

Sontag(2001)의 *Illness as metaphor and AIDS and its metaphors*는 질병에 대한 비유적 표현이 갖는 위험성을 경고한 것으로, 질병에 대한 은유적 표현이 사람들에게 불필요한 공포와 오해를 불러일으켰다는 점을 지적한다. Sontag의 연구는 문학 텍스트를 대상으로 한 것으로 은유를 통해 질병에 대해 말하는 것에 대한 관심을 환기하고, 은유가 언어 사용자들의 질병 인식에 어떤 영향을 미치는지 비판적으로 살펴보았다는 점에서 의의가 있다.

질병과 비유에 관한 국외의 최근 연구는 Gibbs & Franks(2002)와 Reisfield & Wilson(2004)을 주목할 수 있다. Gibbs & Franks(2002: 142)는 비유에 대해 "질병에 대해 말하기 위한 특별한 도구가 아니라, 언어와 사고의 모든 양상에서 아주 흔한 것이다."라고 하였다. 또, Reisfield & Wilson(2004: 4024)은 "비유는 의료진이 환자에게 복잡한 치료 과정을 이해시키는 데 시간적으로 효율적인 도구이며, 환자에게는 갑자기 닥친 혼란스러운 상황에 질서를 부여할 수 있게 해 주고, 환자가 질병을 이해하고 의사소통하며 통제할 수 있도록 도와준다. 그리고 치료 과정에서, 비유 언어는 실제 치료에 대한 이해를 공유할 수 있는 기초를 제공한다."라고 하였다. 이들 두 연구에서의 언급은 비유가 질병을 개념화하는 중요한 수단이 될 수 있음을 보인 것이다.

최근 국내에서 수행된 전염병을 대상으로 한 국어학적 연구 중에 대표적인 논의는 전혜영·유희재(2016)와 박건숙(2016)이다. 전혜영·유희재(2016)는 KBS와 JTBC의 보도 내용을 대상으로 메르스(MERS, 중동호흡기증후군)에 대한 은유와 이데올로기적인 함축을 밝힌 것이다. 새로운 사태를 이해하기 위한 비유 표현을 검토하고 각 방송사의 이념에 따라 비유 사용에 차이가 있음을 보였다. 질병에 대한 비유 사용을 포함한 국어학적 접근이 부족한 상황에서 이 연구는 전염병에 대한 본격적인 논의라는 의의가 있다. 또, 박건숙(2016)은 2001년부터 2015년까지 KBS 9시 뉴스를 대상으로 전염병 보도에 나타난 어휘 사용 양상을 계량적으로 분석하여, 전염병 보도의 관심과 초점, 관련어를 중심으로 전염병 보도 프레임을 파악한 연구이다. '신종플루'와 '메르스'는 재난, 경제위기 프레임으로 구성되며, '확산, 통제, 경계'와 같은 관련어 사용이 두드러짐을 실증하였다. 이들 연구는 대중 매체에서 전염병을 어떻게 개념화하고 있는지 밝혔다는 점에서 의의가 있다. 다만, 보도문을 분석 대상으로 삼았기 때문에 전염병을 표현하기 위해 사용되는 다양한 비유 표현이 충분히 포착되지 못했다는 점은 한계이다. 이 연구는 코로나19를 주제로 한 단행본을 분석 대상으로 삼아 이러한 한계를 극복하고자 하였다.[4]

---

4 이 연구에서 분석 대상으로 삼은 단행본은 다음과 같다. ㉠ 과학동아, 『VIRUS, 바이러스 (살기 위한 바이러스와 죽이고 싶은 인간의 끈질긴 전쟁)』, 서울: 동아사이언스, 2020. ㉡ 김우주, 『신종 바이러스의 습격』, 서울: 반니, 2020. ㉢ 변진경, 김명희, 임승관, 『가늘게 길게 애틋하게 - 감염병 시대를 살아내는 법』, 서울: 시사IN북, 2020. ㉣ 이재태 엮음, 『코로나19 대구 의료진의 기록 그곳에 희망을 심었네』, 대구: 학이사, 2020. ㉤ 최재천, 장하준, 최재봉, 홍기빈, 김누리, 김경일, 정관용, 『코로나 사피엔스』, 서울: 인플루엔셜, 2020. ㉥ 허윤정, 『코로나 리포트』, 서울: 동아시아, 2020.
　　분석 대상이 된 단행본은 책의 성격에 따라 비유 사용의 정도에 차이가 있었다. 특히, 최재천 외(2020)와 변진경 외(2020)의 경우 대담 형식으로 제시되면서 진행자(방송과 시사잡지의 기자)가 전문가와 이야기하는 형식이라, 코로나19의 특성에 대한 설명이 비교적 자세하게 제시된다. 전문가들은 새로운 전염병인 코로나19에 대한 일반인의 이해를 돕기

비유는 한 정신 영역(목표 영역, 낯선 개념)을 다른 정신 영역(근원 영역, 익숙한 경험)에 의해 개념화하는 방식이다.[5]

> (1) 오디이프스가 티베에 도착했을 때, 괴물 스핑크스가 "아침에는 네 발, 한낮에는 두 발, 저녁에는 세 발을 가지고 있는 동물은 무엇인가?"라는 수수께끼를 내면서 그것을 풀지 못하면 잡아먹는다고 하였다. '인간'이라고 대답했는데, 아기 때는 손발로 기어다니고 성숙해서는 두 발로 걸어다니고, 늙어서는 지팡이를 짚고 다니기 때문이다. 패배한 스핑크스는 자살하고 그가 티베의 왕이 되었다. **그가 그 수수께끼를 푸는 데는 2개의 개념적 은유의 지식이 작용하였다.** 첫째 '인간의 일생은 낮에서 '아침-유아기, 한낮-성인기, 저녁-노년기'의 사상(mapping)이다. 둘째, '인간의 일생은 여행'에서 '발'의 중요성이 '여행'을 환기하며, '여행'을 통해 '인생'을 이야기하고 있다. (임지룡 2018: 25)

(1)은 우리에게 잘 알려진 이야기인데, 여기에서 티베의 왕은 개념적 은유, 즉 '아침, 한낮, 저녁, 발, 여행'이라는 근원영역을 통해 '유아, 성인, 노인, 인생'이라는 목표영역을 이해하고 있으며, 이 일화는 비유의 중요성과 기능을 잘 보여준다.

위해 다양한 비유를 사용하기 때문이다. 이에 반해 이재태 엮음(2020)은 코로나19를 경험한 간호사, 의사, 원무과장 등 코로나19를 직접 경험한 다수의 저자가 쓴 글을 모은 것이다. 이 책은 7쪽 내외의 짧은 분량으로 구성되며, 경험한 사실을 기술하는 데 초점이 있어서 의료 업무를 객관적으로 기술하고 일을 하면서 느꼈던 점을 중심으로 표현하고 있다. 이러한 이유로 다른 텍스트에 비해 이재태 엮음(2020)은 비유적인 표현이 적게 나타났다.
5 1990년대 말, 국내에 인지언어학이 도입된 이래 '개념적 은유, 개념적 환유, 개념적 혼성 이론'을 중심으로 한 비유 연구가 활발히 수행되어 왔다. 이종열(2003), 임혜원(2004), 임지룡(2006, 2010, 2014), 신선경(2006, 2009), 이동혁(2009, 2010), 최진아(2013), 임지룡 외(2015), 심지연(2015, 2016, 2017), 송현주(2016, 2018a, 2018b, 2019), 김현효(2019) 등은 비유를 주제로 한 최근의 주요 논의이다.

우리가 비유를 통해 질병에 대해서 말하고 개념화하는 까닭은 문자만으로 표현할 수 없는 개념을 표현 가능하게 하고, 복합적인 개념을 간결하게 표현할 수 있게 해 주며, 문자적 용법만으로는 기대하기 어려운 표현의 생생함을 전달해 주기 때문이다. 인간의 개념화 도구인 비유는, 코로나19와 같이 새롭고 추상적인 대상을 구체적이고 익숙한 대상인 '전쟁, 게임, 사람' 등을 통해 표현하고 이해하도록 돕는다. 따라서 새로운 전염병인 코로나19에 대한 이해를 위하여 정확성과 사실성에 바탕을 두고, 구조적이거나 기능적 속성을 공유하는 대상을 통해 의학적 사실을 표현하는 데 비유를 사용한다.

아래의 (2)는 코로나19와 관련한 대담의 일부인데, '코로나바이러스'를 '인간'을 통해 개념화하고 있다.

(2) 정관용 : 그럼 바이러스는 기생 생명체로 봐야 하는 건가요?

최재천 : 그렇죠. 아주 기발한 방법으로 손 하나 대지 않고 증식을 하는데요. 이번 코로나바이러스의 가장 큰 특징은 **무척 약았다는** 겁니다.

정관용 : 어떤 의미에서 그렇게 **약았죠**?

최재천 : 처음에는 증상조차 느끼지 못할 정도로 아주 **얌전하게 삭 들어옵니다.** (중략)

정관용 : 접촉을 통해 전파되는데 바이러스가 침입해서 금방 위중해지면 그 사람은 퍼뜨리고 싶어도 못 퍼뜨리니까요. 그래서 코로나바이러스가 **약았다고** 하는 거군요.

최재천 : 맞습니다.

정관용 : 위중해지지 않고 널리 퍼뜨릴 수 있는 상태를 유지하면서 자기를 증식시킨다, 그런 거네요.

최재천 : 바이러스에 뇌가 있어서, 그야말로 영화 〈기생충〉에서 송강호

씨가 "너는 다 계획이 있구나."라고 얘기하는 것처럼 계획한
건 아니겠지만요. 그동안 우리를 **공격했던** 다른 바이러스와 비
교해봐도 코로나바이러스는 전파력이 강합니다. 의인화해서
표현한다면 **아주 영리한 놈입니다.**

　　정관용 : 신종플루 같은 경우, 어찌 보면 독감의 일종 정도로 변화한 게
　　　　치사율, 치명률이 낮기 때문이잖아요. 그런데 코로나바이러스
　　　　는 치사율과 치명률이 꽤 높은 것으로 나타납니다. 즉, **자기 정**
　　　　체를 숨기고 무증상으로 감염도 시키고 후에 **본색을 드러내면**
　　　　서는 사람을 아주 극심히 괴롭힌다는 거네요? (최재천 외 2020:
　　　　23-24)

　　(2)는 '코로나바이러스'에 대한 대담으로, 최재천 교수는 바이러스에 대해
'무척 약았다, 얌전하게 싹 들어오다, 공격하다, 아주 영리한 놈이다, 자기 정
체를 숨기다, 본색을 드러내다, 사람을 아주 극심히 괴롭히다'와 같은 인간의
여러 가지 특성이나 행동에 비유하여 바이러스를 설명하고 있다. 눈에 보이지
않는 전염병의 존재에 대해서 우리는 우리가 가장 잘 알고 있는 대상 중의 하
나인 '인간'에 대한 구체적인 경험을 기반에 두고 표현하고 이해하는 것이다.
(2)에서와 같은 비유를 통한 설명은 코로나19의 특성을 쉽게 이해할 수 있도
록 해 준다.6

---

6 코로나19는 바이러스 모양이 왕관과 유사하다는 점에 착안한 명칭이며, 지카 바이러스는
　그 발생 지역인 지카 숲에 현저성을 부여하여 작명한 것이다. 우리가 바이러스의 이름을
　짓는 여러 가지 방법이 있겠으나 이처럼 '모양'이나 '지명'의 유사성이나 인접성을 통해
　명명하는 것은 인간 인지 능력의 기본이며, 비유 사용의 기본 원리이다.

3. 코로나19에 대한 개념화 유형

전염병은 일반적으로 '암'이나 '우울증'과 같은 대표적인 질병에서 나타나는 것과 마찬가지로 '전쟁, 인간'을 통해 개념화되기도 하지만, 전염병의 경우 '방역, 확산, 팬데믹' 등 전염병이 갖는 특수성을 설명하기 위한 새로운 비유가 사용되기도 한다. 여기에서는 코로나19의 개념화 양상을 다음의 세 가지 유형으로 나누어 살펴보고자 한다.

1) 방역에 대한 개념화

전염병의 경우 방역, 확진자의 분리, 확산 등의 과정이 있으므로, 다음과 같은 질병을 설명하기 위한 비유가 사용된다.

> (3) **방역도 생물이다.** 그 특징을 전혀 알 수 없는 신종 바이러스라면 더더욱 그렇다. 과학적 단서가 점차 확보됨에 따라 대상과 결론이 달라지고, 대응 방식도 함께 진화하기 때문이다. (중략) **방역이 생물이기에** 오판 가능성은 늘 상존한다. **100미터 달리기로** 알고 모든 자원을 쏟아부었는데 알고 보니 **마라톤이라면** 의료체계가 버틸 수 없다. 반대로 **마라톤인** 줄 알고 여유를 부리다가 골든타임을 놓치는 상황이 생길 수도 있다. (허윤정 2020: 73-74)
>
> (4) '방역이 중요한가, 경제가 중요한가?' 같은 어리석은 질문을 간혹 받습니다. 고민할 가치도 없는 질문입니다. 가당키나 한 비교인가요? 당연히 사회경제적 안정성이 우월한 가치입니다. 그렇지만 저 같은 사람들은 방역을, 정확하게는 합리적이고 효율적인 방역을 강조합니다. 왜냐하면 **방역은 그릇이기** 때문입니다. **진정 귀한 가치를 담는 용기이기** 때문입니다. 아무리 **진수성찬을 조리했다 해도, 담을 그릇이 깨져버리며** 식탁에

낼 수 없습니다. 방역이 더 중요해서가 아니라, 방역의 성과 없이는 체제를 안전하게 지켜낼 수 없기 때문에 집중하는 것입니다. 가치의 순위가 아니라, 앞과 뒤 순서와 배치 문제입니다. 하지만 그 방역은 지속 가능하고, 확대 가능해야 합니다. 우리가 지금까지 **짐짓 모른 척 외면해온 난이도 극상의 숙제입니다.** (변진경 외 2020: 214)

(3)-(4)는 전염병 방역을 '생물, 100미터 달리기, 마라톤, 그릇, 용기, 숙제'를 통해 개념화하고 있다.[7] 우리는 이번 코로나19를 겪으면서 방역의 방법과 중요성에 대해서 인식하게 되었다. (3)에서는 방역 자원을 배분하는 것에 대해 짧은 기간 안에 온 힘을 기울여야 하는 100미터 달리기와 긴 시간 동안 자기 속도를 유지하면서 완주해야 하는 마라톤에 비유함으로써, 방역의 방법에 대해서 이해할 수 있다. (4)에서는 '방역'과 '경제'의 관계를 '그릇(용기)'에 비유하고 있는데 '경제적 성과'를 '진수성찬을 조리하는 것'에 대응시키고, '방역의 실패'를 '그릇이 깨진 것'에 비유함으로써 경제와 방역의 관계를 설명하고 있다. 또한, 전염병에 대응하기 위한 적절한 방역은 '짐짓 모른 척 외면해온 난이도 극상의 숙제'라고 표현함으로써 꼭 해야 하지만 하지 않고 있던 어려운 일이라는 의미를 잘 표현하고 있다.

(5) 방역에 빈틈이 생겨 **감염병 확산이 큰 파도로 덮쳐오기 시작하면**, 다음으로는 방역 및 의료자원의 효율적인 배분과 실행에 관한 문제가 **수면 위로 떠오르게 된다.** (김우주 2020: 34)

---

7 한 심사자께서는 "생물 비유는 인간사의 많은 부분을 전쟁으로 비유하는 것과 마찬가지로 예측 불가능성과 변화무쌍한 모습을 보이는 많은 대상"에 사용되는 널리 퍼진 비유 중의 하나임을 지적해주셨다. 이 의견에 동의하며, 코로나19에 대해 생물에 비유하는 것은 이 전염병의 특성을 설명하는 데만 사용되는 질병 특정적 비유는 아님을 밝힌다.

(6) 지금 해야 할 일은 감염원으로 의심되는 신천지 등에 대한 신속한 조사와 격리다. **맥주잔에서 거품을 걷어내듯이** 일반 시민에서 확진자 집단을 조속히 분리해야 한다. 그러지 못하면 **거품이 맥주로 녹아들 듯 바이러스도 지역사회에 녹아들 것이다. 거품을 걷어내는** 과정에서 확진자가 대폭 늘어나는 것은 필연적이다. (허윤정 2020: 108)

(7) 아무도 원했던 일은 아니었으나, **팬데믹의 바다로 배들이 출항했습니다.** 나라마다 보유한 선박의 크기와 성능이 다르고, 항해사와 승무원의 경험치와 능력이 다릅니다. 선박에 탄 승객들의 면면도 차이가 나겠지요. '대한민국호'는 지금 대양의 어디쯤 와 있을까요? 이 배의 항해사는 항로를 제대로 잡고 있을까요? (변진경 외 2020: 212)

(5)는 감염병의 확산을 '큰 파도가 덮쳐 오는 것'에 비유하고 있는데, 큰 파도가 덮치면 인간이 피할 수도 없고 따라서 생명의 위협을 받게 된다는 경험에 기반하여 감염병이 확산의 위중함을 생생하게 표현하고 있다. (6)은 감염원으로 의심되는 사람들에 대한 격리를 '맥주잔에서 거품을 걷어내는 것'에 비유하고 있는데, 거품은 시간이 조금만 지나도 녹아들어 맥주와 분리하기 어렵다는 점에서 조사와 격리의 시급함을 표현하고 있다.[8] (7)은 팬데믹(세계적 대유행)에 대해 '국가-선박(배), 항해사와 승무원-정책 및 의료 전문가, 승객-국민, 항로 잡기-적절한 대응책 세우기와 실천하기' 등으로 체계적 대응을 보이고 있다.

---

8 맥주 거품이 녹아들면 맥주의 맛이 떨어질 수는 있지만 맥주를 못 먹게 되는 것은 아니다. 하지만 코로나19 감염원으로 의심되는 사람들을 격리하지 못하는 것은 지역사회의 감염 확산으로 이어져 지역민들이 위험에 처할 수 있다. '거품'이 격리 조치의 시급함이라는 점에서 적절한 근원영역으로 활용될 수 있으나, '거품 걷기의 실패'는 격리 조치 실패가 초래할 수 있는 위험함이라는 의미를 전달하지는 못한다. 이처럼 비유 표현은 때로는 설명력을 높일 수 있으나 오개념을 유발할 수 있다는 점에서 유의해서 사용할 필요가 있다.

우리는 익숙한 경험인 '100미터 달리기, 마라톤, 그릇, 파도치기, 맥주 마시기, 배 타기' 등을 근원영역으로 삼아 코로나19의 방역이라는 목표영역의 낯선 개념을 이해하고 있다. 이러한 비유는 일반인들에게 코로나19로 인한 방역이라는 새로운 상황을 쉽게 이해할 수 있도록 도와준다.

2) 치료에 대한 개념화

백미현(2019: 824)은 "전쟁이라는 물리적인 충돌은 인류가 존재한 이후 줄곧 겪어온 매우 격렬하고 부정적인 경험이다. 특히, 한국인은 비교적 최근까지도 침략과 전쟁을 경험했고 지금도 전 세계는 끊임없는 전쟁과 테러 공포 속에 살고 있다."라고 하면서 '입시, 정치, 스포츠, 무역' 등이 전쟁의 의미구조나 요소로 경험되고 이해되는 양상을 살핀 바 있다. 대체로 질병에 대한 비유 표현은 '질병-적, 질병의 치료-전쟁에서 적에 대한 공격, 치료 방법-전술, 신체-전쟁터' 등으로 상당히 체계적으로 대응된다.[9] 이는 전염병에 관해서도 마찬가지여서, 코로나19의 치료에 대해 다음과 같은 다양한 전쟁 비유가 사용된다.

(8) a. 바이러스와 인간의 **싸움은** 늘 외롭다. (김우주 2020: 4)
   b. 바이러스나 세균 같은 미생물과의 **싸움은** 고혈압이나 당뇨병과의 **싸움**과 다르다. 고혈압이나 당뇨병이 **예측 가능한 싸움**을 한다면, 살아서 움직이는 미생물과의 **싸움**은 애초부터 **예측 불가능한 싸움**이다. (김우주 2020: 19)
   c. 장하준 교수께서는 코로나19 사태를 들어 '**준전시** 상태'라는 표현

---

9 '암의 치료'에 대해서도 전쟁 은유가 사용되는데 "정상세포까지 **공격하는** 기존 항암제와 달리, 표적치료제는 암세포만을 **선택적으로 공격하는** 치료법이다."와 같은 예가 대표적이다(송현주 2018b: 385).

까지 쓰시던데요. 코로나19로 인해 세계 경제에 닥칠 위기, 과거의 위기와 비교해서 어느 정도라고 생각하세요? (최재천 외 2020: 50)

(8)은 코로나19 바이러스에 대해 '싸움, 전쟁'이라는 경험에 기반해 표현한 것인데, 특히 (8b)의 경우 고혈압과 당뇨병처럼 잘 알려진 질병에 대해서는 '예측 가능한 싸움'이라고 하고, 코로나19처럼 새로운 전염병 대해서는 '예측 불가능한 싸움'이라고 하여 '싸움'이라는 점에서는 동일하지만 그 성격이 다르다는 점을 잘 드러내고 있다. 예측 불가능한 싸움은 패배할 가능성도 높고 따라서 공포심이 더 큰데, 코로나19가 그만큼 두려운 존재임을 의미한다.

(9) a. 코로나바이러스 외피에 있는 스파이크 단백질이 숙주세포 **침입**에는 핵심 도구인 셈이다. (과학동아 2020: 11)

b. 전문가들은 대부분 화학백신만이 답이라고 말하지만 앞으로 매년 바이러스가 우리를 **공격한다고** 가정할 때 백신이 개발되는 것은 이미 바이러스가 유행한 후 많은 이들이 죽고, 경제와 사회가 무너진 후일 것이다. (최재천 외 2020: 19)

(10) a. 지구에서 가장 많은 생명체가 박테리아이고 인류는 한 번도 감염병의 병원체, 미생물에 대항해 **이겨본 적이 없어요.** 그렇다고 서글픈 **패배?** 이런 뉘앙스일 필요는 없어요. **인류는 항상 져왔고** 미생물은 원래 힘이 더 세요. (변진경 외 2020: 48-49)

b. 바이러스 **전쟁에서 인간이 완벽하게 이기는** 길은 없다. 인간이 바이러스에게 **이기는** 유일한 길은 언제 있을지 모를 **공격에 대비를 잘해서 피해를 최소화하는** 것이다. 다음에는 또 어떤 '신종' 바이러스가 출현할지 아무도 예측할 수 없다. (김우주 2020: 6)

(11) 끝을 정확히 가늠할 방법은 없지만, 과학자들은 '집단면역'이라는

학술적 용어를 사용하여 전 인류의 상당수가 면역을 획득할 때까지 기다릴 수밖에 없었고, 지금은 **백신이라는 무기가 있어서** 병을 앓지 않고도 집단면역을 얻을 기회가 있습니다. (변진경 외 2020: 211-212)

(9)에서는 '침입, 공격'과 같은 전쟁에서 발생하는 행동을 통해 코로나19 바이러스의 작용에 대해서 표현하고 있으며, (10)에서는 '승리(이기다), 패배, 대비, 패해의 최소화'와 같은 전쟁의 승패와 전쟁에 대처하는 우리의 태도를 통해 우리가 코로나19에 대해 어떤 태도를 보여야 할지 표현하고 있다. (11)에서는 전쟁에서 승리하기 위해서 좋은 '무기'가 필요한데, 우리는 '백신'이라는 최적의 무기를 확보하면 전쟁에서 이길 수 있듯이 전염병을 앓지 않아도 되는 것으로 개념화한다.

(12) 인체의 면역을 담당하는 **방어체계**는 무척이나 정교하다. **인체를 국가에** 비유하면 방어체계의 1단계는 아마도 **휴전선 철조망**쯤 될 것이다. 휴전선은 물리적 장벽으로, **적이 침투**하려면 이 **장벽부터 뚫어야** 한다. **2차 방어선**은 휴전선 주위를 도는 초병들일 것이다. 무엇인가 이상이 있으면 이들은 즉각 대응과 동시에 상부에 보고한다. 2차 방어를 막고 있는 초병들은 물리적 방어선이 뚫렸는지 뚫리지 않았는지 자체적으로 감시하는 역할을 한다. **3차 방어선은** 전국에 있는 **현역 군인들**일 것이다. 이들은 **예비군**들로 전방에서 전쟁을 벌이는 현역을 돕는 역할을 한다. 인체에도 이렇게 몇 겹의 방어선들이 쳐져 있다. **1차 저지선**은 아마도 **피부일** 것이다. 피부는 물리적 장벽 역할을 한다. (중략) 1차 저지선이 뚫리면 백혈구의 일종의 탐식세포들이 즉각 활동을 시작한다. 탐식세포들은 균을 잡아먹는 일종의 '**5분 대기조**' 역할을 한다. (김우주 2020: 59-60)

(12)는 전염병의 면역체계에 대한 이해를 돕기 위해 '전쟁'과 관련하여 '인체-국가, 피부-1차 저지선/휴전선 철조망/장벽, 바이러스/균-적, 탐식세포-5분 대기조' 등에 대응시키고 있다.

코로나19에 대한 전쟁 비유를 빈번하게 사용하는 것은 이 전염병으로 인해 사망할 수도 있을 것이라는 공포심을 주게 된다. 박한선(2020: 36)은 감염병에 대한 사회적 반응과 관련하여 "질병의 확산, 유행, 그리고 소강 단계에 따라 각각 불안과 공포, 혐오와 배제, 그리고 희생양 찾기의 세 단계로 진행됨"을 지적한 바 있는데, 전쟁 비유는 '불안과 공포'라는 첫 단계를 강화할 수 있다.

> (13) 결국 우리는 코로나19에 질 수밖에 없을까요? **이길 수 없는 게임**은 맞아요. 상대가 너무 강해요. 우리는 한국의 2부 리그 팀인데 FC 바르셀로나나 레알 마드리드와 붙는 것인지도 몰라요. '1-0으로 질 거냐 2-0으로 질 거냐' 같은 게임이죠. 한번 이겨보겠다고 무리한 전략을 짜다가 5-0, 10-0으로 지면 트라우마가 남아요. 수비 전략, 체력전으로 2002 한일 월드컵 때처럼 전략을 잘 짜면 어쩌면 져도 1-0으로 질 수도 있고 운이 좋으면 무승부가 될 수도 있어요. (변진경 외 2020: 48)

스포츠 분야에서는 전쟁 비유를 일상적으로 사용하는데, (13)은 코로나19에 대응하는 것을 축구 게임에 비유하고 있다. '이길 수 없는 게임-코로나19에 대한 대응, FC 바르셀로나/레알 마드리드 팀-코로나19 바이러스, 한국의 2부리그 팀-현재 우리 신체'와 대응하며, 코로나19에 대한 트라우마가 남지 않도록 잘 대응하기 위해 전략을 잘 짜야 한다는 점을 표현하고 있다.

전쟁 비유는 거의 모든 질병에 대해서 가장 널리 사용되는 비유 중 하나이다.[10] 질병의 하나인 코로나19에 대해서도 한국어 화자들은 전쟁 비유을 통해

질병을 이해하고 있음을 확인할 수 있다.[11]

3) 전염병의 특성에 대한 개념화

코로나19는 새로운 바이러스로 인한 전염병이기 때문에, 이 바이러스가 어떤 성격을 갖는지에 대한 이해가 필요하다.

(14) 신종 코로나바이러스 감염증의 **사촌**이라고 할 수 있는 사스나 메르스의 경우 증상이 발현된 후에야 감염역을 보인다는 점도 고려됐다. (허윤정 2020: 59)

(15) a. **"예기치 않게 찾아본 불청객** 탓에 인류가 신음한다." 코로나19 사태에 맞닥뜨린 우리의 1차적 반응이다. (최재천 외 2020: 7)

   b. 희망찬 한 해를 기약하던 연초에 우리를 기다린 건 **불청객** 코로나19였다. 그건 결코 달콤한 추억이 될 수 없고, 그가 **남긴 상처**는 깊고도 진하다. (이재태 엮음 2020: 10)

(14)에서 코로나19 바이러스는 '사스'와 '메르스'와 비슷한 모양과 성격을 갖는다는 점에서 '사촌'에 빗대어 표현하고 있다. 코로나19는 '암, 당뇨병' 등과

---

10 2016년에 암으로 사망한 영국 의료 전문가인 Kate Granger는 'fight'와 'battle'을 포함한 전쟁 비유를 사용하는 것에 반대하는 글을 몇 차례 쓴 바 있다. Granger는 "그녀는 용감한 싸움에서 졌다고 내가 죽은 후에 누구든지 그 말을 중얼거린다면 그를 저주할 것이라고 하였다. 질병에 대한 전쟁 비유가 널리 사용되고 있지만, 병을 직접 체험하는 환자에게는 전쟁 비유가 적절하지 않을 수 있음을 보여준다.

11 "인간을 **호시탐탐 노리는** 바이러스의 기본적인 속성과 이런 바이러스에 **맞서 싸우는** 인체의 면역시스템도 자세히 다뤘다. HIV는 우리 몸을 지키는 **병사**인 면역세포를 숙주로 삼아 **파괴해** 독종 바이러스로 취급된다."는 바이러스에 대한 비유인데, 코로나19만이 전쟁 비유를 통해 표현되는 것은 아니다(과학동아, 2020: 3).

같은 질병과는 달리 장기간의 치료를 요구하지 않기 때문에 (15)에서와 같이 일시적으로 함께 하는 존재인 불청객이자 깊고 진한 상처를 남기는 대상으로 개념화된다.[12]

(16) a. 단도직입적으로 질문을 드리겠습니다. 코로나19, 완전히 근절할 수 있을까요? 아니면 **그냥 같이 살아야 합니까**, 앞으로? (최재천 외 2020: 31)

　　 b. 인류는 이 바이러스와 **원치 않는 동거를 피할 수 없는 숙명이고**, 우리는 그 사실을 받아들일 준비가 필요하다는 겁니다. 5년 전 메르스 코로나바이러스를 우여곡절 끝에 종식시킨 경험이 있는 한국은 어쩌면 이런 개념을 이해하거나 받아들이기 가장 어려운 공간일지도 모릅니다. 그러나 **신종 바이러스와 인류의 동행은 이 행성에서 매우 자연스러운 일입니다**. 1918년 스페인 인플루엔자도 신종 바이러스로서 2~3년간 광풍처럼 몰아친 후 **수십 년을 인류와 함께 살았습니다**. (변진경 외 2020: 211)

그런데 (16)을 보면 코로나19 바이러스가 쉽게 우리를 떠날 것 같지 않을 것이라는 인식에 기반해, '그냥 같이 살아야 하다, 원치 않는 동거를 피할 수

---

12 '암'은 발병 후 수술과 항암치료가 끝나더라도 추적 조사를 통해 암이 완치되었는지 확인하는 단계가 있다. 따라서 비교적 긴 시간 동안 암을 치료하고 그 경과를 지켜봐야 한다는 특성이 있다. 따라서 다음의 예에서처럼 '암'은 '친구'에 비유되기도 한다. "그래서 혹시라도 내 몸에 그러니까 다른 나쁜 종양들이 있다면 나는 이제 그 종양들하고 그러니까 **친구처럼 지내야겠다**. 어떤 사람이 그런 얘기를 했었거든요 "**병과 친구처럼 지낸다고**. 그러면 걔도 나를 건드리지 않는다"고. 그래서 나도 마음으로 다스리는 거죠. 그러니까 그런 주문을 좀 외웠던 것 같아요. 그러니까 내 몸한테 '만약에 그런 게 있다면 너는 나를 괴롭히면 안 된다고. 그럼 나도 너를 괴롭힐 수밖에 없다고 그러니까 **내 몸에서 살고 싶으면 조용히 살아라**.' 이런 식의 자기 마음을 다스릴 수 있는 그런 마음가짐, 그런 게 좀 있어야 될 것 같고요.(http://www.healthstory4u.co.kr 질병체험이야기, 위암 > 40대 > 유나희)

없는 숙명, 신종 바이러스와 인류의 동행, 수십 년을 인류와 함께 살다'라는 표현에서 보다시피, 잠깐 머물다가 가는 불청객이 아니라 함께 살아가야 하는 존재인 '동거인'으로 개념화되고 있다. 이는 코로나19 바이러스에 대한 관점의 변화이며, 이러한 변화는 바이러스를 대하는 태도의 변화를 초래한다. 즉, 우리가 코로나19를 퇴치할 수 없는 존재로 개념화하면, 이들과 안전하게 동거하기 위한 전략을 수립하는 데 관심을 쏟게 할 것이다.

> (17) 최재천 : 우리가 농사를 지으면서 해충 구제할 때 이미 쓰던 용어들이 있어요. 박멸, 퇴치 등등. 지난겨울 아프리카돼지열병이 발생했을 때 멧돼지를 쫓으면서도 퇴치나 박멸이라는 똑같은 용어를 썼죠. 이게 다 군사용어거든요. 하지만 **경찰이** 하는 일과 군대가 하는 일은 달라요. **군대는** 쳐들어가서 박멸하는 게 목표고 **경찰은 질서를 유지하는** 게 목표잖아요. 사실 우리가 바이러스 같은 병원균들을 대할 때는 **경찰 행동을** 해야 하는 겁니다.
>
> 정관용 : 질서를 잡아야 하는군요.
>
> 최재천 : 그렇습니다. **군사 행동을** 하는 게 아니라요
>
> (최재천 외 2020: 31)

(15)의 '불청객'에서 (16)의 '동거인'으로 코로나19 대한 관점이 변하면 (17)과 같은 대응이 가능하다. 즉, (15)처럼 코로나19가 불청객인 경우 적으로 간주하고 군대가 쳐들어가서 박멸하는 것으로 개념화되겠지만, (16)의 관점을 수용하면 (17)과 같이 서로에게 해를 끼치지 않도록 질서를 유지하면서 공존할 수 있도록 돕는 경찰의 행동으로 개념화된다.

코로나19 바이러스는 육안으로 보이지 않고, 따라서 어떻게 우리 몸에 작

용하는지 이해하기 어렵다. 이런 경우 우리는 인간의 구체적인 행동 경험을 추상적인 바이러스의 작용에 대응하여 이해한다.

> (18) a. 행동백신과 생태백신입니다. '사회적 거리두기'가 바로 행동 백신의 일종입니다. **옮겨가지 못하게만 하면** 바이러스는 아무 **힘이 없거든요**. 그리고 숲속에서 우리에게 **건너오지 못하게 하는게** 생태백신입니다. 우리가 행동만 확실하게 하면 **옮아가지 않습니다**. 그게 훨씬 좋은 방법이죠. (최재천 외 2020: 33)
> b. 그러나 코로나19는 우리에게 협업을 **가르치고** 있습니다. 모두가 사회적 거리두기를 하고 모두가 방역수칙을 준수할 때 코로나19를 퇴치할 수 있습니다. 바이러스 연구, 백신과 치료제 개발에 전 세계가 협업하고 있습니다. (허윤정 2020: 10)
> c. 아직 사람들은 바이러스는 위험하게 생각하면서 내 **가까이 올** 수 있다고는 생각 안 해요. (변진경 외 2020: 45-46)
> d. 사스, 신종플루, 메르스, 그리고 코로나19가 차례대로 종간의 **벽을 뚫고** 인간에게로 **넘어왔다**. (김우주 2020: 4)
> e. 병원 안에 있는 환자와 직원들이 서로 **바이러스를 주고받으며 살고 있는** 형국이다. (이재태 엮음 2020: 206)

(18)은 바이러스의 작용에 대해 인간이 일상에서 경험하는 신체 동작이나 상태인 '옮겨가다, 건너오다, 힘이 없다, 옮아가다, 가르치다, 가까이 오다, 벽을 뚫다, 넘어오다, 주고받다'를 통해 이해한 것이다. 인간 행동은 신체를 통해 구체적으로 경험할 수 있기 때문에 이들을 근원영역으로 삼아 보이지 않는 바이러스의 작용 방식을 이해할 수 있게 된다.

_____ 4. 마무리

이 연구는 코로나19의 개념화 양상에 대해 인지언어학의 관점에서 살펴본 것이다. 지금까지 논의한 내용을 요약하고 남은 문제를 제시하면 다음과 같다.

인지언어학은 인간 마음의 본질이 무엇인지 규명하기 위한 학제적 연구의 하나로 탄생한 이론으로, 은유와 환유 등의 비유가 언어와 사고에 있어 핵심적인 역할을 하며 일상 언어에 널리 퍼져 있다고 본다.

2020년 코로나19 발생 이후 출판된 단행본을 대상으로 살펴본 결과, 코로나19는 다른 질병과 마찬가지로 질병의 치료나 대처, 그 특성에 대해 '전쟁'과 '인간'을 근원영역으로 한 비유 표현이 주로 나타나며, 전염병이라는 특수성으로 인해 방역과 관련하여 새로운 비유 표현을 사용하고 있음을 확인할 수 있었다.

먼저, 코로나19에 대한 방역은 '생물, 마라톤, 100미터 달리기, 그릇(용기)' 등으로 질병의 확산은 '파도'로 확진자 격리는 '거품 걷기' 등으로 표현된다. 다음으로, 전염병의 치료는 '전쟁'을 통해 이해되는데, '적, 침투, 초병, 현역군, 예비군, 싸움, 침입, 공격, 패배, 피해, 무기' 등으로 표현된다. 전쟁 비유는 대부분의 질병에 대해 가장 널리 사용되는 비유 중 하나이다. 마지막으로, 코로나19 바이러스의 여러 특성은 '인간'을 통해 이해되는데, '사촌, 불청객'이며 사람처럼 '옮겨가고, 넘어가고, 주고받는' 행동을 하는 것으로 표현된다.

이 연구는 코로나19를 주제로 2020년에 출간된 단행본을 대상으로 하였다는 점에서 연구 대상이 제한적이라는 한계가 있다. 코로나19에 대한 의사, 환자, 그리고 일반인들의 다양한 담화를 수집하고 이를 분석한다면 전염병에 대한 개념화 양상을 좀 더 잘 파악할 수 있을 것이다. 특히 최근 의학계에서는 환자의 질병체험 서사가 갖는 가치에 대해 주목하고 있는데, 앞으로의 질병에 관한 연구는 환자와 의사는 질병에 대한 시각, 태도가 근본적으로 다를 수밖에 없다는 점을 고려할 필요가 있다(황임경 2015: 123). 이 연구는 주로 전문가들의 담화를 분석 대상으로 삼은바, 부족한 부분은 후속 연구를 기약하기로 한다.

과학동아(2020), 『VIRUS, 바이러스(살기 위한 바이러스와 죽이고 싶은 인간의 끈질긴
　　전쟁)』, 동아사이언스.

권연진(2017), 『인지언어학에서 은유의 보편성과 상대성』, 한국문화사.

김우주(2020), 『신종 바이러스의 습격』, 반니.

김현효(2019), 「은유의 구조와 활용연구: 미국의 건강보험정책을 중심으로」, 『언어연
　　구』 34(4), 한국현대언어학회, 557-571.

박건숙(2016), 「전염병 보도 프레임 연구」, 『한국어 의미학』 52, 한국어의미학회, 1-29.

박한선(2020), 「감염병 대응의 그림자」, 『FUTURE HORIZON』, 과학기술정책연구원.

백미현(2019), 「삶을 지배하는 전쟁 은유」, 임지룡 외, 『인지언어학 탐구의 현황과 과
　　제』, 한국문화사.

변진경, 김명희, 임승관(2020), 『가늘게 길게 애틋하게 – 감염병 시대를 살아내는 법』,
　　시사IN북.

송현주(2020), 「과학 담화의 비유 사용에 대한 말뭉치 기반 연구」, 『문화와 융합』
　　44(4), 한국문화융합학회, 659-687.

송현주(2016), 「과학 텍스트의 비유 표현 연구」, 『국어교육연구』 61, 국어교육학회,
　　161-190.

송현주(2018a), 「중학생 과학 교육 방송에 사용된 비유 표현 연구」, 『한민족어문학』
　　80, 한민족어문학회, 159-186.

송현주(2018b), 「'암' 담화의 비유 사용 연구」, 『Journal of Korean Culture』 43, 한국
　　어문학국제학술포럼, 7-36.

송현주(2019), 「의료 담화의 비유 연구: '우울증'을 중심으로」, 『담화와 인지』 26(2), 담

화인지언어학회, 27-48.

신선경(2009), 「자연과학 텍스트에 나타난 유추와 은유 -개념 구조의 사상을 중심으로-」, 『한국어 의미학』 29, 한국어의미학회, 133-152.

신선경(2006), 「자연과학적 글쓰기의 수사적 전통과 방향 - 1900년대 학회지에 실린 과학 텍스트를 중심으로」, 『텍스트언어학』 21, 텍스트언어학회, 279-305.

심지연(2016), 「경제 텍스트에 나타난 은유의 인지 의미론적 연구」, 『한국어 의미학』 51, 한국어의미학회, 111-136.

심지연(2017), 「운동경기 기사문에 나타난 은유의 인지의미론적 연구 -일제 강점기 시대를 대상으로-」, 『Journal of Korean Culture』 37, 한국어문학국제학술포럼, 7-30.

심지연(2015), 「전쟁 도식 은유의 역사적 연구 -근현대 시대에 발행된 운동경기 기사문을 대상으로-」, 『한국학연구』 52, 고려대학교 한국학연구소, 101-136.

이동혁(2009), 「개념적 은유 이론에 기반한 글쓰기 전략 교육에 대하여」, 『한국어학』 44, 한국어학회, 245-272.

이동혁(2010), 「담화 은유: 전봇대의 은유적 사용을 중심으로」, 『한국어 의미학』 31, 한국어의미학회, 143-162.

이재태 엮음(2020), 『코로나19 대구 의료진의 기록 그곳에 희망을 심었네』, 학이사.

이종열(2003), 『비유와 인지』, 한국문화사.

임지룡 외(2015), 『비유의 인지언어학적 탐색』, 태학사.

임지룡(2018), 『<개정판> 인지의미론』, 한국문화사.

임혜원(2004), 『공간 개념의 은유적 확장』, 한국문화사.

전혜영(2016), 「은유 표현을 통해 본 한국인의 질병관」, 『한국문화연구』 30, 이화여자대학교 한국문화연구원, 133-161.

전혜영·유희재(2016), 「메르스에 대한 은유와 이데올로기적 함축」, 『한국어학』 72, 한국어학회, 199-225.

최재천, 장하준, 최재붕, 홍기빈, 김누리, 김경일, 정관용(2020), 『코로나 사피엔스』, 인플루엔셜.

최진아, 「인지언어학에 기초한 비유 교육 연구」, 경북대학교 대학원 국어교육학과 박사학위논문, 2013.

허윤정, 『코로나 리포트』, 서울: 동아시아, 2020.

황임경(2015), 「서사에 대한 의철학적 비판」, 『의철학연구』 19, 한국의철학학회, 119-145.

Dancygier, B. & Sweetser, E.(2014), *Figurative language*. Cambridge: The University of Chicago Press.

Gibbs, R. W. & Franks, H. (2002), Embodied metaphor in women's narratives about their experiences with cancer, *Health Communication*, 14(2), 139-165.

Lakoff, G. & Johnson, M.(1980/2003), *Metaphors we live by*. Chicago: The University of Chicago Press.

Lakoff, G. & Johnson, M.(1999), *Philosophy in the Flesh*, New York: Basic Books.

Reisfield, G. M. & Wilson, G. R. (2004), "Use of metaphor in the discourse on cancer," *Journal of Clinical Oncology*, 22: 19, 4024-4027.

Semino, E. & Demjén, Z. eds.(2017), *The Routledge Handbook of Metaphor and Language*, London, New York: Routledge.

문화 핵심어 '팔자'와 운명관에 대한 민속 화용론적 연구

- 개인적 재난과 관련하여 -

이정애

(전북대)

1. 서론

본 연구는 한국인의 생애사 자료를 통하여 한 개인의 삶 속에서 일어난 많은 사건들이 어떻게 개인적 재난이라는 관점에서 의미화되었는가에 대한 관심에서 출발한다. 사실 본 연구는 한 개인이 경험한 개별적이고 특정적인 사건들이 특정한 시대 안에서 국가적 또는 사회적 맥락을 바탕으로 하고 있음에도 불구하고, 이를 개인의 운명으로 수용하고 받아들인 원망과 체념 방식에는 '팔자'라는 한국어만의 독특한 단어와 관련된다고 생각한다.

재난이란, 재난의 발생 지점이 '뜻밖'이며, '재해'와 '변고', '재앙' 등과 함께, 재난의 원인이거나 그 자체를 나타내면서도 그러한 원인으로 인한 결과로 생긴 불행한 일이나 사고를 모두 지칭하고 있다(강희숙 2020). 다시 말해 우리가 어떤 일의 발생을 전혀 예상하거나 생각하지 못한 지점에서 재해(또는 천재지변), 변고, 재앙 등이 발생하여 일어나는 괴롭고 힘들고 불행한 일이 바로 '재난'임을 알 수 있다. 그러나 재난과 재해에 대한 인식 모두가 사회적으로 구성된다는 관점에서 본다면,[1] 개인적 재난이란 용어가 모순어법(oxymoron)

---

1 김성희·이준웅(2019: 46)에서는 '위험을 유발하는 사건 그 자체'를 재난이라고 하고, 재해는 '재난으로 인한 피해'를 지칭하여 두 용어의 구분사용이 가능하다고 하였으나 재난과 재해에 대한 인식 모두가 사회적으로 구성된다는 관점에서 '재난과 그로 인한 피해'를 통칭하여 쓸 수 있다고 하였다.

일 수 있다. 사전적 의미에 기댄다면, 오히려 개인적 변고라는 표현이 더 적절할 수 있다.

본 연구는 개인적 재난을 '한 생애를 통해 개인에게 일어난 뜻밖의 불행한 일이나 사고(또는 그로 인해 일어난 결과나 피해)'로 규정하면서도, 모든 일이란 삶의 맥락을 바탕으로 하기에 개인적 재난이 순전히 개별적이고 개인 특수적으로 발생하는 것은 아니라는 점을 수용한다. 그러나 한 개인에게 닥친 불행한 사고나 피해가 개인에게 어떻게 주관적으로 의미화되는가의 과정은 개별적이고 특수하다고 판단한다.

즉 개인적 재난이란 개인에게 경험된 불행한 사건이 의미화된 것을 지칭하며, 이를 좀 더 실제적이고 경험적으로 접근하기 위하여 본 연구는 개별적 삶의 이해를 바탕으로 구성된 생애사의 자료를 통해 한 개인의 재난적 경험을 살펴보고, 이러한 개인적 경험의 의미화가 결국은 한 개인의 것만이 아니라 특정 시대의 삶에서 보편적으로 공유된 의미 체계로 드러날 수 있음을 '팔자'라는 문화 핵심어(cultural key word)를 통해 살펴보고자 하는 것이다.

생애사란 한 개인의 지나온 삶을 자신의 말로 다른 사람에게 이야기한 기록으로 행위자 또는 내부자의 주관적 경험을 보여주는 자료이다(유철인 2022[1990]): 24). 최근 사회과학의 해석적 경향이 강조되면서 생애사는 자기의 표현이나 주관적인 경험의 표현 그 자체에 초점을 맞춘 텍스트이면서 또한 구술자의 자아(self), 삶, 경험에 대한 주관적 해석과 이에 대한 생애사 연구자의 이해를 보여주는 생애사 해석으로 부각된다(유철인 2022[1990]).

즉 생애사는 한 생애를 통해 구술된 사건으로서의 개인적 재난을 보여주기도 하지만 이 개인적 재난이란 구술자와 연구자의 협업의 결과가 만들어낸 해석일 수 있다. 본 연구는 이처럼 주관적 의미화를 통해 재생된 개인적 재난이란 어떤 사건이며 어떤 영향이 그 생애에 미쳤는지를 생애사 자료를 통해 살펴본다면, 개인적 재난의 사건들은 특수하고 개별적인 발생이지만 시대 전체를 통해서 볼 때 그 당시의 어떤 보편적 의식의 흐름을 보여주는 집단적 경험임을 확인할 수 있다고 본다.

잠깐 화제를 돌려보면 우리의 삶이란 우리가 생각하거나 예상하지 못한 지점에서 크거나 작은 천재지변이나 변고 등으로 인한 재난사이기도 하다. 사실 나이 많은 세대들이 자신의 생애를 이야기할 때, 책 한 권으로 모자랄 정도라고 한다. 이는 그들 삶 속에서 일어난 일 또는 사건 대부분이 '인간의 의지와 달리 자신의 힘 또는 능력으로는 어찌할 수 없었던 예상치 못한 불행한 일들'이 복잡하게 짜여 일어난 재난의 결과임을 보여주며 그 재난적 삶을 의미화하는 과정이 책 한 권 분량으로 담아낼 수 없음을 말하고 있다.

이제 조금 구체적으로 제시할 본 연구의 목적은 첫째, 특정 시대를 살아온 여성들에게 경험된 개인적인 재난이 어떻게 '팔자'로 의미화되었는지를 '팔자'의 의미 분석을 통해 설명하고자 하며 둘째, 개인적 재난을 극복하고 삶을 지속할 수 있었던 그들의 삶의 자세 또는 방식을 운명관으로 규정하고 이를 문화 스크립트(cultural script)로 제시하고자 한다. 방법론적으로는 전 세계의 언어들이 공통으로 갖는 가장 기본적 개념들을 메타언어인 의미 원소(semantic prime)로 개발하여 가장 단순하고 보편문법(universal grammar)으로 의미설명(explication)을 함으로써, 언어의 보편성에 기대면서도 언어 문화적 특수성을 보여줄 수 있는 민속 화용론적 접근법(ethnopragmatic approach)을 적용한다. 이 접근법에 의하여 문화 핵심어로서의 '팔자'의 의미설명은 물론 내부자적 관점(insider's perspective)에서 본 한국인들의 삶에 대한 태도와 삶의 방식, 통칭하여 운명관을 설명할 수 있을 것으로 기대한다.

2. 민속 화용론과 생애사 자료

2.1. 민속 화용론

민속 화용론은 자연 의미적 메타언어 방법론(Natural Semantic Metalang-uage, 이하 NSM)에서 분파된 것으로, NSM은 오랫동안 가장 보편적인 의미 원소를 사용하여 인간 사회의 삶과 그 삶을 표현하는 어휘와의 사이에 연관 성을 메타언어적 방법으로 증명하여 왔는데(Goddard(ed.) 2008, Goddard 2018), 그 NSM의 주된 관심 영역 중의 하나가 바로 '문화 핵심어'이다(Wierz-bicka 1997, 1999, 2003[1991], 2006, 2010). 문화 핵심어란 문자 그대로 각 나라의 문화적 내용이 담긴 단어를 일컬으며, 다른 나라의 언어로 번역이 어렵거나 거의 불가능하지만, 동시에 그 언어 화자들만의 특수한 전통과 유산의 핵심적 가치를 담고 있는 어휘를 말한다. 모든 언어는 그 문화의 핵심적 가치를 반영하는 일정한 핵심어를 갖고 있으며 NSM에서는 이를 민속 화용론적 접근법을 통하여 분석할 수 있다고 주장한다(Wierzbicka 1999; Ye 2004; Goddard(ed.) 2006; Vo 2016; Goddard and Wierzbicka 2014, Yoon 2011 등 참조).

한 집단 사회의 삶과 그 삶을 반영하는 언어와의 사이에 밀접한 연관성은 Sapir(1949[1929]) 이후 지속적으로 주목받아 왔다. 그간 NSM은 가령, 문화핵심어, 관용 표현, 이야기, 속담, 노래, 심지어 문법 구문들조차도 언어와 문화의 관계를 잘 보여주는 언어적 단서임을 증명하였으며,[2] 특히 전 세계 수많은

---

2 영어의 의문사 명령형(wh-imperatives)은 영어만이 갖는 특정 문화적 구문임을 논의한 Wierzbicka 2003[1991]와 한국어의 경어법을 문화와 관련하여 논의한 Yoon(2004)과 Lee(2021) 참조.

언어와 문화를 대상으로 그 문화만이 갖는 매우 특정적인 언어 표현들은 그 문화만의 특정적인 정신세계를 바탕으로 이해되어야 한다는 주장을 민속 화용론으로 발전시켜왔다.

다시 말해 민속 화용론적 접근은 고유한 문화의 가치, 신념, 태도, 사회적 범주, 감정 등등에서, 모든 문화 집단들은 그 문화 고유의 문화적 핵심어, 문화 개념, 말하기에 대한 문화 특정적 방식, 문화 특정적 표현들을 보유하고 있는데, 이러한 것들은 특정 집단만의 문화적 가치를 반영하고 있는 것으로써 이를 모든 언어와 문화로부터 독립적으로 설명하는 것을 목표로 하고 있다. 따라서 특정 집단만의 내부적 문화 가치를 설명하기 위해서는 내부자적 관점에 근거하여 그들이 사용하는 개념과 용어로 설명되어야 하지만 그 설명방식은 어떤 언어의 화자라도 누구나 이해되는 접근 틀을 사용해야만 명확히 언어와 문화의 관계를 설명할 수 있다는 입장이다.[3]

마찬가지로 한국어의 '팔자'의 개념도 한국 문화만의 특징적 개념으로서 이것을 영어의 'fate'와 'destiny'와 비교하거나, 또는 한국어의, 그와 유사하지만 다른 개념 층위인 '운명'과 '숙명' 등과 비교하기 위해서는, 어떤 특정 언어 또는 특정 문화와 관련이 없이 독립적으로 접근될 수 있는 분석적 틀이 제시되어야 한다.

이 분석적 틀이 NSM에서 개발한 의미설명으로서, 보편적 개념인 의미 원

---

3 가령, Yoon(2007)에 의하면, 한국 고유의 문화적 개념 중의 하나인 '정'이라는 단어는 그 문화 핵심어가 갖는 고유한 문화적 논리, 문화적 규칙, 문화 특정적 개념을 가장 분명하고 정확하게 설명해야 하며, 이를 위해서는 특정 언어적인, 또는 특정 문화적인 틀로 접근할 수 없으며, 문화 내부자적 관점으로도, 문화 외부자적 관점으로도 명료하고 정확하게 이해될 수 있는 형식화된 의미론적 틀로 접근되어야 함을 민속 화용론을 통해 실증적으로 제시한다.

소와 보편문법으로 구성된 의미론적 분석이다(Goddard and Wierzbicka (eds.) 2002; Yoon 2006). NSM의 초기에는 주로 단어의 의미를 이 명시적 의미설명의 틀로 사용하여 제시하였으나(Wierzbicka 1992), 점차 민속 화용론적 방법으로 접근된 의미 분석의 틀을 문화 스크립트로 확장하였다(Goddard and Wierzbicka(eds.) 2004; Wong 2004; Ye 2004; Ameka 2006; Goddard (ed.) 2006; Goddard 2010; Yoon 2004, 2007, 2011; Lee 2021 등을 참조). 문화 스크립트는 특정 언어만이 갖는 문화 핵심어라는 단어 속에 기저된 그 집단의 문화적 가치, 의식 등을 설명하는 인지적 시나리오를 보여주는 것으로써, 언어 표현들이 어떻게 특정 문화의 가치들이 반영된 언어적 증거인가를 제시할 수 있는 매우 적절한 방법론의 하나이다. 언어와 문화는 이 문화 스크립트를 설정함으로써 그 관련성을 설명할 수 있으며, 문화 스크립트를 통해 드러난 설명적 특성은 전 세계의 다양한 문화권 사이에서 비교 문화적 의사소통의 목적을 달성할 수 있게 된다.

최근까지 NSM은 의미 원초소 65개 이외에 메타언어를 의미 분자(semantic moleculars)로 확대하였고 이를 최소언어(minimal language)라는 큰 설명적 틀을 개발하는 중이다(Goddard(ed.) 2018, 2021). 최소언어는 의미 원소와 의미 분자로 확대하여 거의 200여 개에 이르는 메타언어를 포함하며 매우 실제적이며 현실적인 의사소통 문제들을 접근하고 있다.

본 연구는 한국 사회 안에서 매우 자연스럽게 받아들여지는, 일상어라고 할 수 있지만 다른 언어와 번역되기 힘든, 문화 핵심어 '팔자'의 의미설명을 제시하고, '팔자'와 관련한 한국인의 삶의 가치관, 즉 운명관을 한국인의 내부자적 관점으로 보여주는 문화 스트립트를 통해 이해하고자 한다.

2.2. 생애사 자료

본 연구가 생애사 자료를 바탕으로 한 이유는 두 가지이다. 먼저, 본 연구의 분석 대상이 바로 문화 핵심어인데, 이를 가장 잘 보존하는 자료가 한 개인의 삶을 조망하는 구술 자료로서의 생애사로 보기 때문이다. 또 한편, 본 연구가 적용하려는 민속 화용론은 문화 내부자적 관점을 중시한 언어와 문화의 관련성을 연구하는 분야인데 생애사가 매우 실제적 자료를 제공하기 때문이다.

본 연구가 대상으로 한 자료는 1920~30년대 출생한 여성의 삶을 구술한 최현숙의 『천당하고 지옥이 그만큼 칭하가 날라나?』(2014, 이매진)이다. 본 연구는 이 자료들이 구술자의 입에서 그대로 표현된 언어 모습을 보여주며, 이를 통해 특정 개인의 재난들이 보편적 경험으로 이끌어낼 수 있음을 확인할 수 있다고 보았다. 또한 생애사 자료가 담아내는 구술된 언어 자료들이 그대로 한국어 사용자만이 갖는, 우리 문화에서만이 형성될 수 있는 구술자의 인식 체계 즉, 세계를 이해하고 해석하는 방식을 찾을 수 있다고 보았다(유철인 2022[1990]: 26).

물론 본 연구가 사용하려는 생애사 자료가 본 연구의 목적과는 다른 방향과 의도에서 전혀 다른 연구자에 의해 수집되고 편집된 자료로서 한계를 드러낸다고 할 수 있다. 그러나 본 연구는, '생애사라는 틀에서 삶, 경험, 자아에 대한 문화의 생각과 그 문화에 관해 이야기하는 고유한 방식을 찾으려는 연구자의 노력'이 담긴 생애사의 자료는 본 연구가 찾아내려는 개인적 재난의 주관적 경험과 그 경험적 의미를 충분히 담아낸 텍스트라고 생각한다.[4]

---

4 유철인(2022[1990]: 27)는 '연구자는 생애사 수집 과정에서부터 구술자가 자기 이야기를

주관적 경험은 생애사의 중요한 본질의 하나로서 구술자가 생애에서 경험한 것을 기억해내고 자기 자신한테 또는 다른 사람한테 이야기하는 과정에서 자기의 경험을 의미로 만들어내는 과정이다. 가령, 구술자가 자신의 삶에서 일어난 사건을 경험할 때 그리고 그 사건에 대해 돌이켜보거나 이야기할 때 자기한테 있었던 일에 대해 기억하고 나름대로 평가하여 이야기하는 과정에서 자기의 경험을 의미로 만들어가는 과정에서 주관성이 나타난다(유철인 2022: 25).

또 한편으로 이 생애사 자료는 연구자가 구술자를 대상으로 '재난'에 대한 주관적 경험을 연구의 목표로 수집한 것이 아닐 뿐만 아니라, 소수 특정 개인의 생애사 자료가 동일 시대의 수많은 보통 여성들의 삶을 대표할 수 없다고 볼 수 있다. 그러나 경험에 의한 주관화에 의해 형성된 자신의 삶에 대한 조망, 경험의 주관적 이해를 통한 자신의 삶에 대한 변명과 정당화, 그리고 자기 삶의 방식에 대한 의미 부여 등은 한정된 소수의 삶이 살아온 그 시대의 삶과 동떨어진 특수한 사례가 아니며 수많은 보통 여성들의 삶을 체계화하는 데 기여된다. 그뿐만 아니라 구술 자료에서 중요한 것은 사실성이 아니라 그 속에 담긴 구술자의 인식 체계 즉, 세계를 이해하고 해석하는 방식이라는 점에 초점을 두어 수집한 자료라는 점에서 구술 생애사를 통해 당대의 사회와 문화의 구조를 이해할 수 있다고 본다.

선택적으로 끌어내는 데 중요하게 작용할 뿐만 아니라 수집된 자료의 편집과 해석에도 큰 역할을 담당하게 된다'고 하였다.

3. 개인적 재난과 '팔자'의 의미 분석

3.1. 개인적 재난의 양상과 경험의 집단화

최현숙(2014)에는 각각 김미숙,[5] 김복례,[6] 안완철[7]의 생애사 이야기가 담겨 있다.[8] 이들의 생애사는 크고 작은 사건들로 점철된 각기 다른 개인적인 경험 이야기이다. 그러나 각기 다른 개인들이 겪었던 사건들은 그 시대의 공통된 사회적 재난(가령, 일제 시대 공출, 정신대, 징용, 전쟁 등)과 무관하지 않으며, 그로 인해 특정 사건들은 집단적 경험으로 공통되며, 이들은 개인의 힘과 의지와는 별개로 발생한 것이지만 개인의 불행한 삶으로 결과되도록 하는 재난적 전형성을 찾을 수 있다. 어떤 특정 사회에서 개인의 경험이 집단화된다면, 그것은 어떤 전형성과 보편성인 것이고 더 이상이 개인적인 것이 아니다. 본 연구는 그들의 생애가 '일제 강점기, 해방, 6.25 전쟁, 분단, 산업화' 등에 걸쳐 있으며, 이러한 역사적 맥락을 바탕으로 그들이 겪어온 크고 작은 사건

---

5 김미숙은 1925년 평양에서 태어나 성장했다. 정신대를 피해 일찍 결혼한 후 남편이 징용에 끌려가자, 친정집으로 온 후 공장에 다니기 시작한다. 우연히 친구와 함께 서울로 오면서 가족과 고향을 떠나, 서울 바닥 생활을 시작한다. 여기서 남자와의 만남과 임신으로 고향으로의 귀향에 실패하고 6.25 난리 중에 아편 중독인 남편은 자살한다. 그 후 우연히 미군 부대 인근 여성들에게 양키 물건 장사하면서 아들을 목사로 키웠으며 외국인 집 파출부 일로 혼자 생계를 이어왔다.

6 김복례는 1927년 전남 영광에서 태어났다. 정신대를 피해 동네 남자와 동거를 하다 한 달도 못 되어 남자가 징용에 끌려가자 친정으로 왔다. 그 짧은 동거 동안 남자에게서 매독이 옮았고 제때 치료를 하지 못해 심한 안면 장애와 언어 장애를 평생 겪는다. 해방 후 제대로 된 혼인을 통해 자식을 두었지만, 남편이 새장가로 집을 떠나 혼자된 후 서울로 이사 와서 온갖 막노동으로 자식들을 키우며 생계를 이어왔다.

7 안완철은 1933년 전북 남원에서 태어났다. 부유한 가정에서 중학교에 입학했으나 전쟁으로 학업이 중단되고 아버지를 잃게 된다. 결혼 후 공무원인 남편을 따라 서울로 왔으나 4.19로 남편은 퇴직한다. 그 후 가게를 시작하여 집 장사, 블록공장, 사채, PX 물건 장사 등을 통해 재산을 축적하여 자식들을 모두 교육시키고 비교적 만족한 삶을 살고 있다.

8 이들 이름은 가명이며 괄호 안에 가명과 페이지를 출처 표시한다.

들을 사회와 개인의 삶이 맞물려 발생한 것으로 간주할 수 있었다. 본 연구는 이를 몇 개의 개인적 재난으로 구분하고 그 양상에 따라 공통적으로 집단화된 예를 다음과 같이 제시한다.

<표 1> 개인적 재난의 집단화

구술자 개인적 재난	김미숙	김복례	안완철
정신대(또는 가난)의 이유로 조혼	O	O	X
징용(또는 전쟁)으로 남편과의 이별	O	O	X
재난(전쟁, 물난리, 돌림병)으로 부모님 돌아가심	O	O	O
교육을 못 받음	O	O	O
보릿고개(또는 가난)로 배곯음	X	O	X
가족 부양과 생계유지를 위한 노동	O	O	O

위의 표에 제시된 6개의 예시가 개인적 재난으로 볼 수 있는가의 논의는 있을 수 있다. 그러나 이 재난들은 주관적 경험의 의미화가 다르지만, 공통된 재난 양상으로서 고스란히 시대적 배경과 맞물린 사회적 또는 자연적 재난으로 인하여 발생한 사건들이다.[9] 이 사건들은 이들 삶에서 찾아낸 매우 큰 불행한 사건이며 개인적 재난의 원인이 되기도 하고 그 자체이기도 했다.

물론 대부분 사건들은 개인마다 다르게 의미화되었으며 이 사건을 발생시킨 시대적 배경과 그와 맞물린 사회적 재난으로 인식하는 여부도 개인마다 다르다.

---

9 세 사람의 해당 여부를 O, X로 표시했지만, 본 연구는 한 개인의 고난과 어려움의 정도가 관심은 아니다. 다만 공통된 경험이 집단적으로 일어난 형태임을 보이려고 한 것이다.

(1) 친정어머니도 장수해서 구십까지 사셨고 아버지는 일찍 돌아가셨어. 징용 나갔다가 와서 해방되고 인공 나고 바로 이어 전쟁 났을 때, 천지에 이질 설사가 돌았어. 그 설사병에 그만 그냥 쉽게 돌아가시더랑게. (김복례 128)

(2) 친정어머니가 넣어줘서 오후반 학교(문맹자를 위한 공민학교인 듯)를 두달인가 다녔었어. 근데 친척 어른들이 여식을 왜 학교에 보내냐며, 여식 글 가르쳐봤자 시집가서 친정에 편지질이나 해쌌다가 뚝 하면 친정으로 쫓아온담서, 나 학교 보내는 걸 마땅치 않아들 했제. 그려서 결국 아버지가 학교를 못가게 했어… 여자는 안 갈챠어, 그때는. 그게 한이지. (김복례 129)

이처럼 사건의 하나란 (1)처럼 '아버지가 일찍 돌아가신 일'이지만, '이질설사'라는 돌림병에 의하여 '그만 그냥 쉽게 돌아가시는 것'으로 의미화하고 있다. 그리고 그 병이 전쟁(6.25)을 배경으로 발생한 사회적 재난이었음이 개인에게 크게 의미화되지 않는다. 그러나 (2)는 '그때는 여자는 안 가르친 일'이 당시의 시대 상황에서 발생한 것으로 자각하였으며, 개인에게 '한'이라는 정서로 의미화될 만큼 큰 사건으로 부각된다. 본인에게 어떤 일이 이루어지기를 열망했음에도 이를 충족시키지 못한 물리적 상태가 오래 지속되면 마음속에 그 원망이 남아 느끼게 되는 심리적 상황이 '한'인데, 이처럼 어떤 상황에서 일어난 사건이냐에 따라 개인적 주관화도 다양하게 이루어지는 것을 알 수 있다.

본 연구가 관심을 갖는 '팔자'는 구술자들이 개인적 재난을 주관적 경험으로 의미화할 때 자신의 삶 전체에 대한 조망 방식을 보여주는 언어적 단서이다. 본 연구가 간추린 '개인적 재난'은 개인의 힘과 노력으로는 이해될 수 없는 범주에서 일어난 것으로서, 구술자들은 이를 사회적 재난으로 조망하기보다는 개인적 운명의 범주에서 수용해야 했으며 이를 자신의 삶의 관점에서 조망할 때 팔자의 탓으로 돌릴 수밖에 없다는 것을 확인할 수 있다.[10]

다시 말해 개인의 생애사에서 사회적으로 주요한 사건들의 발생이 그들에게 큰 의미가 되지 못하고 불행한 삶을 조망하는 데에 어쩔 수 없는, 보이지 않는 힘의 작용에 의한 '탓'으로 돌려지는데 그것이 바로 '팔자'이다. 구술자들은 그들의 삶을 조망하면서 사건 경험의 주관화를 통해 사회적 재난으로 인식하기보다 개인적 재난으로 돌려 이를 '팔자 탓'으로 규정하였다.

다음 절에서는 이 '팔자'가 한국문화에서 어떻게 개인적 재난의 수용과 체념의 방식으로 주관적으로 해석되었는지를 살펴보고, NSM이 제안한 민속 화용론적 방법론을 적용하여 '팔자'의 의미설명을 시도하고자 한다.

3.2. '팔자'의 의미 분석

생애사에서 구술자들의 삶을 조망하는 방식을 가장 잘 드러내 준 단어는 '팔자'이다.[11] '팔자'란 사람이 태어난 해, 달, 날, 시의 사주(四柱)를 간지(干支)로 말할 때 글자가 여덟 개로 나오는 사주팔자에서 나온 말로 평생의 운수를 말한다(『우리말큰사전』, 한글학회편, 1992). 이 팔자에 의한 운수가 평생 운명을 결정한다는 운명론은 지금까지 한국인들에게 직간접적으로 영향을 준

---

10 이처럼 한 개인이 맞닥뜨린 국가적 사건을 지극히 개인적 경험으로 진술해내는 양상은 해석인류학의 중요한 관심사이다. 가령 구술자(강정순 할머니)가 4.3의 와중에 자기에게 닥친 일을 당시의 시국 탓으로 돌리기보다는 '시집 잘못 간 탓'으로 개인화하고 있다는 생애사 연구(유철인 2022[2004]: 169)와 한국 근현대사의 주요한 사건들의 의미란 구술자의 삶에 있어서 가족 해체나 생존 위기와 관계되지 않는 한 큰 의미가 되지 못하고 있다는 연구 결과(윤택림 2001)도 이와 같다.

11 사회심리학적 관점에서 '팔자'를 한국인의 신세조망 양식으로 연구한 최상진·김지영·김기범(2002), 최광혁 (2002), 김지영·김기범(2005) 참조.

사회적 심리의식이라고 할 수 있다(김지영・김기범 2005).[12]

앞서 언급한 대로 생애사 자료에서도 구술자들이 그들의 이야기를 통해 개인적 재난을 인간의 힘으로 어쩔 수 없는 불가피한 것으로 일단 받아들이면서 그것을 '타고난 팔자 탓'으로 돌리는 경우를 확인할 수 있다. 일종의 개인적 재난의 수용과 체념의 좋은 사고 기제를 보여주는 것이 '팔자'이다.[13]

사실, 사람은 언제나 세상일들이 원하는 대로 이루어질 수 없다는 것을 너무나 잘 알고 있으며, 어떤 보이지 않는 외적 힘에 의해 우리의 삶이 만들어진다는 생각을 하면서 살아간다. 이와 유사한 생각들은 인간에게 매우 보편적인 것으로 가령 영어에 'fate'나 'destiny'가 있듯이,[14] 모든 언어와 문화권에서 '운명'이라는 개념을 갖고 있을 것으로 기대할 수 있다.

물론 '팔자' 외에도 한국인들은 일상적으로 '운명'이라는 단어를 사용하며,

---

12 김지영・김기범(2005)은 '팔자'를 한국인의 신세 조망과 관련된 팔자 귀인의 특징을 갖는 것으로 보고, 한국인이 흔히 이야기하는 '팔자 탓'은 예측할 수 없는 상황에 대해 사용되는 한국인의 사회 구성적 설명방식이라고 하였다. 그러나 팔자가 한국인의 길, 흉, 화, 복을 주관하는 주재자이지만, 한국인은 팔자를 고치려고 하고 열심히 노력도 하고 절대자에게 매달리기도 하고 점쟁이를 통해 불운을 피해 보려고 노력하는 '개척적 운명론자'들이기도 하며 이 팔자 탓으로 인해 인력으로 어쩔 수 없다고 생각되는 상황에서 마음의 안정과 자기 위안을 얻기도 하는 심리적 기능이 있음을 제시하였다.

13 팔자타령은 한국 여성들이 지나온 자신의 삶에 대해 부정적인 태도로 조망할 때 사용하는, 반복하는 이야기 형태의 말로서, 일종의 말 장르(speech genre)라고 할 수 있다('말 장르'에 대해서는 Wierzbicka 2003[1991] 참조). 가령, 아래의 예처럼 '팔자타령'도 있고, 양반이 부정적인 대상으로 반복 형태의 말이 이루어진다면 '양반타령'이고, 돈의 경우라면 '돈타령'이 된다.

(예) 살아내는 동안이야 너무 힘들고, 후회도 많이 하고 울기도 하고 팔자타령도 많이 했지만, 다 살아놓고 난 지금은 당당해. (장기태 60)

14 '팔자'에 대한 의미는 Wierzbicka(1992: 65-116)가 시도한 의미 분석의 틀을 기본으로 분석한다. 여기서 Wierzbicka는 운명에 대한 개념을 인간 경험의 보편성으로 접근하지만, 러시아어의 'Sud'ba', 폴란드어의 'Los', 독일어의 'Schicksal', 이탈리아어의 'Destino'와 'Sorte', 영어의 'Fate'와 'Destiny' 등의 의미는 '운명'에 대해 생각하는 다양한 문화의 사고 방식에 따라 달리하고 있음을 비교 언어적으로 설명하고 있다.

살아온 삶이나 인생의 과정을 두고 인간의 힘으로는 어찌할 수 없는 신비하고 불가사의한 것으로 이해하며 이를 '숙명'과 크게 다르지 않게 사용한다. 그러나 '운명'이나 '숙명'의 경우는 '팔자'에 비해 매우 경험적이고 실제적인 사용이 없었다. 즉 '팔자'는 '운명'이나 '숙명'보다는 더 경험적이고 실증적이며 현실적인 특징을 갖고 있다.

먼저, '팔자'는 삶 자체를 지시하는 데 사용되며, 현재를 기준으로 지나온 삶이라는, 즉 과거로부터 조망된 삶을 지시한다.

> (3) 지금 가만 생각하면 그 사람하고 살았으면, 이렇게 남한 땅 와서 아무도 아는 사람 없이 고생만 하고 살지 않고, 편하게 살았을 거 같어. 해방되고 일본 사람들 쫓겨날 때 재산을 많이 남기고 갔거든. 그러니 살기가 좋았을 거 아냐. 근데 뭐 모르지, 그 팔자는 또 어떤 팔자였을지. (김미숙 30)

여기서 '팔자'는 인생 그 자체를 의미하며, '인생'과 교체해도 맥락적 의미가 크게 달라지지는 않는다.[15] 그러나 일반적이고 가치 중립적인 의미를 지닌 '운명'이나 '숙명'과 달리, '팔자'는 자신의 삶 자체에 대한 구술자의 부정적인 또는 비하하는 평가 태도를 내포하고 있다. 이는 '팔자'가 갖는 삶의 조망 방식이 부정적으로 암시되기 때문이다. 그래서 '팔자'는 사람에게 더 좋은 일보다 나쁜 일이 더 많이 일어났거나 일어날 것이라는 부정적인 면을 내포한다. 이러한 나쁜 일의 발생은 의지대로 되지 않을 뿐만 아니라 통제할 수 없는 것이기 때문에 인생은 이해할 수 없고 어쩔 수 없는 것이 된다. 즉 '내가 그것을

---

15 '팔자'는 인생과 같은 의미로 쓰이기도 하며, '노년 팔자' 또는 '말년 팔자'처럼 일정 기간의 삶을 뜻하기도 한다.

원하지 않는다고 말한다면 이러한 일들이 나에게 일어나지 않을 것'으로 생각할 수 없다. 그렇다고 자신의 삶을 무의미한 것이거나 필연적인 비극으로 보는 것은 아니다.

이처럼 '팔자'는 우리에게 일어날 수 있는 좋은 일과 나쁜 일 중에서 특히 나쁜 일에 강조를 두고 있다. 심지어 '상팔자' 또는 '팔자가 늘어지다'와 같은 표현은 긍정적 의미를 지니지만 그 단어가 사용되는 화용적 맥락은 긍정이라기보다 부정적인 내포적 의미, 가령 비웃음이나 조롱으로 쓰인다. 다음은 '상팔자'의 예시로서 '세상일을 모르고 사는 좋은 팔자'를 뜻한다.

> (4) 글쎄 시아버님 부부가 안방에서 자고 막내딸이 건넌방에서 잤는데, 밤새 일어난 그 난리를 째~까맣게 몰랐다더라구. … 밤새 비가 퍼부어내고 남원 전체가 물난리가 난 것을 전혀 모르고 잤다는 거야. 참, 상팔자지 상팔자. (안완철 296)

삶의 부정적인 조망 방식으로 인하여 '팔자'에는 지나온 삶의 과정 또는 이야기가 복잡하고 어려웠음을 암시한다. 특히 여성의 입장에서 평탄하지 못하고 복잡하며 부정적인 삶의 과정이 강조된다. 다음의 '팔자가 사납다' 또는 '팔자가 기구하다'의 예들은 그러한 부정적 암시를 잘 보여준다.

> (5) 이제껏 (내 이야기를 들어준) 그런 사람이 없었어. 말은 안 해도 속으로들은 비난을 하거나, 잘해봤자 팔자 사나운 여자라고 동정하는 시선만 있었지. (장기태 61)
> (6) 내 팔자 기구하다고 생각해왔지만, 결혼해서 서방한테 맞으며 산 여자들 보면 하나두 안 부러워. (장기태 99)

또는 다음의 예처럼, 어렵고 힘든 자신의 삶에 대해 연민과 원망의 조망적 관점에서 표현한 '서러운 팔자'나 '한심한 팔자' 등도 있다. 이들 표현은 '팔자가 사납다'나 '팔자가 기구하다'와 같이, 주로 불행하거나 부정적인 의미로서 자신의 삶을 조망하며 종종 결혼과 관련하여 많이 사용된다.

> (7) 또 하나 선 자리가 들어왔는데, 학교 선생이고 애 둘에 상처한 사람이
> 었어. 내 소문을 알고 들어온 자리지. 질색팔색을 하며 안 본다고 죽
> 어버린다고 하니, 엄마가 포기를 하더라고. 그런 헌 자리로 갈 바에야
> 안 가고 말겠다는 생각이었지. 그러느니는 이 남자랑 살지 싶을 거
> 아냐? 그러니 너무 <u>한심스러운 거지, 내 팔자가</u>. (장기태 58)

한편 보편적으로 쓰이는 '운명'의 개념에는 추상적이며 어떤 초월적인 힘의 존재를 상정하고 있다.[16] 그러나 '팔자'는 어떤 보이지 않는 힘으로 인간의 삶이 통제된다는 생각을 암시하고 있지만 '운명'이나 '숙명'처럼 어떤 초월적인 힘 그 자체를 의미하거나 그 힘의 존재가 반드시 암시되지 않는다. 오히려 인간의 삶을 지배하는 그 힘의 작동이 초자연적이거나, 초인간적이라기보다, '사주팔자'[17]와 같은 구체적인 운명의 장치에 의한 것임을 지시한다. 사람은 이 세상에 태어날 때 이미 그때와 시간이 모두 정해져 있으며, 그 정해진 바에 따라 운명이 결정된다는 것이다.

사람이 세상에 태어나는 일은 개인의 의지가 아닌 것은 보편적 생각일 수

---

16 한국어의 '운명'이란 단어의 사전적 정의는 '초인간적 위력에 의하여 지배된다고 생각되는, 신상에 닥치는 길흉화복'(『우리말큰사전』, 한글학회)이다.

17 한국인에게 사주와 사주팔자는 곧잘 동의 관계로 쓰인다. 일상에서는 사람에게 이미 주어진 운명이라는 뜻의 '팔자' 또는 '팔자소관'이 많이 쓰이면서 팔자 또는 사주팔자는 한국 사회의 운명론을 대신하게 된다.

있으나, 어떤 초월적인 힘 또는 초월적인 신의 의지에 의해 태어나는 때가 결정된다는 것은 한국 사회에 오래된 운명론과 관련한다(이석현 2020). 따라서 한국인들에게 인간의 삶이란 자신의 의도와 달리 쉽게 통제할 수 없으며 결정적이며 불가피함으로 간주되며, 그것은 바로 그 사람이 '태어난 시'[18]에 의한 사고관에 기반을 두고 있다. 우리가 '타고난 팔자'라는 말을 자주 사용하는 것도 태어나면서부터 내재된 운명론을 지니고 있음을 알 수 있다.

이처럼 '팔자'는 인간의 삶을 지배하는 상상의 보이지 않는 힘에 대해 생각하는 방식이 '운명'이나 '숙명'과는 다르다. 즉 '팔자'에는 이 초월적인 힘이 한 인간의 타고난 시간에 따라 작동되므로 그 시간에 태어난 일은 인간의 힘으로는 어찌할 수 없는 일이 된다. 즉 '난 시 난 때'에 의해 결정되는 '팔자'는 자신의 힘으로는 통제할 수 없고, 바꿀 수 없다는 의미가 보편적 개념으로 내포되어, '내가 지금 이렇게 사는 데에는 이렇게 살 수밖에 없는, 이미 정해진 그 무엇인가에 의한 것'이라는 삶에 대한 수용과 체념적 이해가 있다. 이러한 수용과 체념적 이해는 삶의 결과에 대한 합리화로 이끌어지기도 하며, 반드시 어떤 초자연적인 힘을 강하게 환기하지 않으면서도, '그렇게 될 수밖에 없는 좋지 않은 운명'에 대한 좋은 변명이자 구실이 되기도 한다. 다음의 예는 자신의 팔자 탓은 물론이고 자식의 팔자로도 대물림되는 것도 팔자 탓으로 돌리는 것을 보여준다.[19]

---

18 이보다 '난 시 난 때' 또는 '난 시 난 날'이라는 표현이 일상적으로 자주 쓰였다. 다음은 「타작노래」의 일부의 가사이다.
   (예) "노동만 하라는 팔자로구나. 이 난시난때 마련이 되니. 난날난시 팔자로구나. 홀 수가 엇(없)다. 어야도하야 어야하야". (『왕실도서관 장서각 디지털 아카이브』)
19 '팔자'가 자신의 삶에 대한 부정적 평가를 보여주는 언어적 단서임은 다음 유철인(2022 [1990]: 40)의 예에서도 확인된다. 여기에서 구술자는 자신의 삶 전체를 '팔자'로 돌리고 체념하면서 어쩔 수 없이 살고 있다고 말한 것으로 자신의 삶에 대한 부정적 해석을 하게

(8) '못난 에미 팔자를 물려받아서 그런가'하는 생각을 수도 없이 했제. 애비도 없다시피 자랐으니 서방 이쁨이나 받으며 살라고 보냈는데, 더구나 한사코 싫다는 시집을 억지로 보냈으니, 내가 더 맴이 아프고 많이 울었제. (김복례 191)

또 한편으로 팔자에는 한국 사회에서 제비뽑기나 로또와 같은 기회성의 의미가 있다. 가령, '여자 팔자는 뒤웅박 같다', '팔자를 고치다'. '팔자가 뒤집어지다' 등의 예이다. 그러나 로또와 같은 일이 일생에 특별한 때에 일어나 큰 변동성을 갖듯이 팔자의 유동성도 매우 특별한 가치를 갖게 된다. 그래서 갑자기 큰돈을 벌거나 횡재를 했을 때, 또는 불행했던 삶이 뜻밖의 행복한 결혼을 맞이했을 때와 같은 인생역전의 사례에서 그와 같은 표현이 사용된다.[20] 그러나 운명이나 숙명에는 그러한 기회적인 의미는 없다.

이상의 내용을 정리하면 '팔자'에 대한 의미 분석은 다음과 같다.

(가) 사람마다 다른 날 다른 시에 태어난다
(나) 사람들은 믿는다: 그것 때문에 사람마다 다른 일이 일어났다
(다) 사람들은 생각할 수 있다: 그것은 내가 원한 것이 아니기 때문에 나에게
　　　　　　　　좋은 일보다 나쁜 일이 더 많이 일어났다
(라) 우리는 생각할 수 없다: 만일 내가 '나는 그것을 원하지 않는다'라고 말한다
　　　　　　　　면, 이런 일들이 나에게 일어나지 않았을 것이다
(마) 사람들은 지금 말할 수 있다: 나에게 일어난 모든 일은 그것 때문이다

된다.
　(예) 내 팔자가 이런 사람인데, [남편이] 나한테 잘 해줬는데 이런 사람하고 살아야지 하고, 내 팔자에 한탄을 하고, 내 맘을 꾸짖으면서, 내 성질을 죽이면서 살아나가죠.
20 여기에서 한국어의 '재수'나 '운'이 상기될 수 있지만, 그 의미가 다르다.

위의 의미설명에 의하면 (가)는 팔자가 사주 간지에서 기인한 것임을 나타낸다. (나)는 그 사주로 인하여 사람들에게 각기 다른 여러 일들이 일어났다는 것을 뜻하며, (다)는 사람들이 삶에서 발생하는 여러 사건들을 두고 비의지적인 것이며 그로 인해 나쁜 일이 더 많이 일어났다고 생각하는 것을 나타낸다. (라)는 나쁜 일의 발생이 사람의 의지가 아닌 것처럼, 원하는 대로 되지 않으며 이를 바꿀 수 없다는 체념적인 생각을 보여준다. (마)는 사람에게 일어나는 좋은 일과 나쁜 일들은 모두 그것(사주)으로 인한 것이라고 생각하고 있음을 나타낸다. (나)-(다)의 구성성분 중에서 '일어났다'처럼 과거 시제로 나타낸 것은 사건의 과거성이며, (마)에서 '지금'은 과거와 대비된 현재의 조망적 관점을 나타낸다. 덧붙여서 (나)는 사람들의 사주에 대한 믿음을 드러내며 (다)-(마)의 '(생각/말)할 수 있다'라는 구성성분은 팔자의 기회 가능성을 암시하며 절대적인 결정은 아님을 뜻한다.

이처럼 '팔자'의 의미는 '사주팔자'의 의미에서 나온 민속용어로서, '난 시난 때'에 따라 삶이 정해져 있으며, 특히 삶의 과정이나 이야기에 대한 부정적인 의미를 암시하며, 이를 수용하고 체념하는 삶의 조망 방식임을 드러낸다고 할 수 있다. 그리고 이 '팔자'의 조망 방식은 한국 사회에서 오랫동안 자신이 당한 고난이 사회적 또는 국가적 원인에 의한 것임에도 불구하고 개인적 재난을 그대로 자신의 탓으로 돌리는 데 적절하게 활용된 사고의 기제가 된 것처럼 보인다. 오늘날 자신의 힘으로는 통제할 수 없고, 바꿀 수 없다는 어떤 재난적인 사건들이 개인적으로 받아들여지지 않게 되자 이 '팔자'의 조망 방식은 더이상 의미를 찾지 못하게 되어 젊은 세대들에게 그다지 사용되지 않게 된 것으로 본다.

결국 '팔자'라는 의미에는 삶에서 일어나는 어떤 알 수 없는 사건들을 결정하는 불가역적인 힘이나 그 원인이 사주팔자에 의한 작용이라는 것과 한국인에게 일상적인 인간의 삶은 그 불가해한 힘에 종속될 수밖에 없다는 생각을 오랫동안 고취하게 한 것이다.

이제 앞서 팔자의 의미와 함께 언급된 운명과 숙명의 의미를 살펴보자. 이 두 단어는 팔자처럼 자주 쓰는 일상어가 아니며 그 자체의 독특한 의미를 갖고 있지 않다. 사실 '팔자'가 평범하고 일반적인 삶의 이름이라면, '운명'이나 '숙명'은 좀 더 위대하고 분명한 목적 달성을 위한 삶으로 표현된다. 그래서 '사람의 운명'이라고 할 때 무엇인가 인간의 힘으로가 아닌 또 다른 존재의 힘이 개입됨을 암시하지만, 한편으로 인간의 의지도 어느 정도 개입될 수 있음을 의미한다.

그러나 '운명'은 인생이란 역시 바꿀 수 없고 결정적인 것이고 삶의 과정의 의미가 있으며, 또한 '숙명적인'(fated) 의미도 있다. 인생의 일이 이루어지는 과정이 우연성이 아닌 필연성을 강조하기도 한다.21 '운명'과 '숙명'은 둘 다 결정론적인 개념이지만 '숙명'은 삶에서 일어난 일은 불가피하고 불가역적이고 통제될 수 없는 것을 '운명'보다 더 강하게 암시한다.

또한 언급한 대로 '운명'이나 '숙명'은 중립적이며, 특별히 나쁘거나 좋은 일의 발생을 의미하지 않는다. 즉 나쁘거나 좋은 일은 일어나도록 되어 있다고 생각하는 믿음이 운명과 숙명에는 존재하며, 인생을 이해할 수 없을 뿐만 아니라 사람의 마음대로 통제할 수 없는 것으로 본다. 그러나 인간은 언제 그런 일이 나에게 일어나는지를 알 수 없다고 보고 있다. 여기에 인간의 삶을 통제하는 초월적인 힘의 존재를 암시하지만, 구체적인 사주팔자에 의한 것이 아닌, 어떤 보이지 않는 힘에 의한 불가

---

21 대중가요의 가사 중 "우리 만남은 우연이 아니야, 그것은 우리의 운명이었어. (노사연의 「바램」 중)"는 이러한 필연성을 표현하고 있다.

피함을 암시한다. 그러나 특별히 나쁜 일에 강조를 두고 있지 않으며, 어떤 초자연적인 힘에 의한 것으로 생각할 수 있다.

또한 '운명'은 어떤 목적지(destination)를 향하여 움직이는 이미지가 내재한다. 그 목적지는 미래의 일이며, 그쪽으로 향해있는 길은 매우 자세하게 결정되어 있지 않지만, 무엇인가로 나아가는 것이다. 즉 '운명'에는 방향성이 내재하며 우리 인생이 분명한 방향으로 가고 있음을 암시한다. 그리고 그 여정의 방향이 어느 정도 우리 자신에 달려있을 수 있다는 생각의 여지를 남기고 있다. '팔자'처럼 운명도 '인간의 힘으로는 어쩔 수 없는, 불가피한 삶의 여정'으로 보지만, '운명아 비켜라.'와 같은 표현처럼 인간의 의지로 어느 정도 변화될 수 있음도 뜻한다. 이 때문에 '운명'은 '팔자'와 같은 우울한 이야기를 그다지 내포하지 않으며, '팔자'만큼 체념적 수용을 갖지 않는다. '팔자'는 지나온 일을 조망할 때 생겨나는 과거의 운명성이며 어떤 방향성을 갖고 있지 않기 때문이다.

결국 '운명'과 '숙명'은 인간의 삶의 과정을 의미하며, 또한 삶을 통제하는 어떤 초월적 힘에 의해 인간에게 일어날 일이 결정되어짐을 의미한다. 그리고 운명은 어떤 방향성에 의해 인간의 의지가 어느 정도 개입될 수 있으나 숙명은 이러한 개입의 가능성을 두지 않는다. 이와 같은 한국인만이 갖는 민속 철학적 관점에서 '운명'과 '숙명'의 의미를 분석하면 다음과 같다.

(가) 사람마다 다른 일들이 일어난다
(나) 때때로 그것들은 좋을 수 있다
(다) 때때로 그것들은 나쁠 수 있다
(라) 사람들은 생각한다: 나에게 그것들은 일어나도록 되어 있다
(마)   그러나 나는 이것을 알 수 없다

(바) 사람들은 믿는다: 누군가는 이것을 알고 있다

(사)　　　　　　　그 누군가는 이 세상의 사람과 같은 존재가 아니다

(아) 때때로 어떤 사람들은 말할 수 있다: 나는 이것이 나에게 나쁜 것이
라면 나는 그것을 원하지 않는다

(자) 이 때문에 그 어떤 사람들은 다른 사람이 하지 않는 것을 해야 한다

위의 의미설명 전체는 '운명'을 설명하고 있다. 그중에서 (가)-(사)까지 숙명의 의미를 나타낸다. 왜냐하면 '숙명'은 '운명'보다 더 결정적이기 때문이다. 그리고 (바)와 (사)는 초월적인 힘의 존재를 믿는 것을 의미하며, (아)와 (자)는 특별히 어떤 사람들은 운명을 개척할 수 있으며, 이 때문에 '숙명'보다 '운명'에는 인간의 의지가 개입될 수 있음을 암시한다.

4. 재난의 극복과 운명관의 문화 스크립트

본 장에서는 생애사를 통해 구술자들에게 닥친 개인적 재난이 어떤 삶의 자세, 즉 운명관 또는 세계관에 의해 극복되어 살아왔는지를 문화 스크립트를 통해 제시하고자 한다. 앞서 논의한 '팔자'의 의미설명에 의하면, 한국인은 삶의 과정에서 발생한 불행한 일을 팔자 탓으로 돌릴 수 있지만, 구술자들은 이 팔자에 순응하며 소극적이었다고 볼 수 없는 운명관을 내재한다.

다시 말해 구술자들은 '팔자 탓'과는 달리 생애를 통해 적극적으로 극복하거나 노력하는 삶의 자세를 보이며, 그들이 '팔자'를 통해 그들의 삶을 조망하고 '탓'으로 운명의 불행을 합리화했을지라도, 그들의 삶은 타고난 팔자를 극복하면서 살아왔다는 점이다. 즉 구술자들은 자신의 인생에서 많은 일이 일어난 것을 '팔자'라는 관점에서 조망했고 이 조망적 관점에서 부수되는 '한'이라

든가 '설움'이라는 심리적 경험을 경험하면서도,[22] 그 '팔자'에 굴하지 않고 이를 극복하거나 새로이 개척하려는 운명관을 보인다.

먼저, 이 운명관에 대해 구술자들은 사람들이 보통 삶의 과정에서 일어나는 많은 일들을 '팔자 탓'이라고 돌리는 일반적 생각에 대한 자각이다. 구술자들은 직접 '팔자'라는 말로 표현하지 않았지만 어쩔 수 없는 일에 대한 '팔자 탓'과 그에 대한 인식은 자주 발견된다. 그러나 구술자들은 일반적인 팔자에 대한 인식을 무시하거나 크게 영향을 받지 않은 것을 보여준다.

> (9) 나중에 딱 한번 재혼할래다 포기하고 나서는, 남자고 가정이고 나
> 한테는 허깨비로 여겨지더라구. 남편 덕에 잘 사는 여자들 보면 겉이
> 아닌 속내는 내가 알 수 없으니 뭐라 못 하는 거겠지만, 하여튼 나한
> 테는 그런 팔자가 영 가당치 않고, 별로 부럽지도 않고 그랬어. (김미
> 숙 87)

다음으로 구술자들은 팔자를 수용과 체념으로 인식하면서도 이 인식은 자기 자신의 연민과 서러움 등의 감정으로 표출된다. 가장 많이 표현된 정서적 경험이 '한', '설움', '억울함', '죄의식' 등이다.[23] 이러한 정서들은 다음의 예

---

[22] 생애사 자료에서 개인적 재난들의 심리 정서적 경험이 구술자들의 '한'과 '설움' 또는 '억울함' 등으로 의미화되는 것은 쉽게 찾을 수 있다.
　(예 1) 누가 나처럼 귀여움을 받고 호사를 했겠어? 그렇지만 엄마 없는 설움, 피붙이나 식구들에게 미움 받는 설움, 이러저리 쫓겨 다니는 설움은, 그럴수록 더 섭럽게 느껴졌나봐. (안완철 270)
　(예 2) 나 가르칠 재산은 아버지한테 넘치게 받아놓고는, 난 높은 공부 못한 한이 제일 커. (안완철 279)
[23] 이러한 감정의 극단은 '죽음'이라는 상황으로까지 치닫게 되는데, 구술자의 신세타령이나 팔자타령에서 자주 발견된다.
　(예 1) 이렇게 천하게 살 바에는 죽어버리자는 생각을 수도 없이 했어. 핏줄한테 설움받는

(10)과 (11)과 같이 한국인에게 '신세타령'과 '팔자타령'과 같은 말의 형태에서 자주 나타난다.

> (10) 내가 너무너무 기가 막히고 신세가 서러워서 다리 뻗고 통곡을 하고 울었어. 한참을 그러고 통곡을 하고 있으니까 시어머니가 다시 하는 말이, 너하고 네 새끼 먹을 거를 네가 벌어먹고 살면, 억지로 내쫓지는 않겠대. 그러니 내가 그 소리를 듣고 가만 앉았을 수가 없잖아. (김미숙 63)
>
> (11) 집 뒤에 진뱅이네 산이 내 울음터였어. 나 죽는 거야 간단헌디, 저 새끼들이 어찌될랑가 생각허면 맘대로 죽을 수가 있어야지. 죽어지지가 않았어. 죽지는 못허고 살기는 모질게 힘들고, "에미 잘못 만나서 너그가 이렇게 고생한다"하면서 한바탕 우는 거여. 큰딸 두들겨 패고 그년 주눅들어 쭈그러져 있는 거 보면, 또 밤에 혼자 가서 울고, 내 팔자가 서러워서 한바탕 울고 자식새끼들 불쌍혀서 또 한바탕 울고. (김복례 154-5).

그러나 앞 장에서 살펴본 바와 같이 개인적 재난이 내재화될 수 있는 '탓'의 기제가 '팔자'라고 할 수 있지만, 생애사를 통해 구술자들은 자신의 팔자에 굴하지 않고 이것을 벗어나기 위해 열심히 살아온 것을 보여준다. 가장 큰 특징은 어려운 재난 앞에서도 굴하지 않고 어려운 일들을 해낸 자신에 대한 정당화이다.

날이면 더 죽고 자팠지. (김복례 154)
(예 2) 한강도 많이 갔어, 빠져 죽을려고. 근데 물에 못 뛰어들겠는 거야. 나 죽는 거야 안 아깝고 안 무서운데, 새끼들 때문에 못 죽는 거지. (안완철 310)

(12) 아니, 서방이라고 재주도 없고 사람 구실도 못하다가 벌어놓은 것도 없이 그렇게 죽고 없는데, 뭐가 어때? 그리고 전쟁 끝나고 난 자리에, 아는 사람 하나 없는 여자가 자식 키우기 위해 해먹을 게 뭐가 있어? 안 굶자고 하는 거면, 도둑질만 빼놓으면 다 괜찮은 거야. 청상과부니, 그런 사람들은 그렇게 살라 그래. 난 그렇게는 안 살아. 그럴 이유가 뭐가 있어? (김미숙 79)

(13) 오로지 새끼들 안 굶길라고 기를 쓰며 안 해본 거 없이 다 해본 것이 나 살아온 전부여. 근데 아무리 혀도 새끼들을 늘 굶기고 배고프게 할 수밖에 없었어. (김복례 143)

(14) 그래, 알아, 내가 평생 내 자식들밖에 모르고 산 거. 그거를 잘했다 고만은 할 수 없지. 근데 나는 그럴 수밖에 없었어. 여자 혼자 자식 다섯 키우고 공부시키려니, 늘 미친년처럼 이짝 돌 빼서 절로 박고 저짝 돌 빼서 일로 박으며, 닥치는 대로 산 거지. (안완철 309)

이들은 개인적 재난으로 인하여 발생되는 많은 결핍적 상황이나 가난 등을 극복하기 위해 '도둑질만 빼놓으면'(12) 그리고 '안 해본 것 없이 다 해본 것'(13)이고 '닥치는 대로 산 것'(14)으로 구술하고 있다. 이것은 '팔자' 탓으로 돌리는 소극성과는 거리가 먼 것으로 적극적이고 개척적인 삶의 모습을 보여준다. 이러한 결과는 다음의 예처럼 구술자들의 자기 만족감 또는 위안이 되었으며, '복' 또는 '말년 팔자' 등으로 표현된다.[24]

---

24 구술자 김미숙은 다음과 같이 신앙의 덕분이라고 했지만, 이 또한 자신의 삶에 대한 만족 감을 나타낸 것으로 본다.
(예) 하느님이 나를 어떻게 생각할란지는 모르겠고, 나한테 하느님은 그냥 누가 내 평생을 지켜봐 준 그거야, 그분이 내게는 하느님이야. 누가 나를 지켜봐 준 덕에 내가 그 험한 세상을 이렇게라도 살았구나 싶어서 감사한 거지. (김미숙 111)

(15) 뭐 부자가 되고 크게 되고 그런 거는 아니지만, 그래도 자식들이 먹
고 살 만큼은 살고, 동기간에 잘하고 몸들 건강하고 하니, 내 맘이
좋아. 내가 생각혀도 복 받았다 싶은 거여. 새끼들이랑 고생한 끝을
보는구나 싶응게, 나가 요즘이 젤~로 좋아. 내야 그거 하나밖에 없
었거든. 고생하며 살 때야 몰랐는데, 다 살아놓고 나니 잘했다……싶
당게. 하하~. (김복례 233)

(16) 젤로 좋은 게 내 생활 공간을 따로 쓰는 거니, 마음도 몸도 편한 거
야. 늙으면 몸 움직거리기 힘든 게 젤 큰 문젠데, 밥이니 빨래 청소
도 다 해주니, '내 말년 팔자가 참 좋은 거다' 그렇게 생각한 거지.
(안완철 333)

이러한 구술자들의 삶 전체의 운명관은 NSM의 방법론에 의한 문화 스크립
트로 다음과 같이 제시될 수 있다.

[사람들은 이렇게 생각할 수 있다:]
(가) 사람마다 다른 일이 일어난다
(나) 나는 안다: 사람들은 그것이 X(팔자) 때문에 일어난 것이라고 생각할
　　　　　　수 있다
(다) 이때 나는 무엇인가 좋지 않은 것을 느낀다
(라) 이런 때에 나는 말할 수 있다: 나는 사람들처럼 생각할 수 없다
(마) 이 때문에 나는 다른 사람들이 하지 않은 무엇인가를 해야 한다
(바) 얼마 후 나는 생각한다: 내가 그때 무엇인가를 했다
　　　　　　　　　　　그 때문에 그 일은 나에게 더이상 나쁜 일
　　　　　　　　　　　이 아니다
(사) 만일 어떤 사람이 이와 같이 생각한다면, 이것은 좋은 일이다
　　　　왜냐하면 그 사람은 더이상 무엇인가 좋지 않은 것을 느끼지 않기

때문이다

위의 문화 스크립트는 사람들에게 다른 일이 일어나며(가), 나(구술자)는 사람들이 '팔자'에 대해 갖는 일반적 생각을 인식한다(나)는 것을 드러낸다. (다)는 그렇게 생각할 때 무엇인가 좋은 않은 감정(한, 서러움, 억울함 등)을 느끼는 것을 의미하는데, (라)는 '팔자'라는 통념에 대해 동의하지 않으며 (마)는 이 때문에 다른 사람들이 하지 않은 많은 일을 해야 하는 노력과 의지를 뜻한다. (바)의 '얼마 후'는 시간이 어느 정도 흐른 뒤의 일을 나타내며 그 결과 이제 그 나쁜 일이 나에게 나쁜 일로 되지 않으며 이를 극복했음을 뜻한다. (사)는 어떤 사람이 이와 같이 생각한다면 그것은 매우 좋은 일이며, 더이상 그 일로 인해 나쁜 감정을 갖지 않는 것을 뜻한다.

결론적으로 위의 문화 스크립트는 생애사를 통해 구술자들이 겪어온 삶의 자세 또는 방식을 나타낸 인지적 시나리오라고 할 수 있다. 한 개인의 생에서 나쁜 일(재난)이, 내 의지와 관계없이 발생한 것이며, 나는 그것을 X(팔자 또는 운명)의 탓이라고 생각할 수 있다는 것을 알고 있고 이런 것을 생각할 때 나는 무엇인가를 나쁜 것을 느끼지만, 사람들이 팔자에 대해 갖는 일반적인 생각에 동의하지 않으며, 이를 극복하기 위해 다른 사람은 하지 않거나 또는 할 수 없는 무엇인가를 했음을 의미한다. 다른 사람이 할 수 없는 무엇인가를 해내는 태도는 구술자들의 악착스러움일 수 있다. 그리고 시간이 흐른 후 생각할 때, 그때 내가 무엇인가를 했기 때문에 극복할 수 있었고 더 이상 나쁜 일이라고 할 수 없다는 것을 나타내고 있다. 즉 운명은 바뀌거나 좋은 쪽으로 바뀔 수 있음을 암시한다.

5. 결론

본 연구는 NSM의 방법론에 기대어 한국어의 '팔자'와 한국인의 운명관에 대한 민속 화용론적 접근을 시도하였다. 한국어 '팔자' 또는 '운명'과 같이, 다른 많은 언어들은 인간이란 삶의 과정에서 어떤 초인간적인 힘의 통제를 받는 존재임을 인식한 많은 개념들과 단어들을 갖고 있다. 그러나 본 연구는 유사하지만 서로 다르며 매우 복잡한 개념들을 특정 문화와 언어에 치우치지 않으면서도 누구에게나 이해 가능한 설명을 하기 위해서 NSM이 제공하는 중립적인 의미 분석적 틀로 접근하였다.

먼저, 본 연구는 특정 시대의 생애사의 자료를 통해 한 개인의 생애에서 경험된 사회적 재난이 개인적 재난의 관점으로 의미화된 사건들을 살펴보았다. 즉 의미화된 사건들이 생애사를 통해 불가피하거나 어쩔 수 없는 것으로 수용되거나 체념될 때, '팔자'라는 탓의 심리 기제가 작용되었는데 이 '팔자'를 한국어만의 특정 문화적인 언어적 단서를 보여주는 문화 핵심어로 간주하였다.

다음, '팔자'는 '사주'라는 민속 철학적 요소와 관련된 부정적 삶의 조망방식으로 과거성과 기회성을 갖는다. 삶의 부정적인 조망 방식으로 인하여 '팔자'에는 지나온 삶의 과정 또는 이야기가 복잡하고 어려웠음을 암시한다. 그에 비해 '운명'이나 '숙명'은 일반적이고 가치 중립적인 의미를 지니며 '팔자'보다 더 결정론적인 의미를 갖는다.

한편 '팔자'가 갖는 부정적 의미에도 불구하고, 구술자들은 '팔자'에 대한 일반적 통념을 인식하지만 이에 굴복하지 않고 매우 적극적인 삶의 태도가 그들의 운명관을 형성하고 있음을 살펴볼 수 있었다. 이러한 논의를 바탕으로 본 연구에서는 '팔자'의 의미설명과 운명관의 문화 스크립트를 제시하였다.

그러나 본 연구에서 사용한 구술자들의 생애사 자료는 일정한 한계를 갖는

다. 즉 이들의 이야기는 일제 식민 통치, 해방, 한국 전쟁 같은 역사적 배경에서 살아온 특정 시대 소수 여성들을 대상으로 수집한 것이며, 이들이 겪어낸 주관적 삶의 경험과 개인적 사건들은 다양하며 또한 다르다. 그래서 이들의 생애사를 통해 경험된 개인의 특수성이 공통된 집단적 사건으로 일반화를 도출할 수 있느냐의 문제가 제기될 수 있다. 그러나 본 연구는 가장 구체적인 생애사를 통해 개개인의 경험을 특징할 때 그 시대의 다수가 겪은 삶 전체의 체계화에 기여될 수 있다고 보았다. 그 체계화는 특정 문화의 내부자적 관점에서 확보되어야 하며 본 연구는 논의를 통해 민속 화용론적 접근의 가능성을 타진할 수 있었다.

강희숙(2020), 「재난 유형 관련 용어의 사용 추이와 사회적 인식의 변화」, 『배달말』 67, 배달말학회, 1-32.

김성희・이준웅(2019), 「소통연구 관점에서 본 재난과 위험 인식의 재개념화: '환경 재난 담론 모형'의 제안」, 『커뮤니케이션 이론』 15(3), 한국언론학회, 46-104.

김지영・김기범(2005), 「한국인의 자기 신세 조망 양식으로서 팔자의 이야기 분석과 통제 신념과의 관계 분석」, 『한국 심리학회지: 사회문제』 11-1, 85-108.

유철인(2022), 『여성 구술 생애사와 신세타령』, 민속원.

유철인(2022[1990]), 「생애사와 신세타령: 자료와 텍스트의 문제」, 『여성구술 생애사와 신세타령』, 민속원, 23-47.

유철인(2022[2004]), 「제주 4・3 관련 수형인 여성의 서사적 진실: 강정순 읽기」, 『여성 구술생애사와 신세타령』, 민속원, 137-171.

윤택림(2001), 「한국 근현대사 속의 농촌 여성의 삶과 역사 이해: 충남 서산 대동리의 여성 구술생애사를 중심으로」, 『사회와 역사』 59, 한국사회사학회, 207-234.

이석현(2020), 「동양의 운명론 연구 - 유불도 삼교를 중심으로」, 원광대학교 한국문화학과 박사학위논문.

이정애(2019), 「자연 의미적 메타언어론」, 임지룡 편, 『한국어 의미 탐구의 현황과 과제』, 서울: 한국문화사, 207-245.

최광혁(2002), 「자기 신세 조망으로서의 팔자관과 기능분석: 팔자 차원의 세분화를 중심으로」, 중앙대학교 대학원 심리학과 석사학위논문.

최상진・김기범・김지영(2002), 「한국인의 자기 신세 조망 양식으로의 귀인」, 『한국심리학회지 여성』 7-2, 한국여성심리학회, 17-29.

최현숙(2014), 『천당허고 지옥이 그만큼 칭하가 날라냐?』, 이매진.

한글학회편(1992), 『우리말 큰 사전』, 어문각.

Ameka, Felix K.(2006), "when I die, don't cry.: the ethnopragmatics of "gratitude" in West African languages." In Goddard(ed.), *Ethnopragmatics: Understanding Discourse in Cultural Context.* Berlin: Mouton de gruyter, 231-266.

Goddard, Cliff(2010), "Cultural scripts: applications to language teaching and intercultural communication". *Studies in Pragmatics[China] 3*, 105-119.

Goddard, Cliff(2018), *Ten Lectures on Natural Semantic Metalanguage: Exploring language, thought and culture using simple, translatable words.* Boston: Brill.

Goddard, Cliff(ed.)(2006), *Ethnopragmatics: Understanding Discourse in Cultural Context. Berlin:* Mouton de gruyter.

Goddard, Cliff(ed.)(2008), *Cross-Linguistics.* Amsterdam: John Benjamins.

Goddard, Cliff(ed.)(2018), *Minimal English for a Global World: Improved Communication Using Fewer Words.* Cham: Palgrave Macmillan.

Goddard, Cliff(ed.)(2021), *Minimal Languages in Action,* Cham: Palgrave Macmillan.

Goddard, Cliff and Anna *Wierzbicka(eds.)(2002), Meaning and Universal Grammar: Theory and Empirical Finding Ⅰ.Ⅱ.* Amsterdam: John Benjamins.

Goddard, Cliff and Anna Wierzbicka(eds.)(2004), *"Cultural Script". Special Issue of Intercultural Pragmatics,* 1(2).

Goddard, Cliff and Anna Wierzbicka(eds.)(2014), *Words and Meanings: Lexical Semantics Across Domains, Languages and Cultures.* Oxford: Oxford University Press.

Lee, Jeong-Ae(2021), "Using Minimal Language to help foreign learners understanding Korean honorifics", in *Minimal Languages in Action,* Goddard (ed.), 195-221.

Sapir, Edward(1949[1929]), "The status of linguistics as a science", in David Mandelbaum(ed.), *Selected Writings of Edward Sapir in Language, culture and Personality,* Berkeley: University of California Press, 160-166.

Vo, Lien-Huong(2016), "The Ethnopragmatics of Vietnamese: An Investigation into the Cultural Logic of Interactions Focusing on the Speech Act Complex of Disagreement", Unpublished PhD thesis, Griffith University, Brisbane, Australia.

Wierzbicka, Anna(1992), *Semantics, Culture, and Cognition: Universal Human Concepts in Culture-Specific Configurations*, New York: Oxford University Press.

Wierzbicka, Anna(1997), *Understanding Cultures Through Their Key Words: English, Russian, Polish, German, and Japanese.* New York: Oxford University Press.

Wierzbicka, Anna(1999), *Emotions Across Languages and Cultures: Diversity and Universals.* Cambridge: Cambridge University Press.

Wierzbicka, Anna(2003[1991]), *Cross-Cultural Pragmatics, The Semantics of Human Interaction.* Mouton de gruyter. (이정애 · 안재란 · 이중진 · 나영은 옮김(2013), 『다문화 의사소통론』, 역락).

Wierzbicka, Anna(2006), *English: Meaning and Culture.* New York: Oxford University Press.

Wierzbicka, Anna(2010), *Experience, Evidence and Sense: The Hidden Cultural Legacy of English.* New York: Oxford University Press.

Wong, Jock(2004), "Cultural scripts ways of speaking and perceptions of personal autonomy: Anglo English vs. Singapore English." *Intercultural Pragmatics* 1(2), 231-248.

Ye, Zhengdao(2004), "Chinese categorization of interpersonal relationships and the cultural logic social interaction: An indigenous perspective", *Intercultural Pragmatics*, 1(2), 211-230.

Yoon, Kyung-Joo(2004), "Not just words: Korean social models and the use of honorifics". *Intercultural Pragmatics* 1(2), 189-210.

Yoon, Kyung-Joo(2006), *Constructing a Korean natural semantic metalanguage.* Seoul: Hankookmoonhwasa.

Yoon, Kyung-Joo(2007), "Korean Ethnopsychology Reflected in the concept of Ceng 'affection': Semantic and Cultural Interpretation". *Discourse and Cognitive Linguistics* 14(3), 81-103.

Yoon, Kyung-Joo(2011), "Understanding cultural values to improve cross-cultural communication: An ethnopragmatic perspective to Korean child rearing practices". 『언어연구』 26(4), 한국현대언어학회, 878-899.

한중 확장 개념적 은유 대조 연구

- 코로나19를 중심으로 -

축일남(祝一男) · 김성주

(동국대)

_____ **1. 서론**

본 연구는 코로나19[1]에 관한 한국어와 중국어의 언어 표현을 확장 개념적 은유 이론으로 분석한 것이다. 질병에 대한 개념화[2]의 다층적 패턴을 분석해서 추상적 개념으로 깊이 있게 해석할 수 있다. 개념적 은유의 다층적 관점에 따라 한·중 질병에 대한 각 위계의 개념화된 인간 경험을 조직하고 구축하는 데 사용하고 있는 은유적 언어 표현의 공통점과 차이점을 밝히고자 한다. 또한 각 은유 유형의 다층적 사상 특히 영상도식 위계를 통해 한국어와 중국어에서 전염병에 대한 대중들의 감정적 지향이나 부여된 역할의 차이를 반영할 수 있다.

질병은 인류 사회의 충돌 속에서 끊임없이 새로운 문화적, 사회적 의미를 부여한다. 사람들을 두려움에 떨게 하는 것은 질병 그 자체뿐만 아니라 '전쟁'이나 '적'의 관점에서 '질병'을 이해하는 우리들의 은유적 인식이 기안한다. 코로나19는 사람들의 삶과 기억을 침입하며 심지어 인류 문화의 일부가 되었다.

바이러스는 누구에게나 찾아올 수 있다. 그런데 서로 다른 문화권에 있는

---

1 코로나19는 '코로나바이러스감염증-19(COVID-19)'의 약칭이다. 이 글에서는 '코로나19'로 표현한다.
2 Croft and Cruse(2004)와 Evans and Green(2006)은 인지언어학에서 일반적으로 의미의 구축을 '개념화'로 간주하였다.

사람들이 같은 현상을 체험할 때 서로 다른 신체 감지 능력을 운용할 수 있다. 예를 들면 서양인은 'heat[열]', 중국인은 '氣[기]'로 '화[憤怒]'라는 개념을 구축한다는 점에서 문화가 다른 사람들은 생리적 특정에 의해 각기 고유한 방식으로 개념을 구축한다. 우리는 이를 통해 서로 다른 언어권에서 개념적 은유의 선호도 차이를 파악할 수 있다.

본 연구는 한국과 중국의 뉴스 데이터베이스인 BIGkinds[3]와 CND[4]에서 제공한 텍스트를 중심으로 소형 말뭉치를 구축하였다.[5] 먼저 인공 분석을 통해 은유의 용례를 근원영역별로 분류한다. 은유 유형의 판정은 사전적 의미[6]와 모어 화자의 판단[7]에 기초를 두며, 각 은유 유형을 '영상도식, 영역, 틀, 정신 공간' 등 네 가지 위계에서 분석한다. 또한 은유적 의미를 갖고 있는 어휘를 은유 키워드로 분류하여, 해당 은유 키워드를 최초의 검색어[8]와 같이 BIGkinds와 CND에 입력해서 정량 통계를 진행한다. 한국어의 코로나19의 은유적 표현은 약 1,658,344개가 검색되었으며, 중국어의 코로나19의 은유적 표현은 약 5,653,133개가 검색되었다.[9] 마지막 단계는 코로나19에 대한 양국 언어의 개념적 은유를 대조 분석하고자 한다.

---

3 BIGkids는 뉴스빅데이터 분석서비스를 제공하고 있는 시스템이다. 1990년부터 현재까지 54개 매체의 약 7천만건 뉴스 콘텐츠 빅데이터를 가지고 있으며, 뉴스수집시스템과 뉴스 분석시스템 그리고 저장시스템이 있다.

4 CND는 중국어뉴스데이터베이스의 약칭이다.

5 본 연구는 한국어와 중국어 용례를 각 300개 이상을 추출하였으며 excel을 이용해서 정리하였다.

6 본 연구에서 사전적 의미는 기본적으로 『표준국어대사전』(1999)와 『現代漢語詞典』(2016)을 참조하였다. 이후 『표준국어대사전』은 『표준』으로 『現代漢語詞典』은 『現代』로 표시한다.

7 모어 화자의 판단은 3명의 서울 지역 모어 화자를 선정하였다.

8 한국어 검색 키워드는 '코로나, 코로나19'이며, 중국어 검색 키워드는 '新冠肺炎, 新冠病毒'이다.

9 정확한 빈도수는 4장에서 살펴볼 것이다.

2. 이론적 배경 및 선행 연구

1) 이론적 배경

지난 40년 동안 개념적 은유 이론은 점진적인 발전을 이루었다. 은유 이론은 대량적 실증 연구를 통해 끊임없이 수정 보완되면서 발전해 왔다. Kövecses (2020)은 지금까지 단일적인 개념 구조를 통해 개념적 은유를 해석한 것을 비판하였다. 그는 개념적 은유가 작용하는 개념 구조는 단일적인 것이 아니라 다층적이며, 각각의 개념적 은유가 서로 다른 추상적 정도를 가진 네 가지의 개념 구조, 즉 '영상도식(image schema), 영역(domains), 틀(frame), 정신 공간 (mental spaces)'이 동시에 관련되어 있다고 주장한다.[10] 이러한 네 가지의 개념 구조는 서로 다른 도식화의 정도를 갖고 있으며, 개념 체계에서 하나의 위계적 조직을 형성한다. Kövecses(2020:52)에 따르면 [그림 1]과 같이 가장 높은 정도의 도식화에서 가장 낮은 정도의 도식화로 이동하는 개념 구조를 보인다.

가장 높은 정도 도식화: ↑ 영상도식(image schema)
영역(domains)
틀(frame)
가장 낮은 정도 도식화: │ 정신 공간(mental spaces) ↓

[그림 1] 개념적 은유의 위계 구조

---

10 Kövecses(2017)에서는 처음으로 개념적 은유의 다층관(多層觀)을 제기하였다. "은유 연구에서 학자에 따라 다양한 용어(가령: 영역-근원영역과 목표영역, 영상도식, 틀, 이상화 인지 모형, 시나리오 등)을 사용하면서 개념적 은유에 관한 개념 구조를 지칭하는 데 혼란을 초래해 개념적 은유의 명료성이 떨어질 수밖에 없다"(Kövecses 2020:50).

이러한 위계는 [그림 2]와 같이 일련의 포함 항목으로 나타낼 수 있다. [그림 2]에서 IS는 영상도식, DM은 영역, FR은 틀, MS는 정신 공간을 의미한다.

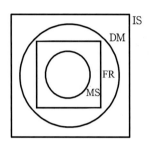

[그림 2] 개념 위계의 포함 구조(Kövecses 2020:52)

영상도식은 인간의 지각 경험과 감각운동 경험에 근거하며 언어 이전의 단계에서 발생한 심리적 표상을 가리킨다. 이것은 그 자리에 없는 사람이 사물의 모습을 상상할 수 있는 인류의 인지 능력이다. "영상도식은 도식화 성격이 강하기 때문에 전체 개념 체계를 포괄하고 있으며 다양한 개념과 경험을 모두 의의를 가지고 있게 해 준다"(Kövecses 2020:53). 학자들의 영상도식 분류법에 대한 관점은 다르지만, 본 연구는 Peña(2003)을 따라 '그릇 영상도식, 경로 영상도식, 부분-전체 영상도식' 등 세 가지 기본 위계와 그것들을 포함하고 있는 더 복합적이고 추상적인 영상도식을 바탕으로 분석한다.[11]

---

11 그릇 영상도식은 '내부, 외부, 경계'의 구조로 이루어진 것이다. 경로 영상도식은 인간의 운동감각에 기초해서 추상적 이동의 지각을 통하여 추상적 경험 영역에 대해 이해된다. 경로 영상도식의 부차적인 영상도식은 '힘-강요', '봉쇄', '저항', '장벽제거', '권능', '전환', '인력(引力)과 척력(斥力)', '과정', '앞-뒤', '가까움-멂', '순환', '수직성' 등이 있다. "부분-전체 영상도식은 자체적인 공간적 게슈탈트로 다루었으며, 그것의 구조적 요소는 '전체, 부분, 형상'이 있다"(Peña 2003: 291-292). Peña(2003)의 페이지 표시는 임지룡·김동환(2006)의 번역본을 기준으로 한다.

틀은 사건을 모형화하는 데 사용되는 형식적 구조이다. Sullivan(2013)은 영역과 틀은 포함의 관계로 보며, 영역은 틀을 포함하거나 틀을 구성하는 것이라 보았다. 예를 들면, mental exercise는 [마음은 몸]을 환기한 것인데, exercise는 운동 틀을 환기하며, 몸 영역은 운동 틀을 통해 환기되며 은유적 사상에서 나타난 모든 틀의 구조를 포함한다(Sullivan 2013:51-54).[12] "틀은 영역에 비해 더 구체적인 정보를 담고 있으며, 양자의 도식화 정도가 다르다" (Kövecses 2020: 53). Sullivan(2013: 54)에 따라 영역과 틀의 관계를 [그림 3] 처럼 보일 수 있다.

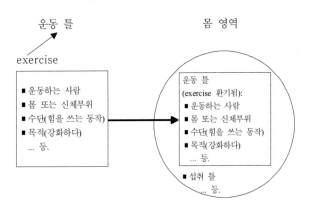

[그림 3] exercise는 운동 틀과 몸 영역을 환기한다

"정신 공간이란 언어 표현이 제공하는 지령에 따라 담화에서 구축되는 인지적 구성물이며, 부분적으로 인지모형과 문맥의 구조를 이용해서 구성된다" (김동환 2003:249-250). "틀은 우리가 동시에 활성화할 수 있는 고착화된 정신

---

12 Sullivan(2013)의 페이지 표시는 김동환·이승주(2019)의 번역본을 기준으로 한다.

공간이며, 자신의 척도와 영상도식, 힘 역학 패턴, 필수적 관계로 구성될 수 있다"(Fauconnier 1994: 303-304).[13] "정신 공간은 단기기억에서 경험에 대해 이해하는 실시간 표상이고, 틀과 영역은 장기기억에서 보편화된 지식 구조이다"(Kövecses 2020: 54). 도식화의 정도에서 볼 때 정신 공간은 가장 비도식적인 인지 구조라고 볼 수 있으며, 개념적으로 가장 풍부하다.[14]

2) 선행 연구

국내외의 많은 학자들이 질병에 대한 은유 연구를 포함한 다양한 관점에서 은유 현상을 폭넓게 연구하고 있다. 최근 몇 년간 한국어와 중국어의 질병 은유 연구는 실제 언어 자료를 이용하여 논의하였으나 다언어적 은유 대조 연구에는 크게 관심을 두지 않았다.[15]

---

13 Fauconnier(1994)의 페이지 표시는 나익주·요시모토 하지메(2015)의 번역본을 기준으로 한다.

14 Kövecses(2020)에 따르면 개념적 은유는 '영상도식, 영역, 틀, 정신공간' 외에 다섯 번째의 의사소통 위계도 있다. 의사소통 위계에서는 화자와 청자는 자기의 심리적 공간을 표현하거나 설명하기 위해 언어적 또는 다른 형식의 '기호'를 사용한다. 본고는 이 단계에 대해 논의하지 않을 것이다.

15 Gibbs and Franks(2002)는 6명의 여성 암 환자를 대상으로 인터뷰를 통해 그들의 사용하는 은유 표현을 분석하였는데, 암에 대한 은유적인 담론은 사고의 은유 패턴을 반영한다는 것을 밝혔으며, 질병의 개념화 양상을 탐구하는 것은 타인의 깊은 통찰력을 발견할 수 있고, 환자의 치료에 도움이 될 수 있다는 점을 제기하였다. Reisfield and Wilson(2004)는 암에 대한 담화의 은유 사용을 연구하였다. 전쟁 은유와 여행 은유를 중심으로 살펴본 것으로 은유는 환자가 복잡한 생물 과정을 이해하는 것에 도움을 줄 수 있을 뿐만 아니라 치료 관계에서 공감대를 형성하는 유력한 도구로 쓰일 수 있다는 점도 제시하였다. 한국에서 수행된 질병대상 은유 연구 중에 대표적인 것은 암과 우울증을 대상으로 논의한 송현주(2018, 2019), 현대 한국어와 중세국어에 나타난 질병 은유를 분석한 전혜영(2016), 메르스에 대한 은유와 이데올로기적 함축을 밝힌 전혜영·유희재(2016) 등이 있다. 중국의 대표적인 논의는 SARS과 H7N9 매체보도 자료를 대상으로 한 공중보건 사태에서 은유의 구조적 특성과 실효성을 살펴본 張薇 外(2015), 에이즈에 대해 틀 이론에 기

Sontag(1989)에서 질병이 '신체의 한 가지 병'에서 도덕적 판단이나 정치적 태도로 어떻게 전환되는지에 대해 논의되었다. Semino et al.(2017)은 말기 암 환자, 가족간호사, 그리고 보건의료전문가들을 대상으로 인터뷰와 온라인 비비에스 게시물에서 사용하는 은유를 분석하였다. 이 연구에서는 인공분석과 코퍼스 언어학을 이용하여 은유 사용 실례를 식별하고 논의하였다. 이는 은유 이론과 건강(간호)의 교류에 대한 연구와 실천에 중요한 시사점을 던져주고 있다.

Semino(2021)은 크라우드소스 다언어 말뭉치인 '#ReframeCovid'[16]와 뉴스 말뭉치에 대한 체계적인 분석을 통해 '불(Fire)' 은유가 코로나19를 개념화하는 데 적합하며 두루 통용된다고 보았으며 전쟁 은유의 사용은 빈번하기도 하고 이에 대한 논란도 많다는 주장에 대해서는 비판하였다. 그는 실험 결과를 근거로 전쟁 은유는 치유되지 않은 환자들의 죄책감을 더욱 깊게 하면서 패색이 완연하다는 절망도 갖게 된다고 말한다. Semino(2021)은 은유가 표현과 정보유통에 도움이 된다는 효용성을 인정했으며, 또한 은유의 부정적인 면, 즉 부정확하고 감정적인 측면 때문에 언어 표현의 암시적 작용에 위험이 가득 차 있다고 보았다. 또한, Gillis(2020)도 바이러스에 대한 광범위한 사회적 대응을 신속하게 동원하기 위하여 전쟁과 전투의 은유가 효과적이고 필요할 수도 있으나, 그들의 사용에 대해 조심해야 한다고 주장한다.

송현주(2020)은 코로나19라는 주제로 '방역', '치료', '전염병의 특성'의 세 가지 유형으로 나누어 코로나19에 대한 개념화 양상을 논의한다. Semino

---

초를 두고 질병 은유의 특징과 작용을 연구한 張玲・周俊子(2020) 등이 있다.
16 '#ReframeCovid'는 Semino 등 세 명의 학자들이 전쟁 은유의 대체를 모색하기 위하여 제의하는 코로나19 은유 수집 활동의 명칭이다.

(2021)의 관점과 마찬가지로 송현주(2020)도 전쟁 은유는 인간에게 공포심과 불안감을 줄 수 있으며, 전쟁의 개념은 코로나19를 비롯한 모든 질병 은유에서 빈번하게 사용하고 있는 근원영역으로서, 두려운 존재임을 강조하였다.

3. 한·중 코로나19의 확장 개념적 은유

개념적 은유는 여러 가지 방법으로 분류가 가능하다. Semino et al.(2017)은 질병 표현과 관련된 언어 자료에서 가장 많이 쓰이는 은유 유형은 폭력 은유이고, 그 뒤를 따르는 고빈도 유형은 여행 은유라 보았다. Lakoff and Johnson(1980/2003: 403)은 모든 은유가 구조적이며, 존재론적이고, 지향적인 것으로 보았다. 본 연구는 '여행, 물체, 폭력' 등 세 가지 유형으로 나누어 해석하고자 한다. 여행 은유는 지향적 은유, 물체 은유는 존재론적 은유, 폭력 은유는 구조적 은유로 볼 수 있다. 또한 Kövecses(2020)의 방법론을 토대로 이러한 개념적 은유의 유형을 네 가지의 위계로 나누어 분석하고자 한다.

1) 여행 은유

Lakoff(1993: 220)에서 제시한 총칭 층위(general)의 사상인 사건 구조 은유에 따라 여행 은유 틀에서 '공간', '운동', '힘', '목적지', '경로'와 관련된 은유는 사건의 '상태', '변화', '과정', '행동', '원인', '목표', '수단' 등이 대응되어 구축할 수 있다. Gibbs and Franks(2002: 153)이 보여 주었듯이, [암은 인생 여행 중의 장애물]은 [인생은 여행]이라는 더 높은 위계의 사상에 기초를 둔다.[17] 코로나19도 질병의 일종이므로 이동 경험에 기초한 여행으로 개념화될

수 있다.[18]

> (1) ㄱ. **코로나19가 종식되지 않은 상황**에서 사람 만나기가 조심스러운
> 요즘 더욱 그렇다. (세계일보 2020.11.02.)
>
> ㄴ. 박병석 의장은 개회사를 통해 "올해는 **코로나로 시작해 코로나의**
> **끝**을 보지 못하고 한 해를 보내야 하는 상황"이라며 "경기침체로
> 인한 일자리 창출의 어려움에 저출생까지 겹쳐 인구감소 폭은 해
> 마다 늘어나고 있다. (울산매일 2020.11.02.)
>
> ㄷ. 이번 사업은 **코로나 이후** 온라인 거래가 급증하는 등 비대면 소
> 비문화가 확산함에 따라 전통시장의 판로를 넓히고 경쟁력을 강
> 화하고자 추진됐다. (경상일보 2020.11.02.)
>
> ㄹ. 한은이 23일 발표한 올해 2분기 국내총생산(GDP) 성장률 속보치
> 가 이처럼 부진했던 것은 **코로나19 위기**로 수출이 16.6%나 감소
> 한 영향이 크다. (매일경제 2020.07.24.)

(1ㄱ)에서는 '코로나19가 종식되지 않다'는 경로 영상도식의 한 가지 양상,
즉 목적지에 초점을 두고 표현한 것이다. '코로나19가 종식되다'는 사람들이
의도한 목적지이며, 이 목적지에 도달하는 것이 목적이다. (1ㄴ)에서 '코로나
로 시작해 코로나의 끝을 보지 못하다'는 코로나라는 근원지에서 목적지로 이
동하는 사람들, 즉 여행자가 이 경로의 끝에 있는 목적지에 도달하지 못한다
는 것에 사상된다. (1ㄱ)과 달리 (1ㄴ)의 근원개념은 '-로'에 의해 윤곽부여된

---

17 Lakoff(1993:225)에 따르면 [사랑은 여행]은 [인생은 여행]의 계승이다.
18 본고의 은유 예문에 대해서 은유 표현이 맞는지에 대해 의문을 제기할 수도 있다. 은유에
대한 견해는 다를 수 있고 본고에서 사용한 은유 표현도 문제가 있을 수 있지만, 이 문제
를 해결하기 위한 보다 근본적인 시도가 Kövecses(2020)의 이론이라 생각한다. 이 부분에
대해서는 이론의 보다 정밀한 적용을 통해서 개선해 나가겠다.

것이다. (1ㄷ-ㄹ)에서 '코로나 이후, 코로나19 위기'는 '이후, 위기'의 본질에 근거한 공간성의 은유적 언어 표현이다. '이후'는 '기준이 되는 때를 포함하여 그보다 뒤'라는 의미이며, 이는 경로 영상도식의 부차적인 영상도식인 '앞-뒤' 영상도식에 의존한다.[19] 그런데 이것은 Peña(2003)에서 제시한 '뒤 위치에 보통 사상되는 근원지나 출발점'이라는 구조적 요소와 달리, 코로나19의 위치는 앞에 있으나 근원지로 본다. '위기'는 '위험한 고비나 시기'라는 뜻인데, 코로나19를 경로 위의 한 시점(지점)으로 보고 있으며, 인간은 이 지점을 통과해야 'GDP 성장률'이 감소하는 영향을 줄일 수 있다는 의도를 나타낸다.

(2) ㄱ. 국내에서도 교향악축제, 평창대관령음악제 등 **코로나19를 뚫고** 다양한 여름 음악축제가 열리고 있다. (한국경제 2020.07.30.)

ㄴ. "화랑·원화가 새겨진 **마스크로 코로나 막아** 봐요!" (국제뉴스 2020.11.02.)

ㄷ. **코로나19로 인해 모든 것이 뒤바뀐 세상**에서 K-POP 가수들과 팬들이 만날 수 없는 현 상황을 '음악'으로 연결하겠다는 의미를 담았다. (Dispatch 2020.12.19.)

(2ㄱ)에서 '코로나19를 뚫다'라는 표현을 통해 코로나19는 이동에 대한 장애물로 개념화된다. 음악축제가 열린다는 목표(끝점)에 도달하려면 장애물을 헤치고 지나가야 한다.[20] 그리고 (2ㄱ)은 '장벽제거' 영상도식이 기능한 방식도

---

19 "'앞-뒤' 영상도식이 보여주는 구조적 요소 중의 하나인 '원형적으로 그 뿌리에 공간을 통해 실체의 자연스러운 이동과 같은 관련된 일련의 개념을 가지고 있는 방향성이나 고유한 방위'이다"(Peña 2003: 268).

20 송현주(2020:122)에서는 '벽을 뚫다'와 같은 표현을 신체 동작이나 상태로 보았으며, '코로나19가 중간의 벽을 뚫고 인간에게로 넘어왔다'는 인간 행동을 통해 이해하고 개념화한다. 즉 질병은 탄도체인 동작주로, 인간은 지표인 장애물로 이해할 수 있는 데 이것은 뉴

예증한다. 반면에 (2ㄷ)은 '코로나로 인해'를 통해 '전환 영상도식'을 환기시킨다. '세상'은 경로를 따라 이동하는 실체이며, 이 추상적인 실체는 탄도체로 본다. '코로나19'는 '세상'이 더 전진하는 것을 방해하는 힘인데, 이 탄도체의 최종 목적지에 대해 상술되지 않으나 힘의 방향을 바꾸게 된다. (2ㄱ)과 (2ㄷ)은 사람들이 추상적으로 생각하는 물리적 힘을 통하여 은유화된 것이다. (2ㄴ)의 '마스크로 코로나 막아 봐요'에서 장애물로 간주되는 마스크가 동적 실체인 코로나의 힘을 봉쇄하여 코로나가 의도한 목적지 즉 인간의 호흡기관에 도달할 수 없게 해 준다는 것을 표현한다.[21]

> (3) 여기에 **코로나19가 완전히 가라앉았는지**에 대한 확인, 재발 방지책, 각종 후속 처리 등에 필요한 기간까지 고려하면 늦어도 코로나19가 내년 초까지는 가라앉을 기미라도 보여야 한다. (동아일보 2020.07. 24.)

(3)에서 동사 '가라앉다'로 부호화되듯이 상위 위치에서 아래 방향으로 방향성이 정해진다. 이것은 경로 영상도식으로부터 계승된 수직성 영상도식의 언어적 실례이다. Peña(2003: 288)에서 수직성 영상도식에 대한 예증과 달리 코로나19라는 탄도체가 높은 위치에 있으며 낮은 위치로 향하는 것은 긍정적인

스 텍스트의 표현 방식과 차이가 있다.

21 "코로나라는 바이러스는 실제로 공기 중으로 이동하는 것이어서 '마스크로 코로나 막아 봐요'와 같은 코로나의 이동과 관련한 표현을 은유 표현으로 보아야 하는지 의문스럽다"는 견해도 있다. 그러나 이것은 추상적 이동으로 볼 수 있다고 생각한다. 바이러스 자체가 이동이 가능한지 생물학과 관련한 견해에서 다른 의견이 존재하지만, 그것은 인간의 몸짓에 쉽게 끌려갈 수 있으며 코를 만지는 행동도 물체 표면의 바이러스를 움직이게 할 수 있다. 본고에서는 인간의 시선을 통해 볼 수 없는 '이동'을 추상적 이동 즉 은유 표현으로 처리한다.

값을 가지고 있다. 보통 높은 위치에 있는 표현이 긍정적인 값을 가지고 있고, 낮은 위치는 부정적인 값을 갖고 있다.

> (4) 當前, 疫情防控正處於**滾石上山的關鍵期**, 需要所有人團結一致、眾志成城。
> (新華每日電訊2版 2020.02.09.)
> (현재 코로나19의 방역은 바로 **돌을 굴려 산을 오르는 중요한 시기**에
> 처해 있으니 모든 사람들이 하나가 되고 한뜻 한뜻으로 되어야 한다.)

(4)에서 중국어 '滾石上山的關鍵期(돌을 굴려 산을 오르는 중요한 시기)'가 경로 영상도식에 부착되는 과정 영상도식적 구조를 나타낸다. '滾石上山(돌을 굴려 산을 오르다)'은 한 걸음 한 걸음 힘차게 돌을 밀고 예정 지점에 도달한다는 과정을 보여준 표현이다. 이 과정 영상도식의 출발점은 코로나19를 예방하고 제어하는 행동의 시작을 사상하며, 행동의 목표인 끝점은 코로나19를 제압하는 것을 사상한다. '關鍵期(중요한 시기)'는 출발점에서 목적지로 가는 이동의 과정 중 중간 지점으로 간주된다. 또한 '上'은 높은 곳으로 향하는 지향적 의미가 있으며 '上山'은 '산에 오르다'를 뜻하는 말로 코로나19를 억제하는 것은 위로 향하는 이동이라는 사상도 볼 수 있다. 아울러 올라갈수록 코로나19의 예방 상태가 좋아진다는 것을 암시한다.

위에서 경로 영상도식을 환기시키는 코로나19 은유 표현을 논의하였다. (1-3)에서 한국어 '종식되다, 시작, 끝, 이후, 위기, 뚫다, 막다, 뒤바꾸다, 수그리다, 가라앉다', (4)에서 중국어 '滾石上山的關鍵期' 등은 여행 틀을 환기시킨다. 장애물 틀을 환기시킬 수 있는 키워드는 '뚫다, 막다' 등이 있으며, 경로 틀을 환기시킬 수 있는 키워드는 '종식되다, 시작, 끝'이고, 또한 '이후, 위기'와 '시작, 끝'은 공간(시간) 틀을 구축한다. '뒤바꾸다, 수그리다, 가라앉다'는

이동 틀을 환기시키는 표현이 된다.

2) 물체 은유

두 번째 개념적 은유의 유형은 물체 은유이다. 물체는 물질로 이루어져 일정한 공간을 차지하는 것이다. 자연적인 속성을 가진 모든 유형체를 가리키는 것으로 일반적으로 기체, 액체, 고체로 나뉜다. 물체의 속성을 갖는 근원영역은 '건축', '그릇' 등이 있다. "그릇 은유는 감정 개념화에 대해 알 수 있는 수단 역할을 한다"(Peña 2003: 81). 그릇은 물건을 담을 때 쓰이는 것이며, 가장 직관적인 느낌은 '안'과 '밖'의 구별이다.

> (5) ㄱ. 이는 국내 증권사들이 지난해 **코로나19 속에서** 호황을 누리며 실적을 크게 늘렸던 것과는 반대되는 행보다.
>
> (시사저널e 2021.03.22.)
>
> ㄴ. 420여 년이 지난 지금, 새롭게 시도한 이번 전시를 통해 관람객들이 잠시나마 **코로나19의 힘든 일상에서 벗어나** 새로운 희망을 꿈꿔보는 시간이 되기를 기대한다.
>
> (아트인사이트 2020.11.02.)

(5ㄱ)의 '코로나19 속에서'는 범위를 표현하고 있는데, 어떤 한 범위를 한정한다. 이는 코로나19라는 추상적인 실체를 하나의 그릇으로 보는 것이다. '증권사'는 코로나가 있으면 그릇 안에 있는 것이고, 반면에 코로나가 없으면 그릇 밖에 있는 것이다. 한정 지역 안에 있는 물리적 상황은 '호황을 누리며 실적을 늘리다'라는 비물리적인 상황이다.[22] (5ㄴ)도 코로나19는 그릇으로 사상된다. '코로나의 힘든 일상에서 벗어나다'는 사람이 그릇의 형태를 하고 있는

코로나19에서 벗어나는 언어적 실례이다. 주체인 사람이 코로나19 안에 있는데, 밖으로 나갈 수 있는 이유는 이 그릇은 열리고 있기 때문이다. '일상'은 '날마다 반복되는 생활'을 의미하므로 '코로나의 힘든 일상'은 반복의 연속이라는 측면에서 순환 영상도식을 보여준다.[23]

(6) ㄱ. **코로나19 여파**에 쌀쌀한 날씨까지

(공감언론 뉴시스 2020. 11.02.)

ㄴ. **광주를 휩쓸고있는 코로나19**가 좀처럼 방역당국의 관리망을 넘나드는 상황 속 감염원을 알 수 없는 '깜깜이 확산'이 이어지고 있다. (무등일보 2020.07.24.)

(6ㄱ)의 '여파'는 '큰 물결이 지나간 뒤에 일어나는 잔물결'이란 의미로 코로나19를 사상한다. '바다에 있는 물결'은 파도이며, 여파는 파도의 부분이다. 전체는 코로나19로 정교화되어 '코로나19의 여파' 즉 부분이 되었다. Lakoff(1987)이 제시한 부분-전체 영상도식의 구조적 요소, 즉 '전체, 부분, 형상'에 따라 '코로나19 여파'라는 은유적 언어 표현을 설명할 수 있다. (6ㄴ)에서는 지표인 '광주'를 넘나드는 탄도체로서의 '코로나19'를 사상한다. 코로나19는

---

22 "은유의 예증을 인가하는 일련의 대응관계의 추상적 실체는 그릇이고, 그릇 안에 있는 실체는 사람이며, 한정 지역 안에 있는 물리적 상황은 사람들에게 영향을 미치는 비물리적인 상황이다"(Peña 2003: 90-91).

23 (5)에서 코로나 상황을 터널과 같은 공간에 빗댄 것으로 이해할 수 있고, 이 터널 안에 있는 사람은 이동 중인 사람으로 볼 수 있어 '여행 은유'의 예로 분석할 수도 있고 특히 '벗어나다'라는 동사는 이동을 강하게 환기하기 때문에 '여행 은유'와 '물체 은유'를 대등한 관계로 보는 것이 타당한지에 대해 의문을 제기할 수도 있다. 이 의문에 대해서는 <표 3>을 통해 확인할 수 있다. '물체'와 관련된 은유적 표현은 추상적 이동을 환기하므로 영상도식 위계에서 '경로 영상도식'으로 보았다. 이것은 Kövecses(2020)의 주장에서 비롯된 것이다. 즉 모든 개념적 은유는 다층적 사상이 존재한다.

추상적 유생물로서 행위자의 힘을 가지고 개념화 되어 있는데, 강요 영상도식은 이 은유적 언어 표현의 기초가 된다. 또한 '휩쓸다'는 '질병, 전쟁, 풍조 따위가 전체에 퍼지다'라는 뜻임을 고려할 때 코로나19가 자체 이동의 대상물로 개념화되어 인식된 것이다. 마찬가지로 '확산'의 의미를 볼 때 코로나19는 동적인 실체, 즉 탄도체를 가리킨다. 그 다음으로 '코로나19가 방역당국의 관리망을 넘나들다'는 원 영상도식에 속한 순환 영상도식의 은유적 언어 표현이다. '넘나들다'는 '경계, 기준 따위를 넘어갔다 넘어왔다 하다'라는 뜻인데, 코로나19가 방역당국의 관리로 끝나지 못하는 것이 순환적 패턴으로 표현된다. 코로나19는 인간으로 은유화된 탄도체로 본다. 반복적인 방식으로 추상적인 공간 즉 '관리망'으로 나아가서 원래 장소로 되돌아오는 것을 표현한다.

(7) ㄱ. **"코로나, 모든 계절 좋아해"**···유럽, 특별경계

(KBS 2020. 07.29.)

ㄴ. 우리가 일상생활에서 앓는 감기 바이러스 가운데도 **코로나19와 친척 사이**인 코로나바이러스가 네 종류나 있다.

(한국일보 2020.07.31.)

ㄷ. 이래저래 우리는 **코로나19와 함께 살아가야만** 하는 운명입니다.

(매일경제 2020.07.27.)

ㄹ. 공교롭게도 **코로나19가 기승을 부리고 있고**, 경기 부양방안도 지지부진한 상황을 보이고 있다.

(글로벌이코노믹 2020.11. 02.)

(7)은 코로나19에 대해 '좋아하다, 친척 사이, 함께 살아가다, 기승부리다' 등 인간의 감정이나 행동으로 개념화가 된다. 이 키워드들이 추상적 유생물 영역을 환기해서 인간 틀을 초래한다. (7ㄱ)에서 '코로나 모든 계절 좋아해'의

'좋아하다'는 '어떤 일이나 사물 따위에 대하여 좋은 느낌을 가지다'라는 뜻이므로 '사물-속성' 은유로 볼 수 있다.[24] '가지다'는 '사물을 소유한다'는 의미로 코로나의 유생물 속성을 나타나는데, 코로나19는 사람의 감정 즉 '모든 계절을 좋아하다'라는 것을 소유하고 있다. (7ㄴ-ㄷ)에서 '친척 사이, 함께 살아가다'도 인간 틀이 환기된다. "코로나19를 퇴치할 수 없는 존재로 우리와 안전하게 함께 살아가야 하는 '동거인'으로 개념화가 될 수 있다"(송현주 2020: 120). (7ㄹ)에서 자동사 '기승부리다'를 통해 코로나19가 자체 이동이 가능한 힘(강요)를 가지고 있다는 것을 알 수 있다. 우리가 잘 알려진 경험 중에 있는 자체 이동은 인간이나 동물과 같은 유생물의 능력을 가리킨다.

(8) ㄱ. **新冠肺炎蔓延**全歐 (澳門日報 2020.02.28.)

(코로나19 유럽 전역 만연)

ㄴ. 大年初一, 全中國都**籠罩在新冠肺炎疫情的陰霾下。**

(洛陽晚報 2020. 05.09.)

(음력 정월 초하루에 온 중국이 코로나19에 휩싸였다.)

ㄷ. **新冠肺炎疫情爆發**以來 (福建網絡廣播電視台網 2020.03.04.)(코로나19 폭발 이후)

(8ㄱ)에서 '蔓延(만연하다)'은 '덩굴처럼 뻗어 나가다'라는 뜻으로 코로나19를 식물로 간주하는 표현이다. Kövecses(2002)에서 식물 은유는 [더 커지는 복합 체계는 더 크게 자라는 식물]이란 함의를 언급한 바 있다. 그렇다면 전염병도 복합적 추상 체계로 볼 수 있다. 이 은유는 또한 무생물의 자체 이동

---

24 Kövecses(2007)에 따르면 속성은 삶의 모든 영역을 가리키며, 신체적, 정서적, 사회적 상태와 관계 등을 포함한다.

과 관련이 있다. '蔓延'의 원형적 용법인 '바깥으로 뻗다'를 고려한다면 코로나19라는 실체는 자체적으로 이동이 가능한데, 출발점은 전염병이며 구체적인 끝점은 모르지만 주체로부터 떨어진 유럽 전역에 있다는 것을 알 수 있다. (8ㄴ)에서 '籠罩(휩싸이다)'의 의미를 통해 그릇으로 묘사되는 코로나19는 온 중국을 덮으며, 그릇이 닫혀있고 한정 지역 안에 있는 실체가 밖으로 나올 수 없다는 함의를 이해한다. '新冠疫情的陰霾下(코로나19의 먹구름 아래)'는 코로나19를 나쁜 날씨로 개념화한 은유적 언어 표현이다. '霾(스모그)'는 기상학 용어인데, 그것의 핵심 물질은 공기 중에 떠다니는 에어로졸 입자이다. 에어로졸 입자는 대기 중에 떠 있는 고체나 액체의 입자를 가리키기 때문에 물체 은유로 간주된다. (8ㄷ)에서 '爆發(폭발)'의 '화산 내부의 마그마가 갑자기 분출된다'라는 뜻에 의해 코로나19는 그릇 속의 액체로 간주될 수 있다. "이러한 영역횡단 사상은 액체가 그릇의 면에 너무 많은 압력을 가하면 그릇은 폭발할 수 있으며, 그릇이 닫혀있고 실체가 밖으로 나오기 위해 한정 지역을 돌파해야 한다는 것이다"(Peña 2003: 139).

(9) 2020年以來, **新冠肺炎疫情席卷**全球 (赤峰日報 2021.06.01.)
(2020년 이후 **코로나19가 전 세계를 온통 휩쓸었다**.)

(9)는 '席卷(휩쓸다)' 즉 '돗자리를 돌돌 말듯 몽땅 긁다'라는 의미에 따라 강요 영상도식에 부차적인 인력(引力) 영상도식을 동기부여하는 은유적 언어 표현으로 볼 수 있다. 하나의 실체인 코로나19는 더 강한 힘이 동일시되며, 다른 실체인 '全球(전 세계)'는 코로나19 쪽으로 이동한다. 코로나19는 '全球'에 영향을 미치고 통제할 것이다.

(10) ㄱ. 病毒本身對外界的抵抗力不強, 56攝氏度30分鍾, **新冠肺炎病毒就
死亡了**。(揭陽日報 2020.03.17.)

(바이러스 자체의 외부 저항력이 강하지 않으며, 섭씨 56도 30
분 만에 **코로나19는 사망할 것이다**.)

ㄴ. 善良的人們不知道"**黑天鵝**"已經在悄悄地揚起其雙翼: 人類已知的6
種冠狀病毒之外又增加了一個新的品種,　這第7種就是眼下在全球
爲害各國、被世界衛生組織指爲"大流行病"的罪魁禍首、業已感染了
30餘萬人的"**新型冠狀病毒**"。

(東方網 2020.03.23.)

(착한 사람들은 '**블랙스완**'이 이미 조용히 날개를 치고 있다는
사실을 알지 못한다. 인류가 이미 알고 있는 6종의 코로나 바
이러스 외에 새로운 종 하나가 추가되었다. 이 7번째 바이러스
는 현재 전 세계에서 각국을 해치고 있으며 세계보건기구가
'대유행병'의 원흉으로 지목하여 30여만 명이 감염된 '**신종 코
로나 바이러스**'이다.)

ㄷ. 詳細了解他們配合醫護人員戰勝"**疫魔**"的經過。

(新華社 2020. 02.09.)

(그들이 의료진에 협조하여 '**역마**'를 이겨낸 경과를 자세히 알
아본다.)

ㄹ. "中國速度"背後, "小湯山模式"的落地也是**一場與疫情的賽跑**。

(新京報 2020.02.05.)

('중국 속도'는 '샤오탕산식 건설'을 시행한 것으로, 이 또한 **코
로나19와의 경주였다**.)

(10ㄱ)은 저항 영상도식의 언어적 실례이다. 코로나19와 '外界(외부)'라는
두 개의 힘 벡터는 이동하면서 서로 통제하고 싶어한다는 함의를 포함한다.

'死亡(사망)'은 목숨을 잃는 것으로 코로나19가 유생물로 개념화된다. 문맥에서 볼 수 있듯이, 코로나19는 저항력의 강도가 외부보다 약하고, 그 바이러스 자체는 의도한 목적지에 도달할 수 없다는 것을 예증한다. (10ㄴ)에서 코로나19는 '黑天鵝(블랙 스완)'와 '罪魁禍首(원흉)'로 이해된다. '黑天鵝'는 일종의 동물이지만 일반적으로 'Black swan incidents'를 가리킨다.25 즉 코로나19는 의외성이 있고 인간에게 중대한 영향을 주는 동물이다. '悄悄地揚起其雙翼(조용히 날개를 치고 있다)'는 동물의 행동이고, 이것은 은유적으로 이해되는 전염병인 코로나19의 발생을 표현한다. '罪魁禍首'는 범죄의 두목을 가리키고, 코로나19가 나쁜 일을 하는 두목으로서 인간에 기초를 둔 전염병의 특성을 나타낸다. (10ㄷ)에서 '疫魔(역마)'는 코로나19가 魔鬼(마귀)라는 근원영역이 된다. 각 국가의 문화 속에서 마귀에 대한 해석은 다르지만 보통 부정적인 의미를 지닌다. 중국의 마귀는 사악한 사람이나 세력을 은유한다. '戰勝疫魔(역마를 이기다)'는 의료진은 마귀의 형태를 하고 있는 코로나19를 이긴다는 은유적 언어 표현인데, 이 두 개의 동적인 실체 사이의 전투를 시사한다. 이런 힘 영상도식의 유형은 저항 영상도식이다. 결과적으로 둘 다 상대방을 통제하고 싶어 하지만 의료진이 전염병을 제압한다는 더 강한 힘을 가지고 코로나19가 더 이상 전진하지 못하게 한다. (10ㄹ)에서 '賽跑(경주)'는 사람들이 달리기 방식으로 경기를 하는 운동이다. (10ㄹ)에서 보는 문맥처럼, '與疫情的賽跑(코로나19와의 경주)'란 표현으로 중국 병원 건설의 속도가 유사한 물리적 이동을 보여준다.26 이 함의에 의하여 (10ㄹ)은 [행동의 속도는 이동의 속도]라

---

25 블랙 스완은 '극단적으로 예외적이어서 발생가능성이 없어 보이지만 일단 발생하면 엄청난 충격과 파급효과를 가져오는 사건을 가리키는 용어'이다. (NAVER 지식백과)
26 "이동의 방식은 행동의 방식을 개념화하는데 사용될 수 있으며, [행동의 방식은 움직임의 방식]을 생성한다"(Kövecses 2002: 245). Kövecses(2002)의 페이지 표시는 이정화 외

는 사상을 나타낸다.

3) 폭력 은유

옛날부터 지금까지 '질병' 개념을 이해하는 데 널리 사용되고 있는 은유가 바로 '전쟁을 통해 이해하는 방식'이다.[27] 사람들이 전쟁 은유에 열광하는 이유는 개념적 은유 이론의 체계에 '논쟁', '무역', '사랑', '결혼', '경기운동' 등 다양한 목표영역이 전쟁이라는 근원영역에 사상되어 있기 때문이다. [논쟁은 전쟁], [결혼은 전쟁], 더 나아가 [질병은 전쟁][28]라는 비교적 보편적인 사고방식과 관습적 인지이다. 또 하나는 전쟁은 인류의 기억 속에 깊이 각인되어 있으며, 인류의 세계를 인식하는 고유한 사고방식 중의 하나가 되었다. 전쟁 은유는 어떤 면에서는 인류에게 낯선 질병을 인식하는 데 도움이 된다. 코로나19는 새로운 바이러스로서 일반 질병과 다르다. 코로나19는 악성 전염병의 특수한 성질도 있고, 알려지지 않은 발생 메커니즘도 있다.

전쟁 틀의 내용은 풍부한 의미망을 가지고 있는데, '적', '무기', '우군', '목표', '전선(前線)' 등이 그것이다. 전쟁은 '교전', '무력', '싸움'의 요소를 가지고

(2003)의 번역본을 기준으로 하였다.

27 특정 질병으로 죽을 가능성을 줄이려는 노력을 '투쟁, 전투, 전쟁'이라고 부르고 있다. "한때 "질병과의 전쟁"을 수행했던 사람들은 의사들이었지만, 이제는 사회 전체가 이를 수행하게 됐다"(이재원 2002: 134 재인용). Sontag(1989)가 질병의 은유에서 논의한 '암' 은유의 발전이 바로 그것이다. 암 은유는 중세기의 [질병은 사악]이라는 개념적 은유로부터 확대되었으나, 전쟁 은유가 유행하기 시작한 후 의사조차도 이와 같은 군사 용어를 사용하기 시작하였다. 예를 들면 암세포가 서로 다른 신체 조직에 침입하여, 다른 조직으로 이동하며 점령하고, 유기체를 공격하는 것 등이 있다.

28 전혜영(2016)에서는 현대국어와 중세국어에 나타난 [질병은 전쟁] 은유를 보여주었다. 송현주(2018)에서는 '암'에 대해 전쟁 은유도 사용되는 것으로 보았고, 송현주(2019)에서는 전쟁뿐만 아니라 [우울증은 적군]이라는 개념적 은유에 대해 논의하였다. 본 연구는 적군이라는 개념은 전쟁 틀에 속하는 요소로 간주한다.

있으며, '군력', '병과', '병혁', '전역(戰役)', '전화' 등 구성원이 있는 영역이다. 코로나19와 관련된 개념적 은유는 (11)과 같이 폭력 은유의 위계별 사상을 통하여 나타날 수 있다.

(11) ㄱ. 분 안에 자연을 담는 분재 교육을 통해 작게나마 자연을 느끼고 **코로나 바이러스를 이겨 낼 수 있는 힘**을 얻을 수 있기를 바란다. (경인매일 2020.11.02.)

ㄴ. **코로나19가 지금 당장 소멸된다고** 하더라도, 자라나는 우리 아이들에 대한 돌봄 정책은 시급히 해결해야할 중대한 과제임이 분명하다. (울산제일일보 2020.11.02.)

ㄷ. 민주당은 29일 "**신종 코로나바이러스 감염증(코로나19)과의 전쟁에서 반드시 승리하겠다**"며 선거전에 시동을 걸었다.

(dongA 2020.3.30.)

ㄹ. 영국의 '얼굴 없는 거리 화가'로 유명한 그라피티 미술가 뱅크시가 **코로나19에 맞서 싸우는 의료진**을 영웅으로 묘사한 흑백 그림이 1440만 파운드(약 224억 원)에 팔렸다.

(매일경제 2021.03.24.)

(11)에서와 같이 코로나19는 적으로 개념화된다. (11)에서는 '이기다, 소멸되다, 승리하다, 싸우다, 사투를 벌이다' 등 동사 또는 동사적 표현을 통해 인간은 코로나19를 이기기 위한 저항의 힘을 가지고 있으며, 인간과 코로나19라는 두 실체 사이의 전투를 시사하는 전쟁 행위를 보여준다. (11ㄱ)의 '이기다'는 '내기나 시합, 싸움 따위에서 재주나 힘을 겨루어 우위를 차지하다'라는 의미가 있다. 그러므로 '코로나바이러스를 이겨 낼 수 있다'는 은유적 언어 표현은 저항 영상도식 또한 경기, 전쟁 틀과 관련될 수 있다. (11ㄴ)에서 '소멸되

다'는 '사라져 없어지게 되다'의 뜻인데, 이는 장벽제거 영상도식에 기초한 것이고 코로나19라는 방해물인 적을 제거하는 성공적인 경험을 가리킨다. (11ㄷ)에서는 코로나19와의 전쟁에서 승리하겠다는 의지를 나타낸다. 이것은 암시적인 저항 영상도식을 환기시키는 언어적 실례이다. (11ㄹ)의 '코로나19에 맞서 싸우는 의료진'도 저항 영상도식을 환기시키는 은유적 언어 표현이다. 코로나19와 의료진이 서로 충돌하며, 코로나19를 억누르고자 하는 행동을 암시한다.

> (12) ㄱ. 포항시, **코로나 최전선** '긴급의료지원단'이 지킨다.
>
> (경상매일신문 2020.11.02.)
>
> ㄴ. 지난해 **코로나19의 직격탄**을 맞은 뒤 폭풍 반등한 정유·석유화학주들이 올해 실적 호조를 이어가며 강세를 보일 전망이다. (파이낸셜뉴스 2021.03.24.)

(12)에서 '최전선, 직격탄' 등 전쟁 개념이 은유적으로 사용된다. '최전선'은 '적과 맞서는 맨 앞의 전선(戰線)을 가리키며, '직격탄'은 '곧바로 날아와서 명중한 탄환이나 포탄'의 의미가 있다. 이런 언어적 은유 표현에 의하여 방역 주체의 위치와 역할이 명확해지고 추상적인 것에서 구체적인 전환이 실현되었다. (12ㄱ)에서 '긴급의료지원단'은 전쟁의 최전선인 전사(戰士)에 해당하며 코로나19라는 적의 침입을 차단하는 기능으로 저격(狙擊)의 역할을 하고 있다. 그러므로 동적인 실체인 코로나19는 '긴급의료지원단'이라는 장애물 때문에 확산의 목적지에 도달하지 못하는 봉쇄 영상도식의 기초에 의한 언어적 실례이다. (12ㄴ)에서 코로나19는 무기로 개념화된다. 전쟁에는 참가자뿐만 아니라 무기도 빼놓을 수 없는 구성이다. 무기의 살상력과 파괴력은 적을 이길 수

있는 열쇠라고 할 수 있다.

(13) ㄱ. 疫情就是**命令**。(自貢網 2020.10.29.)

　　　(코로나 상황은 **명령**이다.)

　　ㄴ. **以練備戰, 時刻待命**。我縣舉行2020年秋冬季新冠肺炎疫情防控應急
演練。(沅陵融媒體中心 2020.11.02.)

　　　훈련을 준비하여 수시로 명령을 기다린다. 10월 30일에 우리 현
에서 2020년 가을 겨울철 코로나19 비상훈련을 실시한다.)

　　ㄷ. 疫情發生以來, 廣大醫務人員**白衣爲甲、浴血奮戰**, 公安幹警**聞令而
動、沖鋒陷陣**。(天津和平 2020.11.02.)

　　　(코로나19 발생 이래 수많은 의료진이 **흰 옷을 갑옷으로 하고
혈전을 벌였는데**, 공안기관의 간부와 경찰은 **명령을 듣고 돌격
하여 적진으로 돌격하였다.**)

　　ㄹ. 也是希望能夠爲**這場抗疫戰鬥**做出自己的貢獻。

　　　　　　　　　　　　　　　　　　(每日經濟新聞 2020.02.04.)

　　　(이 **방역 전투**를 위해 자신이 공헌할 수 있기를 바란다.)

　　ㅁ. 病毒的核酸檢測結果出來, 報告單上, 新冠病毒兩個加號。防不勝防,
她也"中槍"了。(人民網 2020.02.08.)

　　　(코로나19 검사 결과가 나왔는데, 보고서에 덧셈표 두 개가 있
다. 막을래야 막을 수 없어 **그녀도 총에 맞았다.**)

　　ㅂ. 目前, 新冠肺炎疫情引起了全世界人民的關注。人類在遇到**摸不清的
敵人**時, 都會因自己處於被動的狀態而感到恐慌和束手無策。(濟源日報 2020.
03.26.)

　　　(현재 코로나19는 전 세계 사람들의 관심을 끌고 있다. 인류는
종잡을 수 없는 적을 만날 때 자신이 수동적인 상태에 처해 있
으므로 공황을 느끼며 속수무책으로 당한다.)

(13ㄱ)에서 '命令(명령)'의 원형적 의미는 발령하여 시킨다는 것인데, '疫情就是命令(코로나19 상황은 명령)'은 경로 영상도식이 가장 단순하게 활성화한 권능 영상도식을 유발하는 은유적 언어 표현이다. '疫情' 즉 코로나19는 어떤 행동을 수행할 수 있는 힘을 가지고 있다는 의미이다.[29] (13ㄴ)에서 '備戰(전쟁을 대비하다)'과 '待命(명령을 기다리다)'은 전쟁과 관련하여 사용되는 용어이다. 문맥을 통해 코로나19 방역은 전쟁으로 개념화되어 있으며, 코로나19는 적으로 개념화되어 이해된다. (13ㄷ)에서 '白衣爲甲(흰 옷을 갑옷으로 한다), 浴血奮戰(혈전), 聞風而動(소문을 듣자마자 행동에 들어가다), 沖鋒陷陣(돌격하여 적진 깊숙이 들어가 함락시키다)' 등 표현으로 의료진과 경찰은 전쟁터에서 적을 대처하는 병사로 개념화된다. '浴血奮戰'이라는 표현은 온몸이 피에 젖어 전투가 처참하다는 뜻이므로 코로나19를 극복하는 것의 곤란함을 시상한 것이다. (13ㄹ)에서 '抗疫戰鬥(방역 전투)'는 인간과 코로나19 사이의 전투를 표현하므로 암시적인 저항 영상도식을 환기시킨다. (13ㅁ)에서 '中槍(총에 맞다)'은 코로나19로 확진된 것은 총에 맞은 것으로 본다는 은유적 언어 표현이다. 그러므로 코로나19는 탄환으로 개념화된다. 탄환이라는 탄도체는 인간의 몸인 지표로 이동되며, 탄도체의 출발점은 몸의 외부이다. (13ㅁ)은 [몸은 그릇]이라는 은유적 사상을 만들어 내며, 결과적으로 동적인 실체 탄환 즉 코로나19의 목적지는 한정 지역인 몸으로 들어가게 되고 이 전염병을 확진을 받는 것이다. (13ㅂ)의 문맥을 보면 '摸不淸的敵人(종잡을 수 없는 적)'은 코로나19를 가리키며 인간 틀을 환기시킨다.

---

29 Peña(2003: 239)에서 지적하였듯이, 우리가 권능 영상도식을 환기시키는 모든 표현을 일반화한다면, 사람들이 탄도체의 지속적인 활동·경로에 대한 장애물이 존재하지 않아서 어떤 행동을 수행할 수 있는 힘을 가지고 있다는 것을 사람들이 깨달을 때 그것이 발생한다고 주장할 수 있다.

(14) ㄱ. 三天後, 中國政府決定**"封鎖"武漢**, 因爲武漢是最早發現人感染病例
的地方。(央視新聞客戶端 2020.04.20.)

(사흘 후 중국 정부는 <u>우한을 '봉쇄'하기</u>로 결정했는데, 우한은
감염 환자가 처음 발견된 곳이기 때문이다.)

ㄴ. 獲得人體健康必需營養素可提高人體免疫力, **抵抗新冠肺炎。**

(北海晚報 2020.02.21.)

(건강에 필수적인 영양소를 얻는다면 인체 면역력을 높이고 **코
로나19에 저항할 수 있다**.)

ㄷ. **消滅新冠肺炎**疫情遏制結核病流行。(臨汾日報 2020.03.24.)(코로나
19를 소멸시키고, 결핵 유행을 억제한다.)

ㄹ. **新冠病毒攻擊**的首要靶器官就是肺。(赤峰日報 2021.06.01.)

(**코로나19가** 가장 먼저 **공격하는** 표적기관은 바로 폐이다.)

(14ㄱ)에서 '封鎖武漢(우한 봉쇄)'은 바이러스가 우한 즉 그릇 밖에 나가지
않도록 하기 위한 조치이다. '封鎖(봉쇄)'는 일반적으로 군사적 조치를 가리킨
다. [방역은 전쟁] 은유의 언어적 발현 실례인 (14ㄱ)에서 동적인 실체인 코로
나19가 어떤 추상적 장애물 때문에 전진을 못하게 되는 것을 보여준다. (14
ㄴ)의 '抵抗(저항)'은 힘으로 상대방의 공격을 저지한다는 뜻인데, 저항 영상도
식에 의하여 충돌하는 두 실체는 면역력과 코로나19에 해당한다. (14ㄷ)의 '消
滅(소멸)'는 (14ㄴ)과 마찬가지로 코로나19라는 장애물을 제거하게 된다는 것
이 적을 소멸하는 것으로 이해된다. (14ㄹ)에서 '攻擊(공격)'는 적의 진지를 공
격하는 군사 용어로서, 동적인 실체인 코로나19가 신체기관 즉 폐의 위치로
이동하며, 성공적으로 신체에 들어간다면 확진이 되고 반면에 장애물이 있다
면 실패할 수도 있어 의도한 목적지에 도달하지 못할 수 있다. 이것은 권능
영상도식을 활성화하는 은유적 언어 표현이다.

(15) ㄱ. **新冠肺**炎, 已來臨, 已來臨, 阻擊戰役打響, 全員投入戰場, 能戰勝, 能戰
勝…… (今晚報 2020.01.29.)

(코로나19가 이미 다가왔고, 저격전이 시작되어 전원이 전쟁터에
투입되어야 이길 수 있을 것이다.)

ㄴ. 呼吸道感染也是病毒的主要傳播途徑, 所以外出歸家後, 最好洗洗臉,
漱漱口, 趕走病毒。(烏魯木齊晚報 2020.11.02.)

(호흡기 감염도 바이러스의 주요 전파 경로이므로, 외출하여 집
에 돌아온 후에 얼굴을 씻고 양치질을 하여 바이러스를 쫓아내는
것이 좋다.)

ㄷ. "我與新冠肺炎硬碰硬, 我們必須打贏這場沒有硝煙的戰爭。"

(貴港日報 2020.04.29.)

("코로나19와 **부딪쳐서 화약연기 없는 전쟁을 이겨야 한다.**")

(15)는 가까움-멂 영상도식에 초점을 둔 언어적 실례이다. (15ㄱ)에서 '新冠
肺炎已來臨(코로나19가 이미 다가오다)'과 뒤 문장에 있는 '阻擊戰役(저지전),
戰場(싸움터), 戰勝(이겨내다)' 등 표현을 보면 추상적 적과 인간 두 실체 사이
의 거리가 가까워진다는 것을 알 수 있다. 인간은 공간속의 지점으로 생각되
며 코로나19는 인간에 더 가까이 있을수록 후자인 실체가 전자인 실체에 더
큰 영향을 줄 것이다. 반면에 (15ㄴ)의 '趕走(쫓아내다)'는 두 실체가 서로 멀
어지고 있으며, 코로나19는 인간과 반대 방향으로 이동한다는 함축이 있다.
(15ㄷ)의 '硬碰硬(단단한 것끼리 부딪치다)'은 강력한 힘으로 강력한 힘에 대응
한다는 뜻인데, '나'와 코로나19의 두 개의 동적인 실체가 충돌하여 두 힘은
저항력이 동일시되며 저항 영상도식을 예증한다. '沒有硝煙的戰爭(화약연기
없는 전쟁)'은 군사 이외의 영역에서 벌이는 투쟁을 말하며, 코로나19와의 싸
움이 전쟁처럼 참혹하지만 포화가 없다는 것을 표현해 준다.

_____ **4. 한·중 코로나19의 확장 개념적 은유 대조**

앞서 살펴본 것처럼 여행 은유, 물체 은유, 폭력 은유는 모두 확장 개념적 은유 이론의 네 가지 위계로 분석 가능하다. 확장 개념적 은유 이론의 네 가지 위계를 토대로 한국어와 중국어 코로나19에 대한 개념적 은유의 공통점과 차이점을 논의하면 다음과 같다.

1) 다층적 사상 대조

우선 한국어와 중국어의 코로나19의 개념적 은유의 다층적 사상을 정리하면 다음 <표 1>-<표 6>과 같다.

<표 1> 한국어 코로나19의 여행 은유의 다층적 사상

위계	유형	사상
IS	경로(앞-뒤/힘(봉쇄/장벽제거/전환)/수직성)	변화는 이동, 목적은 목적지 근원지는 앞, 목적지는 뒤 위치 변화는 상태 변화 물리적 힘은 사건, 원인은 힘 상태 변화는 경로 변화
DM	여행 은유	인생은 여행, 질병은 여행
FR	여행, 장애물 여행자, 이동 경로, 시간	코로나19 방역은 여행 코로나19는 장애물 코로나19를 겪고 있는 사람은 여행자 코로나19를 겪는 것은 앞으로의 이동
MS	여행 종식되는 것은 코로나19 종식되는 것 여행의 시작과 끝은 코로나19의 시작과 끝 경로의 통로를 뚫는 것은 코로나19를 뚫는 것	

<표 2> 중국어 코로나19의 여행 은유의 다층적 사상

위계	유형	사상
IS	경로(과정)	움직임은 행동 상태 변화는 위치 변화 위치 변화는 시간 이동
DM	여행 영역	인생은 여행, 질병은 여행
FR	여행, 이동 등산 여행자	코로나19 방역은 여행 코로나19를 억제하는 것은 위로 향하는 이동 코로나19 방역을 참여하는 사람은 여행자
MS	무거운 것을 짊어지고 올라가는 과정은 코로나19 방역 관정

<표 1>과 <표 2>와 같이 본 바와 같이 한국어와 중국어는 코로나19를 개념화할 때 공통적으로 여행 은유를 사용하고 있다. IS 위계에서 한국어와 중국어의 경로 영상도식이 은유적으로 사용되고 있음을 보여준다. DM과 FR 위계에서 한국어와 중국어의 은유적 사상은 비슷하게 나타나며 모두가 여행이라는 근원영역에 작용하여 여행 틀을 통하여 환기된다.

그렇지만 한국어와 중국어의 IS 위계의 경로 영상도식에 기초한 코로나19 은유에서 인지모형의 유형은 차이가 있다. 한국어에서 '앞-뒤, 힘, 수직성' 등 여러 가지 부차적인 유형이 나타나지만, 중국어에서는 '과정' 유형만 사용된다. 그러므로 IS 위계에서 이루어지는 사상도 많은 차이가 나타난다. 또한 한국어 여행 영역 속의 '장애물 틀, 경로 틀, 공간(시간) 틀'은 중국어 텍스트에서 발견되지 않는다. 또한 중국어 여행 영역 속의 '등산 틀'은 수집한 한국어 텍스트에는 없다. MS 위계에는 한국어와 중국어의 기사문에서 코로나19라는 전염병의 방역에 대해 이질적 태도를 보여준다. 즉 한국어는 코로나19가 해를 끼치는 것과 방역의 목적을 부각한 반면, 중국어는 코로나19를 예방하고 제어하는 힘든 과정을 부각시키는 것이다. 종합해서 보면 한국어는 중국어보다 전

염병의 개념화에는 여행 은유를 선호한다는 것을 알 수 있다.[30]

<표 3> 한국어 코로나19의 물체 은유의 다층적 사상

위계	유형	사상
IS	열린 그릇 부분-전체 경로(원/순환/힘-강요)	추상적 물체는 그릇 유생물의 행동은 인간 행동 변화는 사물 자체의 이동
DM	그릇, 유생물	질병은 그릇, 질병은 인간 질병은 그릇 속의 액체
FR	물체, 인간	코로나19는 물체, 코로나19는 인간
MS	함께 살아가는 것은 인간이 코로나19와 같이 장기간 공존 용기에서 벗어나는 것은 코로나19에서 탈출	

<표 4> 중국어 코로나19의 물체 은유의 다층적 사상

위계	유형	사상
IS	닫힌 그릇 부분-전체 경로 (힘-강요(인력)/저항)	추상적 물체는 그릇 추상적 이동은 무생물의 이동 추상적 활동은 그릇 속의 액체 추상적 통제는 힘 통제 실패는 힘 상실 행동의 속도는 이동의 속도
DM	그릇, 무생물, 건물 자연현상 액체, 유생물	질병은 그릇, 질병은 무생물 질병은 자연현상 질병은 그릇 속의 액체 질병 발생은 동물 행동 질병은 인간 질병 예방은 건물 건축
FR	물체, 식물, 인간 동물, 마귀, 건물	코로나19는 물체, 코로나19는 식물 코로나19는 나쁜 날씨 코로나19는 인간 코로나19는 동물

---

30 Kövecses(2005)에서는 '선호적 개념화'를 제시한 바 있다.

		코로나19는 마귀
		코로나19는 건물
MS	바이러스의 힘 상실은 코로나19의 죽음	
	이동의 속도는 중국 코로나19 방제의 속도	

    <표 3>과 <표 4>의 IS 위계에서 보는 것처럼, 한국어와 중국어에서 '그릇 은유, 경로 영상도식, 부분-전체 영상도식'으로 코로나19를 개념화하여 표현하고 있는 공통점이 있다. DM 위계에서 보여주듯이, [질병은 그릇]에서 질병은 한정 지역으로 사상되며, [질병은 인간]이라는 은유적 체계로 인식된다는 공통점도 있다. 또한 한국어와 중국어는 모두 '물체, 인간' 틀을 은유적 영역에 만들었다.

    그런데 IS 위계에서 나온 그릇 은유의 하위 사상은 다르게 나타난다. 한국어는 '열린 그릇'으로 표현하는 반면 중국어는 '닫힌 그릇'으로 표현한다. 결과적으로 한국어는 코로나19의 통제를 받지 않을 수 있는 긍정적 영향 또는 그 안에 있는 어떤 실체의 이동을 못하게 될 수 있는 부정적 영향을 미칠 수 있는 표현을 보여준 반면, 중국어는 어떤 실체는 그릇 외부로 벗어나지 못한다는 부정적인 영향만 보여준다. 한국어 경로 영상도식에서 '원', '순환', '힘' 등의 하위 영상도식을 활성화하는 것으로 밝혀졌으나, 중국어에서 '힘'이라는 하위 영상도식만 활성화한다. 그 중에서 힘 영상도식에는 한국어는 '강요', 중국어는 '강요(인력 포함), 저항'으로 기초된 표현들의 힘 유형학의 차이가 나타난다. IS 위계에서 도출되는 사상을 적용하여 DM 위계에서 본 바와 같이, 한국어는 '그릇, 그릇 속의 액체, 인간'이라는 근원영역으로 사용되는 반면, 중국어는 '그릇, 무생물, 자연현상, 그릇 속의 액체, 동물 행동, 건물 건축'이라는 근원영역으로 사용된다는 두드러진 차이를 보인다. 더욱이 초래되는 FR 위계는 코로나19를 개념화하는 데 중국어는 한국어보다 더 추상적 물체에 초점을 두고 있다. '물건, 인간'뿐만 아니라, '식물, 나쁜 날씨, 동물, 마귀, 건물' 중국어 텍스트에서 볼 수 있으므로, 물체 은유의 사용에서 상대적으로 풍부하다고 할 수 있다. <표 2>에서 열거하는 MS 위계의 실례와 같이, 한국어는 코로나19에 대한 태도가 상대적으로 부드러우며 인격적인 특징을 보여주었으나, 중국어는 강렬하고 압박감을 주는 느낌이 난다는 차이가 암시된다.

〈표 5〉 한국어 코로나19의 폭력 은유의 다층적 사상

위계	유형	사상
IS	경로-힘 영상도식 (저항/봉쇄/장벽제거)	사건은 물리적 힘
DM	폭력 영역	질병 예방은 폭력적인 인간 행동
FR	전쟁, 무기, 인간 틀	코로나19 방역은 전쟁 코로나19는 적 코로나19는 탄환
MS		양쪽의 전쟁은 코로나19와의 전쟁 적을 이기는 것은 코로나19를 이기는 것 적이 소멸되는 것은 코로나19가 소멸되는 것 전쟁의 최전선은 코로나19 방역의 최전선 무기인 직격탄은 코로나19의 무기

〈표 6〉 중국어 코로나19의 폭력 은유의 다층적 사상

위계	유형	사상
IS	경로-힘 영상도식 (저항/권능/봉쇄/장벽제거, 가까움-멺), 그릇 영상도식	사건은 물리적 힘 추상적 실체는 그릇 안에 위치하고 있는 해로운 것
DM	폭력 영역	질병 예방은 폭력적인 인간 행동
FR	전쟁 인간 무기 자연계 사물	코로나19 방역은 전쟁 코로나19는 적 코로나19는 폭력적인 행동을 하는 인간 코로나19는 폭력적인 자연 현상을 일으키는 사물 코로나19는 탄환

MS	총 맞은 것은 코로나19에 확진되는 것
	파악할 수 없는 적은 알 수 없는 코로나19
	초연 없는 전쟁을 이기는 것은 코로나19를 이기하는 것

<표 5>와 <표 6>은 폭력이 하나의 근원 개념으로서 한국어와 중국어에서 어떻게 복잡하고 추상적인 목표 개념과 관련된 은유적 사상에 참여하는지를 보여준다. IS 위계에서 보듯이, 두 언어에서 공통적으로 경로 영상도식으로 코로나19를 도식화하였다. 그 중에서 '힘'이 관련하고 있는 하위 IS는 '저항, 봉쇄, 장벽 제거' 등 세 가지 부착적인 사상이 포함되어 있는 공통점이 나타난다. 한국어와 중국어는 전쟁이라는 폭력 영역의 하위 틀이 공통적으로 존재하며, 대응되고 있는 사상은 [질병 예방은 폭력적인 인간 행동]이다. 두 언어에서는 추상적인 전염병 원리와 방역 요구를 이해하기 위해 간단하며 난폭한 표현으로 사용되고 있다. 뉴스 텍스트는 강력한 전쟁 용어를 통하여 특수한 시기에 신속하게 국민을 동원하고 효율적으로 다스리는 방식이라 할 수 있다. 양국은 다 전쟁 경험을 갖고 있으며 전쟁 은유를 흔히 사용하고 있으나, 코로나19에 대한 개념화의 차이는 뚜렷하게 나타난다.

우선 IS 위계를 볼 수 있듯이, 힘의 유형학에 따라 중국어는 앞서 언급했던 보편적으로 존재하는 세 가지 영상도식 외에 '권능, 가까움-멂' 영상도식에 의해 실현되고 있는 사상을 나타낸다. 이 영상도식은 수집한 은유적 언어 표현에서 중국어에만 적용된다는 구조이다. 또한 그릇 영상도식의 경우 중국어에는 [추상적인 실체는 그릇 안에 위치하고 있는 해로운 것]이라는 사상이 존재하는 반면에 한국어에서는 이러한 사상은 발견되지 않았다. FR 위계에서 전쟁 틀을 이루기 위해 한국어에서 '전쟁, 적, 탄환'으로 개념화되는데, 중국어에서는 '전쟁, 적, 탄환, 폭력적인 행동을 하는 인간, 폭력적인 자연현상을 일으키는 사물'로 사상되어 나타난다는 차이점을 확인할 수 있다. 한국어 '전쟁,

무기, 인간' 틀과 MS 위계 사이의 사상은 '전쟁-코로나19와의 전쟁', '적을 이기다-코로나19를 이기다', '전쟁의 최전선-코로나19 방역 최전선', '직격탄은 코로나19의 무기' 등이 있다. 중국어 '전쟁, 인간, 무기, 자연계 사물' 틀과 MS 위계 사이에 사상은 '전쟁-코로나19와의 전쟁', '총 맞은 것-코로나19 확진되는 것', '파악할 수 없는 적-알 수 없는 코로나19', '초연 없는 전쟁을 이기다-코로나19를 이기다' 등의 사상들이다.

2) 은유적 언어 표현 대조

지금까지 한국어와 중국어의 다층 사상을 대조 분석해 보았다. 우리는 은유적 언어 표현이 그것들과 대응되고 있는 개념적 은유와 같이 서로 다른 도식적 계층에서 찾을 수 있다는 것을 알 수 있었다. 다음으로는 이 네 가지 위계를 활성화시켜 주는 어휘들을 살펴볼 것이다. 한국어와 중국어에서 코로나19 은유적 언어 표현을 활성화시키는 키워드의 분포는 다음 <표 7>, <표 8>과 같다.[31]

<표 7> 한국어 코로나19 은유적 키워드 분포

유형	은유 키워드	횟수	비율	은유 키워드	횟수	비율
여행	종식	18,515	1.12	위기	104,365	6.29
	시작	205,182	12.37	이후	262,633	15.84
	끝	35,735	2.15	-로 인해	8,591	0.52
	뚫-	5,494	0.33	터널	1,158	0.07

31 이것은 2020년 7월 24일부터 2021년 7월 24일까지 한국 BIGKinds와 중국 CND의 신문 텍스트 데이터베이스를 통하여 검색한 결과이다.

	가라앉-	2,679	0.16	겪-	47,049	2.84
	멈추-	9,073	0.55	막-	3,057	0.18
	퍼지-	8,288	0.50	뒤바꿔-	380	0.02
	수그러들-	2,087	1.21	넘어오-	402	0.02
	-로부터	100,781	6.08	가리-	268	0.02
	포스트	21,127	1.27			
소계				51.55		
	여파	67,923	4.1	빨간불	2,042	0.12
	속	118,688	7.16	위드	2,564	0.15
	묻히-	371	0.02	지나가-	130	0.01
물체	꺾이-	6,098	0.37	벗어나-	18,784	1.13
	휩쓸-	2,268	0.14	넘나들-	1,671	0.10
	확산	241,200	14.54	함께	8,243	0.50
	낳-	999	0.06	기승	3,342	0.20
	퍼지-	8,288	0.5	폭발	4,766	0.29
소계				29.39		
	이기-	4,112	0.25	대전	39,693	2.39
	소멸하-	3,299	0.20	계엄군	154	0.01
폭력	극복하-	84,838	5.12	피해	78,022	4.70
	사투	2,370	0.14	최전선	3,029	0.18
	싸우-	4,877	0.29	직격탄	11,151	0.67
	재난	70,287	4.24	전쟁	14,271	0.86
소계				19.06		
합계				1,658,344/100		

〈표 8〉 중국어 코로나19 은유적 키워드 분포

유형	은유 키워드	횟수	비율	은유 키워드	횟수	비율
여행	滾石上山	3,674	0.06	關鍵期	23,661	0.42
	結束	323,405	5.72			
소계				6.20		
물체	蔓延	404,398	7.15	黑天鵝	14,211	0.25

	籠罩	17,143	0.3	罪魁禍首	2,763	0.05
	陰霾	35,819	0.63	疫魔	19,572	0.35
	席卷	30,203	0.53	賽跑	86,873	1.54
	抵抗力	16,604	0.29	(打)基礎	9,459	0.17
	爆發	107,114	1.89	遠離	24,838	0.44
	魔鬼	6,191	0.1	陰影	18,560	0.33
소계				14.04		
폭력	命令	99,850	1.77	備戰	37,162	0.66
	白衣爲甲	7,420	0.13	待命	26,246	0.46
	浴血奮戰	9,850	0.17	聞令而動	46,393	0.82
	沖鋒陷陣	18,499	0.33	戰鬥	289,159	5.12
	中槍	570	0.01	敵人	58,224	1.02
	封鎖	45,904	0.81	抵抗	30,359	0.54
	消滅	22,657	0.4	攻擊	49,575	0.88
	阻擊戰	430,670	7.62	戰場	183,964	3.25
	戰勝	337,049	5.96	趕走	1,946	0.03
	硬碰硬	1,416	0.03	打贏	459,967	8.14
	戰爭	244,734	4.33	肆虐	107,959	1.91
	搏鬥	14,913	0.26	殲滅戰	15,985	0.28
	阻擊	453,325	8.02	抗擊	794,176	14.05
	戰役	89,185	1.58	出征	89,683	1.59
	打仗	12,571	0.22	殺死	8,947	0.16
	沖鋒	172,874	3.06	鬥爭	311,663	5.51
	厭戰	35,750	0.63			
소계				79.75		
합계				5,653,133/100		

　한국어 근원영역의 어휘 선택은 주로 동사, 명사, 그리고 문법 요소 등에 의한 표현으로 나타난다. 동사에 의한 표현은 '종식되다, 뚫다, 가라앉다, 멈추다, 퍼지다, 수그러들다, 겪다, 막다, 뒤바뀌다, 넘어오다, 가리다, 묻히다, 꺾이다, 휩쓸다, 지나다, 벗어나다, 넘나들다, 낳다, 이기다, 소멸하다, 극복하

다, 싸우다' 등이 있다. 이들이 한국어 전체 키워드에서 차지하는 비율은 14.66%이다. 명사에 의한 표현은 '시작, 끝, 위기, 이후, 터널, 여파, 속, 확산, 기승, 빨간불, 사투, 재난, 쇼크, 대전, 계엄군, 피해, 최전선, 직격탄, 전쟁, 충격' 등이 있는데, 전체의 78.83%를 차지하며 가장 높은 비율을 보인다. 문법 요소에 의한 표현은 '-로부터, -로 인해' 등이 있는데, 전체의 6.51%에 불과하다. 또한 한국어에서는 '위드(with), 포스트(post)'[32] 등 외래어로도 나타나 1.42%로 낮은 비율을 차지하였다. 그런데 '위드 코로나'라는 검색어가 2021년 8월 10일부터 11월 10일까지 13,989건의 뉴스 검색 결과로 나타난다. 그런데 현재 이 키워드의 사용 횟수는 <표 7>에 나타난 통계수치보다 5배를 초과하였으며, 급격하게 상승하고 있다. 이는 최근에 한국 방역당국이 주장하고 있는 '위드 코로나'라는 대책과 관련된다.

중국어 근원영역의 어휘 선택은 주로 동사, 명사 등에 의한 표현으로 나타난다. 동사에 의한 표현은 '上山, 蔓延, 結束, 籠罩, 席卷, 爆發, 遠離, 浴血奮戰, 沖鋒陷陣, 中槍, 封鎖, 消滅, 戰勝, 硬碰硬, 搏鬥, 阻擊, 打仗, 沖鋒, 厭戰, 備戰, 待命, 聞令而動, 戰鬥, 抵抗, 攻擊, 趕走, 打贏, 肆虐, 抗擊, 出征, 殺死, 鬥爭' 등이 있다. 이들이 중국어 전체 키워드에서 차지하는 비율은 77.4%이다. 명사에 의한 표현은 '關鍵期, 陰霾, 抵抗力, 魔鬼, 黑天鵝, 罪魁禍首, 疫魔, 基礎, 陰影, 命令, 白衣爲甲, 阻擊戰, 戰爭, 戰役, 敵人, 戰場, 殲滅戰' 등이 있는데, 전체 키워드의 22.57%를 차지한다.

이상에서 한국어와 중국어의 코로나19에 관한 은유적 언어 표현은 비슷하

---

32 '위드 코로나(With Corona)'는 코로나19의 완전한 종식을 기대하는 것보다 공존을 준비해야 한다는 것이다. '포스트 코로나(Post Corona)'는 포스트와 코로나19의 합성어로 코로나19 극복 이후 다가올 새로운 시대·상황을 이르는 말이다. 이 개념들의 출처는 네이버 지식백과의 시사상식사전이다.

게 존재하나, 실제 사용되고 있는 어휘는 다른 양상을 보여준다는 사실을 알 수 있다. 우선 동사에 의한 표현을 보면, 한국어는 14.66%로 작은 비중을 차지하고 있지만 중국어는 77.4%로 큰 비중을 차지하고 있는 차이점을 확인할 수 있다. 그 다음으로 명사에 의한 표현이 한국어는 78.83%로 나타났는데, 중국어는 22.57%를 차지하였으므로 한국어는 중국어보다 비중이 큰 것으로 나타난다. 따라서 동사와 명사에 의한 은유적 언어 표현에서 두 언어는 대립적인 양상을 보인다고 할 수 있다. 게다가 한국어에서 문법 요소를 통해 IS 레벨 사상을 활성화할 수 있는 방법이 활발한데 비해 중국어에서는 이러한 방식을 찾지 못하였다.[33] 그밖에 한국어에서는 부사에 의한 은유적 언어 표현도 존재하고 있는데, 요컨대 '-함께' 등이 나타나지만 중국어에서 부사는 코로나19와 함께 쓰이지 않는다는 차이도 보인다. 코로나19의 개념화 양상을 통해서 한국과 중국의 신문 기사가 이 전염병에 대해 공존 여부를 홍보하는 태도의 차이를 볼 수 있다. 또한 한국어에서 외래어를 사용하여 개념적 은유를 활용하고 있으나 중국어에서 관련된 은유적 언어 표현이 나타나지 않았다.

또한 두 언어에서 코로나19라는 목표영역에 대해 서로 다른 개념적 은유를 더 선호한다는 것도 확인할 수 있다. 한국어의 코로나19 텍스트는 여행 은유의 키워드가 51.55%로 중국어 6.2%보다 압도적으로 높게 나타난다. 이러한 차이는 한국 사람들이 공간적 방향과 관련되어 있는 인지 패턴을 선호한다는 것을 예증한다. 한국어에서는 물체 은유의 키워드도 29.39%로 중국어 14.04%보다 2배 이상의 비율로 나타나고 있다. 한국어 물체 은유와 관련해 코로나19 사태를 물리적 존재인 그릇으로 개념화하는 것이 대부분이다. 중국어의

---

33 이것은 단순히 한국어와 중국어의 언어 유형적 차이에 기인하는 것으로 볼 수도 있기 때문에 큰 의미를 부여하기는 힘들다.

물체 은유에서 코로나19를 유생물로 간주하고 있는 경우가 많다. 폭력 은유에서 볼 수 있는 것처럼, 한국어는 19.06% 중국어는 79.75%로 큰 차이를 나타낸다. 한국어는 중국어와 마찬가지로 인간이 피해를 입는 전쟁과 관련된 은유적 언어 표현을 사용하고 있다. 하지만 중국어에서는 한국어보다 전염병 인지기제에서 전쟁 은유에 초점을 두고 활발하게 쓰이고 있다. 전쟁 틀을 잘 보여주는 중국어는 은유의 설득 기능을 이용하여 막대한 파괴력이 초래될 수 있는 코로나19에 대해 사람들이 병사처럼 엄격한 방역 수치를 준수해야 한다는 프로모션 의도를 보여준다.

5. 결론

지금까지 개념적 은유 이론의 다층적 관점에서 코로나19를 대상으로 한국어와 중국어의 개념화 양상을 대조 분석을 하였다. 본 연구에서 논의된 내용을 요약하면 다음과 같다.

첫째, Kövecses(2020)의 확장 개념적 은유 이론을 사용하여 질병 개념화의 구체적인 과정에 대해 더욱 깊이 있게 해석할 수 있다. 둘째, 확장 개념적 은유 이론에서 제시한 네 가지 위계에 근거한 코로나19와 관련된 의미 요소의 사상 관계와 빈도수를 확인하였다. 셋째, 한국어와 중국어는 모두 코로나19를 '여행, 물체, 폭력'으로 보고 있으나 개념적 은유의 다른 위계에서 어떻게 다른지 분명히 밝혔다. 넷째, 한국어와 중국어를 대조할 때 질병과 같은 주관적이고 민감한 경험에 대해 같은 화제를 표현할 경우 나타난 인지적 기제의 이질성을 찾을 수 있다. 한국어는 중국어보다 전염병의 개념화에 대해 여행 은유를 선호한다고 볼 수 있다. 중국어는 한국어보다 전쟁 은유에 초점을 두고 활발하게 쓰이는 것으로 보인다.

　본 연구는 개념적 은유 연구에 있어 Kövecses(2020)를 토대로 한국어와 중국어에서의 질병 은유 실현 양상을 대조 분석하였다. 그가 제시한 바와 같이 개념적 은유의 다층적 관점을 적용함으로써 은유 현상들을 묘사하는 데에 많은 일관성과 통일성을 얻을 수 있다.

　본 연구는 각 위계의 현존하는 전체 은유를 모두 다룰 수 없었고, 코로나19와 관련하여 가장 현저한 몇 가지의 유형만 논의하였다는 한계가 있다. 또한 지면의 제한으로 모든 은유적 키워드를 다 설명하지 못하였으며, 통계 비율의 사용역도 단일적임은 아쉬운 부분이다. 그런데도 불구하고 한국어와 중국어의 개념적 은유 대조에 관하여 연구 내용과 연구 방법에서 어느 정도로 확장 가능할지에 대해서 다른 언어 간의 사용 양상을 토대로 살펴보았다는 점에서는 의의를 찾을 수 있다. 앞으로 더 많은 한·중 언어의 실례를 들어 확장 개념적 은유 이론에 대한 추가 검증을 진행할 필요가 있다.

김동환(2003), 『인지언어학과 개념적 혼성이론』, 박이정.

송현주(2018), 「'암' 담화의 비유 사용 연구」, 『Journal of Korean Culture』 43, 한국어문학국제학술포럼, 7-36.

송현주(2019), 「의료 담화의 비유 연구: 우울증을 중심으로」, 『담화와 인지』 26-2, 담화·인지언어학회, 27-48.

송현주(2020), 「전염병의 개념화 양상-코로나19를 중심으로」, 『동서인문』 14, 경북대학교 인문학술원, 103-129.

전혜영(2016), 「은유 표현을 통해 본 한국인의 질병관」, 『한국문화연구』 30, 이화여자대학교 한국문화연구원, 133-161.

전혜영·유희재(2016), 「<메르스>에 대한 은유와 이데올로기적 함축-KBS와 JTBC뉴스 보도를 중심으로」, 『한국어학』 72, 한국어학회, 199-225.

Croft, William & Cruse D. Alan.(2004), *Cognitive Linguistics*, Cambridge: Cambridge University Press.

Fauconnier, Gilles(1994)/나익주·요시모토 하지메 옮김(2015), 『정신공간』, 한국문화사.

Gibbs, Raymond W. & Heather Franks(2002), "Embodied metaphor in women's narratives about their experiences with cancer", *Health Communication* 14/2, 139-165.

Karen Sullivan(2013)/김동환·이승주 옮김(2019), 『은유에서의 틀과 구문』, 로고스라임.

Kövecses, Zoltán(2002)/이정화 외 옮김(2003), 『은유-실용입문서』, 한국문화사.

Kövecses, Zoltán(2005), *Metaphor in Culture: Universality and Variation*, Cambridge: Cambridge University Press.

Kövecses, Zoltán(2007), *Metaphor and Emotion: Language, Culture, and Body in Human Feeling*, Cambridge University Press.

Kövecses, Zoltán(2020), *Extended Conceptual Metaphor Theory*, Cambridge: Cambridge University Press.

Lakoff, G. & M, Johnson.(1980/2003)/노양진·나익주 옮김(2017), 『삶으로서의 은유』, 박이정.

Lakoff, G.(1993), "The Contemporary Theory of Metaphor", *METAPHOR AND THOUGHT(second edition)*, Cambridge University Press, 202-251.

Matilda Gillis(2020), "Ventilators, missiles, doctors, troops … the justification of legislative responses to COVID-19 through military metaphors", *Law and Humanities* 14/2, 135-159.

Peña, M. Sandra.(2003)/임지룡·김동환 옮김(2006), 『은유와 영상도식』, 한국문화사.

Reisfield, Gary M. & George R. Wilson.(2004), "Use of metaphor in the discourse on cancer", *Journal of Clinical Oncology* 22/19, 4024-4027.

Semino, Elena, Zsófia Demjén, Andrew Hardie, Sheila Payne, and Paul Rayson.(2017), *Metaphor, Cancer and the End of Life: A Corpus-based Study*, NEW YORK AND LONDON: Routledge — Taylor & Francis Group.

Semino, Elena(2021), ""Not Soldiers but Fire-fighters" - Metaphors and Covid-19", *Health Communication* 36/1, 50-58.

Sontag, Susan(1989)/이재원 옮김(2002), 『은유로서의 질병』, 이후.

張玲·周俊子(2020), 「基於框架理論的疾病隱喩特征及作用研究-以艾滋病爲例」, 『山東外語教學』 41:2, 20-30.

張薇·毛浩然·汪少華(2015), 「突發公共衛生事件官方媒體報道的隱喩架構分析-以SARS和H7N9疫情報道爲例」, 『福建師範大學學報(哲學社會科學版)』 2, 100-108.

〈사전〉

국립국어원, 『표준국어대사전』, stdict.korean.go.kr, 1999.

中國社會科學院語言硏究所詞典編輯室, 『現代漢語詞典第7版』, 商務印書館, 2016.

제2부

재난 시대의 매체 언어와 담론

'재난약자' 담론에 대한 사회언어학적 분석

강희숙

(조선대)

_____ 1. 머리말

코로나19 팬데믹이 인류에게 가져다 준 실로 다양한 변화 가운데 하나로는 '감염병이 과연 재난에 속하는가?'라는 질문을 더 이상 할 필요가 없어졌다는 것이 아닐까 한다. 마스크 착용과 사회적 거리 두기가 최선의 개인 방역이 되면서 모든 일상이 파괴되고, 때로는 확진자의 대열에 합류하여 생명의 안전을 보장하기 어려운 상황에 놓이는가 하면,[1] 엄청난 경제적 침체와 함께 세계의 많은 국가들이 국경 봉쇄 조치를 취할 수밖에 없는 지경까지 이르렀으니 이러한 상황을 두고 더 이상 재난인지 아닌지를 따져 묻는 일은 없으리라 생각되기 때문이다.

문제는 우리의 법률 체계 안에서 '사회재난' 가운데 하나로 분류되고 있는 감염병 재난,[2] 특히 지난 2019년 12월에 시작되어 아직도 그 위력을 멈추지 않고 있는 코로나19는 결코 누구에게나 평등한 얼굴을 하고 있는 것이 아니라는 것이다. 그동안 인류가 경험해 왔던 수많은 재난, 곧 자연재해를 비롯한 인재 혹은 여타의 사회재난이 그러했듯이, 코로나19 또한 이 재난에 무방비로

---

1 2021년 6월 19일 오후 2시 현재 전 세계적으로 확진 환자 177,764,658명, 사망자 3,849, 863명으로 2.2.%의 사망률을 보이는 것이 특징이다.
2 현행 우리나라의 <재난 및 안전관리법> 곧, <재난안전법>에서는 '가축 전염병'과 함께 '감염병'을 '자연재난'과 '사회재난' 두 가지 유형 가운데 '사회재난'에 속하는 것으로 분류하고 있다. https://www.law.go.kr/LSW/lsInfoP.do?efYd=20201210&lsiSeq=220957#0000

노출되어 치명적 위협을 받을 수밖에 없는 일부 계층에 훨씬 더 가혹한 모습을 하고 있다.

재난의 불평등성, 곧 "재난은 왜 약자에게 더 가혹한가?"라는 물음이 코로나19 시대의 중요한 화두가 되고 있는 만큼 최근 들어 비교적 자주 쓰이고 있는 용어로는 '재난약자'가 있다. 다음과 같은 사례가 그것이다.

(1) ㄱ. 재난은 누구에게나 영향을 미치지만 취약계층에게 더욱 부정적으로 영향을 미친다. 경제적 어려움과 신체적 불편함, 사회적 고립 등의 문제로 재난대처 능력이 부족한 독거노인, 장애인 등 **재난약자**들은 재난 상황에 직면하였을 때 상대적으로 더욱 심각한 재난피해에 직면할 수 있다.(2020. 2. 25., 『경기일보』)

ㄴ. 그는 "재난은 약자에게 먼저, 더 혹독하게 다가와 서민의 삶과 지역 경제를 얼어붙게 만든다"며 "**재난약자** 안정망을 확보하고 일상으로의 회복을 위해 힘쓰겠다"고 말했다.(2020. 12. 22., 『매일경제』)

위의 예를 보면, '재난약자'란 "재난 상황에 직면하였을 때 상대적으로 더욱 심각한 재난피해에 직면할 수 있는 사회계층"으로 '독거노인'과 '장애인'(1ㄱ) 또는 '서민'(1ㄴ) 등이 이에 해당하는 것으로 인식되고 있음을 알 수 있다.

물론 '재난약자'라는 용어가 이른바 코로나19 시대에 새롭게 등장한 신어는 아니다. 한국언론진흥재단에서 제공하고 있는 빅카인즈(BIGKinds)의 뉴스 빅데이터 분석 서비스[3]에 따르면, '재난약자'라는 용어가 우리 사회에 처음으로 등장한 시기는 2012년 무렵부터라고 할 수 있는 것이다.[4]

---

3 이에 대해서는 https://www.bigkinds.or.kr/v2/intro/index.do 참조.
4 Naver의 뉴스 텍스트에서는 '재난약자'라는 용어가 2010. 2. 23.부터 출현하고 있어, 본

흥미로운 사실은 코로나19가 많은 영역에서 인류의 삶의 방식을 바꾸어 놓았듯이, '재난약자'라는 용어의 개념과 유형 또한 코로나19 이후 상당한 변화를 겪고 있다는 것이다. 본고의 관찰에 따르면 '재난약자' 담론 또한 무엇을 재난으로 보는지, 재난으로 인하여 파생된 사회적 문제들에 대해 어떠한 인식을 하는지 등에 따라 상당한 차이가 있다고 할 수 있다. 따라서 본 연구에서는 '재난약자'라는 용어의 개념 및 그 유형을 추적하는 작업에서 출발하여, 빅카인즈 뉴스 텍스트에 나타난 '재난약자' 담론에 대한 사회언어학적 분석 작업을 계량적 방법과 비판적 담화 분석의 방법을 통해 접근하고자 한다.

2. '재난약자'의 개념 및 유형

앞에서 언급한 바와 같이, '재난약자'라는 용어가 우리 사회에 처음으로 등장한 시기는 2012년 무렵부터인 듯하다. 2012년 4월 25일 자 『충청투데이』에서이다. 이 기사에 따르면 충남 보령시에서 실시한 '2012년 재난대응 안전한국훈련'에서 "주민 대피 훈련의 주민 훈련 참여 촉진을 위해 '재난약자' 등을 사전 파악하고, 재난도우미를 민방위대 및 재난 안전 네트워크 회원들로 지정 관리하고 있다."라는 마지막 보도문에 '재난약자'라는 용어가 처음으로 사용되었던 것이다.

이와 같은 '재난약자' 개념 및 그 유형 및 특성에 대한 논의가 본격적으로 이루어진 것은 김도형 외 3인(2017)에서부터이다. 대규모 재난 시 재난약자

연구가 대상으로 한 빅카인즈 자료와 차이를 보인다. 이와 같은 차이는 빅데이터 구축 대상이 다르기 때문이라고 할 것이다.

지원 방안을 제시하는 것을 목적으로 하고 있는 이 연구에서는 이론적 고찰의 과정에서 재난약자에 대한 개념 및 유형에 대한 논의와 함께 한국에서의 재난약자 현황에 대해 살펴보고 있다. 먼저 이 연구에서 제시하고 있는 재난약자의 개념 및 유형을 제시하면 아래와 같다.

> (2) ㄱ. 재난약자의 개념: 재난 발생 시 올바른 상황 판단과 신속한 대응
> 이 어려워 타인의 도움이 요구되는 사람
> ㄴ. 재난약자의 유형: 영유아, 고령인, 장애인, 외국인

이와 같은 재난약자의 개념 및 유형은 일본이나 미국의 사례를 바탕으로 한 것이다. 따라서 김도형 외 3인(2017)에서 언급한 일본이나 미국의 경우에는 재난약자의 개념 및 유형을 어떻게 파악하고 있는지 제시하면 다음과 같다.

〈표 1〉 일본과 미국에서의 재난약자의 개념 및 유형

국가	재난약자의 개념	재난약자의 유형	비고
일본	재해 시의 위험 상황에 대한 정보 수집 및 피난 행동에 대해서 핸디캡을 가진, 자력으로 피난하는 것이 일반적인 사람보다 어렵고 피난 행동에 있어서 핸디캡을 가진, 자력으로 피난하는 것이 일반적인 사람보다 어렵고 피난 행동에 있어서 도움을 필요로 하는 사람.	고령자, 장애인, 유아, 임부, 환자, 외국인	〈재해대책기본법〉(2016)에 근거.
미국	재난 또는 위기 상황 당시나 혹은 그 이전 또는 이후에 필요로 하는 구급 또는 의료서비스에 대한 접근성에 제한을 줄 만한 기능적인 필요나 제한점을 갖고 있는 개인 또는 집단.	아동, 노인, 임산부 및 재난 시 별도의 추가적인 재난 대응 지원을 필요로 하는 기타 개인 (장애인, 죄수, 다문화가정 거주민, 외국인, 교통약자 또는 교통수단이 불편한 개인이나 가정, 노숙자, 만성질환자, 약물의존성이 높은 개인)	〈전염병 및 모든 재난 대응 재인가법〉(2013)에 근거.

(2)와 <표 1>에 제시된 '재난약자'의 개념 정의 및 유형은 코로나19라는 팬데믹이 이루어지기 전에 경험한 재난의 유형 및 특성을 반영한 것이라고 할 수 있다. 그러나 앞에서도 언급한 바와 같이 코로나19는 '재난약자' 관련 텍스트 생산의 사회적 조건도 바꾸어 놓았다는 사실에 비추어 볼 때 지금까지 이루어진 '재난약자'의 개념 및 유형화는 그 자체로 한계가 있다고 할 수 있다. 특히 코로나19는 치명적 성격의 감염병에 노출될 위험성과 취약성이 일부 계층이나 집단의 경우에 더 높게 나타날 수 있음을 보여주었을 뿐만 아니라, 가장 심각하게는 강력한 사회적 거리 두기를 실천하는 과정에서 경제 활동이 멈춰 버렸거나 불가능해짐으로써 사회적, 경제적 지원을 필요로 하는 계층이나 집단이 대거 등장하였는바, 이와 같은 사회적 상황이나 변화를 반영한 개념 정의 및 유형화가 필요하다고 할 수 있는 것이다.

그렇다면 현재의 시점에서 '재난약자'의 개념은 어떻게 정의되어야 하며, 그 유형은 또 어떻게 구분할 수 있을까? 본고의 주된 관심이 이와 같은 문제를 해결하는 데 있지는 않지만, 재난의 본질적 특성에 비추어 볼 때 '재난약자'는 잠정적으로 다음과 같이 정의할 수 있을 것으로 본다.

(3) '재난약자'의 개념
　　재난으로 인한 위험성과 경제적 취약성이 높아 안전을 보장받기 어렵거나, 경제적 어려움에 직면할 가능성이 많으며, 환경적 제약으로 재난 상황에 대한 인지 또는 판단이 어려운 개인이나 집단.

이와 같은 '재난약자'의 정의는 '재난약자'의 특성을 다음과 같이 파악한 것과 관련이 있다.

(4) '재난약자'의 특성

ㄱ. 재난 발생 시 스스로 재난 상황에서 대피하거나 대응하기가 어렵다.

ㄴ. 재난으로 인한 경제적 어려움에 노출될 가능성이 커서 자생적 복구
에 시간이 많이 걸리거나 복구가 어려울 수 있다.

ㄷ. 의사소통 능력의 제약으로 재난 상황에 대한 인지 또는 판단이 쉽지
않은 환경에 놓여 있다.

이상에서 이루어진 '재난약자'의 개념 및 특성에 대한 분석에 비추어 볼 때 '재난약자'의 유형은 크게 세 가지로 구분할 수 있다. '신체적 재난약자'와 '경제적 재난약자', '환경적 재난약자'가 그것이다.[5]

(4ㄱ)과 같이 재난이 발생하였을 때 스스로 재난 상황에서 대피하거나 대응하는 데 어려움이 있을 수 있는 개인이나 집단은 '신체적 재난약자'에 해당한다. 영·유아 및 청소년, 고령자, 장애인, 임신부 등이 이에 해당한다. (4ㄴ) 같이 재난으로 인한 경제적 어려움에 직면할 가능성이 커서 자생적 복구가 어렵거나 자생적 복구에 많은 시간을 필요로 하는 '경제적 재난약자'에는 <표 1>에 제시된 유형의 개인이나 집단을 비롯하여 우리 사회의 일반적인 기초생활수급자나 차상위 계층이 포함될 수 있다. 마지막으로 (4ㄷ)에서처럼 의사소통 능력의 제약으로 재난 상황에 대한 인지 또는 판단이 쉽지 않은 환경에 놓여 있을 수 있는 사람은 '환경적 재난약자'에 속한다. 여기에 해당하는 가장 전형적인 개인이나 집단은 '외국인' 또는 '이민자'라고 할 수 있다. 일시적으로 다른 나라에 머무르거나 다문화가정의 이민자나 외국인 노동자, 또는 난민 등의 신분으로 해당 국가에 거주하고 있는 사람들의 경우 언어적으로 소통이

---

5 '재난약자'의 이와 같은 구분은 김도형 외(2017: 41)를 근거로 한 것이다.

원활하지 않은 환경에 놓여 있음으로써 재난의 발생이나 위험에 대한 정보를 제대로 제공받지 못하거나 정보를 제공받더라도 제대로 이해하기 어려운 상황에 처할 가능성이 높은 것이다.

이상의 논의를 통하여 '재난약자'의 개념과 특성 및 유형에 대한 논의가 어느 정도 이루어졌다. 이제야 비로소 '재난약자' 담론에 대한 사회언어학적 분석을 시도할 수 있는 준비가 된 셈이다. 다음 장들에서는 빅카인즈의 뉴스 텍스트에서 드러난 '재난약자' 담론에 대한 분석을 사회언어학의 연구 방법론에 속하는 계량적 분석과 비판적 담화 분석(Critical Discourse Analysis) 이론을 토대로 진행하고자 한다.

3. 빅카인즈 뉴스 텍스트에 나타난 '재난약자'의 계량적 분석

주지하는 바와 같이, 국내 최대의 기사DB에 빅데이터 분석 기술을 접목한 새로운 뉴스 분석 서비스인 빅카인즈(BIGKinds)에서는 1990년 1월 1일 이후 현재까지 약 30년 동안 종합일간지, 경제지, 지역일간지, 방송사 등을 포함한 모두 54개 매체의 약 7천만 건 뉴스 콘텐츠를 빅데이터화하고 있음이 특징이다. 빅카인즈의 뉴스 텍스트에 나타난 재난약자 담론에 대한 분석을 위해서는 그 첫 단계로 빅카인즈 자료에서 확인되는 '재난약자'의 유형 및 특징을 계량화하는 작업이 필요하다고 할 수 있다. 따라서 맨 먼저 빅카인즈의 자료가 축적된 기간인 지난 30여 년간(1990년~2020년) '재난약자' 담론이 연도별로 어느 정도의 빈도를 보이는지 제시하면 [그림 1]과 같다.

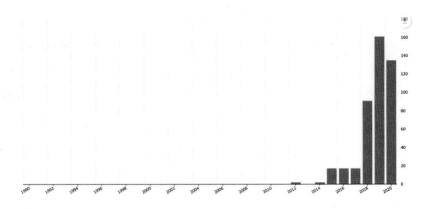

[그림 1] '재난약자'의 연도별 출현 빈도

위 그림에서 확인할 수 있는 바와 같이 빅카인즈의 뉴스 텍스트에서 '재난 약자' 담론이 시작된 시기는 2012년이다. 그러나 이러한 용어의 출현 빈도를 구체적으로 살펴보면 2017년까지는 그 빈도가 상당히 낮은 편에 속하다가 2018년 이후부터 급격하게 높아졌으며, 약간의 차이를 보이긴 하지만 최근 2 년 동안 가장 높은 빈도를 보이고 있음을 알 수 있다. 2012년 이후부터 지난 해인 2020년까지 빅카인즈의 뉴스 텍스트에 나타난 '재난약자' 출현 빈도를 하나의 표로 정리하여 제시하면 다음과 같다.

〈표 2〉'재난약자'의 연도별 출현 빈도

연도	빈도	비고
2012	2	
2013	0	
2014	2	
2015	18	
2016	18	
2017	17	
2018	93	밀양세종병원 화재 참사 발생

2019	164	
2020	138	
총계	452	

위의 표를 보면, 지난 30여 년간 빅카인즈의 뉴스 텍스트에서 나타난 '재난약자' 뉴스 텍스트의 출현 빈도는 총 452회임을 알 수 있다. 또한 <표 2>는 '재난약자' 담론이 시작된 시기인 2012년에는 단 두 건이 출현하였음을 보여준다. 구체적인 사례를 제시하면 다음과 같다.

(5) ㄱ. 이와 함께 보령소방서 협조로 24일부터 27일까지 오전 10시부터 12시까지 시청 지하회의실에서 재난대응 안전 한국훈련과 연계해 심폐소생술 집중 체험 훈련을 실시한다. 한편 시는 주민대피훈련의 주민 훈련 참여 촉진을 위한 **재난약자** 등을 사전파악하고 재난도우미를 민방위대 및 재난안전네트워크 회원들로 지정 관리하고 있다. (2012. 4. 25., ≪충청투데이≫)

ㄴ. 또 해넘이·해맞이 명소, 역, 터미널 등 전국 557개 지역의 안전사고 우려 대상에 소방차 및 구급차 등 560대의 차량과 1691명의 소방대원을 전진 배치한다. 재래시장 등 유동인구가 많은 다중이용시설은 물론 쪽방촌, 노유자 시설, 병동 등에 대해서도 예방 순찰을 실시하도록 해 **재난약자**를 위한 안전관리 대책도 마련했다.

빅카인즈 뉴스 텍스트만 놓고 볼 때 '재난약자' 담론이 처음으로 등장하였다고 볼 수 있는 2012년 보도 자료에 나타난 '재난약자'는 다음과 같은 특성을 지니는 것으로 보인다.

첫째, (5ㄱ)에서는 '재난약자'의 유형이 구체화되지는 않았으나, 재난 대응 안전 한국 훈련에 적극적으로 참여해야 할 대상으로서 이러한 훈련 시 민방위대 및 재난안전네트워크 회원들로 구성된 '재난도우미'의 도움을 받을 필요가 있다.

둘째, (5ㄴ)에서는 '재난약자'가 안전사고 우려 대상으로서 그 유형은 '쪽방촌, 노유자 시설'에 거주하고 있거나 '병동'에 입원하고 있는 개인 또는 집단으로 인식되고 있다.

이와 같은 분석의 결과를 토대로 (5)의 사례에 나타난 '재난약자'의 특성을 분석해 보면, '재난약자'는 안전사고 우려 대상으로서 위험에서 벗어나기 위해서는 재난 도우미의 도움이 필요한 '쪽방촌'이나 '노유자 시설' 거주자 또는 입원환자 정도로 파악되고 있다고 할 것이다.

그렇다면 '재난약자'에 대한 이와 같은 인식은 2012년 이후 아무런 변화 없이 동일하게 나타나고 있을까? 본 연구에서는 중국 우한에서 처음 발생하여 전 세계적인 팬데믹 재난으로 확대된 코로나19 이후 시기에는 이전 시기와는 다른 모습의 재난약자가 등장하게 되리라는 전제하에 2019년에 164건, 2020년에 138건의 출현을 보이는 재난약자 관련 뉴스 텍스트의 출현 빈도를 계량적으로 분석해 보기로 하겠다.

다만, 여기에서 한 가지 언급하고 넘어가야 할 문제가 있다. 우리의 예측과는 달리 '재난약자' 관련 뉴스 텍스트의 빈도가 코로나19 이전 시기인 2019년에는 164건으로 2020년보다 훨씬 높은 빈도를 보인다는 것이다. 이와 같은 현상이 나타나게 된 원인으로는 '재난약자'를 대신하는 용어로 '재난취약계층' 같은 용어가 높은 빈도로 사용되었기 때문이라고 할 수 있다.[6] 본 연구자의

---

6 빅카인즈 뉴스 텍스트에서만 하더라도 '재난취약계층'이라는 용어는 2005년에 처음으로 출현'하여 그동안 비교적 꾸준히 사용되어 오다가 2020년에 상대적으로 높은 빈도로 사용

확인 결과, 빅카인즈 뉴스 텍스트에서만 하더라도 2019년에는 '재난취약계층'이 106회밖에 출현하지 않은 것과는 달리, 2020년에는 무려 402회나 출현하고 있어 '재난취약계층'이 비교적 높은 빈도로 사용되고 있음을 알 수 있다. 이와 같은 상황에도 불구하고, 본 연구에서 [그림 1]과 <표 2>에서 그 빈도가 확인된 '재난약자' 뉴스 텍스트에 대한 계량적 분석을 계속해 나가려는 것은 '재난약자'가 재난은 약자에게 더 가혹하다는 재난의 불평등성을 훨씬 더 잘 담아내고 있다고 보기 때문이다.7

문제는 2019년과 2020년의 '재난약자' 뉴스 텍스트는 빈도상의 차이뿐만 아니라 텍스트 생산의 사회적 조건의 변화라는 요인에 따라 상당히 다른 모습을 하고 있다는 것이다. 이와 같은 차이가 구체적으로 어떻게 드러나는지 파악하기 위해 2년간의 '재난약자' 기사의 특징을 '재난' 및 '재난약자'의 유형과 관련하여 분석해 보기로 한다. 우선 2019년의 '재난약자' 관련 뉴스 텍스트에 나타난 '재난'의 유형 및 빈도를 분석한 결과는 다음과 같다.

〈표 3〉 2019년 '재난약자' 관련 뉴스에 나타난 '재난'의 유형 및 빈도

재난의 유형	빈도	백분율	비고
화재	149	84.1	
미세먼지	7	3.9	
사고	4	2.3	승강기 사고, 응급 상황 등.
폭염	3	1.7	

되었음이 특징이다.
7 법률상의 용어로는 '안전취약계층'이라는 용어가 쓰이기도 하고 '소외계층' 또는 '사회적 약자'나 '소수자'라는 용어가 쓰이기도 한다. 그러나 필자가 판단하기에 이러한 용어들 가운데 어떤 것도 평등하지 않은 얼굴을 하고 있는 재난 시대의 사회적 약자를 가리키는 용어로 적절하지 않은 것으로 보인다.

한파	1	0.6	
지진	1	0.6	
복합재난	1	0.6	
불특정	11	6.2	명시되지 않음.
소계	177	100. 0	중복 포함.

위의 표를 보면 재난약자 뉴스 텍스트에서는 중복으로 나타나는 재난까지를 합하여 모두 177건의 재난 유형이 포함되어 있는데 그 가운데 가장 높은 빈도를 보이는 것은 바로 화재로 149건(84.1%)이나 됨을 알 수 있다. 특정하지 않아서 명시되지 않은 재난의 유형을 제외하면 그다음으로 높은 빈도를 보이는 것은 '미세먼지'로 7건(3.9%)이고, 그다음이 '사고'(4건, 2.3%), '폭염'(3건, 1.7%)의 순서를 보인다. 가장 낮은 빈도를 보이는 것은 각각 1건씩의 빈도로 보이는 '폭염, 한파' 등의 기후 위기와 '지진' 및 '복합재난'[8] 등이다.

그렇다면 2019년 '재난약자' 관련 뉴스 텍스트에 나타난 '재난약자'의 유형은 어떠할까? 다음은 2019년 빅카인즈 뉴스 텍스트에 등장한 재난약자의 유형을 빈도가 높은 순서로 정리한 결과이다.

〈표 4〉 2019년 빅카인즈의 '재난약자' 관련 뉴스 텍스트에 나타난 '재난약자' 유형

유형	빈도	백분율	비고
요양병원 환자/노인요양시설 수용자	62	31.2	
장애인	27	13.7	
고령자	22	11.0	
영유아	15	7.5	
취약계층	8	4.0	
외국인	5	2.5	다문화 가정 가족 포함.

---

8 '복합재난'이란 둘 이상의 재난이 한꺼번에 또는 연속해서 일어나는 것을 말한다. 이와 같은 재난의 유형에 대해서는 강희숙(2020) 참조.

청소년	1	0.5	
여성	1	0.5	
사회복지시설	1	0.5	
불특정	57	28.6	
소계	199	100.0	

　<표 4>는 2019년 뉴스 텍스트에 나타난 '재난약자' 가운데 가장 높은 빈도를 보이는 유형은 62건(31.2%)의 빈도를 보여주는 '요양병원'의 환자 또는 '노인요양시설 수용자'임을 알 수 있게 해 준다. 그다음은 장애인(26건, 13.2%), 고령자(22건, 11.0%), 영유아(15건, 7.5%)의 순서를 보이는바, 이러한 재난약자의 유형은 모두 2장에서 논의한 바 있는 세 가지 재난약자의 유형 가운데 '신체적 재난약자'에 속한다는 공통점이 있다. 이들 '신체적 재난약자'들은 '화재'를 비롯한 재난 상황에서 신속한 상황 판단이나 대피가 어려워 누군가의 도움을 필요로 하거나 재난으로 인한 피해를 입기 쉽다는 속성을 지니고 있다고 할 수 있다.

　그렇다면 코로나19라는 팬데믹 재난 상황에 놓여 있던 2020년에는 우리 사회 재난약자 담론이 어떠한 변화를 겪게 되었을까? 이와 같은 문제에 대한 답을 찾기 위하여 먼저 2020년 '재난약자' 기사에 나타난 '재난'의 유형 및 빈도를 제시하면 다음과 같다.

〈표 5〉 2020년 '재난약자' 뉴스 텍스트에 나타난 '재난'의 유형 및 빈도

재난의 유형	빈도	백분율	비고
화재	93	66.0	
코로나19(감염병)	36	25.5	
사고	4	2.8	'자살' 포함.
불특정	8	5.7	
소계	141	100.0	

이와 같은 '재난'의 유형 및 빈도를 1년 전인 2019년의 그것과 대조해 보면 코로나19 시기인 2020년의 '재난약자' 기사에 나타난 재난의 유형이 상당히 단순화되었음을 알 수 있다. 즉, <표 3>의 재난 유형에는 '미세먼지'나 '폭염', '한파'와 같은 기후재난도 포함되는 데 반해, 2020년에는 '화재'와 '코로나19'가 대부분을 차지하며, 나머지 재난들은 거의 보이지 않고 있음을 알 수 있는 것이다.

<표 6> 2020년 '재난약자' 뉴스 텍스트에 나타난 '재난약자'의 유형

유형	빈도	백분율	비고
요양병원/요양원 환자	29	17.4	
장애인	25	15.0	
고령자	21	12.5	
외국인	11	6.6	
영유아	10	6.0	
임산부	6	3.6	
차상위계층	6	3.6	주간보호센터/노인보호센터
노숙인	4	2.4	
자영업자	3	1.8	
일용직	2	1.2	
방과후강사	2	1.2	
쪽방촌주민	1	0.6	
산후조리원 종사자	1	0.6	
사회복지종사자	1	0.6	
조손가정	1	0.6	
중소기업(제조업)	1	0.6	
불특정	43	25.7	
소계	167	100.0	

그렇다면 <표 5>와 같은 재난의 유형과 관련이 있는 '재난약자'의 유형 및 빈도는 어떠한 모습으로 나타나게 될까? 다음은 2020년 빅카인즈의 뉴스 텍스트에 나타난 '재난약자'의 유형 및 빈도를 하나의 표로 정리한 결과이다.

이러한 분포를 보이는 2020년 코로나19 시대 '재난약자'의 유형과 관련해서는 몇 가지 특기할 만한 언어적 사실이 확인된다. 우선 <표 4>에서 확인할 수 있듯이 코로나19 이전 시기인 2019년의 '재난약자'의 유형은 비교적 단순한 모습을 보였던 것과는 달리 2020년의 재난약자의 유형은 매우 다양한 모습을 보인다는 점을 들 수 있다. 이와 같은 재난약자의 유형을 2장에서 논의한 세 가지 유형의 재난약자로 구분하여 살펴보면 다음과 같다.

(6) ㄱ. 신체적 약자: 요양병원/요양원 환자, 장애인, 고령자, 영유아, 임산부
　　ㄴ. 경제적 약자: 차상위계층, 노숙인, 자영업자, 일용직, 방과후강사, 쪽방촌주민, 조손가정, 중소기업
　　ㄷ. 환경적 약자: 외국인

이러한 유형화에서 뚜렷하게 드러나는 언어적 사실은 2020년의 경우 세 가지 유형 가운데 경제적 약자가 매우 다양해졌다는 것이다. 한 해 전인 2019년만 하더라도 취약계층 정도의 유형으로 등장하였던 경제적 약자가 2020년 코로나19 이후에는 (6ㄴ)에 제시한 바와 같이 생활기반이 안정되어 있지 못하거나 재난 상황에서 극심한 경제적 어려움이나 곤란을 경험하되, 그러한 어려움에서 쉽사리 벗어나지 못하는 경제적 재난약자로 전락하고 있음을 그대로 드러내고 있다.[9]

---

9 김도형 외 3인(2017: 41)에 따르면 경제적 약자는 기본적인 안정된 생활기반을 갖고

4. '재난약자' 담론에 대한 비판적 분석

주지하는 바와 같이, 페어클로(Fairclough)를 비롯하여 반 데이크(Van Dijk), 워닥(Wodak) 등의 학자를 중심으로 발전해 온 비판적 담화 분석(Critical Discourse Analysis)은 사회과학의 담론 연구가 가지고 있는 문제의식을 공유하고 있는 이론 틀이다. 담화 분석 앞에 비판적이라는 말이 붙는 것은 이러한 이론의 틀이 기존의 전통적 담화 분석의 입장과는 다소 차이가 있기 때문이다.(최윤선 2014: 4)

비판적 담화 분석이 전통적 담화 분석과 차이를 보인다는 것은 우선 기존의 담화 분석 연구는 대체로 가치 중립적 입장을 견지하며, 진행되어 온 반면, 비판적 담화 분석은 사회의 익숙한 곳에 숨어 있는 담화의 권력 관계, 지배/피지배 관계를 찾아내고 그것의 힘의 관계를 들춰내는 것을 목표로 한다는 점을 들 수 있다. 또한 기존의 담화 관련 연구들은 주로 일반적으로 사용되는 언어의 구조나 특징을 정확히 기술하고 설명하는 데 중점을 두는 것과는 달리 비판적 담화 분석은 어떤 담화가 생산되는 데 기여하는 생산적 과정이나 문제들이 어떻게 언어적으로 표현되는지를 분석하는 것을 목표로 한다.(박병선 2013: 295)

한편, Fairclough(1995)에서는 비판적 담화 분석을 텍스트 자체의 분석, 텍스트의 생산과 분배 및 소비 과정 분석, 담화의 사회문화적 분석을 통합하는 것으로 정의한 바 있다. 이와 같은 담화 분석의 세 가지 차원을 박병선(2013: 297)에서는 다음과 같이 제시하고 있다.

있지 못하거나, 관리하지 못하는 경제적 곤란 상황에 놓여 있는 사람으로 기술되고 있다.

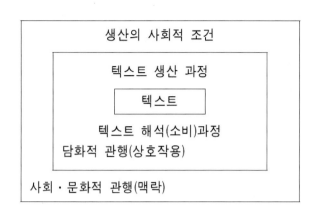

[그림 2] 비판적 담화 분석의 세 가지 차원

위 그림에 제시한 비판적 담화 분석의 세 가지 차원 가운데 텍스트 차원에서는 주로 텍스트에 사용된 어휘와 문장 구성 등의 특징을 통해 결속성(의미적 연결관계, coherence)과 결속구조(통사적 연결관계, cohesion) 등을 분석한다. 담화적 관행 차원은 텍스트를 생산하는 주체가 누구인지, 어떻게 배포되는지, 누가 읽게(소비) 되는지를 분석하고, 사회적 관행 차원에서는 텍스트를 통해 나타나는 사회적 주요 이념 및 사상 등을 분석하는 것이다.

통상적으로 말하자면, 비판적 담화 분석 작업은 [그림 2]에 제시된 세 가지 차원을 전부 고려해야 한다. 그러나 본 연구의 직접적인 관심은 세 번째 차원곧, 텍스트를 통해 나타나는 사회적 주요 이념과 사상 등을 분석하는 데 있다. 따라서 여기에서는 3장에서 분석한 '재난약자' 관련 뉴스 텍스트 빈도의 변화 속에 담긴 이념과 사상, 그리고 그러한 이념과 사상에 담긴 문제점은 무엇인지를 분석하는 데 초점을 맞추고자 한다.

자연재난은 물론 코로나19와 같은 사회재난의 이면에 은폐된 사회의 구조적 병폐를 지목하여 또 다른 경제적 불평등 현상을 통렬히 고발한 책이라는 평가를 받고 있는 존머터(John C. Mutter)의 저서 『재난 불평등』[10]서문에는 "팬데믹이 가져온 가장 뚜렷하고 불편한 결과는 미국 내 코로나19 희생자의 인종적 불균형"이라는 견해가 제시되고 있다. 이와 같은 견해는 아프리카계 미국인 감염자와 사망자와 비율이 백인에 비해 훨씬 높다는 사실과 함께 빈곤율뿐 아니라 초미세먼지(PM2.5), 아황산가스(SO2) 같은 대기오염물질 농도가 최고치에 달하고, 인구 밀도도 가장 높은, 빈곤의 특징을 보여주는 지역들에서 감염자가 가장 많이 나온다는 사실을 전제로 한 것이다.

우리 사회에서도 지난해 9월부터 11월까지 코로나19의 2차 재확산이 한창인 시점에 KBS부산방송사에서 사회적, 경제적 기반이 약한 계층일수록 재난의 영향을 더 많이 받는다는 전제하에 '재난약자'의 유형을 다음과 같이 제시한 바 있다.

〈표 7〉 재난약자의 유형(KBS 부산방송사)

차례	날짜	유형	보도 자료(일부)
1	2020. 9. 29.	일용직 노동자	'인력시장'으로 내몰리는 재난약자. 오늘은 첫 순서로 일감 찾으로 나선 일용직 인력시장을 이도은 기자가 다녀왔습니다.
2	2020. 9. 30.	자영업자	상당수 자영업자들이 개점 휴업 상태로 버티고 있는데, 월세를 감당 못해 폐업하는 곳도 속출하고 있습니다.(코로나보릿고개)
3	2020. 10. 2.	영세 자영업자	코로나19는 영세자영업자에게 가장 큰 타격을 주고 있습니다. 현실이 된 줄도산에 맞춤형 대책도 모자란 데 부산시는 자영업자들의 폐업 현황조차 파악하고 있지 못합니다.
4	2020. 10. 6.	방과후 학교 강사	비대면 수업으로 방과후 학교 강사 10명 중 7명은 월 수입이 없다고 밝혔는데요. 사실상 실업 상태로 내

10 장상미 역(2020:13) 참조.

			몰린 강사들, 내년은 더 걱정이라고 합니다.
5	2020. 10. 7.	취업절벽 청년	합격해도 취소…**취업절벽 청년**도 재난약자
6	2020. 10. 8.	문화 예술인	생계 막막 **예술인**…문화계 떠난다.
7	2020. 10. 9.	지역 중소기업	자영업자나 취업난을 겪는 청년들만 재난약자가 아닙니다. 계속된 불황에도 버텨온 **지역 중소기업**들은 도산 위기에 직면해 있습니다.
8	2020. 10. 30.	이주 노동자	코로나19 피해, **이주노동자**에 더 가혹
9	2020. 11. 4.	노숙인	코로나19에 날씨까지…**노숙인** 일자리·끼니 걱정

　<표 7>을 통해 알 수 있듯이, 코로나19라는 팬데믹 혹은 사회재난은 우리 사회에 기존의 유형과는 다른 새로운 '재난약자'의 출현을 초래하였다. 이와 같은 관점에서 볼 때 '재난약자'의 개념이나 유형은 코로나19 시기에 이루어진 사회 변화는 물론이거니와 잠재되어 있는 모든 재난의 가능성을 충분히 반영하는 것이어야 한다고 할 것이다. 김동훈(2020)에서는 코로나19는 이번에 끝날 수 있어도 또 다른 신종 감염병이 도래할 것이며, 꼭 감염병이 아니더라도 전혀 예상하지 못했던 재난들이 계속해서 닥쳐올 수 있다고 보고 있는바, 우리의 일상에 내재되어 있거나 언제든 엄청난 규모의 재난으로 그 모습을 바뀔 가능성이 있는 재난까지를 포괄할 필요가 있다고 할 수 있는 것이다.

　문제는 우리의 법률 체계나 사회적 인식은 아직 '재난약자'의 개념이나 유형화에 재난으로 인한 사회 변화나 잠재되어 있는 재난의 가능성을 충분히 반영하고 있지 못하다는 것이다. 예컨대, 2004년 3월 11일에 제정되어 오늘에 이르고 있는 <재난 및 안전관리법>에서는 본고에서 다루고 있는 '재난약자' 대신 '안전취약계층'이라는 용어를 사용하면서 그 개념 및 유형을 다음과 같이 제시하고 있다.[11]

(7) "안전취약계층"이란 어린이, 노인, 장애인 등 재난에 취약한 사람을 말한다.

이와 같은 '안전취약계층'의 개념 정의 및 유형은 다분히 전통적인 것으로서 재난의 예방·대비·대응·복구 등의 재난 관리 책무를 오로지 '안전'이라는 방향성만 가지고 접근하도록 만들 수 있다. 그러나 코로나19라는 거대 사회재난을 경험하면서 우리 사회와 국가가 대응해 왔듯이, 재난은 단순히 위험한 사고로서 국민에게 정신적, 물질적, 신체를 피해를 주는 정도에 그치지 않는다. <표 7>의 사례를 통하여 알 수 있듯이, 재난은 모든 경제적 활동을 중단시킴으로써 결과적으로 수많은 경제적 재난약자를 양산해 내고 있다고 할 수 있는바, 이와 같은 문제까지를 포괄할 수 있는 개념 및 유형화를 필요로 하는 것이다.

또한 재난약자 담론은 우리의 일상에 잠재되어 있는 재난의 가능성을 철저하게 진단하여 그로 인한 재난약자의 출현에도 관심을 두어야 한다. 환경오염이나 기후위기 관련 재난이 그것이다.

세계의 많은 기후 관련 학자들이 코로나19는 수류탄급 재난에 불과한 반면, '기후위기' 또는 '기후재난'은 핵폭탄급에 속하는 경고를 하고 있다. 그럼에도 불구하고 우리의 재난 또는 재난약자에 대한 인식은 여전히 대형화재와 같은 인적 재난에만 매몰되어 있다. 다음의 사례가 이러한 사실을 극명하게 보여준다.

(8) ㄱ. 최근 대한민국에 키즈카페 등 다양한 신종 다중이용업소가 우후죽순

---

11 국가법령정보센터(https://www.law.go.kr/LSW/lsInfoP.do?efYd=20201210&lsiSeq=220957#0000) 참조.

늘어나고, 초고령화사회 진입에 따른 요양병원 등의 재난약자(장애인, 노인, 어린이 등) 이용시설이 증가하고 있어, **화재 시 자력 대피가 어려운 재난약자들의 피해 증가가 우려되고 있기 때문이다**(2019. 4 .4. ≪충청투데이≫)

ㄴ. 우리 주변에는 어린이를 비롯한 청소년들이 선호하는 다중이용시설과 학원, **대표적 재난약자 시설인 노인과 장애인 관련 시설 등에서는 좀 더 촘촘한 소방안전이 요구된다.**(2019. 11. 23., ≪중도일보≫)

(9) ㄱ. **기존의 피난기구는 임산부, 어린이, 노인, 장애인 등 재난약자가 이용하기 어렵고 위험하다는 지적을 받아왔다.** 반면 디딤돌 '살리고' 승강식 피난기는 보호 덮개를 열고 승강판에 올라 안전손잡이를 잡은 후 페달을 밟으면 바로 아래층으로 내려가기에 피난 시 용이하다. 디딤돌에 따르면 한 사람이 대피하는 데 소요되는 시간은 단 7초다. 1분이면 모든 가족이 피난할 수 있는 셈이다.((2020. 11. 26. ≪중앙일보≫)

ㄴ. 관내 단독주택 주택용 소방시설 설치사업은 지난 2015년도부터 시작하여 **공주소방서가 도비를 지원받아 기초생활수급가구, 차상위계층, 한부모가정 등 재난약자에 대한 설치지원 사업을 2019년에 완료하였으며** 2020년 4월부터는 공주시가 읍·면 지역 일반가구를 대상으로 1억 7천만원의 예산를 확보하여 소화기와 단독경보형감지기를 보급했다.(2020. 12. 7. ≪대전일보≫)

이러한 뉴스 텍스트의 담론을 통해 알 수 있는 바와 같이, 우리 사회의 '재난약자' 담론은 대부분 '신체적 재난약자'와 관련이 있으며, 재난의 유형 또한 '화재'에 국한되어 있었음을 알 수 있다. 따라서 화재 시 거동이 불편하여 자력 대피가 어려운 재난약자들의 안전 문제를 해결하는 데 사회적 관심이 놓여 있었다고 할 수 있다.

또한 <재난 및 안전관리법>에는 인류가 그동안 숱하게 겪어 온 전쟁이나 테러, 공권력에 의해 인권이 유린되는 국가폭력 등이 포함되어 있지 않다. 날로 심화되고 있는 기후 위기와 환경 재난, 오늘날 계속해서 극단으로 치닫고 있는 사회적 갈등이나 결혼 및 출산율 저하로 인한 인구절벽 현상 등도 우리 사회의 안정적인 발전을 저해하고 있는 또 다른 재난 혹은 위기의 요인이라고 할 수 있는바, 이러한 유형의 재난으로 인한 재난약자를 위한 지원책도 다양하게 모색되어야 할 것이다.

5. 결론 및 제언

코로나19 팬데믹이 많은 영역에서 인류의 삶의 방식을 바꾸어 놓았듯이, '재난약자'라는 용어의 개념과 유형 또한 코로나19 이후 상당한 변화를 겪고 있으며, '재난약자' 담론 또한 무엇을 재난으로 보는지, 재난으로 인하여 파생된 사회적 문제들에 대해 어떠한 인식을 하는지 등에 따라 상당한 차이가 있다고 할 수 있다. 본 연구는 이러한 사실을 전제로, 빅카인즈 뉴스 텍스트에 나타난 '재난약자' 담론에 대한 사회언어학적 분석 작업을 계량적 방법과 비판적 담화 분석 방법을 통해 접근하였다. 연구 결과를 요약하여 제시하면 다음과 같다.

첫째, 코로나19 시기의 사회적 상황이나 변화에 비추어 볼 때 '재난약자'의 개념과 유형 또한 변화를 겪었다고 할 수 있는바, '재난약자'는 "재난으로 인한 위험성과 경제적 취약성이 높아 안전을 보장받기 어렵거나, 경제적 어려움에 직면할 가능성이 많으며, 환경적 제약으로 재난 상황에 대한 인지 또는 판단이 어려운 개인이나 집단."으로 정의하였다. 이와 같은 개념 및 특성에 비추어 볼 때, '재난약자'는 '신체적 재난약자, 경제적 재난약자, 환경적 재난약자' 등 세 가지로 유형화할 수 있음이 확인되었다.

둘째, 국내 최대의 기사 DB에 해당하는 빅카인즈의 뉴스 텍스트를 계량적으로 분석한 결과, '재난약자'는 2012년에 처음 출현하여, 2019년과 2020년에 가장 높은 빈도로 사용되고 있음이 확인되었다. 특징적인 점은 2019년과 2020년의 '재난약자' 관련 기사는 빈도상의 차이는 물론 '재난' 및 '재난약자'의 유형과 관련되는 차이를 분명하게 보여준다는 것이었다. 즉, 2019년의 경우 '화재' 발생 시(84.1%) '요양병원 환자 또는 노인요양시설 수용자'(31.2%)라는 '신체적 재난약자'와 관련되는 맥락에서 '재난약자'가 압도적인 비율로 출현하였다면, 2020년의 경우에는 '화재' 발생의 경우(66.0%) 외에도 코로나19 관련 재난약자가 25.5.%의 비교적 높은 비율로 출현하였으며, '신체적 재난약자' 외에 다양한 유형의 '경제적 재난약자'가 새롭게 출현하였음이 특징이다.

셋째, 이른바 비판적 담화 분석의 차원에서 '재난약자' 관련 뉴스 텍스트 빈도의 변화 속에 담긴 이념과 사상을 분석한 결과, 우리의 법률 체계나 사회적 인식에서 '재난약자'의 개념이나 유형화에 재난으로 인한 사회 변화나 잠재되어 있는 재난의 가능성을 충분히 반영하고 있지 못하다는 문제점이 있음을 확인하였다. 즉, 우리의 재난 또는 재난약자에 대한 인식은 여전히 대형화재와 같은 인적 재난에만 매몰되어 있다고 할 수 있는 것이다.

최근 들어 자주 회자되고 있는 외국 속담에 "쇠사슬의 강도는 가장 약한 고리에 달렸다."라는 말이 있다. 제일 약한 부분이 끊어지면 그 전체도 끊어진다는 말이다. 이와 같은 속담이 시사하듯, 만일 재난 불평등이라는 사회적 현상에 대해 제대로 대응하지 않는다면 어떤 사회나 국가가 제대로 유지 존속되기는 어려운 일일 수 있다. 따라서 오늘날 우리는 재난이 일상화되고 있는 시대, 거대재난 또는 거대복합재난이 마치 복병처럼 도사리고 있는 시대를 살아가고 있다고 할 수 있는 만큼 우리 사회의 '가장 약한 고리'는 과연 무엇이고, 그들이 더 이상 약한 고리로 남아 있지 않기 위해서 사회 구성원들과 국가가 해야 할 역할이 무엇인지를 찾는 일은 다른 무엇보다도 중요하고 시급한 일이라고 할 수 있다.

강희숙(2020), 「재난 유형 관련 용어의 사용 추이와 사회적 인식의 변화」, 『배달말』 67, 배달말학회, 1-32.

김도형 외 3인(2017), 『대규모 재난 시 재난약자 지원방안』, 희망브리지 전국재해구호협회.

김동훈(2020), 「기후위기 시대의 재난과 사회적 약자」, 『생협평론』 41, (재)아이쿱협동조합연구소, 104-117.

김지홍 역(2015), 『담화와 사회 변화』, 경진 출판.

박병선(2013), 「비판적 담화분석 이론의 응용 방안 모색」, 『Journal of Korean Culture』 22, 한국어문학국제학술포럼, 293-317.

신문적·왕림·김진해(2020), 「한중 코로나19 관련 신문기사의 비판적 담화 분석-의료진 및 확진자를 중심으로-」, 『한말연구』 57, 한말연구학회, 97-129.

J. C. Mutter(2015)/장상미 역(2020), 『재난 불평등』, 동녘.

네모토마사쯔구, 아리가에리(2014), 「재난발생 시 '재난약자'에 대한 지역사회 체계 강화방안 연구 - 한·일 양국의 재난약자에 대한 사전조사 체계 비교를 중심으로-」, 『Crisisonomy』 10-6, 위기관리 이론과 실천, 67-87.

최윤선(2014), 『비판적 담화분석』, 한국문화사.

N. Fairclough(1995)/이원표 역(2004), 『대중매체 담화분석』, 한국문화사.

'K-방역'에 대한 언론 사설의 담화 전략 분석

- 담론 형성의 언론사별 대조를 중심으로 -

강희숙 · 신유리

(조선대 · 연세대)

1. 머리말

지난해 3월 11일, 세계보건기구(WHO)는 신종코로나바이러스 감염증, 곧 코로나19에 대해 감염병의 세계적 대유행을 의미하는 팬데믹(pandemic)을 선언하였다. 1968년 홍콩 독감과 2009년 신종 인플루엔자(신종플루) 유행에 이은 사상 세 번째 팬데믹 선언이었다.

114개 국가 11만 8000여 명의 확진과 4,291명의 사망이라는 통계[1]를 배경으로 이루어진 팬데믹 선언 당시만 하더라도 세계는 1년 9개월이 훌쩍 지난 현재까지 코로나19 감염병의 확산이 현재진행형의 모습을 하리라고는 예측하지 못하였다. 2021년 10월 31일 현재, 코로나19로 인한 전 세계의 확진자는 2억 4,713만 명, 사망자는 501만 명의 놀라운 통계를 보이고 있으니 인류가 경험한 팬데믹 가운데 가장 심각한 팬데믹에 속한다고 할 것이다.[2]

국경 봉쇄에 이은 강력한 사회적 거리 두기로 인한 일상의 파괴, 생명의 위협은 물론 엄청난 경제적 위기를 초래한 만큼 코로나19는 그 어느 때보다 국가의 역할이 강조되었고, 한국의 경우 매우 모범적이면서도 성공적인 방역 국

---

1 「WHO, 결국 사상 세 번째 '팬데믹' 선언…"코로나 통제가능"」(중앙일보, 2020.03.12. https://www.joongang.co.kr/article/23728084) 참조.
2 1968년 홍콩 독감(H3N2)은 전 세계적으로 140만 명의 사망자를 발생시켰고, 2003년 중증급성호흡기감염증(SARS: Severe Acute Respiratory Syndrome)은 30개국 8,000여 명의 감염과 774명의 사망자를 발생시켰다.

가라는 평가를 받으며, 이른바 'K-방역'이 세계의 표준이 될 만한 수준에 이르렀다는 인식이 뒤따르기도 하였다.[3] 전 세계에서 코로나19 유행이 포착될 즈음, 신속한 테스트와 감염원 추적, 효율적인 감염자의 격리 및 치료 등 체계적인 관리 시스템(양명지 2021: 215)을 통해 확진자를 감소세로 돌아서게 만든 결과였다.

문제는 'K-방역'에 대한 평가가 언제나 긍적적인 것만은 아니라는 것이다. 'K-방역'은 무능한 문재인 정부가 내세운 구호이자 자화자찬일 뿐 세계적 표준이 될 만한 것은 되지 못하며, 한낱 신기루에 지나지 않는다는 평가가 없지 않고, 심지어는 'K-방역'이 사기극이라는 평가까지 있을 정도라는 것이 그 증거이다.[4]

'K-방역'에 대한 상반된 평가는 우리 사회 내부에 존재하는 '당파성' 또는 '보수' 혹은 '진보'로 그 성향을 규정할 수 있는 미디어 담론의 이데올로기 작동과 밀접한 관련이 있다고 할 수 있다. 미디어 담론은 사회적 현상에 대한 '특화된 이야기'로서 특정 사건에 대한 가치 중립적인 보도라기보다는 사건이 담아내는 속성들을 분류하고 분석하여 선택과 배제 또는 추가와 강조를 통해 구조화된 담론이라고 할 수 있기 때문이다(강세현 2020: 7)

이와 같은 현상에 주목하여, 본 연구에서는 'K-방역'에 대한 상반된 담론이 담화적, 언어적으로 어떻게 형성되는지 분석하고자 한다. 이를 위해 담론 형

---

3 대표적인 사례로는 프랑스 상원 공화당 그룹이 한국의 코로나바이러스 감염증 대처를 모범적인 사례로 평가하고, 프랑스는 이를 교훈으로 삼아야 한다는 내용의 보고서를 발표한 것을 들 수 있다. 「프랑스 상원 "한국은 코로나19 모범사례" 보고서」(연합뉴스, 2020.05. 07. https://www.yna.co.kr/view/AKR20200507005400081) 참조.
4 「문재인 체포 국민특검조사단 "文, 코로나19 방역사기극 중단하라"」(뉴데일리, 2021.02.22. https://www.newdaily.co.kr/site/data/html/2021/02/22/2021022200094.html) 참조.

성에 핵심적인 역할을 하는 미디어 담론을 살펴보되, 특히 한국의 신문들 가운데 보수와 진보라는 이념적 정향을 가장 잘 보여 주는 것으로 평가되고 있는 ≪경향신문≫, ≪동아일보≫, ≪조선일보≫, ≪한겨레≫ 등 네 신문 사설 텍스트를 비교 및 대조 분석하는 데 주된 관심을 두기로 하겠다. 아울러 시간이 지남에 따라 담론이 어떻게 전개되고 변화되는지 검토하여 담론화 과정을 이해하고 이에 대한 의의를 밝히고자 한다.

2. 연구 배경

2.1. 이론적 배경

초기의 비교적 낙관적인 전망과 달리 코로나19 팬데믹은 전 세계적으로 그 끝을 예측하기 힘들 정도의 상황으로 치닫고 있다. 이에 따라 'K-방역'을 둘러싸고 형성된 우리 사회의 담화 혹은 담론5 또한 코로나19 확산의 양상만큼이나 다양한 해석과 평가의 대상이 되고 있다고 할 수 있다. 따라서 'K-방역'과 관련하여 나타나고 있는 담화 혹은 담론 연구는 단순히 언어학적 단위를 그 자체로 탐구하는 수준에서 벗어나 필연적으로 복잡할 수밖에 없는 사회적인 현상들을 분석하고 이해하고, 설명하는 것에 관심을 두어야 하는바(R. Wodak & M. Meyer, 2015)6본 연구는 최근 들어 다양한 학문 분야에서 관심을 두고

---

5 주지하는 바와 같이, 'discourse'라는 영어 단어 하나를 두고 언어학에서는 주로 '담화'를, 사회과학이나 문학 등의 분야에서는 '담론'이라는 용어를 선호하는 경향이 있다. 언어학에서는 사회적 실행는 구현하는 형식으로서의 언어에 주목한다면, 다른 분야에서는 그러한 사회적 실행의 결과로 형성되거나 내용을 구성하는 총체적 관념 또는 이데올로기적 측면에 관심을 두기 때문이다(김현강 외 10인, 2021: 20). 따라서 본 연구에서는 그 관심 영역에 따라 '담화'와 '담론'을 둘 다 사용하고자 한다.

있는 'CDS'(Critical Discourse Studies), 곧 비판적 담화 연구 이론을 배경으로 한다.

'K-방역'이라는 이름으로 지칭되어 온 한국 정부의 방역지침은 개인과 의료, 경제, 교육 등 사회 모든 영역에 구속력을 지니며 주체 및 영역에 따라 가치와 이익이 상충될 수 있다는 점에서 '이데올로기적'이라고 할 수 있으며 정치 담론과 혼합되어 나타나거나 진보와 보수, 또는 여야 진영에 따라 다른 양상의 담론을 형성하고 있다. 따라서 본 연구에서는 담론을 주도적이고 활발히 생산하는 메이저급 언론사의 사설을 분석하기 위해 비판적 담화 연구의 방법론 가운데 하나인 담화-역사적 접근법(DHA)[7]의 이론 틀을 사용하기로 한다.

R. Wodak & M. Meyer(2015)에 따르면, 비판적 담화 연구(CDS)의 공통적 기반이 되는 요소로는 '담화, 비판, 권력, 이데올로기' 등이 있다. 따라서 '담화' 또는 담론'을 대상으로 이루어지는 비판적 담화 연구의 '비판'은 대부분의 경우 '권력'의 구조를 밝히고, '이데올로기'의 정체를 드러내는 것을 목적으로 한다.

비판적 담화 연구의 다른 접근법과 마찬가지로 담화-역사적 접근법에서는 '이데올로기'를 "특정 사회 집단의 구성원들이 공유하고 있는, 관련된 정신적 표상, 신념, 의견, 태도, 가치, 평가들로 이루어진 세계관이나 체계"로서 대개는 한쪽으로 치우친 관점으로 보고 있다. '담화/담론' 대해서도 사회적으로 구성되기도 하며 사회를 구성하는 것으로 보는 것은 다른 접근법과 동일하나 '특정한 사회적 행위의 장'에 의존하는 기호적 실행의 집합체이자 '거시 주제'

---

6 김현강 외 10인(2021:20-21) 참조.
7 Wodak et al(1990)에 따르면, DHA에 대한 연구는 1986년 Kurt Waldheim의 오스트리아 대통령 선거 운동이라는 공적 담화에서 출현한 반유대주의적 고정관념의 이미지를 분석하면서 처음 발전하였다. 김현강 외 10인(2021:69) 참조.

및 '논증'과 연결된 것으로 보는 특징이 있다. 이와 같은 담화/담론에 대한 이해는 담화-역사적 접근법에 의한 담화 분석 작업의 세 차원으로 이어진다. 특정 담화의 특정한 내용이나 주제를 식별하고, 담화 전략들을 탐구하는 작업을 거쳐 언어적 수단을 유형화하고 맥락에 따라 달라지는 언어적 실현을 분석하는 작업이 그것이다(M. Reisigl & R. Wodak 2001).[8]

위에 제시된 담화 전략 중에서 이 연구에서는 명명, 서술, 논증 전략에 집중하여 분석하도록 하겠다. 이는 사설이 본질적으로 논증적이라는 점, 담화 구성에 있어 명명과 서술은 필수적이라는 점, 그리고 지면상의 한계에 기인한다.

이 연구에서는 담화-역사적 접근법에 의한 담화 분석 작업의 세 가지 차원 가운데서도 '담화 전략'을 주요 분석 도구로 삼고자 한다. 여기에서 말하는 '전략'이란 특정한 사회적, 정치적, 심리적, 언어적 목표를 이루기 위해 사용되는 의도적 방법이며, 주요 담화 전략은 아래와 같다(김현강 외 10인, 2021: 71-72).

〈표 1〉 선택 가능한 담화 전략(김현강 외 10인, 2021:72)

전략	목적	장치
명명 (nomination)	사회적 행위자, 대상, 현상, 사건, 과정, 행위에 대한 담화적 구성	· 구성원 범주화 장치, 직시, 인명 등 · 은유, 환유, 제유 같은 비유 · 과정이나 행위 등을 표현하는 데에 사용되는 동사나 명사
서술 (predication)	사회적 행위자, 대상, 현상, 사건, 과정, 행위에 대한(긍정적이거나 부정적인) 담화적 자질 부여	· (예를 들어 형용사, 동격화, 전치사구, 관계절, 접속절, 부정사절, 분사구/절 등의 형태로의) 부정적 또는 긍정적 특성에 대한 (정형화된) 평가적 속성 부여 · 명시적 서술어나 서술성 명사/형용사/대명사

---

8 김현강 외 10인(2021:60~62) 참조.

		· 연어
		· (환유, 과장법, 완서법, 완곡어법을 포함하는) 비교, 직유, 은유 및 다른 수사적 장치들
		· 다른 예를 끌어오기, 환기, 전제/함축 등
논증 (argumentation)	진리(truth)와 규범적 옳음에 대한 주장의 정당화나 문제 제기	· (형식적이거나 보다 내용적인) 토포스 · 오류(fallacies)
관점화 (perspectivization)	화자나 필자의 관점을 정하고 관여나 거리를 표현하기	· 직시 · 직접, 간접, 자유 간접 화법 · 은유 · 생동감을 부여하는 운율 등
강화 또는 완화 (intensification or mitigation)	발화수반력을 조정(강화 또는 완화)하고 이에 따라 발화의 인식 내지 의무의 정도를 인식하기	· 지소사나 확장사 · (양태) 불변화사, 부가의문문, 가정법, 망설임, 모호한 표현 등 · 과장법 또는 완서법 · 간접 화행(예: 단언을 대신하는 질문) · 말을 전달하거나 감정, 생각 등을 나타내는 동사

2.2. 'K-방역'의 기원과 사설 출현 빈도

2019년 12월 중국 후베이성 우한시에서 코로나19 첫 의심 환자가 발생하여 세계보건기구, 곧 WHO에 보고되고 난 뒤 우리나라에서는 2020년 1월 20일에 첫 확진자가 발생하였다. 이후 약 45일 만에 5,766명의 확진자 수를 기록함으로써 중국에 이어 두 번째로 높은 코로나19 확산의 모습을 보였으나, 그해 5월 초에 이르러서는 한 자릿수 확진자 및 주 평균 1명의 사망자로 관리되는 등의 방역 성과를 거두었다(복준영 2020: 5). 이와 같은 성공적 방역 성과는 이른바 'K-방역'이라는 이름으로 불리면서 세계 각국의 벤치마킹 대상이 된 바 있다.[9]

널리 알려진 바와 같이 'K-방역'이란 한국식 방역체계를 말한다. 여기에서 말하는 한국식 방역체계란 우리나라 방역 현장 전문가들이 개발한 창의적 선별검사 기법을 포함하여 중앙사고 수습본부(중수본)와 중앙방역대책본부(중대본)에서 대대적으로 시행한 전국단위의 코로나19 방역체계를 총칭한다. 2020년 6월 10일 언론사에 배포한 산업통상자원부의 자료에 따르면, K-방역 모델은 3T(Test-Trace-Treat)로 요약된 바 있다. 따라서 '검사·확진(Test), 역학·추적(Trace), 격리·치료(Treat)' 등 3T가 K-방역의 핵심 모델인 셈이다.[10]

그렇다면, 우리 사회에 'K-방역'이라는 용어가 맨 처음 등장한 시기는 언제일까? 한국언론진흥재단에서 제공하고 있는 뉴스 빅데이터 분석 시스템 빅카인즈(BIgKinds)[11] 자료에 따르면, 한국형 방역이라는 의미의 'K-방역'이라는 용어가 처음 등장한 것은 2020년 2월 27일에 방영된 YTN 라디오 방송 프로그램과 ≪서울신문≫ 기사에서이다. 2020년 1월 20일에 중국 우한 지역에서 귀국한 중국인 여성이 코로나19 확진자로 판명되고 난 뒤 얼마 안 있어 대구·경북을 중심으로 가파른 확산이 이루어지면서 2월 26일에는 당시 하루 증가 인원으로는 최고치인 284명이 발생함으로써 코로나19 국내 확진자의 수가 총 1,261명으로 늘어난 시점이었다.[12] 바로 이 시기에 압도적 숫자의 진단

---

9 2020년 4월 22일 자 연합뉴스 보도에 따르면 40여 개 국가에서 'K-방역' 전수 요청이 이루어진 것으로 확인되었다.

10 복준영(2020: 5)에서는 K-방역의 우수한 역량 요인으로 다음과 같은 네 가지 요인이 제시되었다.

  a. 최초 확진자 발생 이후 1주일 만에 진단 장비와 도구를 개발, 활용함으로써 확진자를 조기 발견함.

  b. 원하는 국민을 대상으로 한 전수검사 및 철저한 ICT 기반 다원적 역학조사(휴대폰 기지국, 카드사용 내역, CCTV 등)

  c. 투명한 정보 공개 및 자가격리 실천

  d. 우수한 공중보건 시스템과 인프라의 운영

11 빅카인즈(https://www.bigkinds.or.kr/v2/intro/index.do) 참조.

12 중국 우한에서 코로나19가 급증하던 2월 중반만 해도 한국은 수도권에서 산발적으로 발생하는 환자를 꼼꼼히 추적 관리했다. 하지만 2월 18일 대구에서 31번째 확진자가 등장하면서 상황은 급변하여 신천지 집단감염에 1주일 사이에 감염 사례가 18배 급증하는 양상

키트 도입을 통한 신속한 테스트와 감염원 추적, 효율적인 감염자의 격리 및 치료 등의 조치로 성공적인 초기 대응이 이루어짐에 따라 국내외에서 좋은 평가를 받게 된 것이 그 계기였다.

(1) ㄱ. 대부분의 국가, 특히 미국 같은 경우는 검사를 거의 안 해서 자기가 코로나바이러스에 감염됐다는 사실도 모르고 넘어가는 경우가 많다고 하는데. 일본도 그런 상황이고, 일본도 1500 샘플을 하루에 할 수 있는데도 70~80회 이런 수준으로 하고 있다. 이렇게 알려져 있는데 **우리는 정말 넘 압도적으로 하다 보니까 해외 언론에서는 이걸 보고 K-방역이다 이렇게 이야기할 정도로 엄청난 규모입니다.**[2020. 2.27., YTN라디오(FM 94.5), 노영희의 출발 새아침]

ㄴ. 뉴욕타임스도 25일(현지시간) 보도에서 중국 정부가 1100만 명이 사는 우한 지역에 이동제한조치를 하고 자택에 바리케이드까지 쳤지만, 240만 명이 사는 대구는 정상적인 도시 기능을 유지하면서 감염을 적극적으로 감시하는 전략을 짜고 있다면서, 민주주의 사회의 본보기가 될 수 있다고 평가했다. **현재의 위기를 관민의 협조로 잘 극복한다면 'K방역'이 세계의 모범이 될 수도 있다.**(2020. 2.27., ≪서울신문≫)

위 사례에서 보듯이, 'K-방역'이라는 용어는 해외 언론이 중심이 되어(1ㄱ) 세계의 모범이 될 수도 있다는 긍정적인 평가(1ㄴ)를 바탕으로 사용되기 시작한 것으로 보인다. 그렇다면, 'K-방역'과 관련하여 형성된 우리 사회, 특히 본 연구의 대상인 네 신문사 사설의 담론은 어떠한 양상을 보이며, 그러한 담론

을 보였다. 2020년 5월 1일 자, ≪서울경제≫ 참조.

은 각 언론사가 표방하는 정치 이데올로기에 관련하여 어떤 차이를 보이고 있을까?

본 연구의 관찰에 따르면, 팬데믹이라는 사회적 재난에 대한 대응으로 점철된 코로나19 발생 이후 현재까지 우리의 언론사에 의해 이루어진 'K-방역'의 성과에 대한 보도 혹은 평가 또한 그 성향에 따라 상당한 차이를 보이고 있으며, 이와 같은 차이는 각 언론사의 '사설'에 더욱 선명하게 드러난다. 코로나19 팬데믹과 전쟁 같은 시간을 보내는 동안 우리의 언론은 우리 사회, 특히 문재인 정부가 수행해 온 이른바 'K-방역'에 대해 뉴스 생산자의 이념적 성향[13]을 고스란히 담은 미디어 담론을 형성해 왔다고 할 수 있기 때문이다. 따라서 여기에서는 한국의 언론사 가운데 보수적 성향을 거의 일관되게 보이는 것으로 알려진 ≪동아일보≫, ≪조선일보≫ 두 곳과 진보적 성향을 보이는 것으로 알려진 ≪경향신문≫, ≪한겨레≫ 등 두 곳을 합하여 모두 4개 언론사의 사설에는 어떠한 담론 유형이 존재하며, 해당 언론사의 이념은 그러한 담론의 형성에 어떻게 작동하였는지 분석하기로 하겠다.

우선 우리 사회에 'K-방역'이라는 용어가 등장한 후 본 연구가 진행 중인 2021년 10월 31일 현재까지 약 2년이라는 기간에 걸쳐 네 가지 신문의 사설[14]에서 'K-방역'을 어느 정도나 다루었는지 그 빈도를 제시하면 다음과 같다.

---

13 한국 언론에서 나타나는 이념적 특성은 이데올로기적 노선을 같이하는 정당과 언론사의 병행 관계에 따른 '정당 정파성'이다(김영욱, 2011: 118).
14 흔히 국내의 주요 일간지 가운데 보수신문이란 속칭 '조·중·동' 세 신문사가 해당한다. 그러나 본 연구에서는 '중앙일보' 사설은 분석에서 제외하였다. 그 이유는 'K-방역'에 대한 사설의 빈도가 66건으로 중앙일보를 제외한 경우에 보수신문 33편, 진보 33편이라는 균형적 텍스트의 대조가 가능하다는 점을 고려한 것이다.

〈표 2〉 'K-방역'에 대한 신문 사설의 빈도

신문 연도	보수		진보		소계
	동아일보	조선일보	경향신문	한겨레	
2020	10	12	18	2	42
2021	2	9	6	7	24
계	12	21	24	9	66

위의 표에 따르면, 지난 2년간 ≪경향신문≫, ≪동아일보≫, ≪조선일보≫, ≪한겨레≫ 등 네 신문의 사설에서는 2020년에 42회, 2021년에 24회 등 모두 66회에 걸쳐 'K-방역'을 다루었다. 지난해인 2020년에 비해 2021년에 그 빈도가 절반에 못 미치는 것은 한 해가 아직 끝나지 않은 시점이기 때문일 수도 있지만, 시간이 흐르면서 코로나19의 진전 양상이 달라졌기 때문이기도 하고, 백신 수급이나 의료업계 파업 등의 문제들이 노출되면서 'K-방역'을 바라보는 언론과 우리 사회의 시각 또한 크게 달라졌기 때문이라고 할 수 있다.

66개의 사설 텍스트는 주제와 내용 분석 차원에서 검토하였으며 이 중 담화 전략의 집중적 분석을 위해 'K-방역'을 핵심 주제로 한 7편의 사설을 선정하였다. 자료는 시기에 따라 두 유형으로 구분할 수 있는데 하나는 언론사별로 'K-방역'을 주제로 한 최초의 사설이고(자료 A),[15] 다른 하나는 그로부터 약 1년 뒤 백신과 관련된 문제를 논의한 사설이다(자료 B). 동일한 상황과 사건에 대한 관점과 담론을 살펴보기 위해 자료 B의 경우 사설 게재일의 차이를 최대한 좁혀 유사한 시기로 자료를 선정하였다.[16] 주요 분석 대상이 되는 사

---

15 언론사별로 'K-방역'을 주제로 한 최초의 사설을 선택한 이유는 언론사별 사설에 나타난 담화/담론을 분석하는 것 이외에도 사설에 의해 형성되는 'K-방역' 담론이 시간이 지남에 따라 어떻게 변화하는지 추적하려는 목적과 관련이 있다.

16 백신과 관련된 문제 역시 시기별로 다양하게 제기되며 언론사에 따라 사설의 주제로 다루는 시기도 상이하다. 자료 B의 선정은 동일한 시기(같은 주간)에 백신과 관련된 방역 담론

설은 다음과 같다.

<표 3> 담화 전략 분석을 위한 주요 사설 목록

자료 A	(1) 코로나 100일, 묵묵히 소임 다한 '숨은 영웅'들에 박수를 (동아, 2020. 4. 27.)
	(2) "코로나는 이제 시작일 뿐" 경고 흘려듣지 말아야(조선, 2020. 6. 12.)
	(3) 긴 연휴 시작, 순간 방심으로 공든 탑 무너지는 일 없어야(경향, 2020. 4. 29.)[17]
	(4) 쿠팡발 코로나 확산의 불편한 진실, '불안정 노동'(한겨레, 2020. 5. 31.)
자료 B	(5) 불량 주사기, 백신 이상반응 국민 속이려 말라(조선, 2021. 4. 20.)
	(6) 가중되는 백신 확보 비상, 문 대통령이 특단 대책 마련해야(경향, 2021. 4. 19.)
	(7) 백신 확보, 모든 가능성 열어놓고 전방위 대응을(한겨레, 2021. 4. 22.)

자료 B의 경우 ≪동아일보≫는 이 시기에 방역을 주제로 한 사설이 없기 때문에 세 곳의 언론사 사설만 분석 대상으로 삼는다.[18]

3. 'K-방역'에 대한 언론 사설의 담화 전략

3.1. 'K-방역'의 초기 담론과 담화 전략

우선 언론사별로 'K-방역'을 집중적으로 다룬 최초의 사설을 통해 'K-방역'

이 언론사별로 어떤 차이를 보이는지, 무엇을 초점화하거나 강조하여 주장하는지 파악하는 것과도 관련된다.

17 사설 내용에서 'K-방역'이 미미하게 언급된 것은 제외하였다. ≪경향신문≫에서 가장 먼저 'K-방역'이 언급된 사설은 "여당의 단독 과반, 민심은 국정 안정을 택했다(2020. 4. 15.)"이며 방역을 주제로 하지 않는다.

18 이 시기와 가장 가까운 시기의 사설은 다음과 같다. "자성은 없고 자찬만 넘친 'J노믹스 4년'의 자평(2021. 5. 11.)", "정책전환 의지와 통합비전 안 보인 집권 5년 차 文 신년사 (2021. 1. 12.)".

의 초기 담론의 양상을 살펴보기로 하겠다. 담론이란 세계를 바라보는 관점을 언어적으로 형성한 것이다. 이 관점은 사설의 제목에 가장 극명하게 나타나며, 텍스트의 제목은 독자에게 '해석틀(interpretative framework)'을 제공함으로써 내용을 특정한 흐름으로 받아들이도록 통제한다(van Dijk 1988).[19] 먼저 사설 제목을 분석하여 각 사설의 핵심 주제와 해석틀을 파악하고 이를 바탕으로 담화 전략을 분석하겠다.

〈표 4〉 'K-방역'을 주제로 한 초기 사설의 주제와 해석틀

사설	핵심 주제	해석틀
(1)동아	K-방역의 공로는 사회 구성원들에게 있음	K-방역의 공로
(2)조선	정부는 코로나 재확산에 대비해야 함	방역 위기의 가능성
(3)경향	시민들이 K-방역을 위해 계속적으로 참여해야 함	방역지침 준수
(4)한겨레	기업체 집단 감염으로 인한 코로나 확산의 원인은 불안정 노동 구조에 있음	방역 위기의 사회구조적 원인

가. 명명 전략

명명 전략은 사회적 행위자, 대상, 현상, 사건, 과정, 행위를 담론적으로 구성하기 위해 명명 또는 지칭을 사용하는 것과 관련된다. 다음은 'K-방역'과 관련된 사람이나 기관 등 행위자에 초점을 둔 명명 및 지칭 전략의 예이다. 담화-역사적 접근법에는 언어적 수단을 유형화하는 작업도 포함되며 이 연구에서는 M. Reisigl & R. Wodak(2001: 48~52)에서 제시한 분류를 적용하였다.

---

19 van Dijk의 해석틀 개념은 비판적 담화 연구 방법론의 사회-인지적 접근법과 관련된다. 이 접근법에서 논의하는 이데올로기적 담화 구조인 '긍정적 자기 기술과 부정적 타자 기술의 강조'는 본 연구에서 다루는 담화 전략들에 의해 실현될 수 있다(이원표 2015:59).

(1) K-방역의 공로 (동아)	(2) 방역 위기의 가능성(조선)	(3) 방역 지침 준수(경향)	(4) 방역 위기의 사회구조적 원인(한겨레)
[병리화] 확진자, 환자, <u>사망자</u> [정치화] 시민, 대한민국 국민, 정부[집단화] 의료진, 전문가들, 방역당국 [직업화] 의사, 간호사, 병원 임직원, 공항 검역관, 보건소 공무원, 집배원, 환경미화원, 직장인, 소상공인, 학생 [관계화-가족] 학부모	[병리화] 확진자, 환자, <u>사망자</u>, 경증·중증 환자, [정치화] 방역 당국, 정부 [집단화] 의료진, 방역 전문가 [관계화-국제] 미국	[병리화] 확진자, 환자 [정치화] 정부, 방역당국, 당국, 지방자치단체, 시민, 시민 개개인 [직업화] 의료진, 초중고생 [지명화] 제주도, 강원도 [사회문제화] <u>미등록 외국인</u>	[병리화] 확진자, 전파자 [정치화] 노동자, 물류노동자, 배달노동자 [집단화] 우리 사회 [경제화] 기업, 아마존 프랑스법인, 아마존 미국 본사, 종사자, 사용자[20] [사회문제화] <u>저임금 물류센터 노동자</u>

《동아》는 K-방역의 공로자인 사회 구성원들을 구체적으로 지칭하며 열거하고 있으며 특히 '직업화' 명명을 통해 그들이 직업적 임무를 잘 수행했음을 강조한다. K-방역이 질병과 관련된 국가적 차원의 지침이라는 점에서 모든 사설에서 '병리화'와 '정치화'의 명명 작업이 나타난다. 《조선》, 《동아》 사설에서는 '사망자'라는 지칭을 사용함으로써 상황의 심각성을 강조한다. 《경향》, 《한겨레》 사설은 '사회문제화' 기능을 하는 명명(미등록 외국인, 저임금 물류센터 노동자)이 이루어지는 점이 《조선》, 《동아》와 구분되는 점이다. 이러한 명명은 'K-방역'에 대한 관점을 특정한 방식으로 형성한다는 점에서 담화 전략으로 기능한다.

한편 동일 명명일지라도 맥락에 따라 그 목적이 다를 수 있다. 이를테면

---

20 사설의 문맥에서도 무슨 '사용자'인지 파악하는 것이 어려움.

"방역 당국", "정부"는 ≪조선≫에서 "방역 전문가"의 경고에 주의를 기울여야 하는 행위자이지만 ≪경향≫에서는 "코로나19 방역 총력전"에 힘쓰는 행위자로 표상된다. 즉 ≪조선≫의 경우 코로나 전염병 상황이 안정된 것으로 보이지만 악화될 수 있음을 거론하면서 방역의 성과가 "정부", "방역 당국"에 달려 있음을 주장하기 위해, ≪경향≫은 "시민들의 자발적인 참여가 중요"함을 이야기하면서 방역을 위해 "정부", "방역당국"이 어떤 계획을 하고 있는지 기술하기 위해 사용한다.

나. 서술 전략

서술 전략은 사회적 행위자, 대상, 현상, 사건, 과정, 행위에 대해 긍정적이거나 부정적인 담론적 자질을 부여하기 위해 사용된다. 초기 사설에서는 K-방역을 어떻게 평가하고 있는지 <표 1>에서 제시한 서술 전략(평가어, 명시적 서술어, 연어, 수사적 장치, 예시, 전체, 함축) 중 화용론적 개념에 초점을 둔 분석은 다음과 같다.

<표 6> 사설에 나타난 'K-방역'에 대한 서술 전략과 평가

	(1) K-방역의 공로 (동아)	(2) 방역 위기의 가능성(조선)	(3) 방역 지침 준수(경향)	(4) 방역 위기의 사회 구조적 원인(한겨레)
서술 내용	K-방역은 방역당국뿐 아니라 의료진과 시민이 함께 만들어낸 성과다.	정부는 어제 'K-방역모델을 국제표준화하는 방안을 추진하겠다'고 발표했다. 홍보도 필요하겠지만 수도권 감염 확산과 2차 대유행에 대한 대비가 먼저다.	당국의 선제적인 방역 조치와 의료진의 헌신, 시민들의 참여가 일궈낸 성과다.	전 세계가 높이 사는 케이(K) 방역의 나라에서 쫓아가지 못할 이유는 없을 것이다.

서술 전략	단언	함축	단언	전제
평가	긍정적	보류	긍정	긍정

　<표 6>에서와 같이 ≪동아≫, ≪경향≫은 'K-방역'이 (방역당국, 의료진, 시민이 일군) "성과"임을 단언적으로 서술한다. ≪한겨레≫는 '전 세계는 K-방역을 높이 산다'라는 명제를 전제로 제시함으로써 '단언' 전략보다 한층 강도 있게 'K-방역'을 긍정적으로 평가한다. 한편 ≪조선≫은 'K-방역'의 국제표준화 방안에 대한 "홍보"보다 재확산에 대한 "대비"가 우선시된다고 함으로써 K-방역에 대한 평가는 보류하고 있으나, 방역 그 자체에 힘쓰지 않는 정부를 비판하고 있다. 여기에서의 서술 전략은 K-방역의 주체인 정부에 대한 부정적 평가를 함축한다. K-방역에 대한 긍정적 평가의 경우, 보수 진영의 사설인 ≪동아≫는 사회 구성원들의 공로를 강조하는 반면 ≪경향≫은 정부의 공로를 암시적으로 강조한다.[21]

다. 논증 전략

　논증 전략은 참/거짓과 관련된 주장, 또는 옳음/그름과 관련된 규범에 대한 주장을 정당화하거나 이의를 제기하기 위한 목적으로 사용된다. 여기서는 'K-방역' 담론을 형성하는 데 어떤 논거가 채택되는지 살펴보기로 하겠다.

---

21 사설 전문을 보면 방역당국과 지방자치단체가 "코로나19 방역 총력전"을 위해 어떤 조치를 취했는지 설명하면서 "당국의 조치만으로는 부족하"며 "시민들의 자발적인 참여가 중요"함을 강조하고 있다(부록 참조).

	(1) K-방역의 공로 (동아)	(2) 방역 위기의 가능성(조선)	(3) 방역 지침 준수(경향)	(4) 방역 위기의 사회 구조적원인(한겨레)
주장	치료제와 백신이 개발되기 전까지는 '생활 속 거리 두기'를 체질화하는 것만이 재유행을 막고 우리 사회를 지키는 길이다.	정부는 어제 'K-방역모델을 국제표준화하는 방안을 추진하겠다'고 발표했다. 홍보도 필요하겠지만 <u>수도권 감염 확산과 2차 대유행에 대한 대비가 먼저다.</u>	시민 개개인의 거리 두기 참여가 절실한 황금연휴 기간이다.	… 저임금 물류센터 노동자들이 직장 두 곳에서 일하면서 '전파자' 구실을 한 데서 보듯이, '불안정 노동'은 방역에도 큰 위협이 되고 있다. (➡불안정 노동 환경의 구조적 개선이 필요하다)
논거	<u>전문가들은</u> 코로나19의 전파력과 변칙적 특성을 감안할 때 재유행 가능성이 높다고 경고하고 있다.	방역 전문가들은 "코로나 팬데믹은 이제 시작 단계" "야구로 치면 2회 정도에 들어간 것"이라고 한다.	①…방역당국은 올겨울 닥칠 코로나19 2차 유행에 대비해 대국민 항체검사 등 장기 대책 마련에 나설 계획이다. 이 모든 일은 연휴기간 방역이 순조롭게 이뤄지는 것을 전제로 한다. (➡방역 지침을 잘 준수해야 '생활방역' 대책으로 전환할 수 있다)	얼마 전 아마존 프랑스법인은 작업장 내 근무 인력을 줄이고 교대 시간에 여유를 둬 접촉을 최소화하기로 했다. 아마존 미국 본사는 신규 임시고용 직원의 70%를 정규직으로 전환하기로 했다.
전략	권위에 의한 논증	권위에 의한 논증	인과관계에 의한 논증	실제 사례에 의한 논증

위에 제시된 주장은 코로나19 감염 확산을 막고 예방하기 위한 행위에 대한 주장이자 무엇이 옳은가에 대한 주장이기도 하다. 네 언론사의 사설은 해석틀에 있어서는 차이가 있지만 (1), (2), (3) 모두 방역지침 준수의 중요성을 주

장한다. ≪동아≫와 ≪조선≫은 코로나19 상황을 전망하는 전문가, 방역 전문가의 의견을 인용함으로써 권위에 의한 논거를 사용하고 있다. ≪동아≫와 ≪경향≫은 시민을 대상으로 지침을 준수해야 한다고 주장하는 반면 ≪조선≫은 정부에게 방역 대비에 힘쓸 것을 주장한다. ≪한겨레≫는 선진국의 다른 기업의 실제 사례를 예로 들며 기업이 불안정한 노동 환경을 개선해야 함을 논증하고 있다.

지금까지 초기 'K-방역' 담론은 언론사에 따라 다른 관점에서 담론화되는 양상을 보임을 확인하였다. 하지만 '공공 보건'이라는 사회적 행위의 장을 주 무대로 하는 의식적, 태도적, 언어적 실천이라는 점에서는 동일하다.

3.2. 'K-방역'의 후기 담론과 담화 전략

앞 절에서 살펴본 사설이 생산된 시기로부터 약 1년 뒤, 백신 수급 및 안정성 문제가 방역 담론의 핵심으로 떠올랐다. 이러한 상황을 다룬 사설(<표 3>의 자료 B)의 핵심 주제와 해석틀은 다음과 같다.

〈 표 8 〉 'K-방역'을 주제로 한 후기 사설의 주제와 해석틀

사설	핵심 주제	해석틀
(5) 조선	백신 이상 반응에 대해 정부는 국민을 속이고 있음	정치적 구호로서의 K-방역 비판
(6) 경향	백신 확보가 비상인 상황에서 대통령은 조치를 취해야 함	방역 성공을 위한 기원
(7) 한겨레	백신 확보를 위해 정부는 모든 가능성을 열고 대응해야 함	방역 문제 해결을 위한 대안 제시

가. 명명 전략

위 사설에서 명명 전략은 다음과 같은 양상으로 실현된다. 언어 항목에 따

라서는 두 개 이상의 유형에 분류될 수 있다. 이를테면 "미국"과 같은 나라명은 국제 관계 안에서 이해할 경우 '관계화'로 분류할 수도 있고 지명이라는 측면에서는 '공간화'로 구분할 수도 있다.

〈표 9〉 사설에 나타난 명명 전략의 유형과 언어적 실현

(5) 정치적 구호로서의 K-방역 비판(조선)	(6) 방역 성공을 위한 기원(경향)	(7) 방역 문제 해결을 위한 대안 제시(한겨레)
[병리화] 확진자, 사망한 사람 [정치화]우리나라, 방역 당국, 식약처, 청와대, 질병관리청, 국회, 국민(11회) [집단화]일부 전문가, 전문가, 여러 전문가	[정치화]정부, 청와대, 시민, 방역당국, 여당 홍남기 부총리, 문재인 대통령, 문 대통령, 여영국 정의당 대표 [관계화-국제]한·미 [집단화]외신, 뉴욕타임스, CNN [이데올로기화] 백신 부국	[정치화] 우리 정부, 정부, 이재명 경기지사, 문재인 대통령, 국민(1회), 유럽의약품청 [경제화] 이재용 [관계화-국제]러시아, 동남아시아, 중남미, 중동, 미국 [집단화]CNN, 워싱턴포스트 [이데올로기화] 백신 특사, 부자 나라, 백신 사재기

위의 명명 전략의 사용 양상에서 나타나는 특징은 자료 A와 비교했을 때 "확진자"와 같은 '병리화' 영역의 명명이 거의 사용되지 않는 반면 '정치화'에 속하는 다양한 명명이 나타나고 '경제화', '관계화-국제'의 유형이 등장했다는 점이다. '집단화' 유형의 경우 자료 A에서는 "의료진", "방역당국", "전문가들"과 같은 의료와 보건과 관련된 용어가 사용된 데 반해 자료 B에서는 "외신", "뉴욕타임스", "CNN", "워싱턴포스트" 등 언론과 관련된 용어가 사용된 점도 특기할 만하다.[22] 이는 담론의 장이 '공공 보건'의 영역에서 사회의 다른 영역

---

22 집단화(collectivisation)는 언어적으로 지시적 의미, 집합적 의미와 관련된다(M. Reisigl & R. Wodak 2001: 48). 여기서는 "뉴욕타임스", "CNN", "워싱턴포스트"와 같은 언론사의 이름을 사용함으로써, 이들의 의견이 미국 또는 다른 나라의 총체적 의견과 동일한 것으

으로 확대된 것으로 이해할 수 있다. "국민"의 경우 ≪경향≫은 한 번도 나타나지 않고 ≪한겨레≫는 1회 사용된 반면 ≪조선≫에서는 11회 출현했다는 점 또한 특기할 만하다. 이는 백신과 관련하여 정부가 진실을 숨기고 있음을 논증하는 데 '정부와 국민'의 관계에 초점을 두고 '신뢰'의 가치를 내세우는 것과 관련된다. "국민"의 과도한 사용, 속임의 주체로서의 "청와대"의 사용은 방역 성패를 좌우하는 것으로 논의되는 백신과 관련된 문제를 정치화한다.

특정한 어휘를 반복적으로 사용하는 것은 독자가 특정한 관점을 갖게 하기 때문에 이데올로기적인 화용적 전략이다(Teo 2000: 20). 이뿐만 아니라 <경향>의 "백신 부국", ≪한겨레≫의 "백신 특사, 백신 사재기, 부자 나라" 등 행위자와 사건을 표현하는 명명도 세계에 대한 해석이 반영되어 있기 때문에 이데올로기적이다. 한편 ≪경향≫과 ≪한겨레≫에 나타나는 '관계화-국제'는 백신의 문제를 국제 상황 속에서 진단하는 것과 관련된다. 자료 A의 경우 '관계화-국제'는 ≪조선≫에 나타나는데("미국", 1회) 이는 코로나19 상황의 심각성을 설명하기 위해 사용되었다는 점에서 자료 B의 경우와 차이가 있다.

나. 서술 전략

백신 수급 문제가 발생한 시점에서 각 언론사가 'K-방역'을 어떻게 평가하고 있는지 서술 전략을 통해 살펴보겠다.

로 인식하게 한다는 점에서 '집단화' 유형으로 구분하였다.

<표 10> 사설에 나타난 'K-방역'에 대한 서술 전략과 평가

	(5) 정치적 구호로서의 K-방역 비판(조선)	(6) 방역 성공을 위한 기원(경향)	(7) 방역 문제 해결을 위한 대안 제시(한겨레)
서술 내용	방역 당국은 오로지 국민 건강 하나만 보면서 관련 사항을 투명하게 공개하겠다는 자세를 가져야 한다. 'K 방역' 등 헛된 정치적 구호를 지키려고 국민을 속이려 하지 말라.	정부와 여당은 "(정부가) 초기의 K-방역 성과를 정치적으로 활용하느라 정작 백신 구매는 서두를 필요가 없다는 안일함을 낳았다"고 비판한 여영국 정의당 대표의 말이 그 혼자만의 생각이 아니라는 점을 알아야 한다.	지금 우리가 겪고 있는 백신 수급 문제는 지난해 케이(K) 방역을 너무 믿고 백신 확보에 소극적이었던 탓이 크다는 걸 유념해야 한다.
서술 전략	전제	인용, 전제	전제
평가	부정적	부정적	보류

초기 사설들은 'K-방역'에 대해 ≪조선≫의 경우 평가를 보류하였고 나머지 세 곳은 긍정적인 것으로 평가한 것과 대조적으로, 이 시기의 사설은 부정적으로 평가하거나 평가를 보류하는 양상을 보인다. 특히 'K-방역'의 주체자인 정부에 대한 비판과 함께 이루어진다. ≪조선≫은 "헛된 정치적 구호"라는 명명을 통해 'K-방역'이 정치적으로 이용되고 있음을 전제로 하며 부정적으로 평가하는 동시에 정부에게는 정치적 목적으로 "국민을 속이려 하지 말라"고 비판한다. ≪경향≫ 역시 "여영국 정의당 대표"의 의견을 인용하면서 'K-방역'이 정치적으로 활용되고 있음을 전제로 하여 정부와 여당을 비판한다. 그럼에도 "문 대통령과 청와대가 앞장서" 대책을 강구하기 "바란다"는 점에서 ≪조선≫의 담론과는 차이가 있다. ≪한겨레≫는 "지난해 케이(K) 방역을 너무 믿고"라는 서술을 통해 지난해의 경우 'K-방역'이 긍정적으로 평가되었음을 전제로 하면서 백신 확보의 문제를 비판한다. 자료 A에서는 ≪조선≫이 'K-방역'에 대한 평가를 보류한 것과 대조적으로 자료 B에서는 ≪한겨레≫가 현 시점

의 'K-방역'에 대해 평가를 보류 또는 배제하고 있다.

다. 논증 전략

백신 문제와 관련된 담론을 형성하는 데 각 언론사가 사용하는 주장과 논거는 다음과 같다. 자료 A에서는 논거를 통해 정부와 시민이 방역에 힘써야 함을 주장하거나(동아, 조선, 경향), 집단감염의 원인인 노동 구조 문제가 해결되어야 함을 주장하면서(한겨레) '공공의 보건'을 핵심 가치로 추구하였다. 자료 A의 논거는 해석틀에서는 차이가 있지만 (1)~(4)의 사설 모두 코로나19 감염의 확산을 막고 예방하기 위한 행위에 대한 주장이나 무엇이 옳은가에 대한 주장과 관련이 있는 반면, 자료 B의 논거는 백신과 관련된 사안에 대한 상이한 주장과 관련이 있다.

〈표 11〉 사설에 채택된 논거와 논증 전략

	(5) 정치적 구호로서의 K-방역 비판(조선)	(6) 방역 성공을 위한 기원(경향)	(7) 방역 문제 해결을 위한 대안 제시(한겨레)
주장	불량 주사기, 백신 이상반응 국민 속이려 말라	백신 수급과 접종을 둘러싼 상황은 그야말로 첩첩산중이다.	전세계 백신 수급 상황이 다소 개선될 가능성이 있다는 언론 보도가 나오는 것은 그나마 다행이다.
논거	일부 전문가는 국내에서 AZ 이상 반응이 임상시험 때보다 심했던 것이 이 불량 주사기 이물질 때문은 아닌지 의심하고 있다.	최근 미국 뉴욕타임스와 CNN 등 외신들이 잇따라 한국 등 코로나19 초기 대응을 잘한 나라들이 백신 계약을 늦춰 접종률이 크게 뒤처지고 있다고 보도했다.	《시엔엔》(CNN)이 21일 미국의 '잉여 백신' 문제를 다루며, 앞으로 2~4주 안에 변곡점을 맞을 거라고 전망했다. 앞서 《워싱턴 포스트》도 지난 15일 미국에서 6월 말까지 3억도스의 잉여 백신이 나올 것이라고 내다봤다.
전략	권위에 의한 논증	권위에 의한 논증	권위에 의한 논증

≪조선≫은 정부가 정치적 이권을 위해 국민을 속였음을 주장하기 위한 간접적인 근거로 "일부 전문가"의 의견을 인용하고 ≪경향≫과 ≪한겨레≫는 "미국 뉴욕타임스", "CNN", "워싱턴 포스트"와 같은 외신의 보도를 인용함으로써 권위에 의한 논증을 실행한다. ≪경향≫은 백신 수급과 관련된 문제를 비판하기 위해, ≪한겨레≫는 백신 수급이 개선될 가능성을 논의하기 위해 사용하고 있다.

명명 분석에서도 '관계화(국제)'와 '집단화'의 전략이 자료 A와 대조적인 자료 B의 두드러진 특징으로 나타났듯이, 논증에서도 해외의 권위 있는 언론사의 견해를 논거로 제시함으로써 백신과 관련된 방역 담론을 한국 외부의 관점에서 찾거나 결부시킨다. 이는 자료 A에서 자료 B로 진행된 담론화 과정에서 'K-방역'이 더이상 현재진행형의 성공적 방침으로 평가되지 않는 것과 관련될 것이다.

4. 결론 및 제언

'K-방역'이라는 이름의 감염병 대응책은 무릇 거의 모든 정책이 그러하듯이 객관적 평가라는 잣대에 비추었을 때 분명 긍정적 성과와 함께 부정적 한계가 없지 않다고 할 수 있다. 그러나 본 연구 결과에서 확인한 바와 같이 코로나19 재난에 대한 대응책으로서의 'K-방역' 담론은 시간이 지남에 따라 정치적 이념과 긴밀히 연결되어 나타난다. 'K-방역'이라는 용어화 자체도 이데올로기적 명명이라 할 수 있다. 초기에는 정부 주도적으로 한국의 방역체계를 국제 표준화하는 상황에서 국가의 위상을 함의하는 일환으로 사용되었다면, 후기에 와서는 이 용어의 함축적 의미로 인해 정치적으로 전용되고 있다. 변이 바이러스의 확산이나 백신 수급 또는 안정성의 문제 등 새로운 국면을 맞이한 상황에서 이른바 'K-방역'이라고 일컬어지는 재난 대책은 이제 공공 보건이나 의료 기술의 장에 위치한다기보다 정치 영역에서 활발히 담론화되고 있는 것이다.

이러한 담론의 양상을 확인하고 담론 형성을 위해 사용된 구체적인 담화 전략을 살펴보는 것은 해당 담화/담론에 내재하고 있는 이데올로기를 드러내는 데 궁극적인 목적이 있다. 앞에서 기술된 담론적, 담화적 양상은 '정당 정파성'(각주 13 참고)이 명시적·암시적으로 작동하고 있음을 실증적으로 보여준다. 정파성은 이해관계 등 권력과 관련된 문제를 야기하기도 하지만, 또 다른 중요한 점은 자기/우리에 대한 성찰을 방해한다는 데 있다. 이 연구는 'K-방역'의 성과, 위기, 책임, 방안 등을 논의할 때 언론사별로 어떤 평가를 내리는지, 무엇을 중점적으로 논증하는지를 보여줌으로써 자기, 우리 집단에 대한 성찰이 결여되어 있음을 보여준다. 자기 성찰과 비판의 결여는 코로나19와 같은 위기 상황을 진단하고 해결하는 데 장애물로 작용할 것임을 유념해야 할 것이다. 한편 담론의 장이 확장될수록 비판의 주체들 역시 확장되고 다양한 성찰적 담론이 형성될 것이다. 이 연구가 인문학이라는 학문의 장에서 이루어진 'K-방역'에 대한 메타적 담론의 일부가 되기를 바란다.

강세현(2020), 「탈원전 정책 보도에 대한 담론: 조선일보와 한겨레를 중심으로」, 『지역과 커뮤니케이션』 24-3, 부산울산경남언론학회, 4-39.

김영욱(2011), 「한국 언론의 정파성과 사회적 소통의 위기」, 한국언론학회 심포지움 및 세미나, 107-136.

김원용·이동훈(2005), 「언론보도의 프레임 유형화 연구-국내 원자력 관련 신문 보도를 중심으로」, 『한국언론학보』 49-6, 한국언론학회, 166-197.

김현강(2016), 「언론의 공정성 개념: 신문 사설에 대한 담론적 접근」, 『담화와 인지』 23-1, 담화인지언어학회, 57-87.

김혜영(2013), 『신문 사설의 비판적 담화분석을 위한 언어적 기초 연구:보도문과의 비교를 통한 통계적 접근』, 고려대학교 박사학위 논문.

박민규(2020), 「코로나-19로 다시 보는 한국의 방역 체계」, 『월간 공공정책』 175, 한국자치학회, 11-15.

박주현(2020), 「언론의 이념 성향에 따른 '코로나19' 보도 프레임 비교 연구」, 『한국언론학보』 64-4, 한국언론학회, 40-85.

반현(2018), 「한국 신문 사설의 정치적 성향 분석 연구」, 『문화기술의 융합』 4-3, 국제문화기술진흥원, 87-92.

배진석(2021), 「당파적 태도가 코로나19 관련 대응 평가에 미치는 영향」, 『한국과 국제정치』 37-1, 경남대학교 극동문제연구소, 77-116.

복준영(2020), 「K-방역 모델과 향후 과제 고찰: Covid-19 대응 사례를 중심으로」, 『한국퍼실리티매니지먼트학회논문집』 15-1, 한국퍼실리티매니지먼트학회, 5-67.

안선주 외 4인(2021), 「코로나19 대응 경험에 기반한 K-방역 모델의 국제표준화」, 『표준인증안전학회지』 11-1, 표준인증안전학회, 45-67.

양명지(2021), 「K-방역의 성공과 그 역설」, 『현상과 인식』 45-2, 통권 147호, 한국인문사회과학회, 213-220.

이원표(2005, 「신문 사설에서의 이념 표현에 대한 언어학적 분석: '국가보안법' 폐지에 대한 논쟁의 경우」, 『사회언어학』13-1, 한국사회언어학회, 191-227.

이준웅(2001, 「갈등적 이슈에 대한 뉴스 프레임 구성 방식이 의견 형성에 미치는 영향-내러티브 해석 모형의 경험적 검증을 중심으로-」, 『한국언론학보』46-1, 한국언론학회, 441-482.

이희영·김정기(2016), 「질적 메타 분석을 통한 뉴스프레임의 유형」, 『한국언론학보』 60-4, 한국언론학회, 7-38.

편집부(2021), 「기로에 선 'K방역' 사회공공정책의 전환을 말한다」, 『월간 복지동향』 276, 참여연대사회복지위원회, 59-66.

최윤선(2014), 『비판적 담화분석』, 한국문화사.

Fairclough, N.(1995)/이원표 역(2004), 『대중매체 담화분석』, 한국문화사.

Gamson, W. A. & Modigliani(1989), Media Discourse and Public Opinion on Nuclear Power: A Constructionist Approach, *American Journal of Society* 95, 1-37.

Reisigl, M. & Wodak, R.(2001), The discourse-historical analysis of the rhetoric of racism and antisemitism, *Discourse and Discrimination: Rhetorics of Racism and Antisemitism*, Routledge.

Teo, P.(2000). Racism in the news: a critical discourse analysis of news reporting in two Australian newspapers, *Discourse & Society* 11:1, 7-49.

Tuchman, G.(1978)/박흥수 옮김(1995), 『메이킹 뉴스』, 나남출판.

Wodak, R. et al ed.(1989), *Language, Power and Ideology*, Amsterdam/ Philadelphia: John Benjamins.

Wodak, R. & Meyer, M.(2015). *Methods of Critical Discourse Studies*, Sage. 김현강 외 10인(2021), 『비판적 담화 연구의 방법들』, 경진출판.

〈부록〉

(1) 코로나 100일, 묵묵히 소임 다한 '숨은 영웅'들에 박수를 (동아, 2020. 4. 27.)

내일이면 코로나19 국내 첫 확진자가 나온 지 100일이 된다. 1월 20일 중국에서 들어온 여행객이 첫 확진을 받은 이래, 국내에서는 어제까지 확진자 1만728명, 사망자 243명이 나왔다. 한때 하루 800명 넘게 발생했던 환자는 10명 안팎으로 줄었다. 40여 개국으로부터 검역 진단검사 등 'K방역'(한국의 방역체계) 전수 요청이 폭증하고 있다.

K방역은 방역당국뿐만 아니라 의료진과 시민이 함께 만들어낸 성과다. 현장에서 직접 환자들을 치료한 의사, 간호사, 병원 임직원 등 의료진은 물론이고 다양한 분야에서 각자의 역할을 해준 '숨은 영웅'들이 수없이 많다. 공항 검역관, 보건소 공무원 등 재택근무나 '사회적 거리 두기'와는 거리가 먼 이들은 모두가 "당연히 해야 할 일을 했다"고 입을 모았다.

"매일 새벽 수백 개의 폐마스크와 일반 쓰레기를 일일이 손으로 분리할 때는 솔직히 겁이 났다"고 털어놓은 환경미화원, 마스크를 쓴 채 수백 개 계단을 오르며 평소보다 늘어난 우편물을 배달해야 했던 집배원 등 많은 이들이 보이지 않는 곳에서 묵묵히 자기 일을 하면서 코로나19에 맞서 전선을 지켰다.

나아가 일자리를 잃거나 휴직해야 했던 직장인들, 수익이 급감한 소상공인들, 휴교로 답답한 시간을 보내야 했던 학생들, 이들을 돌봐야 했던 학부모 등 대한민국 국민 모두가 서로에게 격려와 위로를 보내며 '사회적 거리 두기'에 동참했다.

다만 최근 들어 그간의 인내가 한계에 다다른 듯한 모습이 보여 우려를 자아낸다. 정부가 '생활 속 거리 두기' 세부 지침을 발표한 후 첫 주말인 어제 그제 제주도, 동해안, 설악산 등은 관광객들로 북적였다. 대형마트 등 다중이용시설에는 사람이 몰려들어 2m 거리 두기가 제대로 지켜지지 않았다. 부산에서는 군 입대를 앞둔 10대가 다수의 유흥시설을 방문한 뒤 확진되는 등 집단감염의 위험성이 상존하고 있다. 벌써부터 5월 황금연휴가 방역의 앞날을 가르는 계기가 될 것이라는 경고가 적잖게 들린다. 방심은 생활방역의 최대 적이다.

전문가들은 코로나19의 전파력과 변칙적 특성을 감안할 때 재유행 가능성이 높다고 경고하고 있다. 치료제와 백신이 개발되기 전까지는 '생활 속 거리 두기'를 체질화하는 것만이 재유행을 막고 우리 사회를 지키는 길이다.

(2) "코로나는 이제 시작일 뿐" 경고 흘려듣지 말아야(조선, 2020. 6.12.)

신종 코로나의 수도권 대유행이 임박한 것 아니냐는 우려가 갈수록 커지고 있다. 삼성전자 수원사업장 폐쇄에 이어 어제는 기아자동차 광명공장에서 코로나 확진자가 나오면서 공장이 임시휴업에 들어갔다. 생활 방역 당시 하루 10~20명이던 새 확진자는 이달 들어 30~50명으로 오히려 배 이상 늘었다. 집단감염이 벌어진 곳은 서울만 11곳, 수도권 전체로는 20곳을 훌쩍 넘는다. 클럽과 콜센터, 교회, 병원, 물류센터, 운동시설, 방문판매센터, 군부대 등으로 잇따라 번지고 있다. 전국에서 발생하는 새 확진자의 90% 이상이 수도권 환자다. 그런데 방역 당국의 추적 조사는 사실상 미궁에 빠진 상태라고 한다. 20곳 넘는 집단감염 사태 가운데 감염원이 누구인지, 어느 곳에서 감염돼 어디로 퍼졌는지 규명 불가능한 곳이 대부분이라고 한다. 방역의 연결고리가 끊겨 있다면 수도권 대유행은 시간문제일 수 있다.

방역 당국은 코로나 환자용으로 수도권에 1800병상을 확보했다고 한다. 이 중 800병상에 이미 환자가 입원해 있다. 그렇다면 당장 올여름에 병상 부족 사태가 닥칠 수 있다. 경증·중증 환자별로 분리 치료가 가능하도록 추가 시설을 준비하고 의료진 확보에 문제가 없는지 점검해야 한다.

세계적으로도 팬데믹은 더 심각해지고 있다. 올봄 하루 5만명 수준이던 새 확진자는 남반구 국가 등지에서 환자가 폭증하면서 최근엔 13만명으로 치솟았다. 사망자도 하루 5000명 안팎이다. 미국에선 누적 환자가 200만명을 넘었고 일부 주에서는 2차 대유행 조짐이 이미 나타나고 있다고 한다. 코로나 사태가 발발한 지 6개월이 지났다. 그러나 방역 전문가들은 "코로나 팬데믹은 이제 시작 단계" "야구로 치면 2회 정도에 들어간 것"이라고 한다. 정부는 어제 'K방역모델을 국제표준화하는 방안을 추진하겠다'고 발표했다. 홍보도 필요하겠지만 수도권 감염 확산과 2차 대유행에 대한 대비가 먼저다.

(3) 긴 연휴 시작, 순간 방심으로 공든 탑 무너지는 일 없어야(경향, 2020. 4. 29.)

지난 28일은 국내 첫 코로나19 확진환자가 발생한 지 100일째 되는 날이었다. 코로나19 사태가 3개월 이상 지속되면서 감염 절정기에는 하루 환자가 900명 이상 치솟은 적도 있었다. 다행히 이달 중순 들어 신규 확진자가 50명 안팎으로 떨어졌고, 최근에는 열흘 이상 10명 안팎을 유지하고 있다. 기나긴 터널의 끝이 보이는 듯하다. 당국의 선제적인 방역조치와 의료진의 헌신, 시민들의 참여가 일궈낸 성과다.

통계 지표상 국내 코로나19 상황은 안정화 국면에 들어섰다. 하지만 여전히 경로를 알 수 없는 감염이 반복되고 있다. 38만명에 달하는 국내 미등록 외국인은 방역관리체계 사각지대에 있다. 방역체계의 빈틈을 노리는 복병들이 곳곳에 숨어 있다. 안심할 상황은 아닌 것이다. 최대 고비는 오늘부터 다음달 5일까지 이어지는 황금연휴이다. 연휴 마지막 날은 정부가 설정한 '완화된 사회적(물리적) 거리 두기'의 끝자락이기도 하다. 이 기간을 어떻게 보내느냐에 코로나19 방역의 성패가 달려있다.

방역당국과 지방자치단체는 연휴 기간 코로나19 방역 총력전에 나설 방침이다. 제주도와 강원도는 비상방역체제에 돌입했다. 강원도는 휴게소, 버스터미널, 기차 역사에 열화상 카메라를 설치하고 주요 관광시설에 대한 방역 소독 작업을 벌인다. 연휴기간 18만명이 몰릴 것으로 예상되는 제주도는 공항에 도보이동용 선별진료소를 설치하는 등 특별방역을 실시하기로 했다. 당국의 조치만으로는 부족하다. 시민들의 자발적인 참여가 중요하다. 최선의 방책은 여행을 자제하는 일이다. 부득이하다면 가족 단위로 승용차를 이용하거나 혼잡한 장소를 피하는 게 좋다. 여행지에서의 1m 이상 거리 두기, 손씻기 등 방역지침 준수는 필수 사항이다.

정부는 이번 연휴가 끝나면 방역체계를 일상생활이 가능한 '생활방역'으로 전환할 예정이다. 초·중·고생들은 이르면 다음달 중순 순차적으로 등교개학에 들어간다. 방역당국은 올겨울 닥칠 코로나19 2차 유행에 대비해 대국민 항체검사 등 장기 대책 마련에 나설 계획이다. 이 모든 일은 연휴기간 방역이 순조롭게 이뤄지는 것을 전제로 한다. 연휴기간 집단감염이 발생하면, 이 방역 청사진은 수포로 돌아간다. 방심은 절대 금물이다. 'K방역'에 대한 찬사에 도취되어서도 안 된다. 시민 개개인의 거리 두기 참여가 절실한 황금연휴 기간이다.

(4) 쿠팡발 코로나 확산의 불편한 진실, '불안정 노동'(한겨레, 2020. 5. 31.)

경기 부천 쿠팡 물류센터발 코로나19의 누적 확진자 수가 31일 110명을 넘어섰다. 그나마 증가세가 초기보다 수긋해지고, 지역사회 확산도 애초 우려보다 크지 않은 건 다행이다. 종사자 전수조사가 덜 끝나 확진자가 늘어날 가능성은 있지만, 작업장 폐쇄 등 강력한 조처가 있었던 만큼 통제 범위 안에서 대응할 수 있을 것으로 보인다. 그러나 최악의 상황을 모면하더라도, 이번 사태를 일으킨 구조적인 문제들은 고스란히 남는다.

쿠팡 물류센터의 작업환경은, 5월 말에야 코로나19 감염이 발생한 것이 오히려 이상할 정도로 방역에 열악했다. 환기를 제때 못한 건 기술적인 한계와 무관하지 않다 치더라도, 근무 교대자끼리 모자와 신발 등을 돌려쓰다가 바이러스가 검출된 건 비용 절감에만 눈이 먼 사용자의 무신경을 적나라하게 보여준다. 쿠팡의 코로나 양성률은 2.5~2.9%로 추정된다고 한다. 우리나라 전체 양성률(1.3%)의 두 배 안팎이다. 그만큼 작업장 내 집단감염에 취약했다는 뜻이다. 이런 기업에 최소한의 거리두기라도 가능한 작업환경을 기대하는 것부터가 무리였다고 봐야 한다.

업종 특성 탓에 그때그때 일용직을 쓸 수밖에 없는 조건을 고려하더라도, 3%에도 못 미치는 쿠팡 물류센터의 정규직 비율은 낮은 수준을 넘어 기형적이기까지 하다. 고용 안정에 조금이라도 관심이 있었다면 나올 수 없는 수치다. 방역당국에서 확진자 발생을 통보받고도 이를 작업자들에게 알리지 않은 채 교대근무까지 시킨 것도 이윤 말고는 아무 생각도 하지 않는 이 업체의 민낯을 가감 없이 보여준다. 저임금 물류센터 노동자들이 직장 두 곳에서 일하면서 '전파자' 구실을 한 데서 보듯이, '불안정 노동'은 방역에도 큰 위협이 되고 있다.

온라인 쇼핑이 지난해 같은 기간보다 49%나 늘었다고 한다. 우리 사회가 방역에서 큰 성과를 낸 것은 물류노동자와 배달노동자들이 '사회적 거리'의 불편함을 메운 덕분이기도 하다. 그러나 실상 그 이면에는 그들의 '초밀집 노동'과 '불안정 노동'이 숨어 있었다. 얼마 전 아마존 프랑스법인은 작업장 내 근무 인력을 줄이고 교대 시간에 여유를 둬 접촉을 최소화하기로 했다. 아마존 미국 본사는 신규 임시고용 직원의 70%를 정규직으로 전환하기로 했다. 전세계가 높이 사는 케이(K) 방역의 나라에서 쫓아가지 못할 이유는 없을 것이다.

(5) 불량 주사기, 백신 이상반응 국민 속이려 말라(조선, 2021. 4. 20.)

방역 당국이 '최소 잔여형(LDS)' 주사기에서 섬유질 이물질이 나올 가능성을 확인하고도 20일 만에야 사용 중지 조치를 내린 것으로 밝혀졌다. 더 큰 문제는 사용 중지 조치를 한 후에도 한 달 가까이 이 같은 사실을 국민에게 알리지 않은 점이다.

식약처는 지난 2월 27일 불량 주사기를 공급한 제조 공장에 대한 현장 조사를 벌여 문제가 있음을 확인하고 시정 조치를 내렸다. 그러나 불량품 회수에 즉각 나서지 않았다. 주사기에 이물질이 있다는 신고가 늘어나자 20일이 지난 지난달 18일에야 아직 사용하지 않은 주사기 70만개를 회수했다. 그사이 이미 50만개는 아스트라제네카(AZ) 백신 접종에 이미 쓰인 후였다. 일부 전문가는 국내에서 AZ 이상 반응이 임상시험 때보다 심했던 것이 이 불량 주사기 이물질 때문은 아닌지 의심하고 있다.

더구나 식약처는 불량 주사기를 회수한 지 한 달 가까이 지난 지난 17일 언론 보도 등이 나오기 전까지 이 같은 사실을 국민에게 전혀 알리지 않았다. 식약처는 "규정상 이물질 혼입은 공표 대상이 아니다"라고 하지만 온 국민이 초미의 관심을 갖는 접종에 불량 주사기가 쓰였다는 사실을 공개하지 않은 것은 국민을 속인 것이나 다름없다. 식약처 차원에서 국민을 속이기로 했을 리는 없다. 결국 청와대 결정일 것이다. 질병관리청도 지난달 AZ 백신을 맞은 뒤 사망한 사람 가운데 혈전(血栓) 소견을 보인 사례가 우리나라에서 처음 나왔다는 사실을 공개하지 않다가 5일 후에야 공개한 적이 있다. 국회에서 질문을 받고서야 시인한 것이다.

코로나 방역은 무엇보다 국민 신뢰가 중요하다. 그런데 방역 당국이 뭔가 쉬쉬하면서 숨기려 한다는 인상을 주는 것만으로도 국민 불안감이 커질 수밖에 없고 이는 백신 접종률 하락 등으로 이어질 수 있다. 특히 불량 주사기 문제나 혈전 이상 반응같이 민감한 문제일수록 즉각 공개해 여러 전문가들과 국민의 판단을 받는 것이 중요하다. 방역 당국은 오로지 국민 건강 하나만 보면서 관련 사항을 투명하게 공개하겠다는 자세를 가져야 한다. 'K 방역' 등 헛된 정치적 구호를 지키려고 국민을 속이려 하지 말라.

(6) 가중되는 백신 확보 비상, 문 대통령이 특단 대책 마련해야(경향, 2021. 4. 19.)

코로나19 백신 수급 불안이 제기되자 19일 정부와 청와대가 백신 확보에 최선을 다하겠다고 다짐했다. 홍남기 부총리는 이날 국회 대정부질문 답변에서 "정부는 7900만명분의 공급 계약을 맺어놓고 있으며 상반기에 1200만명 접종을 완료해 11월 집단면역 목표를 위해 노력하겠다"고 밝혔다. 외교 경로를 통해 백신 추가 확보 노력도 진행 중이라고 했다. 문재인 대통령은 청와대 수석·보좌관회의에서 "5월 한·미 정상회담에서 경제 협력과 코로나 대응, 백신 협력 등 양국 간 현안의 긴밀한 공조를 위해 심혈을 기울이겠다"고 밝혔다.

백신 수급과 접종을 둘러싼 상황은 그야말로 첩첩산중이다. "계획대로 진행 중"이라는 정부 발표와 달리 시민들은 11월 집단면역 목표와 멀어지고 있다고 느끼고 있다. 19일 현재 국내에

도입된 백신은 총 181만1500명분으로 계획 물량의 2.3% 수준이다. 상반기 도입이 확정된 904만 4000명분의 절반 이상이 희귀혈전증 논란으로 30세 미만에겐 접종 금지된 아스트라제네카(AZ) 백신이다. 여기에 각국의 백신 자국 우선주의가 강화되고, 백신 부국들이 변이 바이러스에 대응하기 위해 3차 접종(부스터 샷) 계획까지 밝히면서 백신 확보는 더욱 어려워지고 있다. 방역당국은 당초 6월로 예정됐던 30세 이상 군·경·소방 등 사회필수인력 접종을 이달 말로 앞당기기로 했다. 30세 미만 접종 중단으로 여유가 생긴 AZ 백신을 고령층보다 인원이 적은 사회필수인력 접종에 활용하는 것이 효율적이라는 판단에서다. 접종순서 변경이 백신 공급상황 때문임을 토로한 것이다.

코로나19 상황이 개선될 조짐을 보이지 않고 있다. 4차 대유행에 진입한 가운데 변이 바이러스까지 확산되는 상황에서 유일한 희망은 백신뿐이다. 변이 바이러스 확산 전 빠르게 집단면역을 달성하는 것이 시급하다. 최근 미국 뉴욕타임스와 CNN 등 외신들이 잇따라 한국 등 코로나19 초기 대응을 잘한 나라들이 백신 계약을 늦춰 접종률이 크게 뒤처지고 있다고 보도했다. 정부와 여당은 "(정부가) 초기의 K방역 성과를 정치적으로 활용하느라 정작 백신 구매는 서두를 필요가 없다는 안일함을 낳았다"고 비판한 여영국 정의당 대표의 말이 그 혼자만의 생각이 아니라는 점을 알아야 한다. 정부의 백신 확보 다짐이 허언이 되어서는 안 된다. 문 대통령과 청와대가 앞장서 백신 확보에 특단의 대책을 강구하기 바란다.

(7) 백신 확보, 모든 가능성 열어놓고 전방위 대응을(한겨레, 2021. 4. 22.)

코로나19 백신 수급 대책을 둘러싼 논란이 뜨겁다. 전세계의 백신 공급이 심각한 양극화 양상을 보이고 있는데, 우리 정부가 밝혔던 물량 확보 일정에 일부 차질이 빚어지면서 국민들의 불안감이 커지고 있기 때문이다. 이런 상황에서 백신 확보 방안과 관련해 다양한 제안이 나오는 것은 자연스러운 일이다. 다만 '백신 특사를 위한 이재용 사면론' 같은 본질을 벗어난 주장은 문제 해결에 도움이 되지 않을 뿐 아니라 소모적 논란을 키울 수 있다. 자제해야 마땅하다.

요 며칠 새 러시아산 '스푸트니크 브이(V)' 백신 도입 문제가 초미의 관심사로 떠올랐다. 이재명 경기지사가 제안하고 문재인 대통령이 검토를 지시하면서 사실상 공론화 단계로 들어섰다. 스푸트니크 브이는 러시아가 지난해 8월 세계 최초로 개발해 승인한 백신이다. 현재 동남아시아, 중남미, 중동 등 60여개 국가에서 사용을 승인한 것으로 전해진다. 스푸트니크 브이 도입은 백신 수급에 숨통을 틀 수 있는 것이 가장 큰 장점이다. 가격도 싸고 보관과 유통도 편리하다. 문제는 아직까지 안전성이 충분히 검증되지 않았다는 점이다. 정부는 22일 브리핑에서 스푸트니크 브이 도입 논의와 관련해 "현재 자료 수집과 국외의 여러 상황에 대한 모니터링을 하고 있는 단계"라고 밝혔다.

장단점을 동시에 고려하면, 스푸트니크 브이 도입은 이원적인 접근이 필요하다고 본다. 만약의 상황에 대비해 물량 확보는 추진하되, 안전성이 확인될 때까지 접종을 미루는 방식이다. 독일도 스푸트니크 브이 도입을 추진하면서 유럽의약품청의 심사 결과를 기다리고 있다. 우리 정부가 당장 도입을 추진해도 관련 절차를 밟으려면 상당한 시간이 걸린다. 지금 우리가 겪고 있는 백신 수급 문제는 지난해 케이(K) 방역을 너무 믿고 백신 확보에 소극적이었던 탓이 크다는 걸 유념해야 한다.

전세계 백신 수급 상황이 다소 개선될 가능성이 있다는 언론 보도가 나오는 것은 그나마 다행이다. <시엔엔>(CNN)이 21일 미국의 '잉여 백신' 문제를 다루며, 앞으로 2~4주 안에 변곡점을 맞을 거라고 전망했다. 앞서 <워싱턴 포스트>도 지난 15일 미국에서 6월 말까지 3억도스의 잉여백신이 나올 것이라고 내다봤다. 백신 유통기한과 부자 나라들의 '백신 사재기'에 대한 비판도 변수가 될 수 있다. 지금은 백신 수급과 관련해 작은 가능성도 놓치지 말고 전방위적으로 대응해야할 때다.

코로나19 관련 뉴스 보도의 언어 분석

- 헤드라인에 반영된 공포와 혐오를 중심으로 -

손달임

(한국기술교육대)

1. 서론

　본 연구는 신종 코로나 바이러스 감염증(코로나19)에 대한 뉴스 제목의 언어 표현과 특징을 분석하고, 이러한 보도 태도가 감염증에 대한 공포, 감염자와 감염원에 대한 혐오를 어떻게 강화하는지에 대해 살펴보기 위한 것이다. 2020년 1월 20일 국내에서 코로나19에 감염된 첫 확진자가 발생한 이후, 한 달여 만에 누적 확진자가 500명을 넘고 지역사회 전파 및 전국적 확산이 우려되면서 감염병 위기 경보 수준이 '심각' 단계로 격상되었다. 2020년 7월 3일 00시 기준 국내 총 누적 확진자수는 12,969명이고 사망자수는 282명이다. 국내뿐만 아니라 전세계적으로도 코로나19의 확산 속도가 급격히 증가하면서 WHO에서도 '펜데믹 선언'을 하였고, 현재 전세계적으로 누적 확진자는 천만 명을 넘었고 사망자도 50만 명을 넘었다. 그야말로 코로나19의 세계적 확산 사태는 "단순한 공중보건의 위기가 아닌 정치, 경제, 사회, 문화 등 모든 분야에 영향을 미치는 심각한 위기"인 것이다.

　이처럼 코로나바이러스 감염증이 국내외에서 확산되면서 언론에서도 코로나 사태를 집중적으로 다루며 관련 기사를 쏟아내고 있다. 그런데 뉴스의 헤드라인(제목), 리드(머리기사)를 비롯하여 보도문(기사문)에 사용된 표현이나 보도 내용을 보면 감염병에 대한 과학적, 의학적 사실보다는 사건의 발생(감염)을 문제 상황으로 부각하고 문제의 심각성을 통계적 수치를 통해 강조하거나 불안감을 조성하는 경우가 많다. 그리고 감염병에 대한 위험 프레임과 공포 마케팅은 차별과 혐오와 같은 폭력적 시선으로 이어지게 되는데 코로나19와 관련된 일련의 보도를 보면 오히려 언론이 차별에 편승하거나 혐오를 부추기는 듯한 모습도 보인다.

이에 본 연구에서는 코로나19와 관련된 뉴스 텍스트[1]에 사용된 언어 표현을 분석함으로써, 언론이 감염병에 대한 불안과 공포, 혐오와 차별의 정서를 어떻게 조장하고 확산시키는지 살펴보고자 한다. 특히 본 연구에서는 TV 뉴스와 신문 기사의 제목(헤드라인)을 중심으로 그 표현상의 특징을 살피고 이러한 언어 표현에 담긴 이데올로기적 함축을 분석할 것이다.[2] 이를 위해 본 연구에서는 2019년 12월 31일부터 2020년 6월 30일까지 약 6개월간 주요 일간지 및 방송사(지상파/종편)의 코로나 관련 뉴스 기사 제목을 수집하여, 그 언어 표현에 나타난 특징을 파악하고자 한다.[3] 구체적으로는 뉴스 제목에 자

---

1 본고에서는 '뉴스 텍스트'라는 용어는 TV 뉴스의 보도문과 신문 기사문을 모두 포함하는 개념으로 사용한다. 사전적 정의에 의하면 '뉴스'는 '새로운 소식을 전하여 주는 방송의 프로그램. 혹은 그러한 보도'를 의미하지만 현대 사회에서 우리가 '뉴스'를 접하는 매체는 방송에 한정되지 않으며, 인터넷이나 모바일 환경에서 '뉴스'는 방송 뉴스나 신문 기사를 아우르는 용어로 쓰인다는 점을 고려하였다.

2 본고에서 논의의 초점을 헤드라인에 맞추는 것은 뉴스 구독 습관의 변화에 따른 것이다. 기존에는 TV나 종이 신문을 통해 뉴스를 접하였다면 최근에는 인터넷과 모바일 플랫폼을 통해 뉴스를 접하는 경우가 대부분이다. 그리고 이러한 변화의 흐름 속에서 '헤드라인 쇼퍼(headline shopper)', 혹은 '헤드라인 리더(headline reader)'라는 단어가 생겨날 정도로 대중들은 뉴스 제목을 중심으로 신문 기사를 읽고 소비하는 경향이 높아지고 있다. 언론 매체들도 뉴스의 제목에 보도문 전체의 내용 중 가장 초점화할 부분을 제목에 반영하고 이를 통해 언론사의 이념적 이데올로기를 드러내는 데 집중하고 있다.

3 자료 수집을 위해 한국언론진흥재단의 빅카인즈(BIGKinds)를 활용하였고 1차 검색어로는 '코로나19', '신종코로나', '우한폐렴' 등을 선정하였다. 다만 1차 검색 결과 수집된 뉴스 텍스트의 양이 방대하여 전체 기사를 분석하는 것은 현실적으로 불가능하였다(2020년 7월 3일 기준 '코로나19' 관련 기사 209,671건, '우한' 관련 기사 51,508건). 이에 본 논문에서는 '코로나', '우한', '감염', '전파', '확진' 등으로 키워드를 다양화하고 해당 키워드가 제

주 사용되는 언어 표현과 장치에는 어떠한 것들이 있는지를 살피고, 이러한 언어적 장치들이 위험과 공포 프레임, 혐오와 차별의 정서를 극대화하는 데 어떻게 활용되는지를 논의할 것이다.

2. 감염병과 미디어

감염병이 확산되는 시기에는 언론의 뉴스 보도량이 크게 증가하면서 언론은 감염병 위험을 경고하고 감염병에 대한 정보를 제공하는 역할을 수행하게 된다. 감염병에 대한 정확하고 신속한 정보는 국민의 생명 보호와 안전에 직결된다는 점에서도 중요하지만, 언론에서 정보를 전달하는 태도와 방식에 따라 수용자들이 감염병을 이해하고 인식하는 데 영향을 준다는 점에서 그 영향력과 사회적 파장은 막대하다. 사회 구성원들은 재난이나 감염병 같은 위험을 직접적으로 체험하는 것이 아니라 언론에 의해 재구성된 정보를 간접적으로 습득함으로써 위험을 인식한다[4]는 점에서 미디어가 위험 이슈를 어떻게 정보화하고 어떤 프레임으로 다루는지는 뉴스 수용자들이 위험을 이해하고 반응하는지를 결정하는 주요 요인이 된다. 즉 미디어는 위험커뮤니케이션의 주체이자 수단이다.[5]

목에 명시된 경우를 중심으로 분석 대상을 선정하였다. 또한 코로나19 관련 기존 연구에서 빅데이터 분석을 통해 선정한 코로나 관련 뉴스의 주요 키워드와 의제, 시기별 주요 이슈를 참고하여 '유학생, 대구, 신천지, 이태원, 동성애, 클럽, 동선, 쿠팡' 등의 키워드를 추가하였다.

4 김용, 「국내 미디어의 메르스 보도 고찰」, 『의료커뮤니케이션』 11(1), 대한의료커뮤니케이션학회, 2016, 42쪽.

5 송해룡·조항민, 「국내언론의 질병 관련 위험보도에 관한 특성 연구」, 『한국위기관리논집』 11(6), 위기관리이론과실천, 2015, 49쪽.

이러한 맥락에서 그간의 연구들은 '감염병'이라는 위험 이슈를 다루는 언론의 보도 태도를 위험 커뮤니케이션의 측면에서 검토하거나 감염병 보도의 프레임에 집중해 왔다. 사스(2003년), 신종 플루(2009년), 메르스(2015년)와 같이 국내에서 확산된 감염병을 비롯하여 에볼라바이러스(2013년)와 같이 치사율이 높은 감염병에 대한 언론의 보도 특성이나 뉴스 프레임의 특성을 분석한 연구가 언론학 분야에서 지속적으로 이어져 왔다. 이들 연구에서는 국내 미디어가 감염병이라는 위험 이슈를 다룰 때 위험의 어떤 면을 강조하거나 배제하는지, 즉 어떤 프레임으로 위험 이슈를 구성하고 어떤 메시지를 전달하고자 하는지를 살핌으로써 뉴스 수용자들의 위험 인식에 어떤 영향을 미치는지를 논의하였다.

주영기와 유명순은 한국 신문들의 신종플루에 대한 보도를 진단과 예후 프레이밍을 중심으로 살펴보았다.[6] 이 연구에서는 신문이 신종플루라는 위험 이슈와 그로 인한 사회 현상에 대해 보도할 때 예방법이나 대책 등의 '예후' 프레임보다는 피해 확인 중심으로 건강 위험 상황을 확인하는 '진단' 프레임에 치중하였다는 문제를 지적하였다. 김용은 메르스 사태를 보도했던 국내 언론에 대한 진단과 평가를 통해 감염병 저널리즘의 과제를 살펴보고 미디어의 역할과 책임에 대해 논의하였다. 그 결과 미디어의 메르스 보도가 과도한 정보 유통이나 선정성에 치중하여 과도한 공포심을 자극하는가 하면, 메르스에 감염된 의료인이나 메르스 환자가 경유한 병원에 대해 낙인화를 유도하여 환자와 가족에 대한 인권을 침해하거나 메르스 전파에 대한 과도한 공포와 불안감을 양산하였다는 평가를 하였다.[7] 안은영도 메르스라는 위험 이슈를 보도

---

6 주영기·유명순, 「한국 언론의 신종플루 보도 연구」, 『한국언론학보』 55(5), 한국언론학회, 2011, 30-54쪽.

하는 관점과 태도를 분석하였다. 그 결과 감염병 발생 초기에는 문제 원인 프레임이 높은 비중을 차지하였으나 메르스가 확산되는 국면을 보이면서 책임 주체 프레임과 위험 프레임, 갈등적 프레임의 비율이 높아졌다는 점을 확인하였다.[8]

송해룡과 조항민은 에볼라 바이러스를 중심으로 질병 관련 위험 보도의 특성을 분석하였다. 그 결과 특정 이슈(환자 발생, 전파)에 보도량이 증가하는 경향이 강했고, 의학/과학적인 정보 전달보다 단면적이고 일면적인 사건 발생 보도에 보도량이 집중되었다는 한계를 지적하였다. 또한 에볼라 문제의 심각성, 통계 숫자 등을 통해 위험을 강조하는 '위험 프레임'이 언론 보도에서 가장 많은 비율을 차지하였음을 지적하면서, 우리 언론이 위험 보도에 있어서 관행적으로 지적되어 온 문제점 즉 사망자의 숫자를 부각하는 등 통계적 수치를 통해 위험성을 강조하거나 위험의 심각성에 대한 극단적 언어 표현을 사용하는 등의 문제를 해결하지 못하고 있다고 하였다.

감염병을 다루는 미디어의 태도와 역할에 관한 기존 연구에서는 대체로 위험 요소에 대한 언론의 프레임과 뉴스 수용자의 위험 인식의 관계에 집중하였다. 프레임은 '수용자가 현실을 파악하고 이해할 수 있도록 돕는 해석적 스키마'라는 고프만(Goffman)의 관점에 따라 언론의 프레임 분석에서는 뉴스 언어에 의해 구성, 전달되는 사회적 현실에 대한 전반적 해석, 문제성 정도, 원인 인식, 해결책 모색 등의 방향을 틀 짓는 패턴, 즉 뉴스의 구성 방식이 수용자에게 어떤 영향을 미치는지가 관심의 초점이었다.[9] 사스(2003년), 신종

---

7 김용, 앞의 글, 45-46쪽.
8 안은영, 「중동호흡기증후군(MERS) 위험보도 프레임 연구: 조선일보와 한겨레신문을 중심으로」, 중앙대학교 석사학위논문, 2016, 68-69쪽.
9 송해룡·조항민, 앞의 글, 62-63쪽.

플루(2009년), 메르스(2015년) 등의 감염병은 바이러스의 특성, 발생 시기, 감염병의 유입, 확산 과정 등에서 차이가 있었지만 언론에서 이들 감염병을 다루는 방식은 크게 다르지 않았다. 기존 연구들에서 공통적으로 지적한 대로 미디어에서는 바이러스의 원인, 예방법, 증상, 진단/검사 방법을 전달하는 '정보성 프레임'보다는 사회적 재난 사실을 단순 전달하는 '사실 전달 프레임'을 사용함으로써, 그리고 재난의 위험성을 강조해 불안을 야기하는 내용의 '감정적 프레임', 재난으로 인한 피해 상황이나 재난의 책임 소재를 가려 비판하는 목소리, 재난 대책을 마련하는 내용을 중점적으로 보도하는 '책임 프레임'을 활용함으로써 위험 이슈를 강조하였다. 즉 감염병이 확산되면서 언론은 문제 상황과 관련된 주요 의제를 설정하고 언론에서 이를 반복 노출시킴으로써 감염병의 위험성을 극대화하고 감염병에 대한 공포와 불안감을 강화하였다. 그리고 이러한 위험 상황의 책임을 무능한 정부, 부실한 의료 대응, 첫 번째 감염자에게 돌리며 공포를 혐오로 이끌기도 하였다.

코로나19의 경우에도 공포 마케팅과 위험 프레임의 측면에서 보면 기존의 감염병과 크게 다르지 않다. 감염병의 확산이라는 재난 상황에 제대로 대응하지 못하는 정부와 관련 기관, 감염자에 대한 책임 공방 역시 그간 미디어에서 감염병을 다루는 방식에서 크게 벗어나지 않는다. 다만 코로나19의 경우 국내에서 유행했던 여타 감염병과는 달리 공포와 위험의 정서가 혐오와 차별, 편견으로 이어진다는 점에서 차이가 있다. 애초에 코로나19가 중국 우한에서 처음 발생했다고 알려지면서 반중(反中) 정서에 기반한 제노포비아(xenophobia) 현상이 매우 두드러졌다. 이전에는 감염병의 유행하더라도 이것이 특정 인종이나 지역에 대한 혐오의 정서로 확산되는 경우가 많지 않았다. 실제로 사스(2003년)와 메르스(2015년) 때만 하더라도 언론에서는 감염병에 제대로 대처하지 못하는 정부와 해외 국가, 혹은 감염자와 의료 기관을 향한 비판의 목소리를 내기는 했지만, 사스와 메르스의 최초 발생지인 중국과 중동 지역에 대한 비난하거나 책임을 돌리는 일은 없었다. 반면 코로나19의 경우 소위 '시노포비아' 현상이 감염병 초기 매우 두드러졌다. 그리고 지역사회 감염, 집단 감염이 연속적으로 발생하면서 혐오의 대상과 책임 귀인도 종교 집단, 성소수자, 특정 지역으로 계속 바뀌고 있다. 심지어는 감염자와 접촉자 개인을 비롯하여, 확진자는 아니지만 바이러스의 확산에 기여할 가능성이 있다고 여겨지는, 내 주변의 누군가(혹은 모두)가 혐오의 대상이 되기도 한다.

코로나19의 확산세가 더욱 거세지면서 미디어의 보도량이 기하급수적으로 늘어나고 있고, 언론은 누군가를 향한 혐오와 차별에 편승하거나 부추기는 듯한 모습을 보인다. 따라서 아직도 현재 진행 중인 코로나19를 언론에서 어떻게 다루고 소비하는지, 특정 인종, 종교, 집단, 소수자, 개인 대상의 혐오와 차별, 타자화가 어떻게 강화되는지를 미디어 텍스트에서 확인하는 것은 의미가 있는 일이다. 이러한 점에서 코로나19라는 질병의 확산이 국내의 이념적 갈등과 맞물려 어떻게 제노포비아 현상으로 이어지는지를 살핀 김수경의 논의를 주목할 만하다. 이 연구에서는 코로나19로 인한 반중(反中) 정서는 혐중(嫌中)에 가까울 만큼 심각한데, 이러한 반중 정서의 부상은 단순히 코로나19의 감염원이 중국에서 유래했기 때문이 아니라, 정부에 대해 기존에 형성되어 있던 친중(親中) 프레임과 이를 공격하는 정치적 의도가 깔려 있는 것이라고 분석하였다. 이 과정에서 코로나19 관련된 조선일보와 한겨레신문의 사설 76건을 주제별로 분류하고 그 내용을 살핌으로써, 코로나19가 이념적으로 어떻게 정치화(politicize)되는지를 탐색하였다.[10] 기존의 감염병 관련 언론 보도를 분석한 논문들과 달리 위험과 공포의 정서가 혐오의 정서로 이어지는 양상을 살폈다는 점에서 의미가 있다. 하지만 감염병 발생 초기의 사설을 대상으로 연구가 진행되어 '인종 차별', '중국인 혐오'라는 주제에 논의가 집중되어 있다.

김태종은 코로나19 관련 뉴스 빅데이터를 대상으로 토픽모델링 분석을 시행하여, 언론을 통해 사회적으로 형성되고 있는 중 의제가 무엇이며 이러한 의제가 시기별(감염병 위기경보 단계별)로 어떻게 변화해 나가는지를 살핀 연구이다. 이 연구에 따르면 제1기(관심 단계)에는 ①국제적 불안감 고조 ②중국 춘절 시기 확산 우려 ③국내 증상자 발생 우려 ④중국 폐렴 증상 감염병 발생 ⑤정부 초기 대응조치, 제2기에는 ①국내 확진자 발생 ②중국 전염병 확산 ③정부 대응조치 강화 ④신종 감염병 증상 및 예방법 ⑤세계 각국 확진자 발생, 제3기에는 ①중국 사망자 증가 ②크루즈선 집단감염 각국 대응현황 ③우한 교민 귀국 및 격리 ④대구·경북지역 확산 ⑤국내 경제 피해, 제4기에는 ①대구·경북지역 확진/사망자 증가 ②신천지 관련 논란 ③시민들의 피해 극복 노력 ④경제 피해 대책 마련 ⑤국제적 확산 상황 등의 토픽이 나타났다. 감염병 초기인 1기의 토픽을 보면 '불안', '공포', '우려' 등의 자극적 용어를 다수 사용함으로써 뉴스 수용자들의 위험 인식을 높이고 불확실한 공포감을 유발하였다고 분석하였다.

또한 제1기부터 제4기에 도출된 토픽 중 15개가 국내외 코로나 발생 및 확산 상황을 단순 기술하는 스트레이트 중심 뉴스로 구성되어 있어 감염자 발생과 피해 상황, 사망자 수와 같은 사후 결과를 보도하는 데 집중되어 있었음을 지적하였다. 이에 비해 감염병의 통제 방안, 정부 대응의 적절성 검증, 시민들의 실천 방안 보도 등의 예방 저널리즘은 상대적으로 부족하였음도 문제

---

10 김수경, 「감염병 이념, 제노포비아: '코로나19'의 정치화와 반중(反中) 현상」, 『다문화와 평화』 14(1), 성결대학교 다문화평화연구소, 2020, 31-39쪽.

로 언급되었다.[11] 김태종은 코로나19의 언론 보도를 분석한 최초의 논문으로 코로나19 관련 주요 의제를 종합적으로 살폈다는 점, 그리고 감염병의 확산 시기에 따라 의제가 어떻게 변해가는지를 살핌으로써 사회적 이슈의 변화 양상을 보여주었다는 점에서 의의가 있다. 하지만 여전히 위험커뮤니케이션 혹은 재난 보도의 관점에서 코로나19를 다루고 있을 뿐 코로나19와 관련된 우리 사회의 혐오와 차별을 언론이 어떻게 보여주는지에 대한 논의는 부족하다.

이에 본 연구에서는 코로나19가 장기화되고 확산되면서 개인적 공포와 사회적 혐오가 어떻게 형성되는지, 그리고 이러한 공포와 혐오의 정서를 강화하는 데 언론이 어떻게 기여하는지에 주목하고자 한다. 감염병을 다루는 언론의 보도 방식이나 프레이밍 방식에 대한 비판적 검토는 기존 연구에서 충분히 이루어졌으므로, 이 연구에서는 '뉴스 제목'에 초점을 맞추고자 한다.

3. 공포의 정서를 강화하는 언어적 장치

3.1. 불안감 조성 표현의 초점화

미디어가 감염병, 재난과 같은 위험 요소들을 어떻게 소비해 왔는지에 대한 기존 연구들에서는 공통적으로 언론이 바이러스의 원인, 예방법, 증상, 진단 방법을 전달하는 '정보성 프레임'보다는 재난 사실을 단순히 전달하는 '사실 전달 프레임'을 주로 사용해 왔음을 지적하였다. 또한 재난 보도의 선정성을 비판하며 그간의 언론 보도에서는 재난이나 감염병의 위험성을 강조하여

---

11 김태종, 「뉴스 빅데이터를 활용한 코로나19 언론보도 분석: 토픽모델링 분석을 중심으로」, 『한국콘텐츠학회논문지』 30(5), 한국콘텐츠학회, 2020, 460-464쪽.

불안을 야기하는 '감정적 프레임'에 치중해 왔다고 평가하였다.

이처럼 과장적이고 선정적인 기사는 국민들의 위험 인식에 영향을 주고 혼란을 야기할 수 있다는 점에서 한국기자협회 등에서는 지난 4월 감염병보도준칙을 발표하였다. 감염병 보도의 기본은 감염병을 예방하는 방법과 행동 수칙을 알려주는 것이므로, 신종 감염병을 보도할 때에는 '확실한 정보'를 '보건당국의 사실 확인'을 거쳐 '정보원을 명기'하여 전달하도록 하고 있다. 또한 기사 제목에서 '패닉, 공포' 등의 과장된 표현을 사용하거나 기사 본문에서 자극적인 수식어를 사용하는 것을 주의하도록 하고 있다.

하지만 코로나19 관련 뉴스 텍스트의 제목을 보면 감염 규모, 감염자 수나 사망자 수, 감염병의 발생률과 증가율, 전파력과 치명률 등의 수치를 강조하거나, 기존의 감염병 혹은 질병과 비교하여 코로나19의 심각성을 극대화하는 것을 쉽게 발견할 수 있다.

> (1) '우한 폐렴' 사스보다 빨리 확산...중국 감염자수 6000명 육박 (1월 29
> 일, 조선일보)
> 승객 39명 또 확진…'日 공포의 크루즈선' 국제문제 비화 조짐 (2월 12
> 일, 세계일보)
> 현재 확진 1146명…하루 1000명 쏟아질 '대유행' 올 수도(2월 26일, 문
> 화일보)
> 신규 확진 연일 50명 초과…거리 두기 1단계 위태 (7월 3일, 경향신문)
> 코로나19 지역감염 50명대…사회적 거리두기 2단계 임박 (7월 3일, 서
> 울신문)
> 전 세계 코로나 한 달 새 2배…"다음 주 1천만 명" (6월 25일, MBC)
> (2) '사스' 공포 부른 중 폐렴 집단 감염 주변국도 초비상(1월 4일, 조선일
> 보)

연기학원서만 9명, 대구 하루 14명 무더기 확진 '코로나 공포' (7월 3
일, 중앙일보)
"붐비던 동성로도 썰렁"…'코로나 쇼크' 직격탄 맞은 대구 상가 (6월 1
일, 조선일보)

　(1)~(2)는 코로나19 감염자수, 확진자 증가율, 코로나 바이러스의 전파율 등
에 초점을 둔 기사 제목이다. 특히 단순히 수치를 제시하는 데 그치지 않고
'또', '연일'과 같이 '반복'의 의미를 갖는 표현을 함께 사용하거나, '육박', '초
과', '임박'과 같은 표현을 나란히 써서 감염병의 심각성이 일정 수준을 넘어섰
거나 그 수준에 거의 도달하였다는 어감을 나타낸다. 즉 객관적인 정보 제공
으로서 수치 자료를 활용하는 것이 아니라, 위험성을 강조하거나 불안감을 자
극하기 위한 수단으로서 수치 자료를 제시하는 것이다. (2)에서는 '집단', '무
더기'와 같은 자극적 수식어를 사용하여 수치를 강조하고 있고, '공포', '초비
상', '쇼크'처럼 재난 상황을 부각시키고 현재의 위험성을 극대화하는 표현을
사용하고 있음을 확인할 수 있다.

　(3) 엘리베이터 버튼으로… '전파력 6배'변종 코로나 퍼졌다 (7월 7일, 국
　　　민일보)
　(4) 신종 플루보다 위험한 코로나19…장기전 대비 필요(2월 21일, 연합뉴
　　　스)
　　　"우한 폐렴 전파력, 메르스보다 높고 사스보다 낮아"(1월 22일, 한겨레)

　(3)~(4)는 코로나 바이러스의 전파율, 전파력, 위험도 등에 초점을 둔 기사
제목이다. 기존의 다른 감염병, 혹은 여타 바이러스와의 비교를 통해 코로나
19의 심각성을 극대화하고 있다. 앞의 경우와 마찬가지로 구체적인 수치를 활

용하기도 하고(예문 3), '~보다 높다/위험하다/강하다'와 같은 비교 구문을 활용하기도 한다(예문 4). 특히 (3)에서는 단순히 수치상으로 위험성을 강조하는 것만이 아니라 바이러스가 '변종'된 것이며, '엘리베이터 버튼'으로도 감염이 될 수 있음을 명시함으로써 코로나 바이러스가 일상생활에서 자유롭게 전파될 수 있고 기존의 바이러스와는 다른 종류의 것이므로 바이러스 확산에 대비하는 것이 쉽지 않을 것이라는 불안감을 야기하는 효과를 가져온다.[12]

(5) 현재 확진 1146명…하루 1000명 쏟아질 '대유행' 올 수도(2월 26일, 문화일보)

26일 오전 신종 코로나바이러스 감염증(코로나19) 국내 확진자 수가 1번 확진자 발생 이래로 37일 만에 1000명을 넘어선 데 대해 이제는 눈앞에 닥친 '3차 대유행'을 대비해야 한다는 전문가들의 목소리가 높아지고 있다. (중략) 주춤했던 폭증세가 다시 이어지면서 전문가들 사이에는 하루에 1000명씩 늘어나는 대유행이 임박했다는 우려도 나오고 있다. 엄중식 가천대길병원 감염내과 교수는 이날 통화에서 "다음 주가 되면 하루에 1000명씩 폭증할 가능성도 있다"며 "신천지 신도들 사이에 코로나19가 유행하는 과정에서 이들과 접촉했던 사람들이 발병하는 게 이번 주말 지나면서 일 것"이라고 밝혔다. 전문가들은 신천지 신도들의 확진에 따른 현재의 급증세를 '2차 유행'으로 보고 있는데, 이 신도들이 접촉한 시민들이 확진자로 등장하는 '3차 유행'이 더

---

12 <"누가 어디서 퍼프렸는지 모른다"… 이태원발發 '깜깜이' 확산 우려 (5월 12일, 조선일보)>와 같은 제목 역시 코로나 확산과 전파에 대한 불안감을 자극하는 것으로 볼 수 있다. 바이러스가 어디에서 비롯된 것인지 감염 경로를 파악하기 어렵다는 것을 '깜깜이 확산'이라고 표현하면서 방역 당국의 적절한 대처도 힘들고 결과적으로 시민들도 바이러스에 대비하기 어려워질 것이라는 공포 심리를 유도한다.

큰 문제가 될 수 있다는 얘기다. 이 경우 <u>현재 추세보다도 확진자 급증세가 더 가팔라질 수 있다.</u>

(5)는 앞의 (1)에서 확인한 기사 제목에 딸린 본문 일부이다. 이 기사에서는 의과학 분야의 전문가 의견을 인용하면서 현재의 감염병 확산 상황이나 앞으로의 감염 가능성에 대한 정보를 제공하고 있다. '불확실한 상황이나 감염 가능성에 대해서는 의과학 분야의 전문가 의견을 인용'하도록 하는 감염병 보도 준칙을 준수한 것으로 보이지만, "다음 주가 되면 하루에 1000명씩 폭증할 가능성"(전문가 의견)에 대한 반복(인용)과 재수용 과정에서 '눈앞에 닥친 3차(대)유행', '확진자 급증세가 가팔라질 수 있다'라는 표현을 사용함으로써 문제 상황을 더욱 강조하고 있다. 그뿐만 아니라 기사 본문에서 전문가의 말을 인용하고 이를 주요 명제로 제목에 명시하는 과정에서 인용 부호를 생략함으로써 뉴스 수용자로 하여금 '감염자 폭증 가능성'을 개인의 의견이 아닌 검증된 사실인 것으로 오해하게 할 가능성을 제공하고 있다.

한편 코로나 관련 보도를 보면 감염병 자체에 대한 공포 외에도 감염병이 우리 사회와 일상생활에 미치는 영향력을 확대 보도하여 불안감을 자극하는 경우도 많다.

(6) 코로나19 美 전역 잠식…비상사태 첫 주말 "<u>일상이 거의 마비</u>" (3월 15일, SBS)

48시간 근무 마치고 간 마트 '<u>텅</u>'…"<u>사재기</u> 그만" 호소 (3월 25일, SBS)

'코로나19'로 <u>생활필수품 진열대 텅</u> 비어 (3월 23일, 연합뉴스)

<u>문 닫고 텅 비고</u>…대구 시민에 "외출 자제해달라" (2월 21일, MBC)

이번엔 비말 차단용 <u>마스크 대란?</u>… '500원 판매' 첫날 <u>접속 폭주</u>(6월

6일, 국민일보)

"등교 수업 어쩌죠"…안양 초등생 확진에 학부모들 불안(5월 31일, 연합뉴스)

(7) 美 증시도 '코로나 패닉'… 다우, 블랙먼데이보다 낙폭 커(2월 28일, 문화일보)

무급휴가냐 퇴사냐… 코로나19발 칼바람(4월 2일, MBC)

항공·관광업종 코로나發 한계상황 "환란 때보다 심각"(3월 13일, 한국일보)

'청정 광주'에 코로나19 확산… 지역경제 '비명'(7월 3일, 한국일보)

　(6)의 예문을 보면 코로나 감염에 대한 불안과 공포 때문에 일상이 바뀌어 가고 있는 상황에서 '일상의 마비'라는 극단적 표현을 사용하는가 하면, 생활 용품과 방역 용품에 대한 수요가 증가하는 현실을 '마스크 대란', '생필품 사재기'로 표현하기도 한다. 코로나19 때문에 불안해하는 시민들의 마음을 '문 닫은 상점, 텅 빈 거리'로 보여주는 방식이다. 그런가 하면 코로나 사태로 문을 닫았던 학교가 다시 문을 열고 등교 수업을 준비하는 상황에서 학부모들의 불안감을 자극하는 제목을 제시하기도 한다. (7)의 예문들은 코로나의 확산이 국내외 경제에 미치는 악영향과 관련된 기사의 제목이다. '패닉, 칼바람, 한계, 비명, 환란, 심각'과 같은 자극적 어휘를 사용하여 경제적 위기 상황을 강조하는 것을 확인할 수 있다. 언론에서 객관적인 사실 보도와 정보 제공을 통해 감염병을 예방하고 피해의 확산을 막는 데 집중하기보다는 감염병으로 인한 피해 상황을 극대화하고 이를 보다 과장하여 전달하는 듯한 모습이다.

3.2. 전쟁 은유의 활용

감염병이나 질병은 종종 전쟁이나 군사적 상황에 빗대어 공포의 대상으로 인식되곤 하였다.[13] 예를 들어 (8)의 기사문을 보면 감염병이 창궐한 현재의 상황을 "'전시'나 다름없다"로, 감염병이 유행하고 있는 도시 '우한'을 '전쟁터'로 묘사하고 있다. 여기에 '공포의 도시', '차이나 엑소더스', '대탈출'과 같은 표현을 덧붙여 감염병이라는 위험 이슈가 전쟁에 준할 만큼 심각하며 생명을 위협할 수 있는 상황임을 강조함으로써 감염병의 위험 수준을 극대화하고 공포 심리를 자극한다.

> (8) 중국 우한에 전격 투입된 인민해방군 의료진들입니다. 군복에 마스크, 지금의 상황이 '전시'나 다름없음을 보여주는 듯합니다. 이 전쟁터를 빠져나오기 위한 대탈출, 이른바 차이나 엑소더스가 본격화됐습니다. (중략) 공포의 도시가 된 우한에서 빠져나온 사람은 지금까지 약 500만 명에 달한 것으로 파악됐습니다. (1월 28일, KBS, '차이나

---

13 한국어를 대상으로 질병에 대한 인식을 다룬 은유 연구로는 전혜영·유희재(2016), Jin-won Shin(2016), 전혜영(2016)이 있다. 전혜영·유희재(2016)에서는 KBS와 JTBC의 뉴스 보도를 대상으로 하여 메르스(MERS)와 관련된 은유 표현을 검토하고 메르스 은유에 사용된 근원 영역을 밝혔다. 아울러 미디어에서 메르스를 어떻게 이념화하는지 분석하였다. Shin(2016)은 메르스 관련 기사의 헤드라인에 나타난 개념적 은유를 분석하여 언어 사용자들의 감염병 인식과 이데올로기의 관계에 대해 논의하였다. 한편 전혜영(2016)에서는 중세국어와 현대국어 말뭉치 자료를 통해 한국어에 나타난 질병 은유의 양상을 분석하였다. 그리고 이를 통해 특정 감염병이 아닌 질병 전체에 대한 한국인들의 인식을 살피고자 하였다. 이들 연구에서도 공통적으로 [질병은 전쟁], [MERS는 전쟁]과 같은 개념적 은유가 한국어에서 일반적으로 사용되고 있음을 지적하고 있다. 전혜영·유희재, 「<메르스>에 대한 은유와 이데올로기적 함축」, 『한국어학』 72, 한국어학회, 2016, 199-225쪽; Jin-won Shin, 「Metaphorical Analogies for 'MERS' in Korean Newspaper Headlines」, 『담화와 인지』 23-2, 담화인지언어학회, 2016, 1~19쪽; 전혜영, 「은유 표현을 통해 본 한국인의 질병관」, 『한국문화연구』 30, 이화여자대학교 한국문화연구원, 2016, 133-161쪽.

이처럼 수사적인 차원에서 감염병을 전쟁에 빗대어 표현하는 것이 아니라 '감염병'이라는 추상적인 개념을 '전쟁'과 같은 구체적인 개념과 연결시키는, 이른바 '인지적' 차원의 은유 표현 역시 뉴스 헤드라인에서 자주 발견된다.[14] 특히 '싸움, 전쟁, 장기전, 최전선, 방어막, 뚫리다, 무방비'와 같은 표현에서 [코로나는 전쟁]이라는 구조적 은유를 확인할 수 있다.

> (9) '<u>코로나 전투</u>'…군 입대 앞둔 보건의 750명 대구 투입(3월 2일, JTBC)
> 긴 <u>싸움</u> '위드(with) 코로나' 대응전략 추진(국민일보, 7월 21일)
> 코로나19와의 <u>싸움</u>, 관건은 글로벌 연구협력이다 (3월 26일, 한국일보)
> 코로나 <u>장기전</u> 핵심 변수는 백신(한국일보, 7월 21일)
> 상황판엔 빼곡한 <u>분투</u> 흔적…<u>장기전</u> 돌입한 노란 점퍼 전사들 (7월 21일, 한겨레)

위의 예에서는 [코로나는 전쟁][15]이라는 개념적 은유가 사용되고 있다 '코

---

14 Lakoff&Johnsom(1980)의 '인지적 은유 이론(Cognitive Metaphor Theory; CMT)'에 의하면 은유는 '어떤 종류의 사물을 다른 어떤 종류의 사물의 관점에서 이해하고 경험하는 과정'으로 정의된다(Lakoff, George, Johnson, Mark, 『삶으로서의 은유』, 노양진 · 나익주 역, 박이정, 2006, 230쪽.) '한 개념이 다른 개념의 관점에서 구조화'된다는 점에서 '개념적 은유', '구조적 은유'라고 하기도 한다. 예를 들어 'Your claims are indefensible. (너의 주장은 방어될 수 없다.)'라는 문장에서는 [ARGUMENT IS WAR]라는 구조적 은유가 사용된 것인데, 이때 이해하고자 하는 개념인 '논쟁'이 '목표 영역(target domain)'이고, 논쟁을 이해하기 위해 사용된 '전쟁'이 '근원 영역(source domain)'이 된다. 여기에서는 '코로나19(감염병)'을 이해하기 위해 사용된 근원 영역이 무엇인지, 더 나아가 근원 영역인 '전쟁'이 가지는 여러 요소들이 '코로나19'와 관련된 요소들에 어떻게 사상(mapping)되는지 살펴볼 것이다.

로나19와 관련된 현재의 사태'를 '전쟁, 전투, 분투, 싸움' 등으로 표현한 것은 '코로나19'라는 감염병 자체를 '적군' 혹은 '침략자'로 이해하고 있음을 보여준다. 코로나 사태가 길어진 것에 대해 '장기전'으로 표현한 것 역시 코로나 사태를 전쟁으로 이해하는 인식에 근거한 것이다.

한편 다음 예들에서는 [코로나는 전쟁]이라는 개념적 은유가 다양한 구조적 사상 관계를 통해 사용되고 있음이 확인된다. 감염병으로서의 코로나, 혹은 코로나와 관련된 현 사태를 '전쟁'으로 이해하면서 코로나와 관련된 여러 요소들을 전쟁의 구성 요소에 다양하게 사상(mapping)시키고 있는 것이다.

(10) 상황판엔 빼곡한 분투 흔적⋯장기전 돌입한 노란 점퍼 <u>전사들</u> (7월 21일, 한겨레)

"바이러스 아닌 더위와의 싸움"⋯'<u>코로나 전사들</u>' 폭염 고통 (6월 9일, JTBC)

가난한 쿠바 "<u>흰옷의 전사</u>"⋯코로나 23개국에 의사 보낸 비결(5월 16일, 중앙일보)

(11) 코로나 <u>최전선</u> 의료진 10명 감염...확진자 치료중 7명 감염 (4월 27일, 조선일보)

'코로나 <u>최일선</u>' 질본 인건비는 깎고, 청와대·국회는 그대로 둔 정부 (4월 21일, 한국일보)

병원 숙식하며 코로나 <u>진두지휘</u>했는데⋯분당제생병원장 확진 (3월 19일, 중앙일보)

---

15 [코로나는 전쟁] 은유에서 목표 영역인 '코로나'는 바이러스 혹은 감염병 자체가 아니라 감염병의 확산과 그로 인한 현재의 위기 상황, 다시 말해 '코로나 사태'를 의미한다. 이 개념적 은유에서 '코로나 바이러스'는 '적군', '침략자', 다시 말해 전쟁에서 싸워야 할 상대로 구조화된다.

(12) "붐비던 동성로도 썰렁"…'코로나 쇼크' 직격탄 맞은 대구 상가 (6월
1일, 조선일보)

신세계 영업익 97% 줄었다…코로나 폭탄에 1분기 33억뿐 (5월 12
일, 중앙일보)

중증장애인 시설, 코로나 지역확산 시한폭탄으로 (2월 25일, 한국일
보)

(13) '신종 코로나' 국내 첫 '3차 감염'… 방역 뚫렸다 (2월 1일, 경향신문)

1만→2만명, 中은 '무방비'(2월 4일, 채널A)

'신종 코로나' 방어막 뚫렸다…중국 전역 확산 (YTN, 1월 22일)

앞의 예문 (9)에서 '코로나 바이러스', '감염병'은 우리가 맞서 싸워야 할 대
상인 '적군'으로 연결되었다면, (10)~(13)에서는 바이러스가 확산되는 것을 적
군의 공격과 침략으로, 바이러스에 대응하고 감염병을 치료하기 위해 노력하
는 방역당국과 의료진을 아군, 혹은 전사로, 바이러스에 대응하기 위한 노력
을 서의 방어막을 치는 것으로 연결시키고 있다. 바이러스에 노출되거나 감염
병에 걸린 사람은 전쟁 피해자로 은유된다.

좀 더 구체적으로 살펴보면 (10)에서는 코로나 대응체계의 핵심기관인 질
병관리본부 관계자들을 '노란점퍼의 전사'로, 그리고 현장에서 코로나 환자들
을 치료하는 의료진을 '흰옷의 전사'로 표현하고 있다.16 그리고 이들의 대응
활동을 '최전선, 최일선, 진두지휘'와 같은 전쟁 용어, 군사 용어로 표현함으로
써 [코로나는 전쟁]이라는 개념적 은유를 활용하고 있다. (12)에서는 '직격탄,

---

16 앞의 예문 (9)에서 '관건은 글로벌 연구협력', '핵심 변수는 백신'이라고 표현한 것은 '전사'
로서의 의료진이 전쟁에서 사용할 '무기'로서의 백신을 나타낸 것이다. 백신 치료제 개발
을 위한 연구 행위도 전쟁 전략의 일부로 이해하고 있음을 알 수 있다.

폭탄, 시한폭탄' 등의 표현을 사용하여 코로나 바이러스가 확산되는 현재의 사태, 혹은 그로 인한 사회적 위기 상황을 묘사하고 있다. (13)에서는 전쟁 상황에서 '방어막'을 치는 행위로 바이러스에 대응하는 것으로 표현하고 있으며, 동시에 '무방비', '뚫렸다'와 같은 표현을 통해 바이러스에 맞서 싸울 준비가 되지 않았거나 혹은 감염병에 적절히 대응하지 못하였음을 나타낸다.

문제는 이러한 전쟁 은유는 코로나에 대한 불안과 공포를 증폭시키는 장치로 활용된다는 점이다. 미디어와 언론에서 신종 바이러스의 등장과 감염병의 확산 사태를 자연 발생적인 현상 혹은 자연 재난이 아닌 맞서 싸워야 할 적군으로 묘사하고 현 사태를 전쟁 상황으로 빗대어 표현함으로써 위험 프레임을 형성하는 것은, 뉴스 수용자들의 불안감을 자극하게 된다. '침략자'로서의 코로나바이러스를 부각시키는 언어 표현들, 특히 감염병이 확산되면서 바이러스에 노출되고 감염자가 늘어나는 것을 '뚫렸다'로 표현하거나 '무방비' 상태로 묘사하는 것은 험의 정도를 강조하는 효과와 함께 우리 사회가 감염병이라는 적군과 맞서 싸울 준비가 되지 못했다는 인식을 하게 한다. 즉 방역 당국이나 정부의 무능함, 무책임함에 대한 우려를 낳게 하고 불안감을 자극하게 되는 것이다.

4. 혐오적 시선을 드러내는 언어 표현

코로나19가 중국 우한에서 처음 발생한 것으로 알려지고, 국내 첫 확진자가 중국 관광객인 것으로 밝혀지면서 중국인에 대한 혐오의 정서가 빠르게 번져 나갔는데, 이러한 시노포비아 현상을 심화시킨 데에는 언론의 책임이 크다는 견해가 지배적이다. 애초에 코로나19를 '우한 폐렴'으로 명명함으로써 바이러스의 발원지가 중국 우한임을 강조한 것이나, '중국인 입국 금지'를 둘러싼 논쟁을 다룬 기사들은 감염병의 원인과 책임을 '내부'가 아닌 '외부'로 돌리고 '타자화'하려는 의도라고 볼 수 있다. 우한 교민 수용을 두고 격리시설로 지정된 지역 주민들의 반발을 다룬 기사들이나, 개강 시즌을 앞두고 중국 유학생의 대거 입국으로 인한 감염병의 확산을 우려하는 기사들 또한 우한 교민이나 중국 유학생을 '잠재적 보균자'로 낙인찍어 편견의 대상으로 인식하게 한 것이다.

코로나 사태가 장기화되고 지역 감염과 해외 유입이 동시에 확산되고, 집단 감염, 연쇄 감염의 양상이 두드러지면서 혐오의 대상은 점차 다양해졌고 비난의 강도 또한 심화되었다. 언론에서는 'OO發 확진자'라는 라벨링을 앞다퉈 사용하였고, 특정 종교(신천지, 개신교, 불교 등), 특정 지역(대구, 광주, 부천 등), 특정 직업군(콜센터, 쿠팡, 방판업체 등)을 비롯하여 성소수자로 책임 귀인이 옮겨가는 모습을 보였다.

혐오와 편견, 불안과 공포의 대상이 '집단'에 한정되는 것이 아니라 '개인'이라는 점 또한 생각해 보아야 할 문제이다. 방역 당국에서는 확진자의 동선과 이동 경로를 공개함으로써 확진자와 동선이 겹치는 사람들에게 주의를 전달하고자 하였으나, 일부 언론에서는 자극적이고 선정적인 방식으로 기사를 생산함으로써 사람들의 관심사를 주변부로 돌리고 또 다른 혐오와 비난을 이끌어낸다. 감염병 초기의 언론 보도는 아예 '확진자=나쁜 사람'이라는 프레임에 맞춰져 있는 것처럼 보이기도 한다. 그 결과 '열이 나는데 지하철을 탄 사람, 이 시국에 해외여행 간 사람, 이곳저곳 많이도 돌아다닌 사람'이라는 비난, 개인의 행적이나 행실과 관련된 도덕적 지탄과 혐오가 확진자들에게 씌워졌다.

4.1. 질병의 타자화

국내에서 코로나19 확진자가 처음 발생한 1월 20일. 언론에서는 일제히 국내 첫 확진자에 대한 보도를 했고 제목과 본문 첫 문장에서 일제히 '우한폐렴'이라는 용어를 사용하였다.

> (14) 국내서 '우한 폐렴' 확진자 1명 발생…19일 입국 중국인 여성
> 국내에서 중국 '우한 폐렴' 확진자가 발생해 감염병 위기 경보가 '관심'에서
> '주의' 단계로 상향 조정됐습니다. (1월 20일, MBC)
> 중국발 '우한 폐렴' 국내서도 첫 확진
> 국내에서도 중국발 '우한 폐렴' 확진 환자가 처음으로 나왔다. 중국에서 급속도로 확산되고 있는 '신종 코로나바이러스' 감염에서 우리나라도 이젠 안전지대가 아니라는 뜻이다. (1월 20일, 한겨레)

더욱이 '우한폐렴'을 '중국 우한폐렴' 혹은 '중국발 우한폐렴'으로 표현함으로써 질병 자체를 '중국의 것'으로, 아니면 '중국에서 비롯된 것'으로 인식하게 하고 있다. '우리나라도 이젠 안전지대가 아니다'는 것 역시 질병을 외부의 것으로 이념화하고 있었음을 알게 한다. 이는 신종코로나바이러스가 중국 우한에서 발생하였다는 사실에 근거한 것으로 볼 수도 있지만, 질병의 원인을 외부로 돌리고 '우리'가 아닌 '그들'에게 문제의 책임을 전가하려는 '타자화(otherize)'의 관점에서 해석할 수도 있다. 애초에 이 질병이 발생하고 확산된 것은 '그들'의 탓이었고 이 질병의 피해 역시 '그들'의 것이어야 한다는 이념이 깔려 있다고 볼 수 있다. '안전지대'였던 우리나라에서도 확진자가 나온 것 역시 '그들'의 책임으로 전가하는 것이다.

그런데 이처럼 감염병의 이름에 특정 지역이나 인종, 직업 등을 명시하게 되면 해당 집단에 대한 낙인 효과를 불러일으키기도 한다. 이 때문에 WHO에서는 2015년 질병을 명명하는 방법에 대한 가이드라인을 통해 질병의 원인을 특정할 수 있는 대상을 사용하지 말 것을 권고하였다. 이에 따라 WHO에서도 코로나19를 '우한에서 발생한 원인 불명의 폐렴'으로 지칭하다가 '신종코로나바이러스'라는 용어를 거쳐 'COVID-19'라는 공식 명칭을 결정하였다. 질병관리본부에서는 2월 12일 신종코로나바이러스의 정식 한글 명칭을 '코로나바이러스감염증-19(약칭 '코로나19')'로 정했다. 그러나 일부 언론에서는 여전히 '우한폐렴'이라는 용어를 사용하기도 하고 '우한코로나'라는 대체 용어를 사용함으로써 질병을 타자화하고 책임을 외부로 돌리려는 의도를 보이기도 하였다.

(15) <u>우한폐렴</u> 6번째 확진자 접촉한 딸, 34명 원생 어린이집 교사(1월 31일, 중앙일보)

<u>우한 코로나</u> 확진자 107명 늘어... 14일 현재 8086명(3월 14일, 조선일보)

中, <u>우한 코로나</u> 상황 알린 시민기자 체포 · 구금 (6월 24일, 조선일보)

4.2. 감염자에 대한 구별 짓기

질병의 원인을 '외부의 것'으로 타자화하는 양상은 '그들'에 대한 혐오와 차별로 이어진다. 즉 감염병 발생 초기에는 '우한폐렴'이라는 용어를 사용함으로써 질병 자체를 '그들의 것'으로 타자화하였다면, 바이러스가 전세계적으로 확산되면서는 '중국발'이라는 표현을 공공연하게 사용하면서 사태의 책임을 외부로 돌리고 그들을 혐오하는 태도로 바뀌게 된 것이다. '미세먼지에 이제 코로나까지 수출하는 중국(1월 27일, SBS페이스북)'이라는 표현은 중국을 감염병 화산의 주범으로 몰아가려는 태도를 여실히 보여준다.[17]

그리고 중국에서 감염병이 발생하고 이렇게 전세계적으로 확산을 시키게 된 배경에는 그들의 후진적이고 야만적인 생활 방식이 있다는 인식을 드러내는 것으로 중국인 혐오는 이어진다. 중국을 '전염병 대국', '바이러스 온상'으로 표현하거나, "우한시장 뱀고기, 바이러스 인체감염 주범일수도(1월 24일, 동아일보)", "숙주 박쥐도 식용 거래…中 확산 골머리(1월 25일, 채널A)'와 같은 확인되지 않은 정보나 자극적 기사를 쏟아내면서 중국인들에게 혐오와 차별을 덧씌운다.

> (16) 야생동물 식용문화에 관료주의·의료 부실까지…<u>바이러스 온상 된 中</u>
>
> (2월 4일, 서울경제)
>
> 중국은 왜 '<u>전염병 대국</u>'이 됐나
>
> 시장서 박쥐 등 판매…<u>불결한 환경</u> 탓 '人獸공통 전염병' 많고
>
> 악재 터지면 '쉬쉬' 면피 급급한 관료주의는 효율적 대응 막아
>
> 독감철 진료 받으려면 밤새 줄서야…<u>후진적 의료체계</u>도 한몫
>
> (17) '<u>차이나 엑소더스</u>' 본격 중국발 전염병 왜 많을까(1월 28일, KBS)
>
> 중국에 유독 변종 바이러스 감염이 많은 이유 중 하나로, <u>야생 동물</u>

---

17 코로나19가 발병, 확산되는 과정에서 반중(反中) 정서와 혐오적 인식이 촉발되는 것은 비단 우리만의 문제는 아니다. 해외 언론에서도 코로나의 확산으로 인한 반중 정서를 확인할 수 있다. 뉴욕타임즈에서도 1월 31일과 2월 12일 각각 "As Coronavirus Spreads, So Does Anti-Chinese Sentiment", "Chinese Students Abroad: How Are You Affected by the Coronavirus Outbreak?"라는 제목의 기사를 보도하였고, 독일의 대표언론인 슈피겔의 경우 신종 코로나바이러스를 '메이드 인 차이나'라고 표현(CORONA-VIRUS Made in China)해 중국 당국으로부터 항의를 받기도 하였다.

을 선호하는 중국인들의 식문화를 꼽기도 합니다. 깔끔하게 포장된 육류・생선을 파는 서구식 대형 마트가 중국에선 이상하리만치 인기가 없습니다. "오래된 걸 눈속임한 건지 어떻게 아느냐"는 것입니다. 아직도 중년 이상 중국인에게 신선한 고기란 '산 것'이어야 합니다. 이번 폐렴의 발원지 화난 수산 시장서도 확인됐지만, 도시 외곽 재래시장만 가도 눈을 뜬 닭・오리는 기본이고 산 뱀과 개구리가 손님을 기다립니다. 남쪽으로 내려가면 더 다양해집니다. 특히 홍콩과 접한 광둥성 "책상 빼고 다리 네 개짜리는 다 먹는다"는 우스개 소리가 나올 만큼 별 희한한 동물을 식재료로 사용하는 곳입니다. 박쥐와 오소리가 한약재로 쓰입니다. 이런 생활 문화인데 광둥 지역은 겨울에도 20도를 웃돌고 비마저 잦습니다. 인구는 1억이 넘습니다. 사람과 동물이 엉키고 고온・다습한 데다 인구 밀도까지 높다보니 동물 바이러스가 사람으로 전파되고 다시 사람끼리 번지는 '인수(人獸) 공통 감염병'이 발생하기에 좋은 환경이 만들어진 셈입니다. 1968년 세계적으로 75만명이 사망한 홍콩 독감, 2003년 774명이 희생된 사스 2010년대 조류인플루엔자가 광둥 일대에서 발생한 건 결코 우연이 아니라는 게 여러 과학자들의 견햅니다. 양쯔강 중류의 우한도 광둥처럼 습하고 따뜻합니다. 인구가 1100만쯤 되는데 이곳 주민들도 "박쥐를 약재로 안다"고 합니다. 사람과 물자가 사통팔달로 오가는 세상이지만 우리는 중국 곁에 산다는 것만으로 겪어야 하는 위험이 한두 가지가 아닙니다. 특히나 국민 생명과 직결된 바이러스는 치명적입니다. 오늘 새벽 0시부터 중국에서 들어오는 모든 입국자가 공항 검역관에게 전수 검사를 받고 있습니다. 당국의 움직임이 비상하게 돌아가고 있습니다. 친절한 뉴스였습니다.

(16)~(17)에서 볼 수 있듯이 헤드라인에서 '바이러스 온상', '전염병 대국'으로 중국을 묘사하는 데 그치지 않고 리드(머리기사)와 보도문(본문)에서 이러

한 표현을 반복, 강화함으로써 중국인에 대한 혐오를 부추긴다. (16)에서처럼 '불결한 환경, 후진적 의료체계'와 같이 직접적인 혐오 표현을 사용하기도 하고, (17)에서처럼 '야생동물을 선호한다', '산 고기를 신선한 것으로 여긴다', '뱀, 개구리, 박쥐, 오소리도 먹는다'와 같이 구체적인 상황을 묘사하거나 '책상 빼고 다리 네 개짜리는 다 먹는다'라는 우스갯말을 인용함으로써 혐오감을 유발하기도 한다. 특히 (17)에서는 기존의 감염병도 중국의 식문화와 연결시키며 '결코 우연이 아니다'라고 필연성을 부과하는 태도도 보인다. '중국 곁에 사는 것만으로도 겪어야 하는 위험이 한두 가지가 아니다'라며 그들을 비난하는 표현을 서슴지 않는다.

이러한 중국인에 대한 혐오는 중국 교민, 중국 유학생을 비롯하여 중국에 거주하는 한국 교민으로까지 그 대상을 옮겨간다. 언론에서는 '중국인 입국 금지', '중국인/중국 유학생 밀집 지역', '중국 동포 구직 타격', '나는 중국인이 아니다'와 같은 선정적 표현을 사용하여 중국인에 대한 차별적 정서를 여과 없이 드러낸다. 그리고 우리 사회에 만연한 중국에 대한 혐오와 중국인 기피 현상을 고발하고 성찰하는 과정에서 오히려 혐오적, 차별적 표현을 반복, 재생산함으로써 편견을 강화하기도 한다.

> (18) '우한폐렴' 공포에…"중국인 입국 금지" 靑청원 50만 '훌쩍'(1월 28일, 동아일보)
> "중국인 밀집지 배달 NO" 배달 노동자 요청 논란(1월 29일, SBS)
> '나는 중국인이 아니다' 티셔츠 논란 (4월 8일, MBC)
> "중국말 들리면 손님 가버려" 신종코로나에 중국동포 구직 타격'(2월 11일, 연합뉴스)
> 40번째 확진자에 중국인 유학생 밀집지역 초긴장…"기숙사는 턱없이 부족"(2월 19일, 국민일보)

(19) 유동인구가 많은 용산구에서도 회사원이 1명이 확진 판정을 받았습니다. 중국인 거주 인구가 많은 곳으로 꼽히는 금천구에서도 중국인 1명이 확진 판정을 받으면서 금천구 내 첫 코로나19 확진자가 나오기도 했습니다. (2월 25일, JTBC)

(20) 신종 코로나바이러스감염증(코로나19) 국내 40번째 확진자가 나온 서울 성동구 사근동은 중국인 유학생이 다수 거주하고 있어 확산 초기부터 주민들의 감염 우려가 높았던 곳이다. 이 지역에서 해외여행도 다녀오지 않고, 접촉자로도 잡히지 않은 확진자가 발생하면서 중국인 유학생이 밀집한 동네들은 초긴장 상태에 빠졌다. (중략) 중국인 손님을 주로 받는다는 한 식당 관계자는 "확진자 소식이 들리자 근처 식당들이 거의 영업을 종료했다. 우리도 문 닫고 들어갈 것"이라고 말했다. 공인중개사 남모(57)씨는 "집을 구하러 온 사람이 중국인 같으면 일단 방 없다고 한다"며 "집 주인들도 건물 전체에 피해가 갈까봐 걱정하고 있다"고 했다. 중국인 유학생이 3199명으로 국내 대학 중 세 번째로 많은 중앙대 인근 동작구 흑석동 일대도 비슷한 분위기였다. (중략) 대학이 밀집한 신촌 일대에서도 코로나19 확산 이후 중국인 유학생 기피 현상이 여전했다. 대학생 김모(25)씨는 "지나가다 중국인처럼 보이는 사람만 봐도 움찔하게 된다"며 "한양대 인근에서 확진자가 나온 걸 보면 안전지대는 없는 것 같다"고 말했다. (2월 19일, 국민일보)

특정 지역에서 확진자 1명이 발생한 사건을 보도하면서 '중국인 밀집 지역', '중국인 유학생이 다수 거주하고 있어'와 같은 불필요한 정보를 제공함으로써 중국인 혹은 중국 유학생을 잠정적 감염원으로 인식하게 한다. 심지어 (20)에서 40번째 확진자는 '해외여행도 다녀오지 않았고 접촉자로도 잡히지 않은' 경우임에도 중국인 유학생과의 관련성을 암시하거나 함축하고 있다. 식당 관계자와 공인중개사의 말을 인용하여 국민들의 불안감과 편견을 사실적으로 보여주고 있는 듯하지만, 그 이면에는 중국인이나 중국 유학생들이 감염병의 확산에 기여하고 있다는 편견과 그들에 대한 혐오의 정서가 깔려 있다고 볼 수 있다.

한편 감염병 초기에 중국을 중심으로 한 제노포비아, 소위 '시노포비아' 현상이 두드러졌다면, 국내에서 집단감염과 지역감염 사례가 발생하면서 혐오의 대상과 책임 귀인도 종교 집단, 성소수자, 특정 지역으로 옮겨가는 양상을 보인다. 즉 혐오의 대상이 '외부'에서 '내부'로 바뀌게 된 것이다. 초반에는 '중국(인)'이라는 완전한 '그들'을 혐오하는 데에서 시작된 것이 '중국 유학생', '중국 동포'와 같이 '우리 안의 그들'에 대한 혐오로, 그리고 다시 '우리'에 대한 혐오로 이어지게 된다.

2월 19일 대구에서 22명의 확진자가 발생하면서 언론에서는 대구를 위험 지역으로 규정하였다. 온라인상에서 '대구 코로나, 대구 폐렴, TK 코로나'라는 자극적 표현이 등장하기 시작하였고, 일부 인터넷 매체에서 이러한 표현을 무분별하게 재수용하는 모습을 보이기도 하였다. 심지어 채널A에서는 '서초구에 상륙한 TK코로나'라는 자막을 방송에 내보내는 등 지역 혐오의 정서가 언론을 통해 더욱 확대되었다. 그런가 하면 대구에서의 지역 확산을 야기한 슈퍼전파자가 신천지 교도이고, 대구 지역 확진자의 대다수가 신천지 교인인 것으로 확인되면서, 언론에서는 '슈퍼전파자', '코로나 숙주'와 같은 표현을 사용하기도 하였다. 앞에서 중국인 혐오 표현으로 '코로나 수출', '바이러스의 온상'이 사용된 것과 그 양상과 맥락이 다르지 않다.

(21) '슈퍼전파자' 된 신천지 (3월 2일, MBC)
　　코로나 숙주 신천지, 신도 명단 조건없이 공개하라 (2월 26일, 국민

일보)

    이후 신천지의 예배 방식, 포교 활동을 파헤치는 기사들이 쏟아져 나왔고, 대중들은 국가적 재난 상황의 책임을 66번 확진자를 비롯한 신천지 교인들에게 돌리면서 신천지와 신천지 교인에 대한 혐오 정서가 퍼져나갔다.

  (22) 신천지교회 예배 방식 보니…"밀집·접촉 잦아" (2월 20일, JTBC)
      신천지 교회 동시 예배자만 1000명, 31번 환자 동선 따라 코로나 공포 확산(2월 20일, 한국일보)

  (23) '교회 집회소' '공부방'… 신천지 시설 찾으러 가보니 (2월 29일, 한국일보)
      "신천지 60%가 20대"…청년들은 왜 신천지에 끌릴까 (2월 28일, 중앙일보)
      "남편이 신천지 반대 땐 폭행 유도·신고" 신도 매뉴얼 있었다 (3월 28일, 한국일보)
      신천지 색출법… 이 그림을 가르쳤다면 100% 신천지(3월 31일, 국민일보)
      SNS에 신자 입단속 공지 떠돌아…신천지교회 은폐 의혹 (2월 19일, 한국일보)
      [신천지의 포교 수법]"나는 이렇게 신천지 노예가 됐다" (4월 23일, 국민일보)

  (24) "교회가서 코로나 퍼뜨려라"지령 부인한 신천지 24일 기자회견(2월 22일, 국민일)
      "예배 안갔다 해라"폐쇄적인 신천지… "본부 있는 과천 걱정"(2월 20일, 중앙일보)

물론 '대구' 지역에서 '집단 감염'이 발생하였고 감염자 중 대다수가 '신천지 교인'이며 주요 감염 경로가 '신천지 교회'라는 것은 사실 정보이지만, 언론에서는 감염의 규모를 객관적이고 사실적으로 전달하는 데 초점을 두기보다는 감염인, 감염지, 감염 경로에 더욱 집중하는 모습을 보인다. 여기에서 더 나아가 신천지의 집단 예배 방식과 다단계식 잠입성 포교 활동, 신천지의 교리를 파헤치거나 신천지 교인 개개인의 인적 사항, 개인 정보, 사생활을 들추어내는 기사도 쏟아져 나왔다. 이와 더불어 신천지 교인들이 코로나 검사에 협조하지 않는다거나 신천지 교인들을 대상으로 특별한 지령이 주어졌다거나 하는 등의 추측성 보도도 많았다. 앞에서 중국인들의 '야만적 식습관' 혹은 '후진적 의료체계', '불결한 환경' 등을 감염병 확산의 주범으로 묘사하였다면, 이번에는 신천지라는 종교집단의 예배 방식과 포교 활동을 문제 삼으면서 코로나 확산의 책임을 신천지 종교에 돌리고, 더 나아가 신천지 집단 자체에 대한 혐오적 인식을 유도하는 것이다.

이후 지난 5월 서울의 유흥시설에서 또다시 집단감염 사례가 발생하고 바이러스가 인근 지역으로 확산되었고, 유행의 연결고리가 밀집, 밀폐, 밀접시설 내 감염으로 이어지는 양상을 보였다. 문제는 수도권 집단감염의 시발점이 되었던 유흥시설이 성소수자와 관련되었다는 보도가 나오면서 그 이후 성소수자에 대한 선정적이고 폭력적인 기사들이 노출되었다는 것이다.

(25) 이태원 게이 클럽에 코로나19 확진자 다녀갔다(5월7일, 국민일보)[18]
　　용인 확진자 방문 이태원 게이클럽에 500여명 있었다(5월7일, MBN)
　　게이클럽 다녀간 뒤 확진… 제2의 신천지 우려(5월7일, MBN)

---

18 해당 기사의 제목은 현재 '이태원 유명 클럽에 코로나19 환자 다녀갔다'로 수정되어 있다.

이태원 클럽 방문자 코로나19 확진… 동성애자들의 생각은? (5월 8
일, 국민일보)

(26) 게이클럽 다녀간 뒤 확진… 제2의 신천지 우려(5월7일, MBN)

　6일 경기도 용인에서 발생한 코로나19 확진자가 이태원 게이클럽에
다녀간 것으로 확인돼 방역당국이 긴장하고 있습니다. 이태원의 한
게이클럽은 이날 밤 11시 30분쯤 인스타그램에 확진자 방문 사실을
알렸습니다.

　여기 웬일이니, 불금에도 불 꺼진 이태원 클럽 (5월 9일, 조선일보)
킹클럽 일대는 언덕 지형인 데다 성(性) 소수자 등을 상대로 영업하는
클럽과 주점이 많아 '게이 힐(Gay Hill)', '게이 골목'이라고 불리는 곳
이다.

(27) "결국 터졌다"… 동성애자 제일 우려하던 '찜방'서 확진자 나와
　- 블랙 출입한 게이도 200명은 될 듯 (5월9일, 국민일보)[19]

　'블랙수면방' 다녀간 이태원발 확진자… 5일간 방역 '구멍' (5월 10
일, MBN)

　동성애자 찜방 말고 '방역 구멍' 또 있었다(5월 10일, 국민일보)

(28) 블랙수면방은 동성애자들이 익명의 상대와 성행위를 하는 찜방이다.
　(5월9일, 국민일보)

　"꽤 다니는 것 같더라고요. 남자들만 다니는, 주로 젊은 남자들만 다
니더라고요." 이름은 수면방이지만, 이 곳은 밀폐된 공간 안에서 방

---

19 해당 기사는 성소수자에 대한 차별과 혐오를 드러낸다는 점에서 신문윤리위원회의 경고
를 받았으며 현재는 삭제되었다. 원 기사에 비해 표현은 다소 완화되었으나 전체적인 보
도 내용이 유사한 기사가 '강남 '블랙수면방'에서 확진자 나와'라는 제목으로 게시되어 있
으며 포털의 뉴스 게시판 및 빅카인즈(www.BigKinds.or.kr)에서도 이 제목으로 검색이
가능하다. 원 제목의 기사는 뉴스 게시판에서는 삭제되었으나 포털 검색 결과를 통해 확
인 가능하다.

문자 간 밀접 접촉이 오가는 곳으로 알려졌습니다. 내부는 공용 샤워실, 탈의실과 함께 칸막이가 설치된 비좁은 방들로 이뤄져 있어 방역을 위한 거리 확보가 쉽지 않았을 것으로 추정됩니다. (5월 10일, MBN)

(25)에서는 특히 수도권 지역감염의 시작이 되었던 이태원의 유흥 시설을 '이태원 게이 클럽'으로 명시하고 있다. 한국기자협회의 '인권보도준칙(2014)'에 따르면 언론은 성적 소수자에 대해 호기심이나 배척의 시선으로 접근하지 말아야 한다. 성적 소수자를 비하하는 표현이나 성적 소수자에 대한 혐오적 표현, 성적 소수자가 잘못되고 타락한 것이라는 뉘앙스를 담지 말아야 하고 성매매 등의 사회 병리 현상과 연결 지어서도 안 된다. 또한 반드시 필요하지 않을 경우 성적 지향이나 성 정체성을 밝히지 않도록 하고 있다. 이는 성적 소수자의 인권과 사생활을 존중하고 이들에 대한 편견이 차별과 폭력으로 이어지지 않도록 견제하는 장치이다. 그럼에도 불구하고 일부 언론에서는 해당 클럽을 '게이 클럽'으로 지칭하고 성소수자들을 '동성애', '게이', '동성애자'라는 표현을 노골적으로 사용한다. 그런가 하면 코로나 확진자의 성적 지향과 성 정체성에 대한 정보를 불필요하게 제공한다(예26). 또한 성적소수자를 성매매 등의 사회 병리 현상과 연결지어 선정적으로 보도(예27, 예28)함으로써 이들의 성 정체성과 성적 지향에 대한 혐오적 뉘앙스를 담아낸다.

한편 일부 언론에서 '게이 클럽'이라는 용어를 사용한 것에 대한 비판이 거세지자 이후 '이태원 클럽', 혹은 '이태원'으로 해당 시설을 지칭하였다. 성소수자에 대한 혐오 표현을 명시하지는 않았지만 '이태원 클럽 방문자 코로나19 확진... 동성애자들의 생각은?', '여기 웬일이니, 불금에도 불 꺼진 이태원 클럽 ... 킹클럽 일대는 ... '게이 힐(Gay Hill)', '게이 골목'과 같은 뉴스 텍스트에서 '이태원(클럽)'이 특정 클럽을 지칭하는 용어로 사용되면서, 그리고 성소수자에 대한 혐오 표현과 함께 쓰이게 되면서 '이태원'이라는 지역에 대한 혐오와 낙인을 덧씌우게 되는 결과로 이어지기도 한다.

또한 이러한 보도 태도는 성소수자들에 대한 고정관념이나 사회적 편견을 강화하는 데 그치지 않는다. '칸막이가 설치된 비좁은 방들로 이뤄져 있어 방역을 위한 거리 확보가 쉽지 않았을 것'이라는 식의 논평은, 뉴스 수용자들에게 소위 '이태원 發' 집단 감염의 원인이 성소수자에게 있다는 인식을 갖게 한다. 그리고 집단 감염 사태와 무관하게 성소수자에 대한 차별적 시선, 폭력적 태도를 드러내는 표현들도 코로나 관련 기사에서 자주 사용된다. 특히 (27)과 (28)에서는 소위 '찜방'으로 불리는 시설에 대해 현 사태와 무관한, 선정적이고 자극적인 표현으로 묘사함으로써 성소수자를 성매매와 연결시키기도 한다. 그간 우리 사회에 숨겨져 있던 성소수자에 대한 혐오와 차별이 코로나 사태를 촉매제 삼아 표면으로 드러난 것으로 이해할 수도 있을 것이다.

그 외에도 코로나 사태가 장기화되면서 지역 감염과 집단 감염이 계속 발생함에 따라 지역 감염의 매개가 된 종교 집단이나 시설, 회사 및 단체에 대한 혐오 표현도 계속 등장하고 있다. '강남 타워팰리스도 코로나에 뚫렸다(3월 29일, 조선일보)'에서처럼 코로나19의 감염이 빈부에 따라 혹은 지역에 따라 달라질 수 있다는 뉘앙스를 풍기면서 우리 사회의 차별적 인식을 더욱 강화하기도 한다. 감염병 초기에는 확진자의 개인 정보가 불필요하게 많이 노출되면서 개인의 도덕성이나 사생활에 초점을 둔 기사가 주를 이루었고, 최근에는 확진자가 기하급수적으로 늘어나면서 확진자 개인과 확진자의 주변 환경에서 위생 관리를 철저히 하지 않고 방역 수칙을 지키지 않았다는 내용이 기사가 많아지면서 코로나 감염자 개개인을 향한 혐오와 배척의 정서도 심화되고 있다.

본 연구에서는 코로나19와 관련된 뉴스 제목에 나타난 언어 표현의 특징을 분석하고, 언론이 감염병에 대한 불안과 공포, 감염자에 대한 혐오와 폭력적 시선을 어떻게 조장하고 확산시키는지도 살펴보았다.

코로나19가 중국 우한에서 처음 발생한 것으로 알려지고, 국내 첫 확진자가 중국 관광객인 것으로 밝혀지면서 중국인에 대한 혐오의 정서가 빠르게 번져 나갔는데, 언론은 코로나19를 '우한 폐렴'으로 지칭함으로써 질병을 타자화하는 모습을 보였다. 그리고 중국을 '바이러스의 온상'으로 표현하면서 중국을 감염병 확산의 주범으로 이해하고 '그들'에게 책임을 전가하였다. '중국인'으로 대표된 '그들'에 대한 혐오는 '중국인 유학생', '중국 동포'와 같이 한국인과 중국인의 경계에 있는 '우리 안의 그들'에 대한 혐오로 이어진다. 이후 지역감염, 집단감염 사례가 발생하면서 코로나 확산세가 커지자 더 이상 언론은 '그들'에게 책임을 묻기 힘들어졌다. 결과적으로 책임 귀인이 '우리'로 옮겨지게 되었지만, 여전히 언론과 대중은 '우리 안의 비주류 혹은 '소수자'에 초점을 맞추는 태도를 보였다. '신천지'와 '성소수자'로 대표되는 비주류 집단은 바이러스의 확산과 무관한 비판과 차별적인 시선을 고스란히 받아야 했다. 언론에서 '신천지'와 '성소수자'들은 '우리'이지만 '우리'가 아닌, '타자화'된 존재로 이념화된 것이다.

본 연구는 코로나 관련 뉴스의 헤드라인에 나타난 언어 표현을 분석하여 언론의 공포 마케팅과 혐오적 시선에 대해 고찰하였다는 점에서 의미가 있다. 다만 코로나 관련 뉴스 텍스트를 전반적으로 살피지 못하고 키워드 검색을 통해 분석 대상 자료를 수집하였다는 점에서 한계를 지닌다. 또한 코로나 사태가 장기화되면서 이와 관련된 혐오와 차별의 대상이 다양해지고 있음에도 최근의 주요 이슈를 반영하지 못했다는 것 역시 한계로 남는다. 그리고 코로나 관련 텍스트의 내용이나 특정 이슈를 다루는 관점, 코로나 사태를 소비하는 방식이나 성향은 방송사별, 신문사별로 차이가 있을 수 있는데, 이러한 점들을 세밀히 비교 분석하는 단계까지 나아가지 못하였다. 그럼에도 불구하고 코로나 관련 뉴스 텍스트에 나타난 언어 표현에 초점을 맞추어 미디어가 감염병 사태를 어떻게 이해하고 이념화하는지를 분석하였다는 점, 그리고 우리 사회의 혐오적 시선이 감염병 사태와 연결되어 어떻게 구체화되었는지를 살폈다는 점에서 본 논문의 의의를 찾을 수 있을 것이다. 앞으로 후속 연구를 통해 코로나 관련 뉴스 텍스트의 텍스트언어학적 특징과 우리 사회와의 이데올로기와의 관계를 분석할 수 있을 것이다.

* 이 논문은 2020년 7월 9일 이화어문학회 여름 학술대회에서 발표한 논문을 수정, 보완하여 이화어문논집 51호에 게재한 것임을 밝힌다.

김나영(2018), 『신종감염병에 대한 언론보도 비교 연구』, 서강대학교 석사학위논문.

김수경(2020), 「감염병 이념, 제노포비아: ‘코로나19’의 정치화와 반중(反中) 현상」, 『다문화와 평화』 14(1), 성결대학교 다문화평화연구소, 22-40.

김　용(2016), 「국내 미디어의 메르스 보도 고찰」, 『의료커뮤니케이션』 11-1, 대한의료커뮤니케이션학회, 39-50.

김태종(2020), 「뉴스 빅데이터를 활용한 코로나19 언론보도 분석: 토픽모델링 분석을 중심으로」, 『한국콘텐츠학회논문지』 30-5, 한국콘텐츠학회, 457-466.

송해룡·조항민(2015), 「국내언론의 질병 관련 위험보도에 관한 특성 연구」, 『한국위기관리논집』 11-6, 위기관리이론과실천, 45-68.

안은영(2016), 『중동호흡기증후군(MERS) 위험보도 프레임 연구: 조선일보와 한겨레신문을 중심으로』, 중앙대학교 석사학위논문.

이종수(2020), 「코로나19 관련 CNN 뉴스 영상분석: ‘타자’의 질병에서 ‘우리’의 질병으로」, 『미디어, 젠더&문화』 35-2, 한국여성커뮤니케이션학회, 245-298.

전혜영(2016), 「은유 표현을 통해 본 한국인의 질병관」, 『한국문화연구』 30, 이화여자대학교 한국문화연구원, 133-161.

전혜영·유희재(2016), 「<메르스>에 대한 은유와 이데올로기적 함축」, 『한국어학』 72, 한국어학회, 199-225.

주영기·유명순(2011), 「한국 언론의 신종플루 보도 연구」, 『한국언론학보』 55-5, 한국언론학회, 30-54.

최민음·정희수(2018), 「국내 재난 주관방송사의 재난보도 프레임 분석」, 『한국콘텐츠학회논문지』 18-7, 한국콘텐츠학회, 22-40.

Jin-won Shin(2016), 「Metaphorical Analogies for 'MERS' in Korean Newspaper Headlines」, 『담화와 인지』 23-2, 담화인지언어학회, 1-19.

한 · 중 코로나19 관련 신문기사의
비판적 담화 분석

- 의료진 및 확진자를 중심으로 -

신문적 · 왕림 · 김진해

(경희대)

1. 머리말

이 연구는 한국과 중국의 코로나19 관련 기사에 대한 비판적 담화 분석을 통해 양국 간 신문기사 텍스트에서 반영되는 이데올로기적 경향성을 규명하는 데 목적이 있다. 이를 위해 한국의 『연합뉴스』[1]와 중국의 『신화사(新華社)』[2]의 기사 텍스트를 대조하며 양국 의료진과 확진자(환자)에 관한 보도의 공통점과 차이점을 분석하고자 한다.

코로나19는 2019년 12월 중국 우한(武漢)에서 시작되었다. 2020년 1월 23일 중국 정부는 우한을 전면 봉쇄했지만 코로나19는 전 세계로 빠르게 확산되었다. 한국은 2020년 1월 20일 첫 확진자 발생 후 정부의 적절한 방역 조치로 효과적으로 통제되었다. 지금까지 코로나19 발생 국가는 200개가 넘었고, 2020년 8월을 기준으로 코로나19 확진자가 2천만 명을 돌파했다.

본고의 연구대상인 신문기사는 한국의 『연합뉴스』 포털 사이트[3]와 중국의 『신화사』 포털 사이트[4]에서 수집한 것으로 두 신문사는 양국에서 최대 규모

---

1 연합뉴스(Yonhap News Agency)는 방송과 신문, 정부, 포털 사이트, 기타 예약 구독자에게 기사를 공급하는 한국의 국가 기간 통신사이다.
2 신화통신사(新華通信社)는 '신화사(新華社)'로 약칭하고 중국의 국가 통신사이며 법정 신문 관리 기관이다. 신화사는 중국 공산당이 조기에 창설한 중요 언론기관으로 탄생 때부터 당의 직접 지도하에 사업을 전개한다.
3 연합뉴스 https://www.yna.co.kr/index
4 신화망 http://www.xinhuanet.com

의 뉴스 기사를 제공하는 기간 통신사이다. 특히 양국에서 신규 확진자 수가 가장 급격하게 증가한 1주일간의 뉴스를 각각 선정하여 대조하려고 한다. 중국의 경우는 2020년 2월 3일~2월 9일까지 우한 지역에서 환자가 급증하던 기간이고, 한국의 경우는 2020년 2월 27일~3월 5일까지 대구경북 지역의 이른바 '신천지' 교회를 중심으로 확산되던 시기이다. 이 시기를 택한 이유는 전례를 찾기 어려운 속도로 바이러스가 확산될 때 정부, 시민, 의료진, 환자 등 각각의 사회적 주체들이 어떻게 질병에 대응하고 있는지를 비교적 선명하게 포착할 수 있기 때문이다.

한국과 중국의 방역은 상대적으로 효과적이라는 평가를 받았다.[5] 하지만 한국과 중국의 국가 체제와 질병 관리 체계 및 감염병 발생 시점의 차이로 양국의 방역 조치가 달랐다. 우리는 코로나19 관련 신문기사 텍스트 속에 한중 양국 사회가 방역을 대하는 이데올로기적 경향성이 반영되어 있다고 본다. 텍스트(담화) 속에는 방역 정책을 정당화하거나 개념화하기 위한 언어 전략이 숨겨져 있다.

신문 기사의 이데올로기적 경향성을 분석하기 위해 우리는 텍스트 언어학적 관점에서 접근하고자 한다. 신문 보도는 아무리 공정한 보도라도 이데올로기적 편향성을 드러낸다(이창수 2013). 신문 보도의 이데올로기적 경향성은 뉴스 텍스트의 내용이나 언어 표현을 통해 실현된다. 겉으로 보기에는 객관적으로 사건을 기술하는 것처럼 보일지라도, 묘사 대상으로 누구를 삼는지, 어떤 행위를 중심으로 묘사하는지에 따라 선택되거나 배제되는 단어나 표현이 달라진다. 따라서 텍스트 자체를 언어학적으로 상세하게 분석할 필요가 있으

---

5 2020년 7월 27일 세계보건기구(WHO)는 신종 코로나바이러스 감염증(코로나19) 사태에 한국과 중국, 독일, 캐나다 등이 질병을 잘 통제하고 있다고 평가했다.

며, 이는 담화 분석과 같은 언어학 이론을 응용해야 가능하다(Fowler 1991: 222).

2. 이론적 배경

비판적 담화 분석(Critical Discourse Analysis: CDA)은 Fairclough를 비롯하여 van Dijk, Wodak 등의 학자들을 중심으로 발전된 이론으로 '사회·정치적 담화 분석'이라고도 한다. 비판적 담화 분석은 사회적·정치적 담화 속에 숨겨진 권력 관계, 지배와 피지배 관계를 찾아내고 그 힘의 관계를 들추어내는 것을 목표로 한다. 최윤선(2014)에 따르면 기존 담화 분석 연구가 대개 가치중립적 입장인 반면, '비판적 담화 분석'은 담화를 바탕으로 언어와 사회 사이의 권력 관계를 비판적으로 분석하는 연구 작업이다. 비판적 담화 분석은 코로나19에 관한 신문기사 속에 잠재된 이데올로기적 경향성을 포착하는 데 효과적인 도구라 할 수 있다.

Hart(2014/2017)는 이민, 폭동, 파업과 같은 주제를 분석하기 위해 기존의 비판적 담화 분석에 Halliday(1985)의 체계기능문법(Systemic Functional Grammar: SFG)과 인지언어학(Cognitive Linguistic)을 접목시켰다. 체계기능문법은 텍스트적 특성에 기반을 두고 있으며, 인지언어학은 인지심리학에서 연구한 정신 현상에 근거를 두고 있기 때문이다. 이 둘을 '기술 단계'와 '해석 단계'에서 적절하게 적용하면 비판적 담화 분석을 보다 체계적이고 합리적으로 진행할 수 있다.

본 연구는 Hart(2014/2017)에서 제시한 체계기능문법의 '사회적 행위자 표상 이론'과 인지언어학의 '개념적 은유 이론'을 접목하여 신문기사 속 언어 표현을 분석함으로써 통해 신문 기사의 이데올로기적 성향을 파악하고자 한다. 특히 이 연구에서는 사회적 행위자로서의 의료인 및 확진자에 대한 표상 방식의 차이를 주로 살펴보려고 한다. 아울러 개념적 은유 이론을 통해서 사회적 경험으로서의 질병에 대한 개념적 이해 방식을 확인해 보고자 한다. 본격적인 논의에 앞서 사회적 행위자 표상 이론과 개념적 은유 이론에 대해 좀 더 살펴보자.

2.1. 사회적 행위자 표상

'사회적 행위자(social actor)'는 원래 사회학에서 사용하는 용어로 사회에 관계되거나 사회성을 띠는 행위를 하는 사람을 가리킨다. 이 개념을 비판적 담화 분석에 도입한 van Leeuwen(1996)에서는 사회적 행위자를 적절하게 분석하기 위해서는 언어적 범주와 사회적 범주를 접목하여 함께 다루어야 한다고 주장하였다. 비판적 담화 분석에 있어서 사회적 행위자의 다양한 표상 방식을 분석함으로써 담화 텍스트에 숨어 있는 이데올로기적 경향성을 효과적으로 예증할 수 있다는 것이다.

화자가 담화 속에 사회적 행위자(사건 참여자)를 표상하기 위해 선택할 수 있는 방식은 다양하다. 특히 신문의 경우 담화 전략에 따라 사건 참여자를 개인으로 표상하기도 하고, 집단으로 표상하기도 한다. 또한 각각에 대해 표현하는 방식도 미세하게 다르다. van Leeuwen(1996: 66)에서는 사회적 행위자를 다음 <표 1>과 같이 하위분류했다.

<표 1> 사회적 행위자의 체계망(부분)[6]

개인화	확정	범주화	정체화	직능화
				분류
				관계적 정체화
				물리적 정체화
		지명(指名)		격식
				반격식
				비격식
	불확정			
비개인화	집단화			
	일반화			

특정 담화에서 사회적 행위자를 표상하는 방식은 먼저 개인화(personali-zation)와 비개인화(impersonalization)로 대별할 수 있다. '개인화'는 사회적 행위자를 '인간(human)'의 의미속성을 갖는 존재로 표상하는 방식인 반면, '비개인화'는 사회적 행위자를 '인간'의 속성을 갖지 않는 다른 범주의 존재로 표상하는 방식이다.

---

6 <표 1>은 van Leeuwen(1996: 66)의 사회적 행위자 체계망의 일부분을 Hart(2014/2017: 78)에서 재구성한 것이다. van Leeuwen(1996)에서 제시한 사회적 행위자 체계망에는 개인화와 비개인화 외에도 사회적 행위자를 '능동화'하거나 '수동화'하는 것도 포함되어 있다. 이 연구에서는 코로나19 사태에 참여하는 사회적 행위자로 의료진과 확진자(환자)를 주목하는데, 이 두 행위자는 전형적으로 능동적 주체(의료진)와 수동적 주체(확진자)로 구분되기 때문에 이를 별도로 살펴보지 않는다. 한편 Hart(2014)에서는 van Leeuwen (1996)의 체계망을 비판적으로 수정하였다. van Leeuwen(1996)에서는 인간을 비인간적 존재로 표상하는 비개인화의 하위 유형으로 '추상화(abstraction)'와 '대상화(사물화: ob-jectivation)'를 제시하였는데, Hart(2014)에서는 이를 각각 '집단화(collectivization)'와 '일반화(generalization)'로 바꾸었다. 추상화는 예를 들어 '탈북자, 이민자, 무슬림, 불법 체류자' 등을 '원치 않는 문제' 따위로 표상하는 방식이며, 대상화(사물화)는 '한국은 매년 약 10만 명의 이민자를 받아들이고 있다'라는 문장에 쓰인 '한국'처럼 장소명이나 사물명으로 행위 주체를 대신 표상하는 방식이다(van Leeuwen 1996: 59-61).

개인화는 다시 개인을 확정적으로 표상하는지 불확정적으로 표상하는지에 따라 '확정(determination)'과 '불확정(indetermination)'[7]으로 나눌 수 있다. 여기에서 확정적 개인화는 대상을 '범주화'하거나 '지명'하는 방법으로 나뉜다. '범주화(categorisation)'는 사회적 행위자가 다른 사람들과 공유하는 정체성 및 기능에 관한 것이다. 범주화는 다시 직능화와 정체화로 하위 구분한다 (Hart 2014/2017: 75-78). '직능화(functionalization)'는 사회적 행위자들이 하는 것, 즉 활동에 의해 지시될 때 발생한다.[8] '정체화(identification)'는 사회적 행위자가 다소 영구적으로 그들이 존재하는 무언가에 의해 정의될 때 발생한다. 정체화는 분류, 관계적 정체화, 물리적 정체화로 세분할 수 있다. 분류(classification)는 연령, 성, 종족, 종교, 민족성, 사회적·법적 지위를 포함해 '주어진 사회나 기관이 사람들의 계층을 구분하기 위한 주요 범주들'에 의한 지시에 관한 것이다(van Leeuwen 1996: 54). 관계적 정체화(relational identification)는 개인적 또는 친족 관계에 의하여 사회적 행위자를 나타내고, 종종 개인의 인간적 특징을 부각하여 독자를 공감시키거나 연민을 유도하는 데 사용된다.[9] 물리적 정체화(physical identification)는 물리적 특징에 의

---

7 '불확정적 개인화'는 사회적 행위자를 비명시적이고 익명의 개인이나 집단으로 표상하는 방식이다(van Leeuwen 1996: 51-52). 대표적인 예로 '어떤 사람, 누군가, 누가, somebody, someone'과 같은 부정(不定) 대명사의 사용을 들 수 있다(예: '어떤 사람이 책상 위에 선물을 두고 갔다.'). 불확정 전략은 독자가 사회적 행위자(들)의 정체성을 비판적으로 판단하지 못하게 막는 효과가 있다.
8 '직능화'는 '경찰, 의사, 요리사, 운전기사'처럼 사회적 행위자의 직업을 제시하는 것이다.
9 Hart(2014/2017: 76)에서는 '분류'와 '관계적 정체화'의 차이를 예를 들어 설명하고 있다. 즉, "An illegal immigrant was convicted yesterday of killing a father of two teenagers after speeding with a 'seriously under-inflater' tyer."([한 불법 이민자가 '심각하게 바람이 빠진' 타이어로 과속을 하다가 십대 두 명의 아버지를 치어 죽여 어제 유죄 판결을 받았다.])라는 문장에는 '분류'와 '관계적 정체화'가 함께 쓰였다는 것이다. 다시 말해, 교통사고 가해자에 대해서는 '불법 이민자'라는 분류를 통해 사회적 행위자로서의 법

해 사회적 행위자를 나타낸다.[10] 이런 자질은 사회적 행위자를 분류하거나 직능화하는 역할을 간접적으로 하는 내포를 가질 수 있다.

일반적으로 지명(指名)은 고유명사로 실현된다.[11] 또한 지명은 '홍 부장, 김 계장'처럼 직책을 표시하거나 '도서관 사서, 조사관'처럼 특정 기관의 기능적 역할을 제시하는 것으로 조정될 수 있다(van Leeuwen 1996: 53).

한편 '비개인화'는 사회적 행위자를 일반적인 부류로 표상하여 개인보다는 그가 속한 부류 전체를 뭉뚱그려 표상함으로써 행위자에 대해 사회적으로 정형화된 고정관념(stereotype)을 지속·강화하는 방식이다. 예를 들어 '북한의 전 외교관 태영호'라고 명명하지 않고 '그 탈북자'라고 일반화(genericization)하거나, 사건의 행위자들을 열거하는 대신 '탈북자 집단/단체'라고 집단화(collectivization)하는 방식이 이에 속한다.[12]

van Leeuwen(1996: 47)에 따르면 신문이 어떤 계급/계층을 지향하느냐에 따라 집단화와 개인화에 경향적 차이를 보인다. 예를 들어 중산층 기반의 신문에서는 정부 당국자나 전문가들이 개인화되고 평범한 사람들은 일반화되는 경향이 강한 반면, 노동자 계급 지향의 신문은 반대로 평범한 사람들을 개인화하여 표상하는 경우가 많다는 것이다(이에 대한 비판적 고찰은 3.1.2.에서

적 지위만을 부각함으로써 가해자가 사고의 책임 당사자임을 강조한다. 반면에 피해자에 대해서는 '십대 두 명의 아버지'와 같은 가족 관계 표현을 씀으로써 이 사고가 피해자뿐만 아니라 유족에게까지 영향을 미치고 있음을 암시하는 관계적 정체화 전략을 사용하고 있다.

10 '물리적 정체화'는 주로 '키가 큰, 수염이 난, 안경을 쓴, 머리가 짧은' 등과 같은 형용사적 수식 표현을 통해 사회적 행위자의 특징을 기술한다.

11 고유명사는 청자와의 친소관계에 따라 성명을 함께 부르기도 하고(예: 홍길동 씨), 이름만 부르기도 하고(예: 길동 씨), 성만 부르기도 한다(홍 씨).

12 Hart(2014/2017: 72-74)에 따르면 영어에서 일반화는 정관사를 가진 명사의 단수나 복수 형태로 나타나는 반면(예: 그 이민자(the immigrant)/이민자들(immigrants)), 집단화는 사람 집단을 가리키는 질량명사(mass noun)나 수량화되거나 합계된 방식으로 나타난다 (예: 이민 공동체(immigrant community)/9만 명의 이민자들(90,000 immigrants)).

다룬다).

2.2. 개념적 은유

개념적 은유는 우리의 경험에서 나오는 구체적이고 익숙한 '근원영역(source domain)'에서 추상적인 '목표영역(target domain)'으로 체계적인 대응관계를 사상하여 연상을 시킨다(Lakoff & Johnson 1980). 개념적 은유는 '인지적 무의식'[13]에 속한다(Lakoff & Johnson 1999). 따라서 독자는 은유 표현이 현실을 정확하게 반영한다고 가정할 수 있는데, 실제로 이데올로기도 반영하고 있다(Hart 2010).

담화 속에 담긴 은유는 목표영역과 근원영역 간에 인지 관계를 맺어 독자한테 분노나 두려움 같은 감정을 유발하며 일련의 태도와 의도에 따라 행동하도록 유도한다(Charteris-Black 2004; Gregg 2004). 따라서 비판적인 관점에서 볼 때, 우리가 가장 관심을 가져야 할 은유들은 사회적 텍스트에서 특정한 이데올로기적 또는 설득적 기능을 수행하는 은유들이다(Hart 2008).

Hart(2008)의 비판적 담화 분석에서 개념적 은유의 목표영역은 특정한 사회적 또는 정치적 맥락과 관련이 있다. 사회적 맥락에서 설명되는 텍스트는 주로 독자의 직접적인 경험과는 무관하여 복잡한 사회적 상황과 사건이다. 이에 대해 개념적 은유는 주관적인 경험과 무관한 사회적 상황을 개념화하고 인지하는 수단으로 간주 될 수 있다. 예컨대, 이민 담화에는 전쟁이나 물의 흐름과 같은 구조로 이민자와 이민 모집 정책을 개념화하는 은유가 사용된다

---

13 Lakoff & Johnson(1999)에 따르면 '인지적 무의식'은 몸의 감각, 지각, 기본 층위 개념이나 공간 관계 개념 따위를 지배하는 것이다. 이에 음성, 음운, 형태, 통사, 의미, 화용, 담화 따위의 다양한 요소들을 포함한다.

(El Refaie 2001; Santa Ana 2002; Chilton 2004; Charteris-Black 2006; Semino 2008).

한편 전혜영·유희재(2016)에서는 국내 방송 기사를 중심으로 2015년에 있었던 '메르스 사태'의 은유화 양상을 분석하였다. 특히 개념적 은유 [메르스는 물결]과 [메르스는 전쟁]이라는 두 은유가 방송사마다 어떻게 달리 표현되는지를 살펴 개념적 은유가 이데올로기적으로 어떻게 작동하는지를 살펴보았다는 점에서 학술적 의의가 크다.

3. 한·중 코로나19 신문기사의 대조 분석

이 장에서는 한중 양국 간 코로나19 방역 대책의 이데올로기적 경향성을 파악하기 위해 한국의 『연합뉴스』와 중국의 『신화사』에 보도된 의료진과 확진자(환자)에 관한 신문기사를 비판적 담화 분석 방식에 따라 분석하고자 한다. 이를 위해 신문기사에 나타난 의료진 및 확진자(환자)의 사회적 행위자 표상을 비교하고, 양국 신문기사에 나타난 개념적 은유 표현을 분석했다.

3.1 사회적 행위자 표상

중국의 우한시 화남생선시장(华南海鲜市场)에서 시작된 코로나19 바이러스는 삽시간에 우한시를 포함한 후베이성 전 지역으로 확산되어 2020년 2월 3일부터 2월 9일 사이에 확진자가 급증하였다. 한국에서는 '31번' 확진자를 비롯하여 대구경북 지역의 신천지 교인 중심으로 2020년 2월 27일부터 3월 5일까지 확진자가 폭발적으로 급증하였다. 이 기간 동안 『신화사』에서는 109건의 보도가 있었고, 『연합뉴스』에서는 193건의 보도가 있었다. 이 기간의 신문 기사를 바탕으로 양국의 신문이 사회적 행위자들을 어떻게 표상하는지 살펴보자.

3.1.1. 한중 의료진 및 확진자의 언급 빈도

먼저 한중 양국에서 의료진과 확진자에 대한 보도량을 단순 비교해 보자. 이는 기사가 다루고 있는 주요 주제가 의료진의 활동인지 확진자에 대한 정보인지를 기준으로 구분한 것이다.

아래 <표 2>에서 알 수 있듯이, 양국에서 확진자가 급증한 일주일간의 의료진 및 확진자에 관한 기사량 면에서 큰 차이를 보인다. 한국의 경우 의료진 (16.1%)보다 확진자에 관한 보도량(83.9%)이 현저히 많다. 반면에 중국은 확진자(38.5%)에 비해 의료진에 대한 보도량(61.5%)이 상대적으로 많다. 이는 한국의 신문 기사가 '확진자'에 초점을 둔 반면, 중국은 '의료진'에 초점을 두고 있다는 것을 말해 준다.

<표 2> 한·중 의료진 및 확진자 관련 기사 수 통계

행위자 구분 ＼ 국가	한국	중국
의료진	31(16.1%)	67(61.5%)
확진자	162(83.9%)	42(38.5%)
합계	193(100%)	109(100%)

의료진 및 확진자 언급 빈도 차이는 양국 정부의 방역 대책 차이를 반영한다. 한국에서 확진자에 관한 보도가 큰 비중을 차지하는 것은 한국 정부가 적절한 방역 대책을 수립하여 대응하고 있음을 보여준다. 즉, 많은 기사에서 확

진자의 개인 정보나 이동 경로를 밝힘으로써 정부의 투명한 정보 공개 노력에 초점을 맞추어 코로나19 사태가 정부 당국에 의해 잘 통제되어 있음을 보이는 효과가 있다.

반면에 중국은 의료진에 초점을 맞추어 보도하였는데, 이는 중국 우한의 코로나19 발생 초기 적절한 대응 매뉴얼을 갖추지 않은 상황에서 도시 전체가 폐쇄되어 환자뿐만 아니라 전체 시민이 모두 공포와 불안감과 혼란에 싸여 있는 것을 숨기는 효과를 낳는다. 사태의 피해자(환자)보다는 해결 주체로서 의료진에 초점을 맞춤으로써 급증하는 환자의 고통이나 혼란보다는 정부 당국의 헌신적 대응을 드러내기 위한 것으로 해석된다. 또한 의료진들의 수고와 희생을 부각하여 중국 정부의 대응 노력을 강조하는 것이다.

3.1.2. 한중 의료진 및 확진자의 표상 방식

<표 1>의 사회적 행위자의 체계망을 참고하여 한·중 의료진 및 확진자의 표상 방식을 살펴보자. 앞서 말했듯이 사회적 행위자를 표상하는 방식에는 크게 개인화와 비개인화로 나뉜다.

여기에서는 개인화의 여러 하위 부류를 '개인화'로 묶고, 비개인화의 하위 부류인 집단화와 일반화를 '집단화'라는 하나의 개념으로 묶어 사회적 행위자를 개인적 존재로 표상하는지 집단적 존재로 표상하는지를 먼저 살펴보자. 이렇게 분류해 놓고 보면 양국 신문 기사에서 사회적 행위자를 표상하는 방식에 뚜렷한 차이점이 있다는 것이 드러난다.

〈표 3〉 한·중 사회적 행위자 표상 방식의 기사 수 통계

국가 표상 방식	한국		중국	
	의료진	확진자	의료진	확진자
개인화	1(3.2%)[14]	108(66.7%)	49(73.1%)	11(26.2%)
집단화	30(96.8%)	36(22.2%)	16(23.9%)	30(71.4%)
혼합(개인화 & 집단화)	-	18(11.1%)	2(3%)	1(2.4%)
합계	31(100%)	162(100%)	67(100%)	42(100%)

〈표 3〉에서 알 수 있듯이 사회적 행위자 표상 방식에서 한국은 의료진을 집단화(96.8%)하는 반면 확진자는 개인화(66.7%)하는 경향을 보인다. 이에 반대로 중국은 의료진을 개인화(73.1%)하는 반면 확진자는 집단화(71.4%)하는 경향을 갖는다. 이는 중산층 기반의 신문이 정부 당국이나 전문가들은 개인화하고 평범한 사람들은 일반화하는 경향을 갖고, 노동자 계급 지향의 신문은 그 반대라는 van Leeuwen(1996: 47)의 견해와는 다른 양상을 보인다.[15] 즉, 신문이 어떤 계층/계급을 기반으로 하느냐 하는 기준이 아니라, 해당 사건에 대한 해당 국가의 준비 상황에 따라 신문에서 사회적 행위자를 표상하는 방식이 달라진다는 것이다. 질병 관리 대책을 미리 잘 수립한 한국의 경우에는 '시스템'으로서의 의료체계(의료진)를 강조하는 반면에, 대책이 미흡했던 중국은 시스템보다는 개인(의료진)의 영웅적 헌신을 강조한다. 확진자에 대한

---

14 개인화의 유일한 예는 정치인이면서 의사인 안철수 국민의당 대표가 대구에서 진료 봉사를 하고 있는 것을 기사화한 것이다.: "안 대표는 '정치인 안철수'가 아닌 '의사 안철수'이자 철저한 익명의 의료진으로 환자 회진과 검체 검사를 진행하고 있다고 한다. (중략) 안 대표의 경우 오전 도시락 등으로 점심을 먹고 난 뒤 한 차례 샤워를 하고 나서 또다시 오후 진료에 들어가고, 오후 5시를 넘겨서야 일과를 마무리했다."(『연합뉴스』 3월 2일자)

15 물론 van Leeuwen(1996)의 논의는 한 국가 안에 존재하는 여러 신문사의 정치 성향에 따른 분석에서는 유효할 것이다. 다만, 본고는 유사한 사건에 대해 서로 다른 국가가 자신들의 조건에 따라 사회적 행위자를 표상하는 방식에 차이가 난다는 것을 지적하고자 한다.

뉴스에서도 한국은 확진자에 대한 치료·관리가 비교적 체계적으로 잘 이루어졌기 때문에 확진자 발견 장소, 이동 경로, 접촉자 등 개인 정보를 중심으로 기사가 구성되었다면, 중국은 확진자 발생 후 치료 과정과 결과 중심으로 기사를 쓸 수밖에 없었을 것이다.

한편 한국에서 사회적 행위자로서 의료진을 표상할 때에는 예 (1)과 같이 대부분 집단화(비개인화)하여 표상한다.

(1) 한국 『연합뉴스』에서 '의료진'에 관한 기사
ㄱ. **의료인들**은 피로 누적과 수면 부족은 물론 치료 과정에 코로나19에 감염되는 이중고를 겪고 있으며 격리되는 의료진이 생기면서 인력 부족은 심각해지는 상황이다. 코로나19 사태가 지역에서 열흘째 지속하면서 이날까지 **의료진 20여 명**이 감염된 데다가 260여 명이 격리된 상태다. **이들**은 체온 체크, 검체 채취, 방문자 안내, 문진표 작성 도움 등 업무를 하는데 의심환자가 잠시 빠진 사이에도 선별진료소 내부를 소독하는 등 잠시도 쉴 틈이 없다. (『연합뉴스』 2020-02-27)
ㄴ. 신종 코로나바이러스 감염증(코로나19) 확산에 '최전선'이 된 대구에서 의료진이 극심한 피로를 견디며 연일 사투를 벌이고 있다. 사태가 열흘째 지속하는 동안 **의료인들**은 인력 부족에 따른 피로 누적, 진료 도중 감염 등 이중고를 겪고 있다. (『연합뉴스』2020-02-27)
ㄷ. 대구 지역 신종 코로나바이러스 감염증(코로나19) 확진자가 급증하자 검체 채취와 치료를 돕기 위해 의료봉사에 지원한 **의료진**이 현재까지 **500명**에 육박한 것으로 나타났다. (『연합뉴스』 2020-02-27)
ㄹ. 서울적십자병원이 신종 코로나바이러스 감염증(코로나19)으로 의료난에 시달리는 서울과 대구에 **의료진**을 파견했다. 이에 따라 지난 27

일부터 서울적십자병원 소속 내과 **전문의 1명**은 서울 광진구의 국립 정신건강센터에서 진료를 보고 있으며, **간호사 8명**은 대구 지역 병원에 지원해 환자들을 치료하고 있다. (『연합뉴스』 2020-02-28)

예문 (1ㄱ)에서 '의료인들, 의료진 20여 명, 260여 명', (1ㄴ)에서 '의료진, 의료인들', (1ㄷ)에서 '의료진, 500명', (1ㄹ)에서 '의료진, 전문의 1명, 간호사 8명' 등으로 표현함으로써 사회적 행위자를 비개인화한다. 다만, '의료인, 의료진, 전문의, 간호사'는 사회적 행위자가 하는 일을 지시함으로써 직능화하는 것으로 볼 수도 있다. 다만 개인을 지시하지 않고 하나의 직능 집단으로 가리키고 이들은 일반화하여 20명, 260명, 500명과 같은 숫자로 의료인을 수량화한다.

반면에 중국의 『신화사』 보도를 보면 의호인원(医护人员), 즉 의사와 간호사에 관한 신문기사가 큰 비중을 차지하고 있다. 그리고 이들 보도에서는 의료진을 개인화하는 특징이 두드러진다.

(2) 중국 『신화사』에서 '의료진'에 관한 기사

ㄱ. 脱下白大褂, 他們是父母的**孩子**, 忙碌的**父母**, 平淡的**夫妻**。医生和護士這個職業, 說起來也沒什么特別, 无非是親戚朋友遇到頭疼腦熱會想起的那个人。**段孟岐, 35歲**, 广東中山大學附**屬第三医院PICU護士長**。1月24日除夕夜, 隨广東医療隊對口支援武漢漢口医院。段孟岐最想**5歲的儿子**。初一那天, 小朋友通過微信, 給她發了一段留言："媽媽, 媽媽, 我對着月亮許愿了, 保佑你早点平安回來。" 還問了她一句話："媽媽, 你把那些人治好了嗎？" 這句話, 段孟岐累了、困了時, 就會拿出來听一听。(『新華社』 2020- 02-02)

[흰 가운을 벗으면, 그들은 어떤 부모의 **아이**이며, 바쁜 **부모**이고, 평범한 **부부**이다. 의사와 간호사라는 직업은 말하자면 별거 아닌

데, 친척이나 친구가 두통이 있거나 열이 있을 때 생각나는 한 개인일 뿐이다.

두안멍치는 **35세**이고 **광둥중산대학교 부속 제3병원 PICU 수간호사**이다. 지난 24일 설날 전날 밤에 광둥의료대를 따라 우한한구병원을 지원했다. 두안멍치는 **다섯 살 아들**이 제일 보고 싶다. 설날에 꼬마는 위챗을 통해 엄마에게 "엄마, 엄마. 달에게 소원을 빌었는데 일찍 무사히 돌아오시길 빌었어요." "엄마, 그 사람들이 완치됐어요?" 두안멍치는 지치거나 졸릴 때마다 이 말을 꺼내서 듣는다.]

ㄴ. 南昌大學第一附屬医院象湖院區是江西省新冠肺炎重症患者定点救治医院。隔离病房重症監護室值班的医護人員每天要在隔离病房內"全副武裝"工作近6小時, **臉上**被護目鏡和口罩壓出了深深的**印痕**, 記者用鏡頭記彔下這"最美印痕"。(『新華社』2020-02-11)

[남창대 제1부속병원 상호원구는 강서성 신종폐염 중증환자 지정치료병원이다. 중증 환자 격리병실당직을 서는 의료진이 하루 6시간 가까이 격리병실 내 "완전무장" 근무를 하다 안전 보호 안경과 마스크에 눌려 **얼굴에 깊은 자국**을 내는 모습이 카메라에 찍혔다.]

ㄷ. **武漢市武東医院**新型冠狀病毒感染的肺炎治療**專家組組長錢燎**說, 進入隔离病房工作的医生護士們, 身上現了差不多的"症狀"——**嘴唇爆皮, 嗓子眼冒烟**。因爲, 一旦進入隔离病房, 就要穿上里三層外三層的隔离服, 不等穿上最外層的隔离服時, 處于密閉狀態的人体已經是**汗流浹背, 气喘吁吁**。水, 成了這里医生護士們最饞的東西。(『新華社』2020-01-24)

[**우한시 우둥병원** 신종폐렴치료 **전문가 팀장 치안랴오**는 "격리병실에 들어가 일하는 의사와 간호사들이 비슷한 증상이 생겼다. **입술에 살갗이 터지고, 목구멍에서 김이 난다**."라고 말했다. 격리병

실에 들어가면 겹겹이 격리복을 입어야 하고, 맨 바깥층의 격리복을 입기 전에 밀폐된 상태에는 이미 **땀에 흠뻑 젖어 숨이 턱턱 막히**기 때문이다. 물은 여기 의사와 간호사들에게 가장 필요한 것이 되었다.]

중국의 기사는 예문 (2ㄱ)과 같이 의료인의 개인적 특징을 구체화하여 표현한다. 정체화 분류는 '35세'라는 연령을 통해 드러낸다. '그들은 부모의 아이, 바쁜 부모, 평범한 부부이다.'에서는 의료인의 다양한 사회적 관계나 신분을 먼저 제시함으로써 독자들의 공감을 유도한다. 관계적 정체화는 개인적 혹은 친족 관계에 의하여 사회적 행위자를 나타내고 독자를 공감이나 연민으로 유도하는 데 사용된다. 사회적 행위자의 직업은 '수간호사'와 같은 직능을 드러냄으로써 나타난다. '두안멍치'라는 간호사의 이름을 뉴스에 직접 노출하는 것은 사회적 행위자를 직접 지명하는 것이다.

물리적 정체화는 물리적 특징에 의해 사회적 행위자를 나타낸다. 이런 자질은 사회적 행위자를 분류하거나 직능화하는 역할을 간접적으로 하는 내포를 가질 수 있다. 예를 들어 (2ㄴ)의 '얼굴에 깊은 자국', (2ㄷ)의 '입술에 살갗이 터지고, 목구멍에서 김이 난다', '땀에 흠뻑 젖어 숨이 턱턱 막히다'와 같은 표현은 의료인들이 장시간의 진료로 지친 상태를 묘사하여 사회적 행위자의 물리적 정체화를 한다. 이러한 물리적 정체화는 간접적으로 의료인의 직능화 역할을 강화한다.

한국의 『연합뉴스』에는 확진자를 보도하는 기사가 큰 비중을 차지하는데, 주로 확진자의 이동 경로, 연령, 사회적 관계에 초점을 맞춘다.

(3) 한국『연합뉴스』에서 '확진자'에 관한 기사

ㄱ. 광주광역시의 **50대 남성**이 3일 코로나19 1차 검사에서 양성 판정을 받아 보건당국이 2차 검사를 하고 있다. 보건당국에 따르면 이날 오후 광주 남구 봉선동 거주 A(57)씨에 대한 코로나19 검체 검사 결과 양성 반응이 나왔다. (『연합뉴스』 2020-03-03)

ㄴ. 충북도에서도 충주에 거주하는 **40대 남성**이 확진 판정을 받아 공식 집계(8명)보다 환자수가 늘었다. 충북도에 따르면 청주 17전투비행단 소속 하사도 이날 밤늦게 코로나19로 확진됐다. 한편, 이날 **24 · 65번 환자**가 격리에서 해제돼 완치한 확진자는 26명으로 늘었다. **24번 환자는 중국 후베이성 우한에서 전세기로 귀국한 교민**이다. 이달 6일 확진돼 국립 중앙의료원에서 치료를 받았다. 65번 환자는 지난 19일 확진돼 경북대병원에서 격리 치료를 받아왔다. (『연합뉴스』 2020-02-27)

예문 (3ㄱ)에서는 '50대 남성' 확진자의 나이와 성별 정보를 기술하여 사회적 행위자 분류하는 것이다. (3ㄴ)에서 '40대 남성'은 환자의 나이와 성별을 제시하여 사회적 행위자를 분류하는 것이다. '중국 후베이성 우한에서 전세기로 귀국한 교민'은 사회적 행위자의 민족성을 밝히고 분류한 것이다.

중국의 환자에 관한 보도는 주로 퇴원 정보를 중심으로 이루어진다. 개별 환자(나이가 많거나 적은 환자)의 치료 상황을 보도하는 뉴스도 있지만 대부분의 기사는 환자의 퇴원 소식을 보도하고 있다.

(4) 중국『신화사』에서 '환자'에 관한 기사

ㄱ. 2月11日16时50分许, 武昌方舱医院**28名新冠肺炎患者**康复出院。他们依次从病区走出，换上了家人提前送来的干净衣服。工作人员帮他们喷洒消毒水后，他们拿上出院证明，迈出门外。(『新华社』 2020-2-12)

[2월 11일 16시 50분쯤 우창방실병원 **신종폐렴 환자 28명**이 퇴원했다. 이들은 차례로 병동을 빠져나와 가족들이 미리 보내온 깨끗한 옷으로 갈아입었다. 스태프가 소독액을 뿌려준 뒤 퇴원 증명서를 받아 병원 문 밖으로 나갔다.]

ㄴ. 经过医院精心救治和护理 29日安徽, 山东, 重庆, 贵州, 海南, 山西等 省市**多位新型冠状病毒感染的肺炎患者**治愈出院。(『新华社』 2020-01-29)

[병원의 세심한 치료와 간호를 거쳐 29일 안후이, 산둥, 충칭, 구이저우, 하이난, 산시 등 지방에서 신종 관상 바이러스에 감염된 **폐렴 환자 여러 명**이 완치되어 퇴원하였다.]

ㄷ. 武汉客厅方舱医院指挥中心负责人高永哲介绍, 为了管理规范, 对患者负责,方舱医院入住也像正常住院那样查看患者症状,　填写病历等, "A馆从昨天晚上开始收治首批**375名患者**,　从昨晚6点一直到今天凌晨3点才全部入住完毕。" (『新华社』 2020-02-08)

[우한 거실 방실병원 지휘센터장 가오융저에 따르면, 관리규범을 위해 환자에 대한 책임을 지고 방창병원의 입주도 정상 입원처럼 환자 증상을 살피고 병적 등을 기입해야 한다고 말했다. "A관은 어제 저녁부터 **환자 375명**을 받아서 치료하기 시작했는데, 어젯밤 6시부터 오늘 새벽 3시까지 모두 입원을 완료했습니다."]

예문 (4ㄱ)'신종폐렴 환자 28명', (4ㄴ)'폐렴 환자 여러 명', (4ㄷ)'환자 375명' 등은 환자의 숫자를 제시함으로써 사회적 행위자를 집단화하는 것이다.

이상에서 살펴본 한국과 중국의 의료진 및 확진자(환자)에 관한 신문기사의 사회적 행위자를 표상하는 방식을 정리하면 다음 <표 4>와 같다.

<표 4> 한·중 의료진 및 확진자의 사회적 행위자 표상 비교

행위자 \ 국가		한국	중국
의료진	공통점	직능화	
	차이점	비개인화 - 일반화 - 집단화	개인화 - 정체화(분류, 관계적, 물리적) - 지명
확진자	공통점	- 집단화([한]확진자 수 vs. [중]퇴원자 수) - 개인화([한]확진자 정보 vs. [중]환자 치료 상황)	

	차이점	- 개인화(강조)
		  확진자의 신분 강조(확진 전)
		  이동 동선 및 접촉자에 초점
			- 집단화(강조)
			  환자로서의 신분 강조(확진 후)
			  퇴원이나 치료를 잘 받는 상태

신문 보도에 나타난 사회적 행위자 표상의 다른 양상은 한중 양국의 정부나 신문사의 이데올로기적 경향을 어느 정도 드러낸다. <표 4>와 같이 한국과 중국의 뉴스에서 의료진 관련 보도의 공통점은 사회적 행위자로서 의료진을 직능화하는 것이다. 코로나19와의 전투 중에는 한중 양국의 의료인은 전사처럼 최전선에서 밤낮을 가리지 않고 환자를 치료하는 데 최선을 다한다. 이러한 의료인의 희생과 수고는 한중 양국의 뉴스에서 공통으로 다루어진다.

하지만 양국의 코로나19 확산 양상이 다르고 환자의 수와 의료자원 현황도 다르다. 중국은 코로나19가 최초 발생한 나라로 코로나19 확산 초기에 의료진과 의료용품이 심각하게 부족했다. 이 시기에는 의료인에 관한 보도가 사회적 행위자의 개인화 특징을 강조하여 구조가 아닌 개인의 헌신을 강조할 수밖에 없었다. 의료인의 희생과 수고를 독자들에게 생생하게 전달하여 전투 일선에 있는 의료진에게 정신적인 힘을 심어줄 뿐만 아니라 국민들에게 도시 봉쇄 정책에 대한 거부감을 희석시킨다. 이에 비해 한국은 코로나19 대책이 확산 초기부터 잘 짜여 있어 상대적으로 의료진과 의료자원이 충분했다. 의료인의 개인적 특성을 강조하지 않고 정부가 전체 의료 시스템을 잘 운영하고 있다는 메시지를 전달하는 데 초점을 두는 것이다.

확진자 관련 보도에서 한중 양국은 개인화와 집단화의 특징을 공통적으로 보여주고 있지만 보도의 초점은 다르다. 한국 뉴스는 확진자의 총 수치를 보도하여 집단화하는 한편, 확진자의 연령, 성별, 사회관계, 이동 경로 등 개인적 정보를 보도함으로써 사회적 행위자를 개인화하는 경향이 강했다. 이는 정부에서 코로나19에 관한 정보를 공개하여 국민의 불안감을 감소시키기 위한 것이다. 이에 비해 중국은 주로 환자가 병원에서 치료 잘 받고 있는 상태나 환자가 완치되어 퇴원하는 뉴스를 중심으로 보도했다. 이를 통해 국민들이 아직 잘 모르는 전염병에 대한 두려움을 완화시키는 것이다. 이러한 개인화나 집단화는 양국 방역 대책을 정당화하는 데 도움이 된다.

3.2 개념적 은유

개념적 은유는 우리에게 익숙한 구체적인 근원영역을 통해 새로운 추상적인 목표영역을 인지시키는 것이다(임지룡, 2006). 신문기사의 경우에도 많은 경우 개념적 은유를 통해 기자 또는 편집자의 이데올로기를 대중에게 전달함으로써 설득과 유도 기능을 발휘한다(張薇・毛浩然・汪少华, 2015).

이 절에서는 한중 양국의 코로나19 보도 기사에 등장하는 '전쟁' 은유 표현을 추출하여 의료진 및 확진자(환자)에 대한 은유 양상과 이데올로기적 경향성에 대해 대조 분석하고자 한다.

인간은 오래 전부터 질병을 전쟁으로 은유화해 왔다.[16] 암을 치료하는 과정을 '투쟁'이나 '성전(聖戰)'이라고 한다. 암과 같은 치명적인 질병은 '살인마'로,

암을 앓고 있는 사람은 '암의 희생양'으로 표현하기도 한다. 진혜영·유희재 (2016)에서는 '메르스 사태'를 다룬 미디어 담화에서 '메르스는 전쟁이다'와 같은 은유 방식과 이데올로기적 함축을 밝혔다.

한중 양국 코로나19 뉴스에서도 '코로나19'는 '전쟁'으로, '의료진'은 전쟁에서 희생적으로 싸우는 '영웅'으로 표현하는 등 공통의 은유 기제를 사용한다. '전쟁'은 돌발적이고 치명적인 특징을 가지고 있기 때문에 '전쟁' 은유는 코로나19가 매우 심각하며 전염성이 높고 생명에 위협을 가한다는 특성을 사람들에게 분명하게 인식시킬 수 있다. '코로나19는 전쟁이다' 은유의 근원영역과 목표영역 간의 사상은 아래 [그림 1]과 같이 도식화할 수 있다.

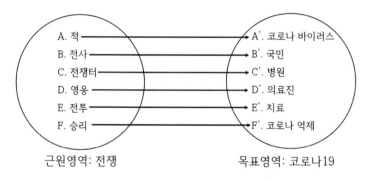

[그림 1] '코로나19는 전쟁이다'의 은유적 사상

[그림 1]은 개념적 은유 '코로나19는 전쟁이다'를 특징짓는 체계적인 대응관계이다. 즉 '코로나19'라는 개념 속의 여러 요소들이 '전쟁'의 요소로 투사된다. 전쟁에서 전쟁 대상인 '적'은 코로나19의 대상인 '코로나 바이러스'에, 전

---

16 수전 손택(2002)에서는 암과 같은 질병을 전쟁으로 은유하여 '질병은 전쟁이다'라고 서술했다.

쟁에 참여하는 '전사'는 방역에 참여하는 '국민'에, 전쟁이 일어나는 '전쟁터'는 '병원'에, 전쟁의 '영웅'은 방역에 희생하는 '의료진'에, 전쟁의 과정인 '전투'는 '치료'에, 전쟁의 '승리'는 '코로나 억제'에 사상된다. 이와 같이 우리가 '전쟁'이라는 근원 영역을 통해서 '코로나19'를 체계적으로 이해하는 과정을 개념적 은유로 할 수 있다. 이를 살펴보기 위해 우리는 한국의 『연합뉴스』 기사 160건 및 중국의 『신화사』 기사 171건을 대상으로 키워드 '코로나19', '신종폐렴', '의료진', '의사', '간호사'를 중심으로 분석하고자 한다.

3.2.1. 한국 『연합뉴스』의 개념적 은유

한국의 『연합뉴스』 기사에 등장하는 은유 표현을 제시하면 아래 예문 (5)와 같다.

> (5) 한국 『연합뉴스』에서 '전쟁' 은유에 관한 기사
> ㄱ. 국군간호사관학교 60기 신임 간호장교 75명은 지난 3일 졸업·임관식을 마치자마자 '코로나19 **최전선**'인 대구에 투입됐다.(『연합뉴스』 2020-03-03)
> ㄴ. 신종 코로나바이러스 감염증(코로나19) 사태로 지역 사회 분위기가 침체한 가운데 어려운 이웃과 **최일선** 현장을 위해 써달라는 익명 기부가 잇달아 주위를 훈훈하게 하고 있다. (『연합뉴스』 2020-02-27)
> ㄷ. 정 총리는 이날 오후 서울 서대문구 스위스그랜드호텔에서 열린 신규 공보의 직무교육에 참석해 "씩씩하게 코로나19와의 **전쟁**에서 대한민국이 **승리할** 수 있도록 서로를 격려자"며 이같이 말했다. (『연합뉴스』 2020-03-05)
> ㄹ. 정총리 "대구에 병상 부족해 안타깝고 송구…**싸움**에서 반드시 승

ㄹ리할 것" (『연합뉴스』 2020-03-05)

ㅁ. 신종 코로나바이러스 감염증(코로나19)과 **싸우**는 대구지역 의료
진의 **사투**가 보름 이상 이어지고 있다.(『연합뉴스』 2020-03-03)

ㅂ. 정세균 국무총리는 27일 "대구가 신종 코로나바이러스 감염증(코
로나19) **전투**의 **최전선**이 되고 있지만 병상이 부족하다"며 "가능
한 모든 자원을 신속히 투입해야 한다"고 밝혔다. (『연합뉴스』
2020-0 2-27)

ㅅ. 문 대통령은 "코로나19를 **이겨내**려면 온 국민이 힘을 모아야 한
다. 반드시 **이겨낼** 수 있다"며 "불안과 분열을 증폭시키는 것을
자제해 줄 것을 간곡히 부탁드린다'고 호소했다.(『연합뉴스』 2020-
03-03)

ㅇ. 문재인 대통령은 27일 신종 코로나바이러스 감염증(코로나19) 사
태와 관련해 "의료인이 부족한 대구 등 현장에 자원봉사를 떠난
분들께 감사하다"며 "(이분들이) 진정한 **영웅**이시다"라고 말했다.
(『연합뉴스』 2020-02-27)

ㅈ. "여러분은 **영웅**"…전북대병원 의료진에 쏟아진 격려·응원 (『연합
뉴스』 2020-03-05)

예문 (5ㄱ, ㄴ)의 '최전선, 최일선'과 같은 표현은 전염병이 벌어진 상황을
'전쟁터'로 비유한다. (5ㄷ, ㄹ, ㅁ, ㅂ)의 '전쟁, 싸움, 싸우다, 사투, 전투' 등의
표현은 질병에 대응하는 과정을 '전투'에 투사하여 표현한 것으로 코로나19의
심각성을 강조하고 있다. (5ㄷ, ㅅ)의 '승리하다, 이겨내다'와 같은 동사는 질
병의 극복을 전쟁에서의 '승리'로 개념화한 것이다. 그리고 예문 (5ㅇ, ㅈ)처럼
방역과 치료에 투입된 의료진을 '영웅'으로 개념화하여 혼란과 고통의 해결자
로 표상하였다.

3.2.2. 중국 『신화사』의 개념적 은유

중국의 『신화사』 기사에 나타난 대표적인 '전쟁' 은유 표현을 제시하면 다음 예문 (6)과 같다.

(6) 중국 『신화사』에서 '전쟁' 은유에 관한 기사

ㄱ. 广泛動員群衆, 組織群衆, 凝聚群衆, 進行疫情防控的人民**戰爭**, 是我們**打贏**疫情防控阻擊戰的制胜之本。(『新華社』 2020-02-09)

[대중을 광범위하게 동원하고, 군중을 조직하고, 군중을 결집시켜, 전염병 발생을 방지하는 인민**전쟁**을 진행하는 것은 우리가 역병 방지 **저지전**을 **이기**는 승리의 근본이다.]

ㄴ. 這是一場**沒有硝烟的戰爭**, 衆志成城, 團結**奮戰**是贏得**戰役**的硬核力量。(『新華社』 2020-02-06)

[이것은 **연기 없는 전쟁**이었다. 모두가 힘을 합치고 단결하고 **분투하는** 것이 **전쟁**을 이기는 핵심이다.]

ㄷ. 春節期間, 首都北京有200多名医護人員迅疾**出征**, 馳援武漢, **抗擊**病魔。(『新華社』 2020-02-04)

[설날에 북경에는 200여 명의 의료진이 신속하게 **출정하**여 우한을 지원하여 병마에 **저항하**였다.]

ㄹ. "現在每个人都是戰士, 你在家里不是隔离, 是在**戰斗**啊！"(『新華社』 20 20-02-08)

["지금은 모든 사람이 전사야, 넌 집에서 격리된 게 아니라 **전투하**고 있잖아."]

ㅁ. 我相信通過大家的不懈努力, 一定能够盡快**戰胜**疫情。武漢加油! (『新華社』 2020-02-08)

[여러분들의 끊임없는 노력으로 빨리 전염병과 **싸워 이겨낼** 수 있으리라 믿는다. 우한 파이팅!]

ㅂ. 在全院上下打響了抗疫**硬仗**。(『新華社』 2020-02-08)

[병원에서 전염병과의 **처절한 싸움**이 벌어졌다.]

ㅅ. 医务人员们奮戰在抗疫**前線**后方的家人，師生们用自己的方式爲逆行

英雄吶喊助威。(『新華社』 2020-02-08)

[의료진들은 역병의 **전선**에 맞서 싸웠고, 그 후방의 가족, 사제들
은 자신들의 방식으로 역주행을 위해 **영웅**들을 응원했다.]

ㅇ. 宣武医院神經內科護士阮征和**戰友**们第一次踏進病房。(『新華社』 2020-
02-04)

[선무병원 신경내과 간호사 우안정(阮征) **전우**들과 같이 처음으로
병실에 들어갔다.]

예문 (6ㄱ~ㄹ)의 '阻击战(저지전), 战争(전쟁), 战役(전역)' 같은 표현은 '전투'
에 투사한다. 그리고 사람들의 응집력을 호소하기 위해 '奋战(분전하다), 抗击
(저항하다), 战斗(전투하다), 出征(출정하다)' 등 전쟁에 자주 등장하는 동사를
사용하고 있다. (6ㄴ, ㅂ)의 '没有硝烟的战争(연기 없는 전쟁), 硬仗(처절한 싸
움)'과 같은 표현은 전염병 확산 상황의 심각성을 '전투'에 투사하고 있다. (6
ㄱ~ㄹ)의 '打赢(이기다), 战胜(싸워 이기다)' 표현은 '승리'에 투사하며, 격려의
역할을 하며 국민에게 전염병을 이겨낼 수 있다는 믿음과 정신력을 심어준다.
그리고 예문 (6ㅅ, ㅇ)에서 제시한 바와 같이 『신화사』 신문기사에서는 의료
진을 '英雄(영웅)'으로 비추어 의료진의 희생을 강조하고, 의료진뿐 아니라 환
자, 방역지원자 등을 의료진의 '战友(전우)'로 은유하고 있다.

3.2.3. 한중 신문기사에 개념적 은유 대조

기본적으로 양국의 신문기사는 공통적으로 코로나19를 '전쟁' 은유를 통해

개념화하고 있다. 이러한 공통성에서도 한중『연합뉴스』와『신화사』의 코로나19 관련 보도에 등장하는 '전쟁' 은유 표현의 차이점으로 세 가지 제시할 수 있다. 이는 결과적으로 한중 뉴스에서 발견되는 '전쟁' 은유 표현의 차이가 양국의 서로 다른 이데올로기를 반영하는 것으로 해석할 수 있다.

먼저, 55,640어절 규모의『연합뉴스』기사 말뭉치와 140,433단어 규모의『신화사』기사 말뭉치에서 20개의 '전쟁' 관련 은유 표현의 출현빈도 및 비율(천분율)을 산출했다.[17] 그 결과를 제시하면 다음 <표 5>와 같다.

<표 5> 한·중 신문기사에 '전쟁' 은유 표현 출현빈도 대조

순위	한국(어절수 55,640개)			중국(단어수 140,433개)		
	표현[18]	빈도	천분율(‰)	표현	빈도	천분율(‰)
1	사투(死鬪)	52	0.93	一线(일선)	461	3.28
2	전쟁(戰爭)	49	0.88	抗击(저항하다)	230	1.64
3	최전선(最前線)	47	0.84	阻击战(저지전)	205	1.46
4	최일선(最一線)	30	0.54	打赢(이기다)	166	1.18
5	이기다/이겨내다	25	0.45	战斗(전투하다)	123	0.88
6	싸움	24	0.43	奋战(분전하다)	118	0.84
7	싸우다	20	0.36	战场(싸움터)	108	0.77
8	영웅(英雄)	18	0.32	前线(전선)	99	0.70
9	승리하다(勝利)	17	0.31	战胜(싸워 이기다)	76	0.54
10	전투(戰鬪)	15	0.27	联防(공동방위하다)	74	0.53
11	전선(前線)	7	0.13	英雄(영웅)	72	0.51
12	장기전(長期戰)	6	0.11	战士(전사)	69	0.49
13	일선(一線)	6	0.11	战争(전쟁)	68	0.48
14	속도전	4	0.07	冲锋(충봉하다)	58	0.41
15	진두(陣頭)	4	0.07	出征(출정하다)	53	0.38
16	총력전(總力戰)	4	0.07	打响(개전하다)	50	0.36
17	대응전	2	0.04	战役(전역)	44	0.31
18	전사(戰士)	1	0.02	作战(작전하다)	24	0.17

---

17 중국어 말뭉치에 대한 단어 분석은 중국 북경사범대학 중문정보처리연구소(北京師范大学 中文信息処理研究所)에서 개발한 온라인 말뭉치 분석 사이트(http://www.aihanyu.org)를 통해 진행하였고 빈도 통계는 AntConc3.5.8 프로그램을 사용했다.

19	전쟁터	1	0.02	战友(전우)	22	0.16
20	코로나19戰	1	0.02	硬仗(처절한 싸움)	17	0.12
	합계	333	5.98	합계	2,137	15.22

첫째, <표 5>에 제시된 수치를 보면, 『연합뉴스』에 비해『신화사』보도에서 '전쟁' 은유 표현의 출현빈도(단순빈도) 및 상대비율(천분율)이 높다. 한국 신문기사에 '전쟁' 은유 표현의 출현빈도는 전체 어절수의 5.98‰를 차지하는 데 비해, 중국 신문기사에서 '전쟁' 은유 표현의 출현빈도는 전체 어휘수의 15.22‰를 차지한다. 즉, 한국기사에 비해 중국기사에서 '전쟁' 은유 표현을 더 많이 사용하고 있다.

다음으로 '전쟁' 은유 표현을 대상으로 명사와 동사별로 출현빈도를 비교하면 다음 <표 6>과 같다.

<표 6> 한·중 신문기사에 명사 VS 동사 은유 표현 출현빈도 대조

품사	한국			중국		
	표현	빈도	천분율 (‰)	표현	빈도	천분율 (‰)
동사	1. 이기다/이겨내다	25	0.45	1. 抗击(저항하다)	230	1.64
	2. 싸우다	20	0.36	2. 打赢(이기다)	166	1.18
	3. 승리하다(勝利)	17	0.31	3. 战斗(전투하다)	123	0.88
				4. 奋战(분전하다)	118	0.84
				5. 战胜(싸워 이기다)	76	0.54
				6. 联防(공동방위하다)	74	0.53
				7. 冲锋(충봉하다)	58	0.41
				8. 出征(출정하다)	53	0.38
				9. 打响(개전하다)	50	0.36
				10. 作战(작전하다)	24	0.17

---

18 한국어 말뭉치는 어절을 기준으로 산출했으나, 이 표에서는 편의상 조사와 어미를 제거한 대표형을 제시했다.

		計	62	1.11	計	972	6.92
명 사	1. 사투(死鬪)		52	0.93	1. 一线(일선)	461	3.28
	2. 전쟁(戰爭)		49	0.88	2. 阻击战(저지전)	205	1.46
	3. 최전선(最前線)		47	0.84	3. 战场(싸움터)	108	0.77
	4. 최일선(最一線)		30	0.54	4. 前线(전선)	99	0.70
	5. 싸움		24	0.43	5. 英雄(영웅)	72	0.51
	6. 영웅(英雄)		18	0.32	6. 战士(전사)	69	0.49
	7. 전투(戰鬪)		15	0.27	7. 战争(전쟁)	68	0.48
	8 전선(前線)		7	0.13	8. 战役(전역)	44	0.31
	9. 장기전(長期戰)		6	0.11	9. 战友(전우)	22	0.16
	10. 일선(一線)		6	0.11	10. 硬仗(처절한 싸움)	17	0.12
	11. 속도전		4	0.07			
	12. 진두(陣頭)		4	0.07			
	13. 총력전(總力戰)		4	0.07			
	14. 대응전		2	0.04			
	15. 전사(戰士)		1	0.02			
	16. 코로나19戰		1	0.02			
	17. 전쟁터		1	0.02			
	計		271	4.87	計	1,165	8.30

둘째, <표 6>을 살펴보면 『연합뉴스』에서는 동사성 은유 표현보다 명사성 은유 표현이 더 많이 사용된다. 반면, 『신화사』에서는 명사뿐만 아니라 동사성 표현도 많이 사용하고 있다. 중국 기사에서 명사성 은유 표현은 10개로 8.30‰, 동사성 은유 표현은 10개로 6.92‰를 차지하고 두 가지 표현의 출현 빈도가 매우 높다. 이에 비해 한국 기사에서 명사성 은유 표현은 17개로 4.87‰에 차지하고 동사성 은유 표현은 3개로 1.11‰에 불과해 비율이 매우 떨어진다. 즉, 한국 기사에 비해 중국 기사에서 동사성 은유 표현을 집중적으로 사용하고 있다.

마지막으로 [그림 3]에서 제시된 '코로나19는 전쟁이다' 은유의 투사 경향성을 살펴보기 위해 <표 5>의 '전쟁' 은유 표현을 투사 유형별로 재분류해 보면 <표 7>과 같다.

<표 7> 한·중 '전쟁' 은유 투사 유형별 표현 대조

'전쟁' 투사 유형	품사	한국		중국	
		표현	천분율(‰)	표현	천분율((‰)
행위자: 전사-국민	명사	전사(戰士)	0.02	战士(전사)	0.49
징소: 전쟁터-병원	명사	일선(一線), 진두(陣頭), 전선(戰線), 최일선(最一線), 최전선(最前線), 전쟁터	1.71	前线(전선), 一线(일선), 战场(싸움터)	4.75
행위자: 영웅-의료진	명사	영웅(英雄)	0.32	英雄(영웅), 战友(전우)	0.67
과정: 전투-치료	명사	전쟁(戰爭), 코로나19戰, 장기전(長期戰), 속도전, 싸움, 총력전(總力戰), 대응전, 사투(死鬪), 전투(戰鬪)	2.82	战争(전쟁), 战役(전역), 硬仗(처절한 싸움), 阻击战(저지전)	2.38
	동사	싸우다	0.36	抗击(저항하다), 战斗(전투하다), 奋战(분전하다), 联防(공동방위하다), 作战(작전하다), 打响(개전하다), 冲锋(충봉하다), 出征(출정하다)	5.21
결과: 승리-코로나 억제	동사	승리하다, 이기다/ 이겨내다	0.75	战胜(싸워 이기다), 打赢(이기다)	1.72

셋째, <표 7>에서 볼 수 있듯이 '전쟁' 은유에 등장하는 상위 비율의 동사를 살펴보면, 한국어는 전쟁의 과정(0.36‰)과 결과(0.75‰)에 비슷한 분포를 보이는 반면, 중국의 경우에는 '전쟁의 과정'인 '전투'에 월등하게 높은 비율(5.21‰)로 출현한다는 점이다. 동사의 종류 면에서도 한국어(4개)에 비해 중국어(10개)가 상대적으로 다양한데, 그 중에서도 전쟁의 과정(치료)에 다양한 동사

가 사용되고 있다는 것은 중국의 신문기사에서 전쟁 은유 중에서도 전쟁의 과정, 즉 목표영역에서 코로나의 치료 과정을 강조하고 있음을 알 수 있다.

4. 맺음말

이상 논의한 바와 같이 비판적 담화 분석이란 도구는 한중 코로나19 관련 신문 기사에 잠재하는 이데올로기적 경향성을 규명하는 데에 효과적이다. 사회적 행위자의 개인화나 집단화 표상 방식, 또한 '코로나19는 전쟁이다'라는 은유와 같은 언어 표현을 통해서 한중 양국 코로나19 방역 대책의 이데올로기적 편재성을 엿볼 수 있다.

사회적 행위자로서의 의료진과 확진자(환자)의 언급 빈도 및 표상 방식은 한·중 양국의 신문기사에서 큰 차이를 보인다. 첫째, 사회적 행위자의 언급 빈도에 있어서, 한국은 확진자에 관한 기사가 큰 비중을 차지한 반면 중국은 의료진에 관한 기사가 큰 비중을 차지한다. 한국 기사는 확진자에 초점을 둔 반면 중국 기사는 의료진에 주목한다고 말할 수 있다. 둘째, 사회적 표상 방식에 있어서, 한국은 의료진의 집단화와 확진자의 개인화 특징을 강조하는 것에 반하여 중국은 의료진의 개인화와 환자의 집단화 특징을 강조하는 것이다. 이러한 두 가지 차이점은 한중 양국 방역의 이데올로기적 경향성을 드러낸다. 즉, 한국『연합뉴스』기사에는 확진자의 개인화 특징을 강조함으로써 국민들에게 투명한 코로나19 정보를 전달하는 것이다. 그리고 의료진을 집단화하여 국가 의료 시스템이 잘 돌려 있다는 이미지를 조성한다. 이를 통해서 온 국민의 불안감을 누그러뜨리고 시민의 방역 참여를 호소한다. 이와 대조하여 중국『신화사』기사에는 의료인들의 희생과 수고를 생생하게 기술하여 의료진의 개인화 특성을 강조한다. 이를 통해서 독자, 즉 전체 국민의 친근감을 유도하여 강력한 도시 폐쇄 정책에 대한 거부감을 감소시킨다. 그리고 환자를 집단화하여 완치되어 퇴원한다는 것을 보다함으로써 아직 잘 모르는 바이러스에 대한 무서움을 완화시킨다.

한국『연합뉴스』와 중국『신화사』 기사에서 '전쟁' 관련 은유 표현의 출현 빈도 및 용법 그리고 은유 투사의 경향성에 현저한 차이가 보인다. 첫째, 『연합뉴스』에 비해『신화사』는 고빈도로 '전쟁' 은유 표현을 사용한다. 둘째, 『연합뉴스』는 주로 명사 은유 표현을 많이 쓰는 반면, 『신화사』는 명사뿐 만 아니라 동사 은유 표현도 많이 사용하고 있다. 셋째, 한국 기사는 '전쟁' 은유의 과정과 결과에 골고루 투사되는 데 비해, 중국 기사는 '전쟁' 은유의 과정인 '전투'의 투사에 초점을 두고 있다. 이러한 은유 표현의 차이점은 한중 양국의 방역 대책 이데올로기적 경향성을 반영한다. 한국『연합뉴스』은 '코로나19는 전쟁이다', '의료진은 영웅이다'라는 은유 표현과 함께, 상대적으로 냉철하고 침착하게 코로나19 관련 기사를 보도하면서 국민들에게 코로나19를 이겨낼 수 있다는 믿음을 심어주며 전쟁의 분위기보다는 안정화된 환경을 만들어주고자 노력한 것으로 보인다. 이에 반해, 중국『신화사』는 '전쟁', '영웅' 은유를 통해 코로나19 사태를 전쟁 상황으로 표현함으로써 국민들에게 코로나19의 심각성과 전염성을 재빨리 인식시키려는 의도가 보인다.

『연합뉴스』와『신화사』 코로나19 보도에 반영된 방역 대책의 이데올로기적인 경향성은 양국의 국가 체제와 코로나19 발생 시점의 차이에 따라 생길 수 있다. 결론적으로 신문기사에 나타난 사회적 행위자 표상 이론과 개념적 은유이론은 한중 양국의 코로나19 방역 정책의 정당화 전략을 분석하는 데 유용하다고 할 수 있다.

김정아(2015), 「동물명 관용 표현에 나타난 개념적 은유 양상」, 『국제언어문학』 32, 국제언어문학회, 149-174.

김진해(2014), 「개념적 은유의 보편성과 특수성 -'마음'에 나타난 개념적 은유의 빈도를 중심으로」, 『한국어 의미학』 46, 한국어의미학회, 331-349.

수전 손택(2002), 『은유로서의 질병』, 이후.

왕림·신문적·김진해(2021), 「코로나19 백신 관련 신문 사설의 '태도' 평가 연구 -<조선일보>와 <한겨레>를 중심으로-」, 『한말연구』 62, 한말연구학회, 125-153.

이창수(2013), 「국내 신문기사의 정치적 이데올로기에 관한 비평담화분석연구」, 『언어와 언어학』 58, 한국외국어대학교 언어연구소, 313-344.

임지룡(2006), 「개념적 은유에 대하여」, 『한국어 의미학』 20, 한국어의미학회, 29-60.

전혜영(2016), 「은유 표현을 통해 본 한국인의 질병관」, 『한국문화연구』 30, 이화여자대학교 한국문화연구원, 133-161.

전혜영·유희재(2016), 「<메르스>에 대한 은유와 이데올로기적 함축」, 『한국어학』 72, 한국어학회, 199-225.

주강훈·박응석(2015), 「비판적 담화분석의 새 지평: 비판적 은유 분석 -환구시보의 북핵 관련 사설을 중심으로-」, 『중국학논총』 45, 한국중국문화학회, 95-110.

최윤선(2014), 『비판적 담화분석: 담화와 담론이 만나는 장』, 한국문화사.

张琳(2020), 「认知与传播中的概念映射—以疫情报道中的"战争"隐喻为例」, 『名作欣赏』 2020年 第7期, 山西三晋报刊传媒集团.

张薇·毛浩然·汪少华(2015), 「突发公共卫生事件官方媒体报道的隐喻架构分析—基于SARS和H7N9疫情报道语料」, 『福建师范大学学报』 第191期, 福建师范大学.

张薇·汪少华(2020),「新冠肺炎疫情报道中刻意隐喻的认知力」,『天津外国语大学学报』第27卷 第2期, 天津外国语学院.

彭雪梅,「突发公共卫生事件官方宣传话语分析—以新冠肺炎防控宣传标语为例」,『六盘水师范学院报』第32卷 第3期, 六盘水师范学院.

Bignell, J.(2002), *Media Semiotics: An Introduction*(2nd Ed.), Manchester University Press.

Charteris-Black, J.(2004), *Corpus Approaches to Critical Metaphor Analysis*, Basingstoke: Palgrave Macmillan.

Charteris-Black, J.(2006), Britain as a container: immigration metaphors in the 2005 election campaign, *Discourse & Society* 17(6): 563-82.

Chilton, P.(2004), *Analysing Political Discourse: Theory and Practice*, London: Routledge.

El Refaie, E.(2001), Metaphors we discriminate by: Naturalized themes in Austrian newspaper articles about asylum seekers, *Journal of Sociolinguistics* 5(3): 352-71.

Fowler, R.(1991), *Language in the News: Discourse and Ideology in the Press*, Routledge.

Gregg, R. B.(2004), Embodied Meaning in American Public Discourse during the Cold War, In Beer F. A. & De Landtsheer(eds.), *Metaphorical World Politics*, Michigan State University Press, 59-74.

Halliday, M. A. K.(1985), *An Introduction to Functional Grammar*, London: Edward Arnold.

Halliday, M. A. K.(1994), *An Introduction to Functional Grammar* (2nd ed.), London: Edward Arnold.

Hart, C.(2008), Critical discourse analysis and metaphor: Toward a theoretical framework, *Critical Discourse Studies* 5(2): 91-106.

Hart, C.(2010), *Critical discourse analysis and cognitive science: new perspectives on immigration discourse*, Basingstoke: Palgrave Macmillan.

Hart, C.(2011), Legitimising assertions and the logico-rhetorical module: Evidence and epistemic vigilance in media discourse on immigration. *Discourse Studies* 13(6): 751–69.

Hart, C.(2014), *Discourse, Grammar and Ideology: Functional and cognitive perspectives*, Bloomsbury. 김동환·이미영 옮김(2017), 『담화, 문법, 이데올로기: 인지언어학과 비판적 담화분석』, 로고스라임.

Herbert, J.(2000), *Journalism in the Digital Age: Theory and Practice for Broadcast, Print and Online Media*, Focal Press.

Lakoff, G. & M. Johnson(1980), *Metaphor We Live By*, Chicago: University of Chicago Press.

Lakoff, G. & M. Johnson(1999), *Philosophy in the Flesh: The Embodied Mind and Its Challenge to Western Thought*, New York: Basic Books.

Santa Ana, O.(2002), *Brown Tide Rising: Metaphors of Latinos in Contemporary American Public Discourse*, Austin: University of Texas Press.

Semino. E.(2008), *Metaphor in Discourse*, Cambridge: Cambridge University Press.

van Leeuwen, T.(1996), The representation of social actors. In C. R. Caldas-Coulthard and M. Coulthard(eds.), *Texts and Practices: Readings in Critical Discourse Analysis*, London: Routledge.

제3부

재난 시대의 정치 · 종교 언어와 담론

코로나19 관련 정치 담화에 대한
비판적 담화 분석

- 트럼프와 쿠오모의 연설 비교를 통하여 -

박서희

(연세대)

2020년 3월 11일, 세계보건기구(WHO)는 팬데믹(pandemic)을 선언하였다. 코로나바이러스감염증-19(이하 코로나)는 2019년 12월 중국의 후베이성 우한시에서 발생한 신종 전염병으로, 인류는 사상 세 번째 팬데믹을 겪게 될 것이라 예상하지 못했을 것이다. 사람들은 팬데믹 상황에 더불어 미국과 유럽의 국가 등 여러 선진국들이 의료 시스템 붕괴로 대처에 처참히 실패하는 것을 목격하며 충격에 빠졌다. 특히 세계 최대 경제 대국이라 여겨지는 미국은 WHO의 집계에 따르면, 3,400만 명 이상(34,473,788)의 누적 확진자와 60만 명 이상(606,686)의 누적 사망자를 기록하며 가장 큰 피해 규모를 보이고 있다(World Health Organization 2021).[1] 미국의 대규모 피해 발생의 이유로 언급되는 것 중 하나는 당시 대통령이었던 도널드 트럼프(Donald Trump, 이하 트럼프) 행정부의 부적절한 초기 대응이다. 팬데믹이 선언되기 전인 2020년 3월 2일 기준, 미국은 8,683명의 확진자가 보고되었던 유럽에 비해 현저하게 적은 482명의 확진자 수를 보이고 있었다(World Health Organization 2021). 세계 최대 부강국인 미국이 선진화된 의료 기술과 뛰어난 의료 인력을 가졌다는 사실은 분명하기 때문에, 미국의 대응 실패는 의료의 실패가 아닌

---

1 2021년 7월 29일 CEST 오후 6시 17분 기준.

사회적, 정치적 실패라 보는 것이 더 타당할 것이다. 국제적 위기 상황 속에서 국가와 국민들을 이끌고 영향력을 행사할 권한을 가진 정치 리더의 역할은 그 어느 때보다 중요하며, 각각의 주가 연방 정부에서 독립된 입법, 사법, 행정권을 행사하는 연방제 민주국가인 미국에서 정치 리더의 역할은 특히 강조되고 있다.

유례없는 질병의 확산은 전 세계를 공포에 빠뜨렸고, 개인의 피해를 넘어 국가 차원의 사회경제적 혼란을 야기했다. 국제적으로 리더십의 상실이 지적되었고, 그동안 드러나지 않고 잠재되어 있던 사회적 위기가 수면 위로 떠올랐다. 미국 연방 정부와 주 정부는 코로나 바이러스의 확산을 막기 위해 다양한 경제, 보건, 복지, 사회, 교육 정책 등을 발표하고 시행해왔다. 정치인들은 이러한 정책 및 권고 사항 등을 브리핑, 연설 등의 정치 담화를 통해 국민들에게 전달하였고, 이는 청자인 국민들에 의해 수용되지 않는다면 그 효과를 발휘하기 어렵다. 정치인들은 전략적인 언어 사용을 통해 공동체의 관심 사항에 대한 정책을 제시하고, 청자에게 집단적인 목표를 효과적으로 전달하고자 하는 목적을 가지고 있다. 따라서 정치인들이 행하는 정치 담화의 과정에는 필연적으로 그들의 정치적 입장 및 관점, 이데올로기 및 사회 현상 등이 반영되어 나타나게 될 것이다. 본 연구에서는 당시 세계적으로 가장 많은 코로나 피해를 보이며 한때 WHO 탈퇴를 발표했을 정도로 다양한 이슈를 겪어온 미국을 중심으로, 당시 대통령이었던 트럼프의 담화와 언론 등을 통해 그와 가장 많이 비교되었던 뉴욕 주지사 앤드루 쿠오모(Andrew cuomo, 이하 쿠오모)의 담화를 분석하였다.[2] 정치인들의 담화를 통해서 어떤 목적을 가지고 어

---

2 2020년 7월 22일에 캘리포니아 주가 미국 내 최다 확진자 수를 기록하기 이전까지 가장 큰 피해를 입은 곳은 뉴욕 주였다. 뉴욕 주는 한때 하루에만 4만 명 이상의 확진자 수를

떠한 언어적 전략을 사용하는지, 또 그들의 권력과 이념이 담화 통해 대중에게 어떻게 행사되고 있으며 반대로는 사회적, 정치적 상황이 어떻게 반영되고 있는지를 비판적 관점으로 살펴보았다.

2. 이론적 배경 및 선행 연구

2.1. 비판적 담화 분석 (Critical Discourse Analysis)

Fairclough는 '비판적(critical)'이라는 용어를 사용하는 이유에 있어서 언어, 힘, 이데올로기 사이의 관계에 중점을 두기 때문이라고 설명하였다(1989). 즉 비판적 담화 분석은 그 과정에서 사회 내에 존재하는 권력과 힘을 담화와 결부시켜 사회 내에서의 담화의 역할을 밝히고자 한다. 따라서 정치 담화의 이면에 숨겨진 의미, 정치인들의 이데올로기와 전략을 분석하기 위해 비판적 담화 분석 방법을 적용하는 것은 적합하다고 볼 수 있을 것이다.

Fairclough(1989)는 담화를 사회적 실천(social practice)으로의 언어라 보고, 언어의 사용에서 나아가 언어가 사회적으로 사람의 행위와 어떠한 관련이 있는지를 살펴보았다. 그는 담화와 사회 구조가 유기적으로 영향을 주고받는다고 주장하였는데, 사회 구조가 담화에 의한 산출물인 동시에 담화를 결정짓기도 한다는 것이다. 즉 담화는 사회적으로 구성되고 사회를 구성하는 핵심 요인이며, 권력을 바탕으로 이데올로기적 영향을 미칠 수 있다. 따라서 본 연구의 비판적 담화 분석은 단순히 담화 자체의 분석이 아니라, 이러한 복잡한

기록하며 세계 코로나의 진앙지라는 오명을 쓰기도 하였다.

관계를 보다 명확히 이해하기 위한 담화적 요소와 사회적 요소간의 관계에 대한 분석을 포함한다.

Fairclough(1989)는 비판적 담화 분석을 방법을 위한 담화의 세 가지 영역을 제시하였는데, 이는 텍스트(text), 담화 실행(discurse practice), 사회적 실행(social practice)의 세 영역이며, 각각의 단계를 분석하는 방법을 '기술(description)', '해석(interpretation)', '설명(explanation)'으로 제시하였다. 이를 통해 담화 안에 내재하고 있는 불평등한 권력이나 사회적 불평등을 밝혀내는 것을 목표로 하였다(Fairclough 1995). 다음 그림은 이를 도식화 한 것이다.

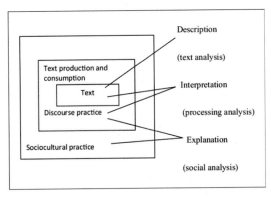

[그림 1] Fairclough의 담화 분석 3차원 모델(1995)

첫 번째 차원인 텍스트 영역에서는 담화 텍스트 자체의 내용과 형식을 분석한다. 텍스트의 언어 선택, 언어학적 속성에 관한 분석이 이루어지며, 이때 어휘나 문법, 의미론에 더하여 말차례와 같은 구조적 차원도 그 분석의 대상이 된다. 두 번째 영역인 담화 실행 차원에서는 텍스트가 어떻게 '생성(production)'되고 '소비(consumption)'되는지에 대한 분석이 이루어진다. 사회 차원과 텍스트를 연결해주는 기능을 하며 담화가 어떻게 만들어지고 해석되는지에 관한 영역으로, 담화의 참여자들이 '상호작용(interaction)'을 통해서 어떻게 담화를 이해하고 생성하는지를 설명한다. 마지막 차원인 사회적 실천 영역은 담화에 작용하는 다양한 사회적, 정치적 상황 요인이나 맥락과 관련이 있다. 비판적 담화 분석의 전제가 된 담화가 사회와 별개로 존재할 수 없고 사회와 긴밀한 관계를 지니고 있음을 설명하는 단계이다.

정치 담화에 두드러지게 나타나는 언어 전략으로 Van Leeuwen과 Wodak (1999)이 제시한 'us-group'과 'them-group' 개념이 있다. 정치인들은 자신들이 속한 'us-group'을 설정하고, 이에 반하는 'them-group'을 설정하여 그들에 대해 부정적으로 묘사하고 폄하한다. Wodak과 Meyer(2001)은 이와 유사한 개념을 '긍정적 자기 표현과 부정적 타자 표현(positive self-and negative other-representation'이라 정의하였다. 이러한 전략을 통해 담화를 행하는 정치인들은 자신이나 자신이 속한 집단의 긍정적 측면을 부각시키는 반면, 자신의 입장과 반대되는 인물이나 집단에 대해서는 부정적 묘사나 폄하를 빈번하게 행하고 있음을 본 연구에서 또한 확인할 수 있다. 이와 관련하여 프레임 (frame) 개념을 적용하여 두 정치인이 어떠한 언어 전략을 사용하여 청자가 사건을 인식하는 프레임을 형성하고, 이를 통해 어떻게 목표를 청중에게 효과적으로 전달하는지를 살펴보았다. Lakoff(2006)는 프레임은 '우리가 세상을 보는 방식을 형성하는 정신적 구조'이며 이러한 프레임은 특정 어휘를 통해 유발된다고 주장하였고, Bloor과 Bloor(2007)는 이러한 프레임 개념이 중요성을 가지는 이유로 우리가 세상을 보는 방식이 특정한 메시지를 당연하게 받아들이게 되는데 기여하고 있기 때문이라 하였다. 이처럼 프레임 전략은 현실의 일부를 선택적으로 강조하는 등의 방식을 통해 이루어지게 되며 이는 사실에 대한 왜곡적인 시각을 형성하게 된다.

2.2. 선행 연구

강세현, 남인용(2021)은 Fairclough의 담화의 세 가지 영역 분석틀을 적용하여 최순실 국정 농단과 관련한 박근혜 전 대통령의 담화와 언론사별 신문 보도를 분석하여 미디어 담화가 이데올로기와 어떠한 권력 결착 관계를 보이는지 살펴보았다. 이를 통해 박근혜 전 대통령이 프레임, 수동태, 가정법 등의 언어적 전략을 사용하여 책임을 회피하는 효과를 도모하였고, 상호텍스트 분석을 통해 신문사가 박근혜 전 대통령과 최순실 사이의 관계에 새로운 텍스트를 만들었음을, 또 '우리나라', '우리'와 같은 집단 표현을 사용하여 국민과의 일치화를 도모했음을 각각 텍스트 영역, 사회문화적 영역에서 분석해냈다.

김병건(2015)은 체계기능문법을 분석 도구로 메르스 보도에 대한 신문 사설의 비판적 담화 분석을 통해 각각의 신문사가 가진 이념을 분석하였다. 분석을 통해 신문사가 동일한 입장의 행위자의 긍정적 측면을 강조하고, 반대 입장을 가진 행위자의 경우에는 부정적 정보를 강조하며 이념을 뒷받침하고 가치를 추구하고 있다고 밝혔다. 전혜영과 유희재(2016)는 TV 뉴스 미디어 담화에 나타난 메르스 사태에 대한 은유를 연구하였다. 은유의 담화적, 설득적인 기능을 통해 방송사들이 어떻게 이념을 드러내는지 분석하였고, 정부에 대한 책임 축소나, 경제에 끼친 영향을 축소시키는 등 방송사가 가지고 있는 이념에 따라 은유 사용 양상이 다르게 드러난다고 했다. 이해미(2020)는 코로나 상황 속에서 한국과 일본 두 국가 지도자인 문재인 대통령과 아베 신조 전 총리의 연설문을 대상으로 텍스트 구성을 담당하는 명사를 중심으로 어휘 비교 분석을 하였고, 정부의 언어 사용이 국민의 의식에 영향을 불러 일으켜 코로나 대처에 영향을 미치게 되었을 것이라는 분석을 하였다.

이처럼 Fairclough의 비판적 담화 분석 기법은 정치 담화 및 전염병 관련 정치 담화 분석에 적용되고 있다는 점에서 담화 분석을 위한 적합한 도구로 인정되고 있음을 확인할 수 있다. 본 연구는 Fairclough의 담화의 세 영역 분석틀을 적용하여 전염병(코로나) 관련 정치 담화를 분석하였다는 점에서 기존 연구와 차별점을 두고자 하였다.

3. 자료 소개 및 분석 방법

3.1. 자료 소개

본 보고서에서는 미국 전 대통령 도널드 트럼프의 대국민 연설과 뉴욕 주지사 앤드루 쿠오모의 브리핑을 비교 분석 하였다. 동일한 날에 WHO의 코로나 팬데믹 선언이라는 동일한 사건을 바탕으로 이루어진 발화를 비교함으로서, 공정성을 확보하고자 하였다. 팬데믹이 선언된 2020년 3월 11일, 트럼프는 백악관 오벌 오피스(Oval Office)에서 코로나 확산과 관련한 대국민 연설을 하였다. CNN에서 제공하는 연설 영상 자료를 바탕으로 분석을 실시하였고, 연설의 길이는 9분 30초이다. 트럼프는 이 연설을 통해 미국이 팬데믹 상황 속에서 어떠한 조치를 취하고 있는지, 앞으로 어떠한 조치를 취할 것인지 언급하였고, 특히 유럽발 여행객들의 미국 입국을 일시적으로 중단시킬 것임을 발표했다(CNN 2020c).

미국의 코로나 확산이 심각해짐에 따라, 쿠오모 뉴욕 주지사는 매일 빠짐없이 일일 브리핑을 열어 주민들에게 상황을 보고하며 주요 사안들을 안내하고, 방역 수칙을 지킬 것을 당부해왔다. 트럼프와 동일하게 2020년 3월 11일의 브리핑을 분석의 대상으로 선정하였으며, 뉴욕 주 공식 웹사이트(The Official Website of New York State)에서 제공하는 브리핑 영상과, 이를 전사한 자료를 바탕으로 쿠오모의 담화를 분석하였다. 연설의 길이는 14분 37초이며 영상에서는 그가 브리핑에 사용한 PPT 자료를 함께 확인할 수 있다 (New York State 2020).

3.2. 분석 방법

Fairclough(1995)의 담화의 세 가지 영역을 트럼프와 쿠오모의 코로나 관련 담화에 적용하여 두 정치인이 담화를 통해 어떠한 목표나 이념을 전달하고자 하는지, 이를 위해 어떠한 언어적 전략을 담화에서 사용하고 있는지 살펴볼 것이다. 담화의 텍스트 차원의 분석을 통해 연설문 텍스트 자체의 언어적 특징에 대해 살펴보고, 연설이 실행되는 과정과 관련한 해석 후, 연설문이 이루어지는 사회 문화적 맥락이나 정치적 상황에 대한 설명을 통해 두 지도자의 담화를 비판적으로 분석하고자 했다. 그 과정에서 우선적으로 담화 텍스트를 통해 드러나는 텍스트와 담화 실천 차원을 함께 분석한 뒤, 그것이 사회적 맥락이나 비담화적 요소와 함께 어떠한 상호 작용을 하며 의미를 지니는지 사회적 실천 차원에서의 관계를 살펴보았다.[3]

---

3 두 담화를 비교 분석 하는 데 있어, 전 국민을 대상으로 하는 보다 포괄적 성격의 대국민 담화인 트럼프의 연설을 먼저 분석하고, 이후 쿠오모의 담화에서 트럼프와 주요한 차이점을 보이는 부분을 중심으로 분석을 진행하였다. 전반적인 흐름과 맥락의 파악을 위해 주요 부분을 포함하여 발췌하였고, 분석에서 중점적으로 다루고 있는 주요 어휘 표현이나 문장은 볼드 처리하여 표시하였다.

4. 분석 및 논의

4.1. 텍스트 및 담화 실천 차원

담화의 텍스트가 어떠한 어휘를 선택하거나, 구조적으로 어떠한 형식을 취하고 있으며, 또 담화 참여자들이 텍스트를 어떤 방식을 통해 생산해내고 어떠한 의도가 내재되어 있는지 해석하기 위해 Fairclough가 제시한 세 가지 영역 중 담화 행위 내에서 분석과 해석이 가능한 텍스트 및 담화 실천의 두 가지 영역을 함께 분석하였다.

4.1.1. 도널드 트럼프의 담화

(1) **My fellow Americans**. Tonight, I want to speak with you about **our nation**'s unprecedented response to the coronavirus outbreak that **started in China** and is now spreading throughout the world. Today, the World Health Organization officially announced that this is **a global pandemic.**

트럼프는 "친애하는 미국인(My fellow Americans)"라는 호칭을 통해 연설의 청중을 특정 짓고 있다. 이는 단편적으로 본다면 청중에 대한 친근감을 표현하면서 연대를 위한 '우리 집단(us-group)'을 형성하고 있는 것처럼 볼 수있으나, 다른 한편으로는 뒤이어 사용된 '우리 나라(our nation)'라는 호칭과는 그 대상의 차이를 보이고 있다. 즉 트럼프가 미국인이라는 배타적 호칭을 선택적으로 사용함으로써 그의 미국우선주의를 드러내고, 이민자나 외국인 등의 청중에 대한 폐쇄적 태도를 드러낸다는 해석이 가능하다. 또한 그는 코로나 바이러스가 중국에서 시작되었음을 명시적으로 밝히면서 바이러스의 진원지인 중국에 책임을 물을 수 있는 기반을 마련하고 있다. 이러한 인식은 WHO에서 코로나를 '전세계적 유행병(global pandemic)'이라 발표했다는 점을 연이어 언급하는 과정을 통해 더욱 강화될 수 있다.

> (2) We have been in **frequent** contact with our allies, and we are marshaling the **full** power of the federal government and the private sector **to protect the American people**. This is the most **aggressive** and **comprehensive** effort to confront a **foreign virus** in modern history. I am **confident** that by counting and continuing to take these **tough** measures, we will **significantly.**

트럼프는 정부가 미국인을 보호하기 위하여 자신이 최선의 노력을 다하고 있음을 다양한 형용사와 부사 표현을 사용하여 강조 표현하고 있다. 문제의 원인이 되고 있는 코로나 바이러스 또한 '외국 바이러스(foreign virus)'라 명명하면서 미국의 피해에 대한 행정부의 책임을 조금이라도 중국에 전가하려는 의도가 있다고 해석할 수 있다. 또한 그는 '우리 국민들(our citizen)'에 대한 위협을 줄이고 바이러스를 물리치는 데 있어 자신이 있음을 '강력한(tough)' '상당히(significantly)', '신속하게(expeditiously)'와 같은 표현을 통해 강조하고 있다.

> (3) From the beginning of time, nations and people have faced unforeseen challenges, including large-scale and very dangerous health threats. This is the way it always was and always will be. It only matters how **you** respond, and **we** are responding with **great speed** and **professionalism**.

트럼프는 인류에 대한 위협이 과거부터 계속 존재해 왔다며 대수롭지 않게 여기는 태도를 통해 코로나의 심각성을 축소하고 있다고 볼 수 있다. 여기서 그는 '여러분(you)'의 대응이 중요하다고 말하고 있는데, 앞서 자신을 청자와 동일시했던 것과 대조적으로 청자와 자신의 정부를 분리하여 표현하고 있으며 '자신(we)'은 '전문성(professionalism)'을 가지고 '매우 신속(great speed)'하게 대응하고 있다는 긍정적 자기 표현을 사용하고 있다. 이를 통해 코로나의 잠재적 위험 발생시 자신은 최선을 다했지만 국민들이 잘 대응하지 못했기 때문이라 책임을 전가하려는 의도를 내포하고 있다고 볼 수 있다.

(4) **Our team is the best anywhere in the world**. At the **very** start of the outbreak, we instituted sweeping travel restrictions on **China** and put in place the first federally mandated quarantine in over 50 years. We declared a public health emergency and issued the highest level of travel warning on other countries as the virus spread its **horrible** infection.

트럼프는 최상급 표현을 사용하여 세계 그 어떤 나라보다 뛰어난 정부를 긍정적으로 묘사하고, 바이러스의 발병 '극(very)' 초기에 적합한 조치를 취했음을 드러내는 긍정적 자기 표현 전략을 사용하고 있다. 또한 앞에서와 동일하게 바이러스의 발병지로 중국을 명시적으로 지시하고 있으며, 바이러스를 '끔찍하다(horrible)'고 묘사하여 반감을 형성하고, 타자 그룹화를 강화하며, 자신이 취했던 조치, 또 앞으로 제시할 조치나 정책에 정당성을 부여하고 있다.

(5) And taking early intense action, we have seen **dramatically fewer cases** of the virus in the United States than are now present in

Europe. **The European Union failed** to take the same precautions and restrict travel from **China** and other hotspots. As a result, a large number of new clusters in the United States were seeded by travelers from Europe.

트럼프는 유럽 연합이 중국 등 대규모 감염을 보이는 지역으로부터의 입국을 막지 못해 '실패(failed)'했다며 부정적 타인 평가하는 전략을 취하고 있다. 이를 통해 자신이 이후 제안할 유럽 발 여행자의 입국 제한 조치에 대한 정당성을 부여하고자 하며, 유럽 연합은 성공하지 못한 선제 조치를 자신의 행정부는 취하고 있음을 비교하여 제시하고 있다. 또한 다수의 확진자 수를 보이는 유럽과 비교하여 미국은 '현저히 적은(dramatically fewer)' 확진자 만이 있다고 말하고 있으나, 그 구체적인 수치는 제공하고 있지 않다. 이는 담화 내내 드러나는 특징 중 하나인데, 팬데믹 상황에 따른 담화에서 필수적으로 제공되어야 할 질병에 관한 수치를 제공하지 않음을 통해 코로나의 심각성을 축소시키고자 하는 의도를 다시 한 번 확인 할 수 있다.

> (6) Earlier this week, I met with the leaders of health insurance industry who have agreed to waive **all copayments** for coronavirus **treatments**, extend insurance coverage to these treatments, and to prevent surprise medical billing. We are cutting **massive** amounts of **red tape** to make antiviral **therapies** available in **record time**. These **treatments** will **significantly** reduce the impact and reach of the virus.

현재까지도[4] 전 세계적으로 코로나의 공식적인 치료법은 존재하지 않으며,

연설이 이루어졌던 시점에는 더더욱 코로나 바이러스에 대한 정보 자체가 부족했다. 하지만 트럼프는 치료법이 바이러스의 영향을 '크게(significantly)' 감소시킬 것이라 낙관적 태도를 보였다. 그 과정에서 마치 이미 치료법이 있는 것처럼, 또 '기록적인 시간(record time)' 내에 곧 치료법이 나올 것처럼 'treatments'와 'therapies'라는 어휘를 반복적으로 사용했다. 또한 이를 위해 '방대한(massive)' 양의 '불필요한 요식(red tape)'을 줄이고 있다고 하였다. 정부가 최선을 다하고 있음과, 정부의 능력을 최대한 긍정적으로 강조해서 전달하고자 하는 의도를 확인할 수 있다. 그의 이러한 태도는 다음의 발췌에서 매우 명확하게 드러난다.

> (7) The virus will not have a chance against us. **No nation is more prepared or more resilient than the United States.** We have the best economy, **the most advanced healthcare,** and **the most talented doctors, scientists, and researchers anywhere in the world.**

트럼프는 그 어떠한 국가도 미국만큼 뛰어나지 않다는 메시지를 반복적으로 청자에게 각인시키고 있다. 구체적으로 '경제(economy)'. '의료(healthcare)', '의료진(doctors)'과 '과학자(scientists)' 그리고 '연구자(researchers)'와 같은 하위 항목들을 제공하며 모든 분야에 걸쳐 미국은 적절히 대응할 기반이 마련되어 있고, 그 어떤 나라와도 다르기 때문에 코로나에 대해 걱정할 필요가 없다는 인식을 암시적으로 전달하고 있다.

---

4 2021년 7월 30일 기준.

(8) Additionally, last week, I signed into law an **$8.3 billion** funding bill to help **CDC and other government agencies** fight the virus and support vaccines, treatments, and distribution of medical supplies. Testing and **testing capabilities** are expanding **rapidly, day by day**. We are moving **very quickly**.

트럼프는 전체 연설에서 피해 규모와 관련된 수치는 전혀 제공하지 않았지만, 유일하게 객관적 숫자 지표를 제시한 것은 경제와 관련된 부분이다. 그는 미국의 코로나 검사 능력이 '급속히(rapidly)', '매일 매일(day by day)' 확대되고 있다고 하였지만 역시 객관적 수치를 제공하지 않았고, 질병통제예방센터와 정부 기관들이 '매우 빠르게(very quickly)' 움직이고 있다며 정부는 최선을 다해 노력하고 있다는 인식을 국민들에게 전달하고자 하였다.

(9) The vast majority of Americans. The risk is very, very low. Young and healthy people can expect to recover fully and quickly if they should get the virus. The highest risk is for **elderly population with underlying health conditions**. The elderly population **must** be **very**, **very** careful. In particular, we are **strongly** advising that nursing homes for the **elderly** suspend **all** medically unnecessary visits. In general, **older Americans** should also avoid nonessential travel in crowded areas.

트럼프는 청자를 지칭하는 표현으로 people, citizens와 같은 포괄적인 지칭 표현 대신 'Americans'라는 특정 지칭어를 반복적으로 사용하는 경향을 보였다. 또한 '대다수의(vast majority)' 청자에게 코로나의 위험성을 최소화하여 전달하고 있다. 위험성이 '몹시(very very)' 낮으며, 만약 바이러스에 감염되더라도 '빠르고(quickly)' '완벽하게(fully)' 회복할 수 있다며 코로나에 대한 불안감을 제거하려 시도한다. 물론 그가 코로나의 위험성에 대해 전면적으로 부인하고 있는 것은 아니다. 하지만 그는 코로나 바이러스에 대해 조심해야 할 대상을 노인층보다도 덜 포괄적인 '기저질환이 있는 노인층(elderly population with underlying health conditions)'로 한정지어 표현하고 있다. 이후에도 요양원과 '나이 든 미국인(elderly Americans)'을 대상으로 한 좁은 범위의 방역 조치나 권고를 반복적으로 제시하고 있으며, 이는 대부분의 사람들이 자신은 코로나 바이러스를 두려워하지 않아도 된다는 인식을 형성하는 데 기여하고 있다. 그가 일반 국민들을 대상으로 전달한 방역 수칙은 다음 발췌문과 같다.

> (10) For all **Americans**, it is essential that everyone take **extra pre-cautions** and practice good hygiene. Each of us has a role to play in defeating this virus. **Wash your hands, clean often-used surfaces, cover your face and mouth if you sneeze or cough, and most of all, if you are sick or not feeling well, stay home.**

트럼프는 청자를 지칭하는데 있어 '미국인(Americans)'이라는 대상을 다시 한 번 특정 짓는다. 연설문 전체에 걸쳐 그가 위생 및 방역에 '특별히 주의(extra precautions)'를 기울일 것을 당부한 것은 위의 발췌문에 드러난 부분이 유일하다. 유례없던 전파력을 가진 바이러스로 인한 팬데믹이 선언되었음에도, 그는 포괄적이고, 보편적이고, 일반적인 위생 지침과 다름없는 손 씻기, 침 튀기지 않기, 아프면 집에 머무르기와 같은 사항만을 전달하고 있다. 이러한 언어 전략은 청자로 하여금 코로나의 심각성을 인식하도록 하기는 충분하지 않다.

(11) Because of the **economic policies** that **we** have put into place over the last three years, **we** have the **greatest economy anywhere in the world**, by far. **Our banks** and **financial institutions** are **fully capitalized** and **incredibly strong. Our unemployment** is at a **historic low**. This **vast economic prosperity** gives us flexibility, reserves, and resources to handle **any threat** that comes our way. This is **not a financial crisis**, this is **just a temporary moment** of time that **we** will overcome together as a nation and as a world.

(12) Effective immediately, the SBA will begin providing **economic loans** in affected states and territories. These **low-interest loans** will help small businesses overcome **temporary economic disruptions** caused by the virus. To this end, I am asking Congress to increase funding for this program by an additional **$50 billion**. Using emergency authority, I will be instructing the Treasury Department to **defer tax payments**, without interest or penalties, for certain individuals and businesses negatively impacted. This action will provide more than **$200 billion** of additional liquidity to the **economy**. Finally, I am calling on Congress to provide Americans with immediate payroll **tax** relief. Hopefully they will consider this very strongly.

트럼프가 가장 중점적으로 다루며 강조하고 있는 것이 경제와 관련된 부분임을 위의 두 발췌문을 통해 확인할 수 있다. 그는 담화 전반에 걸쳐 경제와 관련된 'economy', 'economic'의 단어를 중점적으로 사용하고 있다.

첫 번째 발췌문에서는 '우리(we)'가 취했던 '경제 정책(economic policies)', 그리고 '우리의(our)' '은행(bank)'과 '금융 기관들(financial institutions)'의 부강함(capitalized and strong)과 '경제적 번영(economic prosperity)' 등의 긍정적 측면들을 '완벽하게(fully)', '믿을 수 없을 만큼(incredibly)', '어마어마한(vast)'와 같은 수식어를 사용해 강조하여 제시하고 있다. 또한 부정적 측면인 '실업률(unemployment)'은 '역사적으로 낮다(historic low)'고 말하며, '경제 위기(financial crisis)'가 아니라고 단정적으로 부정하고 있다. 앞서와 마찬가지로 부정적으로 인식될 수 있는 점들에 대해서는 객관적인 수치나 근거를 전혀 제시하지 않으며 의도적으로 축소하려는 점을 엿볼 수 있다. 코로나 상황 또한 '일시적 순간(temporary moment)'일 뿐이라 말하며 상황에 대한 심각성을 드러내지 않고 있다.

두 번째 발췌문에서도 경제적 조치와 지원에 대한 금액만을 구체적 수치를 통해 제공하고 있으며, 잠재적으로 발생할 수 있는 '경제적 붕괴(economic disruptions)'가 '일시적(temporary)'임을 다시 한 번 강조하고 있다. 이를 통해 국민들이 사태가 곧 나아질 것이라는 희망적 인식을 가지도록 하고 있다.

(13) As history has proven time and time again, **Americans always rise to the challenge and overcome adversity. Our future remains brighter than anyone can imagine.** Acting with compassion and love, we will heal the sick, care for those in need, help our fellow citizens, and emerge from this challenge stronger and more unified than ever before. God bless **you**, and God bless **America**.

Thank you.

트럼프는 연설의 마무리 과정에서 '미국인(Americans)'은 항상 '시련(challenge)'에 잘 대처할 것이고, '역경(adversity)'를 극복할 것임을 강조한다. 이 과정에서 미래상의 조동사를 사용하지 않고, 'rise'와 'overcome'처럼 현재형의 동사를 사용하여 미래를 나타냈다. 이는 마치 미래에 대한 추측을 사실인 것처럼 청자에게 제시하는 효과를 가진다. 또한 미국의 미래가 그 어떤 상상보다도 '밝다(brighter)'는 긍정적 미래를 가정하여 청자로 하여금 코로나에 대한 두려움, 심각성 등이 아닌 정부에 대한 신뢰를 형성하고, 상황이 긍정적으로 변해갈 것이라는 시각을 구성하고자 하고 있다.

4.1.2. 앤드루 쿠오모의 담화

(14) We want to give you a few announcements and an update today. ... First is testing, second is reducing density to reduce the rate of infection and third is communicating with the **people of this state** so they know the **actual facts** versus the **hype**, versus the **hysteria**, versus **misinformation**.

쿠오모의 담화에서 가장 크게 드러나는 특징은 객관화가 가능한 수치를 명확하게 전달하는 것을 강조한다는 점이다. 쿠오모는 자신이 전달하고자 하는 것은 '실제의 사실(actual facts)'임을 명확히 하고 이를 강조하기 위해 개념적으로 반대되는 '과장된 선전(hype)', '과잉 반응(hysteria)', '잘못된 정보(misinformation)'와 반복하여 대조하는 전략을 사용하고 있다. 그 과정에서 앞서 트럼프가 '미국인(Americans)'이라는 단어의 사용을 통해 청중을 다소 배타적으로 설정했던 것과 비교하여, 쿠오모는 포괄적으로 뉴욕 주 내의 사람들을 모두 포함할 수 있는 청자를 설정하고 있다.

(15) On testing, you look at the experience in **China**, you look at the experience in **South Korea** — what changed the trajectory of the incline of the number of cases? It was **a tremendous amount of testing and investigation. China** — **200,000** tests per day. **South Korea** — **15,000** tests per day. They were so **aggressive** on testing that they actually found the people who tested positive, isolated them, and then ran down the track of who those people may have contacted. **Massive** testing. This testing we've done **5,000** tests to date, according to the Secretary of Health and Human Services. So **our testing capacity is nowhere near what it needs to be.** ... Why did it take **so long** for this country to get a testing protocol done? That will be for another day. I'm a Governor — **I'm concerned about today. I'm concerned about tomorrow.**

쿠오모는 객관적인 사실을 전달하기 위해 구체적인 수치를 제시하는 경향을 보인다. 한국과 중국의 '방대한(massive)'검사 시행 건수와 이에 대조되는 미국의 저조한 검사 건수를 객관적 숫자를 통해 제시하며, "미국의 검사 능력은 필요한 수준에 그치지 못한다"고 말한다. 부정적 수치더라도 대중에게 사실적으로 전달하는 것이 낫다는 입장을 취하고 있음을 확인할 수 있으며, 트럼프가 자국이 대처에 최선을 다하고 있음을 강조하기 위하여 사용한 '적극적인(aggressive)'란 단어를 한국과 중국의 코로나 검사를 긍정적 시각으로 묘사하는데 적용하고 있다. 트럼프가 다수의 코로나 확진자가 보고되는 국가와 중국을 부정적으로 묘사했던 것과는 대조적으로 자국의 부족한 검사 건수를 드러내며 이들의 검사 능력을 인정하고 있는 부분에서, '우리 집단(us-group)'의 부정적 측면은 드러내지 않고 긍정적 측면만을 강조하여 제시한 트럼프와의 차이를 확인할 수 있다. 또한 트럼프가 연설 전체에 걸쳐 코로나에 대해 낙관적인 입장만을 보였던 것과 대조적으로 미래에 대한 걱정을 표현하고 있다.

> (16) So **New York State** is going to take matters into its own hands. We're going to start contracting with **private** labs in **this state** to increase **our** testing capacity. ... We said that was **too little too late** — they allowed the State laboratory to do testing. That capacity was several hundred. **We said that's too little too late.** We have great labs **in this state** — **why the federal government wouldn't avail itself of the labs, why they wouldn't have had protocols and tests ready.** So we are going to contract directly with the **private** labs in this state.

쿠오모는 연방 정부 차원의 대처가 '매우 부족(too litte)'하고, '매우 늦다(too late)'는 점을 지적하고 있다. 이는 트럼프가 행정부의 뛰어남, 긍정적 측면만을 강조한 것과는 직접적으로 대조되고 있다. 또한 '민간(private)' 이라는 단어를 반복적으로 사용하고 있는데, 이는 연방 정부의 검사 능력에 대한 불신을 드러내는 것처럼 보인다. 연방 정부가 제대로 대처하고 있지 못하기 때문에, 주 차원에서 사설 부문과의 협력을 통해 위기를 해결하고자 함을 전달하고 있다. 그 과정에서 '뉴욕 주(New York State)', '우리 주(this state)' 등의 표현을 통해 청자의 인식 속에서 부정적으로 묘사되는 연방 정부와 분리된 주 정부의 프레임을 형성하려 하고 있다.

(17) There is still some **complexity** that the FDA needs to **sign off on the actual protocols** of some of these tests and that is still **complicating** the situation. ... But **frankly** we are not in a position where **we** can rely on the **CDC** or the **FDA** to manage this testing protocol so we will be moving forward with that.

앞서 트럼프는 불필요한 관료적 절차를 없애 신속한 대응이 가능하다고 했으나, 쿠오모는 서명 절차의 '복잡성(complexity)'이 존재하며 이것이 상황을 '복잡하게(complicating)' 만들고 있음을 지적한다. 또한 질병통제예방센터(CDC)와 식품의약국(FDA)등 주 정부 산하기관에 '의존(rely on)'할 수 없다는 불신의 태도를 '솔직히 말하면(frankly)'이라는 부정적 어조를 지닌 단어를 통해 명시적으로 드러내고 있다.

(18) I've also spoken today with **hundreds of business leaders** – primarily in New York City. I have asked them voluntarily to help reduce the **density**. There are a number of ways they can do this, different work shifts. Some people work early. Some people work late, different teams, one team works the other week, but again, ways to **reduce density** in the city, telecommuting, working from home, **all the experts say social distancing**. You should be more than six feet from someone. Try walking down a New York City sidewalk and be six feet from people. It would be virtually impossible. So **reducing density**.

쿠오모는 '사회적 거리 두기(social distancing)'를 모든 전문가들이 '말한다(say)'며 담화에 참여하고 있지 않은 외부 인물의 말을 자신의 연설 안으로 끌어들이고 있다. 감염을 막기 위해서 '밀집도(density)'를 줄이는 것의 중요성을 대중들이 받아들이고 따를 근거를 제공하기 위해 전문성을 가진 인물의 말을 인용하여 전달하고 있으며, 그 과정에서 상호텍스트성이 나타나고 있음을 확인할 수 있다. 또한 거리 두기를 위해 실시할 수 있는 구체적인 여러 방안들을 나열하며 청자에게 제시하고 있다.

> (19) **Public transit**, we've asked them statewide to **double the cleaning protocol**. This conflicting information on **how long the virus lives on a hard surface, plastic or stainless steel**, it was at first **a couple of hours**. Then some people said up to **12 hours**. Some people now say up to **24 hours**. Some people say maybe **a little longer than 24 hours**. We want to **double the cleaning protocol** just to **make sure New Yorkers are confident**.

대중교통에 대해 취한 방역 조치에 대해 언급하면서 트럼프가 광범위하고 일반적인 대처 방안을 간결히 언급한 것과는 달리 구체적 조치를 언급함을 통해 쿠오모가 뉴욕 주의 방역 정책에 중심을 두고 있음을 확인할 수 있다. 브리핑 전체에 걸쳐 숫자 지표나 객관적으로 확인된 사실 정보를 강조하고 제시해 온 것에 더불어 바이러스가 '플라스틱(plastic)'이나 '스테인리스(stainless steel)' 등의 물질 표면에서 얼마의 기간 동안 살아 있는지와 같은 확인이 필요하다는 점을 언급하며, 과학적 사실에 기반을 두고자 하고 있다.

> (20) The overall number of cases in Westchester, you see again, **13** new cases. That is probably the single most troubling point in the State right now. **48, 12** new ones in New York City. **28**

Nassau. **212** Statewide. This number, as I have said from day one, **will continue to grow every day**. ... So that is **actually good** news because it says we're **successfully** tracking the chain. **These numbers will continue to go up dramatically**.

트럼프는 코로나 확진자나 피해 규모 등에 대해서는 단순히 'dramatically fewer cases'라고만 언급하였다. 이와 대조적으로 쿠오모는 확진자 수를 직접적인 숫자를 통해 제시하였고, 바이러스의 영향이 줄어들 것이라 말한 트럼프와 대조적으로 확진자 수는 계속해서 증가할 것이라는 상반되는 예측을 두 차례 강조하고 있다. 그러나 증가되는 확진자 수는 감염 경로를 '성공적으로(successfully)' 추적하고 있음을 나타내는 '실제로 좋은(actually good)'것이라 말하며 이러한 숫자를 통해 공포감이나 두려움을 조성하려는 의도가 아님을 분명히 하고 있다. 이를 통해 뉴욕 주의 증가 중인 확진자 수는 자신의 대응 실패가 아니라 성공적으로 대응을 하고 있는 지표라는 인식을 형성하여, 확진자 수가 증가하더라도 이에 대해 주민들이 부정적 인식을 하지 않도록 기반을 형성하고 있다.

(21) **I understand it's a virus, I understand it sounds like a bad science fiction movie. This is not the Ebola virus, we've dealt with that. That was a much more dangerous, frightening virus.** The facts here actually **reduce the anxiety**. ... But **only 32 out of the 212** require hospitalization.

쿠오모는 코로나가 인류가 경험하지 못했던 위험하고 무서운 바이러스임을 강조하고 있으며, 이는 트럼프가 코로나의 위험성이 매우 낮음을 강조한 것과 명확히 대조적이다. 또한 확진자 수 대비 병원에 입원 중인 중증 환자보다 집에서 회복중인 확진자가 많다는 사실을 객관적 숫자 지표를 통해 전달한다. 이는 리더로서 청자에게 현 상황의 심각성, 엄중함을 인지하도록 하려는 것이지 불안감이나 공포를 조성하려는 의도가 아님을 다시 한 번 명확히 밝히기 위함이다.

> (22) To me, what is the most definite, **factual information** is the Johns Hopkins study. ... **121,000 cases** from the beginning, **4,000 deaths**. **66,000 people recovered, 50,000 pending cases**. 4,000 deaths are terrible, yes, no doubt.

쿠오모는 코로나 바이러스의 확진자 수, 사망자 수 등 사태의 심각성을 명확히 드러낼 수 있는 객관적 숫자를 반복적으로 제시하여 청자가 상황의 심각성을 인식할 수 있도록 담화를 구성하고 있다. '사실 정보(factual information)'과 같이 객관성을 유지하고, 사실 그대로를 전달하고 있음을 끊임없이 인식시켜 청자로 하여금 주 정부에 대한 신뢰를 고취하려는 전략으로 볼 수도 있다. 위기에 현명하게 대처해야하는 리더의 입장에서, 다수 대중의 협력적 태도를 이끌어 효과적으로 대처할 수 있는 사회적 기반을 마련하고자 하는 의도를 확인할 수 있다.

4.2. 사회적 실천 차원

Kress와 Hodge(1979)는 담화와 사회는 서로 별개로 존재할 수 없으며 담화 구조와 사회 구조는 긴밀한 관계를 가지고 있다고 주장하였다. 또한 Fairclough(1995)는 비판적 담화 분석을 통해 담화와 사회적 배경 속에 어떠한 이데올로기나 불평등 등이 내재되어 있는지 밝혀내고자 하는 것을 목표로 하였기 때문에, 두 정치인의 담화 전략이 사회적 상황이나 맥락과 어떠한 관계를 가지고 있으며, 어떠한 함의를 지니는지 살펴 볼 필요가 있다.

우선 두 담화 모두 공통적으로 코로나에 대한 팬데믹 선언이라는 배경 속에서 이루어졌다. 3월 11일 질병통제예방센터에 따르면, 미국 내 코로나 확진자 수는 1,000명 이상이라 보고되었고 백악관이 위치한 워싱턴 D.C.의 확진자는 10명, 뉴욕 주의 확진자는 190명 이상이라 보고되었다. 미국의 대통령으로서 국가의 위기에 대처해야 하는 트럼프가 국가 내 51개 주 중 한곳인 뉴욕 주의 리더 쿠오모보다 사태를 엄중히 여기며 책임감을 가지고 있을 것이란 추측이 가능하다. 그러나 당시 미국 내 확진자의 다수가 뉴욕 주 내에서 보고되었기 때문에, 이는 쿠오모가 본인의 책임감과 위기를 인식하는 데 또한 영향을 끼쳤을 것이다.[5]

트럼프는 집권 당시부터 "미국을 다시 위대하게(Make America First Again)"라는 슬로건을 내세우며 사회정치적 이념을 명백히 드러내왔다.[6] 외교나 경제 등 여러 분야에 걸쳐 미국의 이익을 가장 우선적으로 고려하겠다는 보수적 이념은 트럼프가 연설에서 citizen이나 people과 같은 지칭어보다 '미국인들(American)'이라는 단어를 집중적으로 사용함을 통해 드러난다. 그는

---

5 같은 날 이루어진 담화임에도 불구하고 초기부터 사태의 심각성과 엄중함을 강조하던 쿠오모와 대조적으로, 트럼프는 코로나 발발 이후 매일 열리던 브리핑에서 날씨가 따뜻해지면 코로나가 종식 될 것이라거나 클로로퀸과 렘데시비르가 치료제가 될 것이라는 등 객관적으로 증명되지 않은 비과학적 발언을 하며 논란을 일으켜왔다. 뿐만 아니라 질병통제예방센터의 마스크 착용 권고를 전하는 과정에서 자신은 마스크를 쓰지 않을 것이라 발언하며 국민들에게 혼란을 일으키기도 했다.
6 트럼프는 재임 기간 동안에도 미국우선주의에 기반하여 미국 내 출생 시 시민권을 부여하던 제도를 폐지하겠다고 주장 하는 등 이민자에 대해 폐쇄적인 정책을 펼치고, 멕시코와의 국경에 장벽을 세울 것을 주장하거나 인종차별적 발언으로 논란을 겪어 왔다.

이 연설에 더불어 이후에도 코로나를 '중국 바이러스(Chinese virus)'(BBC News 2020a) 또는 '쿵푸 독감(Kung flu)'라 지칭했었다(BBC News 2020b). 이러한 호칭의 사용은 청자로 하여금 중국, 혹은 아시아계에 대한 혐오감이나 적대심을 강화시키게 되고, 국가 리더가 공식적 자리에서 사용한 언어는 문제가 없다는 인식을 전제로 인종 차별을 만연하게 할 수 있다. 대통령의 위치에서 정치적 권력과 영향력을 가지고 있었던 트럼프의 담화는 미국 국민들의 인식에 상당한 영향력을 끼쳤을 것임이 분명하다. 실제로 미국은 코로나 발병 이후 아시아계에 대한 혐오 범죄 등 인종 차별 문제가 심각한 수준을 보였으며, 이러한 혐오를 부추긴 것이 트럼프였다는 비판도 존재했다. 이를 통해 트럼프의 이념이 그의 담화에 내재되어 청자에게 전달되었음을 확인할 수 있다.

뉴욕 주는 급속한 확진자와 사망자 증가 추세를 보이며 한때 제 2의 우한이라는 오명을 쓰기도 하였다. WHO의 통계에 따르면, 뉴욕 주는 미국 내 51개 주 중에서 캘리포니아 주, 텍사스 주, 플로리다 주 다음으로 4번째로 많은 피해 규모를 보이고 있다.[7] 이러한 상황만 보았을 때, 뉴욕 주의 대응 실패의 책임을 주지사인 쿠오모가 피할 수 없음에도 그는 코로나 발병 이후 미국 내에서 트럼프보다 주목을 받으며 영웅으로 여겨졌다. 실제 트럼프가 코로나에 대해 근거 없는 낙관된 태도를 드러내거나, 코로나의 위험성을 축소, 은폐하던 태도와 대조적으로, 그는 부정적 정보나 수치까지도 객관적으로 제시해야 함을 강조하며 책임감과 리더십을 인정받았다.[8] 현재는 그 또한 코로나 사망자 보고에 있어 사망자 수를 축소하여 발표했음이 밝혀져 비난을 받고 있으

---

7 발병 초기 병상이 부족해 수많은 사람들이 죽었고, 시체를 수용할 시설마저 부족해 뉴욕시 위쪽에 위치한 하트 섬(Hart Island)에 시신을 집단 매장하기에 이르렀었다(CNN 2020b).
8 SNS에서도 'PresidentCuomo', 'CuomoIsTheActingPresident' 라는 해시태그가 유행했었고, 미국에서 가장 유명한 정치인이라 평가되기도 하였다(CNN 2020a).

며, 객관적 수치를 통해 본다면 코로나에 성공적으로 대응하였다고 평가할 수 없다. 하지만 당시에는 효과적인 담화 전략을 사용하여 위기 대처에 최선을 다하는 정치인으로 효과적인 이미지를 구축하는데 성공했다고 해석할 수 있을 것이다.

5. 결론

전례 없는 팬데믹으로 인한 혼란의 시기를 맞이하며, 국제적으로 그 어느 때보다 리더의 역할과 중요성이 강조되고 있으며, 정치 엘리트 집단이 담화를 통해 사용하는 언어는 일반 대중들의 인식과 이념에 영향력을 미친다. 본 연구에서는 팬데믹이 선언되던 2020년 3월 11일에 이루어진 당시 미국의 대통령이었던 도널드 트럼프와 뉴욕 주지사인 앤드루 쿠오모의 연설을 분석 대상으로 선택하였다. Fairclough가 제시한 세 가지 영역의 비판적 담화 분석 틀을 적용하여 두 정치인이 담화 텍스트와 담화 실천에 있어 어떠한 특징이나 전략을 사용하고 있는지 살펴본 후, 그들의 담화와 사회적 상황이 어떠한 영향을 주고받으며 관계를 가지는지를 분석하였다. 이를 통해 정치인들의 담화 이면에 어떠한 권력이나 이데올로기가 내재되어 있는지를 밝혀내고자 하였다.

그 결과, 트럼프와 쿠오모는 공통적으로 우리 집단(us-group)과 타자 집단(them-group)을 구분 짓는 지칭어의 사용을 통해 자신이 청자와 같은 집단에 속해 있음을 전달하며 결속과 연대감을 형성하고자 하는 모습을 보였다. 이러한 프레임 형성을 통해 자신의 목표를 청자의 목표처럼 효과적으로 전달하는 효과를 얻을 수 있다.

반면 두 정치인은 정부에 대한 신뢰도를 끌어올리고 위기에 대처하는데 있어 협조를 이끌고자 하는 공통적 목표를 가졌음에도, 언어 선택과 담화 구성 전략의 차이를 보였다. 트럼프의 담화에 가장 두드러지게 드러나는 특징은 긍정적 자기 제시, 코로나에 대한 낙관적 태도, 경제 정책 중심으로 요약할 수 있다. 그가 연설에서 높은 빈도로 사용한 단어는 'American(s)'와 'economy', 'economic'였다. 자신의 행정부와 미국을 묘사하는 과정에서 'significantly', 'very', 'dramatically' 등의 강조어와 더불어 'the best in the world', 'the most advanced', 'the most talented'와 같은 최상급 표현을 사용하여 긍정적 의미를 강화하는 경향을 보였다. 또한 타자 집단의 부정적 측면을 강조하여 자신의 긍정적 이미지를 강화하였다. 경제적 지원 정책 등을 언급하는 과정에서는 구체적 금액을 명시한 것과 대조적으로, 확진자 수나 피해 규모 등에 대해서는 전혀 언급하지 않았다. 당시의 상황에 대해서도 일시적 상황일 뿐이라며 긍정적인 미래를 제시하고 낙관적인 태도를 보이고, 미국의 부강함을 강조하였음을 근거로 그가 방역이나 보건보다는 경제 부문을 우선시 여기고 있음을 알 수 있다.

쿠오모의 담화의 가장 큰 특징은 객관적 수치의 사용, 코로나에 대한 심각성 강조, 방역 정책 중심으로 요약할 수 있다. 그는 자신의 그룹의 부정적 측면이 강조되는 중국이나 한국보다 현저히 떨어지는 코로나 검사 건수도 숫자 지표를 통해 제공하였다. 타자 집단과 비교하여 긍정적 측면만을 강조한 트럼프와는 가장 대조적인 자기 제시 전략으로, 부정적 정보더라도 사실을 전달하는 것이 낫다는 입장이 명확하게 드러난다. 연방 정부의 부족한 대처와 이에 불신을 드러내며 주 정부를 'Our state', 'New York State'로 분리하여 지칭해 주정부와는 상반되는 이미지를 형성해가고자 하였다. 또한 코로나의 위험성과 엄중하게 대처해야 할 필요성을 인정하지만, 그 책임을 피할 수 없는 주지사의 입장에서 늘어나는 확진자 수는 방역의 실패가 아니라 검사가 성공적으로 이루어지고 있는 것이라는 프레임을 형성하여, 대중의 패닉을 방지하고 비난을 피하려는 전략을 취했다. 실제 뉴욕 주는 코로나로 미국 내에서도 막대한 피해를 입었지만, 그는 당시 뛰어난 리더십을 가진 정치인으로서 평가를 받았다는 점에서 자신의 이미지를 긍정적으로 구축하는 데 성공했음을 확인할 수 있다.

정치인들은 담화를 통해 자신의 이념이나 추구하고자 하는 가치, 목적 등을 대중에게 전달하고 그들을 설득하려 함을 확인할 수 있었다. 그 과정에서 각기 다른 언어적 전략을 활용하여 프레임을 형성하고, 사회적 상황이나 맥락 등이 정치인들이 담화에서 선택하는 언어 전략에도 영향을 미치며 상호작용하고 있다. 담화에 내재되어 전달된 인식은 청자가 사회를 인식하는 방식과 그들의 행동에 영향을 끼치고 이는 사회를 구성한다. 중국이나 아시아에 대한 낙인 발언이 코로나 발병 이후 미국 내 아시아계 혐오 범죄를 증가시켰음을 통해 이러한 점이 잘 드러난다. 그리고 이처럼 변화하는 상황은 또 다시 정치인들의 담화에 필연적으로 반영되게 된다.

이처럼 정치인들은 담화를 통해 우리가 살아가는 사회를 바라보는 시각을 구성하고 사회 전반적으로 직접적으로 영향을 끼친다. 사회 속에서 다양한 담화를 생성하고 수용하는 참여자로서 비판적 시각에서 정치 담화를 수용하고, 해석하려는 노력이 필요하다. 본 연구는 같은 문화권 내의 정치인의 담화를 비교하여 문화적 차이에 대해 분석하지 못했다는 한계를 가진다. 이러한 점을 고려해 서로 다른 문화권의 정치인들의 담화를 비교하여, 어떠한 언어적 차이를 보이는지, 다양한 문화적 차이가 담화에 어떻게 반영되고 있는지에 대한 향후 연구를 통해 보다 풍부한 분석이 가능할 것이라 기대한다.

강세현・남인용(2021),「'최순실 국정농단' 관련 박근혜 대통령의 대국민 담화문과 신
　　　문보도에 대한 비판적 담론분석 - 조선일보와 한겨레신문을 중심으로」,『정치정
　　　보연구』24-1, 한국정치정보학회, 1-37.

김병건(2015),「메르스 보도에 대한 신문 사설의 비판적 담화 분석」,『한말연구』38,
　　　한말연구학회, 47-76.

이해미(2020),「한일 지도자의 연설문 분석 - 코로나 위기 속 신뢰 구축과 협력 촉구를
　　　중심으로」,『일본어문학』87, 한국일본어문학회, 121-142.

전혜영・유희재(2016),「<메르스>에 대한 은유와 이데올로기적 함축 - KBS와 JTBC 뉴
　　　스 보도를 중심으로」,『한국어학』72, 한국어학회, 199-225.

BBC News(2020a),「Coronavirus: Trump grilled on use of term 'Chinese virus'」,
　　　월드와이드웹: https://www.bbc.com/news/av/world-us-canada-51953315에서
　　　2021년 6월 16일에 검색했음.

BBC News(2020b),「President Trump calls coronavirus 'kung flu'」, 월드와이드웹:
　　　https://www.bbc.com/news/av/world-us-canada-53173436에서 2021년 6월
　　　16일에 검색했음.

CNN(2020a),「Andrew Cuomo may be the single most popular politician in
　　　America right now」, 월드와이드웹: https://edition.cnn.com/2020/05/01/po-
　　　litics/andrew-cuomo-coronavirus-poll/index.html에서 2021년 6월 21일에
　　　검색했음.

CNN(2020b),「NYC's Hart Island and coronavirus: 'A meaningful place in a dark
　　　time'」, 월드와이드웹: https://www.cnn.com/2020/04/11/us/hart-island-coro-

navirus-burials/index.html에서 2021년 6월 16일에 검색했음.

CNN(2020c), 「Watch Donald Trump's full coronavirus address to the nation」, 월드와이드웹: https://edition.cnn.com/videos/politics/2020/03/12/donald-trump-coronavirus-address-march-11-2020-sot-vpx.cnn에서 2021년 6월 10일에 검색했음.

Bloor, M., & Bloor, T.(2007). *The practice of critical discourse analysis: an introduction* (1st ed.). London: Routledge.

Fairclough, N.(1989). *Language and power.* London and New York: Longman.

Fairclough, N.(1995). *Critical Discourse Analysis.* London: Longman.

Kress, G., & Hodge, R.(1979). *Language as ideology.* London: Routledge and Kegan Paul.

Lakoff, G.(2006). *Thinking points: Communicating our American values and vision.* New York: Farrar, Straus and Giroux.

New York State(2020), 「*Video, Audio, Photos & Rush Transcript: During Novel Coronavirus Briefing, Governor Cuomo Announces New York State Will Contract with 28 Private Labs to Increase Coronavirus Testing Capacity. Reimagine, Rebuild and Renew New York*」, 월드와이드웹: https:// www. governor.ny.gov/news/video-audio-photos-rush-transcript-during-novel-coronavirus-briefing-governor-cuomo-announces에서 2021년 6월 10일에 검색했음.

Van Leeuwen, T. H. E. O., & Wodak, R. U. T. H.(1999). Legitimizing Immigration Control: A Discourse—Historical Analysis. *Discourse Studies* 1:1, 83-118.

Wodak, R., & Meyer, M.(2001). *Methods of Discourse Analysis.* London: SAGE.

World Health Organization(2021), 「WHO Coronavirus (COVID-19) Dashboard」, 월드와이드웹: https://www.who.int에서 2021년 7월 30일에 검색했음.

코로나19로 확대된
반중·반미·반일 정서와 담화특징 연구

- 신문사설 헤드라인을 중심으로 -

신진원
(부산대)

1. 서론

본 논문은 담화분석을 통해 코로나19 확산 초기 1년 동안(2020.01.01.~12. 31) 신문사설 헤드라인에 기술된 반중, 반미, 반일 정서 재현을 조사하여 3국에 대한 부정적 정서를 구현하는 담화 특징을 규명하는 연구이다.

코로나19 확산 초반 세계 주요 언론들은 감염병 발생의 진원지로 지목된 중국과 아시아인에 대한 부정적 정서가 연일 커져가고 있음을 보도하였다 (Bieber 2020; Wahl-Jorgensen 2020; Noel 2020, 등). 또한 코로나 확산의 위험이 장기화되고 심각해지면서, 타민족에 대한 반감이 코로나 확산 이전부터 포착된 탈세계화, 즉 배타적 국가주의로의 회기 움직임을 더욱 가속화시킨다는 우려의 목소리도 제기되었다(Enderwick and Buckley 2020; Buckley and Hashai 2020).

한국의 경우, 독특한 지정학적 위치와 정치상황으로 글로벌 사회에 대한 의존도가 여타 다른 국가들에 비해 상대적으로 높다. 이런 맥락에서 뉴스텍스트를 통해 나타나는 중국, 미국, 일본과 같은 주변 다른 국가들에 대한 국민 정서는 해당 국가와의 이해관계 또는 자신이 지지하는 정당의 정치적 이데올로기에 따라 코로나 확산 이전부터 민감하게 차이를 보여 왔다. 하지만, 3국에 대한 반감의 강도는 배타적 국가주의를 우려할 만한 수준은 아닌 것으로 판단되었다.

그러나 국내 코로나 확진자의 증가와 함께 국내 주요 일간지들은 보수와 진보언론을 막론하고 중국, 미국, 일본과 같이 한국과 이해관계로 엮인 주변 국들과 관련하여 코로나19 발생 이전보다 부정적 기조가 강한 논평을 생산해 냈다(김수경 2020:24). 중국에 대해서는 코로나19 발단의 책임과 관련하여 비난의 목소리를 높였다. 일본의 경우는 코로나19 대응과 관련한 비협조 그리고 미국 트럼프 정부에 대해서는 자국민 중심 대응방안에 대해 비판한 것이다. 이 과정에서 우리와 이해관계로 묶여있는 이들 국가에 대한 반감, 넓게는 세계화에 대한 부정적 정서 확대 우려가 있다. 따라서 코로나19 확산 이후 3국에 대한 언론의 보도 태도와 언어 사용을 객관적으로 관찰하고 그 방향성에 대해 논의할 필요성이 제기된다.

본 논문은 담화분석을 통해 코로나19로 확대된 반중, 반미, 반일 정서가 국내 신문사설 헤드라인에 어떤 평가 기준과 수사 전략으로 나타나는가를 조사하고, 3국에 대한 부정적 정서 재현 특징과 그런 특징이 나타나는 원인을 논의하는 데 연구 목적이 있다. 구체적으로는 1) 신문사설 헤드라인에서 반중, 반미, 반일 정서를 나타내기 위해 사용된 평가어의 유형과 평가 기준 조사를 통해 3국에 대한 국내 주요 신문의 부정적 정서 재현 특징을 살펴본다. 또한 2) 부정적 정서 재현을 위해 사용된 수사 전략을 조사함으로써, 신문 간 부정적 정서 재현을 실현하는 방식 차이를 탐구하고자 한다. 이를 바탕으로 3) 3국에 대한 부정적 정서 재현 특징에 미치는 요인으로서 신문사의 정치적 이데올로기를 논의해 보고자 한다. 이를 위해, Martin and White(2005)의 평가어체계(Appraisal Theory)를 분석틀로 하여 보수언론과 진보언론으로 구분되는 조선일보(이후, <조선>)와 한겨레신문(이후, <한겨레>) 사설의 헤드라인을 대상으로 3국에 대한 부정적 정서 재현에 사용된 평가어를 분석한다.

_____ ## 2. 이론적 배경

본 장은 뉴스텍스트에서 발견되는 감염병과 제노포비아(xenophobia, 특정인종에 대한 혐오)에 관한 선행연구들을 살펴본다. 또한 3국에 대한 부정적 정서 재현 특징 분석을 위한 분석틀로서 Martin and White(2005)의 평가어체계 개념 중 본 연구와 직접적으로 관련 있는 내용을 요약하고 선행연구를 조사한다.

2.1. 감염병과 제노포비아 현상

지난 10년간 전 세계는 사스(SARS · 중증급성호흡기증후군), 신종플루(H1N1), 메르스(MERS · 중동호흡기증후군)와 같은 치명적인 감염병의 공포를 경험했다. 또한 언론들은 감염병이 발생할 때마다 관련 정보 제공, 사건 보도, 정책 논평 등을 통해 감염병 관련 담론 생산에 적극 개입해왔다.

이 과정에서 언론이 생산한 뉴스텍스트에서 발견되는 담화 특징은 '공포'와 '제노포비아의 확산'이다(Ungar 1998; Fung, Tse, Cheung, Min and Fue 2014; Monson 2017; Hopper 2018). Hopper(2018)는 언론이 외국인과 특정 감염병과의 연계를 부각하여 공포를 불러일으키는 것은 독자에게 고의적으로 불안감을 심어주는 수사 전략이라고 설명하면서, 언론의 언어사용과 감염병과의 관계를 논의하였다. Unga(1998)는 언론이 에볼라 확산 초기에 에볼라를 공포와 연결시켜 재현시킴으로써 미국 내 아프리카인에 대한 공포가 확산되었다고 보고한다. Fung et al.(2014) 역시 미국 언론이 에볼라를 분노와 연계하여 재현함으로써 미국 내 아프리카인에 대한 제노포비아를 확신시켰다고 주장한다.

코로나19와 제노포비아 담화에 관한 주요 연구(예, Bieber 2020; Sheth 2020; Rafi 2020; Reny and Barreto 2020; Noel 2020 등)들도 같은 맥락에서 감염병과 제노포비아의 관련성을 논의하였다. Bieber(2020)는 미국의 배타적 국가주의가 헤게모니를 얻어가고 있을 때 코로나19가 발생하여 언론들이 사람을 국가명으로 지칭하는 환유가 일반적이었음을 입증한다. 또한 이런 재현 방식은 결국 독자들로 하여금 중국에 대한 혐오를 불러일으키는 결과를 가져왔다고 주장한다. Sheth(2020)도 세계 주요 신문의 코로나 관련 기사를 분석하여, 코로나19를 '중국 바이러스'로 지칭하면서, 공공연하게 코로나19의 책임을 외부화하려는 전략이 드러난다고 설명한다. Reny and Barreto(2020)은 미국에서 아시아계 미국인에 대한 태도, 외국인 혐오, 코로나바이러스에 대한 우려가 어떻게 나타났는지를 미국의 주요 언론 담화분석을 통해 논의하고 있다. Noel(2020)은 코로나19 이슈와 관련하여 미국 주요 언론 제목에서 중국인과 아시아인에 대한 불신과 혐오가 재현되었음을 분석하여, 인종차별, 제노포비아와 같은 문제를 논의하였다.

한국 언론의 제노포비아 담화 특징 및 언어사용에 대한 연구는 김수경(2020), 손달임(2020), 박주현(2020) 등이 있다. 김수경(2020)은 코로나19 확산의 책임에 대한 보수와 진보의 논쟁을 다루면서 반중 정서와의 관련성을 조사하였다. 또한 이를 통해 언론사의 이념 성향이 정당의 노선과 매우 흡사한 점을 밝혀냈다. 손달임(2020)은 코로나19와 관련 국내 뉴스 제목을 언어학적으로 분석하여, 불안감을 조성하거나 위험도를 강조하는 언어 전략이 나타났으며, 감염병에 대한 위험 프레임과 공포 마케팅이 감염원에 대한 혐오로 이어진 것으로 연관성을 설명했다. 박주현(2020)은 언론의 이념성향에 따른 코로나19 보도 프레임을 비교하면서, 진보신문은 예방 및 대처 등 대응방안의 관점에서 보도한 반면, 보수신문들은 다양한 취재원에 근거해 김염병의 책임 귀인을 중국과 한국정부에 전가하는 프레임을 많이 사용하였음을 입증하였다. 또한 이를 바탕으로, 감염병과 관련하여 신문들은 이념적 성향에 따라 프레임과 보도내용에 차이가 있음을 주장하였다.

2.2. 관점의 재현과 평가어체계

Martin and White(2005)는 평가어를 사건이나 사람, 사물에 대한 화자/저자의 평가를 담은 언어자원을 의미하며 평가어체계란 평가를 담은 언어자원의 체계라고 설명한다. 체계기능언어학(SFL)을 근간에 두고 Martin and White(2005)에 의해 정리된 평가어체계는 크게 '태도(Attitude)', '개입(Engagement)', '강도(Gradation)'로 구분되는데, 본 연구의 초점인 저자의 관점 또는 이데올로기 분석과 관련 있는 것은 '태도'이다. '태도'는 사람, 또는 사람이나 단체의 행위, 사물이나 현상에 대한 평가로, 다양한 어휘 항목을 통해 화자/저자의 평가적 태도가 드러난다(신진원 2014).

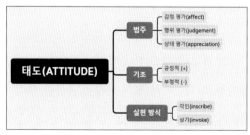

[그림 1] '태도'의 구성(Hood 2019: 384 참조)

[그림 1]에서 보듯이, '태도'는 하위범주로 평가대상의 유형과 초점에 따라 감정, 행위, 상태에 대한 평가로 구분되며, 각각의 평가는 평가 대상에 대한 평가자에 태도에 기인하여 긍정적 또는 부정적 기조로 구분된다. 본 연구에서는 3국에 대한 부정적 정서를 관찰하는 것으로서 부정적 기조의 평가만을 분석 대상으로 삼는다. 또한 이런 평가는 텍스트에서 두 가지 수사 전략인 '각인(inscribe)'과 '상기(invoke)'에 의해 언어적으로 실현된다.

먼저 범주를 구체적으로 살펴보면, 사람, 사물, 현상에 대한 감정적 반응을 평가하는 것은 '감정평가(affect)'로 지칭된다. '감정평가'는 구체적인 평가 기준인 '안정성(in/security)', '만족감(dis/satisfaction)', '행복감(un/happiness)'에 의해 상세히 구분될 수 있다. 구체적 예를 들어보면, '끔찍한 사건 현장에 놀란 목격자' 어구에서 목격자를 평가대상으로 했을 경우, '놀란'의 어휘가 감정을 나타내고 있다. 따라서 이것은 감정평가 중 '안정성'의 측면에서 대상의 감정을 부정적 기조로 평가한 경우이다.

평가대상이 되는 사람이나 기관의 행위를 평가하는 '행위평가(judgement)'는 그 사회·문화적 범주에서 받아들여지는 보편적 행위와 관련하여 '사회적 존중(social esteem)' 유형과 사회적 비난의 대상으로서의 행위와 관련한 '사회적 비난(social sanction)' 유형으로 구분된다. '사회적 존중'과 관련한 유형의 하부기준에는 '정상성(normality)', '능력(capacity)', '충실성(tenacity)'이 있으며, '사회적 비난'과 관련한 유형의 하부기준에는 '진실성(veracity)'과 '윤리(propriety)'가 있다. 예를 들어, '중국의 황당한 주장'과 같은 경우는 "황당한"이란 표현을 통해 중국의 행위가 정상적이지 않음을 암시한다. 이 경우는 '행위평가' 중 '정상성'의 측면에서 평가 대상인 중국을 부정적으로 평가한 사례이다. 반면 '중국의 오만'이란 어구에서 "오만"이라는 어휘를 통해 중국정부의 뻔뻔함에 대한 비난으로 '윤리' 측면의 평가로 분류된다.

반면, '상태평가(appreciation)'는 사물이나 현상에 대한 평가로, 평가대상에 대한 저자의 '반응(reaction)', 구성이나 구조에 대한 평가인 '구성(composition)', 혹은 '가치(value)'로 평가기준을 세분화한다. 예를 들면, '기대 높지 않은 한-중관계'란 표현은 "기대 높지 않은"이라는 어구를 통해 한국과 중국관계는 크게 관심을 받고 있지 않음을 반영한다. 따라서 이것은 '반응' 측면의 부정적 평가로 분류된다. 반면 '혼돈에 빠진 미국 대선'과 같은 어구는 "혼돈"이란 어휘를 통해 전체적인 '구성'의 측면에서 균형이 깨졌음을 보여주고 있다. 따라서 '구성'측면에서 부정적 기조로 평가했음을 볼 수 있다. '우한 코로나'와 같은 어구는 우한과 코로나를 함께 명명함으로써 중국의 부정적 가치를 간접적으로 전달한다. 따라서 중국을 '가치' 측면에서 부정적으로 평가한 경우이다.

Martin and White(2005)에 따르면, 이런 평가는 수사적 전략인 '각인(inscribe)'과 '상기(invoke)' 전략을 통해 텍스트에서 실현된다. 먼저, '각인'은 평가자인 저자가 평가대상에 대해 독자들이 어떻게 느꼈으면 하는지를 직접적이고 명시적으로 표현하는 전략이다. 따라서 '각인'은 명시적이고 직접적으로 태도가 드러나는 어휘를 통해 표현되는 전략이다. 반면 '상기'는 평가자가 독자로 하여금 대상에 대해 가졌으면 하는 태도를 간접적으로 표현하는 전략이다. '각인'과 달리 '상기'는 직접적 평가를 담은 어휘를 통해 표현되지 않으며, 어휘적 은유(이후, '은유')나 비교, 양보, 강화와 같은 어휘·문법적 형태(이후, '문법')를 통해 나타난다. 또한 가장 간접적인 방법으로, 독자와 공유되는 경험적 정보를 제시함으로서 독자가 긍정 혹은 부정적 평가를 스스로 끌어내도록 하는 방식(이후, '함축')도 '상기'에 해당한다. 예를 들어, '일본도 중국 수준의 나라인가'라는 어구는 '중국의 수준이 좋지 않다'라는 독자와의 공유된 경험을 통해 평가 대상인 "일본"에 대한 부정적 태도를 간접적으로 재현한 것이다[1].

Macken-Horarik and Isaac(2014)은 '각인'이 가장 직접적인 전략이며, '상기' 중 어휘적 은유나, 어휘·문법적 형태의 사용은 각인보다 직접적이지는 않으나 수사 전략의 측면에서 독자를 기관이 제시하는 기조로 끌어들이는 데 효과적인 수사 전략이라고 설명한다. 또한 '상기' 중 공유된 경험적 정보를 제시하는 전략인 '함축'은 평가대상에 대한 독자의 판단을 가장 많이 허용하는 것으로 설명한다.

이런 평가어체계는 뉴스텍스트 속에 선거, 재난 등의 다양한 사회적 사건들을 분석하기 위한 분석틀로 이용된다(예, Khoo, Nourbakhsh, and Na 2012; Noh and Ban, 2017; Chalimah, Santosa, Djatmika and Wiratno 2018). 이 연구들은 평가어체계가 뉴스텍스트에서 특정 사건에 대한 기관의 관점을 살펴보는데 효율적인 도구임을 입증하였다. 또한 국내에서는 신진원(2014)과 김병건(2016), 노보현·반현(2019) 등이 평가어체계를 이용하여 뉴스 텍스트를 분석하였다. 신진원(2014)은 세월호 사건에 대한 보도 관점과 방식을 분석하기 위해 평가어체계를 이용하여 한국과 미국 신문사설을 비교하였다. 김병건(2016)은 보수와 진보신문을 대표하는 <조선>과 <한겨레>에서 진보를 어떻게 재현해 내고 있는가를 평가어체계를 분석틀을 통해 조사하였다. 또한 노보경·반현(2019)은 평가어 체계를 통해 북한과 미국의 정상회담

---

1 Martin and White(2005: 67)는 '상기'를 전략의 구체적인 방식에 따라, 어휘적 은유를 '소환(provoke)', 어휘 문법적 형태 활용을 '표시(flag)', 경험적 정보공유를 '흔적(afford)'으로 하부 유형으로 구분해 두었으나, 본 연구에서는 '각인'과 '상기'로만 구분하며, 하위 항목들은 전략을 실현하는 기법으로서 각 '은유', '문법', '함축'으로 지칭한다.

보도의 관점차이를 면밀히 분석하였다. 관련 선행연구들은 사회의 다양한 이슈들에 대한 저자/화자의 관점 차이를 비교하는 조사에 평가어체계가 유용함을 보여준다.

3. 분석대상과 방법

보도기사가 객관적 사실이나 정보 전달에 초점을 둔다면, 사설은 사건에 대한 기관의 입장이나 주관적 견해를 전달한다(Teo 2000: 13). 또한 보도기사나 사설의 제목은 특정 사건에 대해 독자들로 하여금 기관의 관점과 같은 방향으로 안내하는 역할을 하는 것이다(방영덕·박재영 2009: 88). 따라서 본 연구는 뉴스텍스트 저자가 평가 대상에 대해 재현한 기관의 관점을 보는 연구로, 신문 사설의 제목인 헤드라인을 분석 대상으로 선정하였다.

분석을 위한 텍스트는 국내 최대 뉴스 아카이브인 빅카인즈(https://www.bigkinds.or.kr/)에서 추출하였다. 분석대상이 된 텍스트는 코로나19 확산에 대한 국내 뉴스가 가장 많이 생산되었던 2020년(1월 1일부터 2020년 12월 31일까지)[2]을 대상으로 하며, 이데올로기를 기반으로 한 태도변화의 차이를 조사하기 위해 보수와 진보진영을 대표하는 <조선>, <한겨레> 사설 헤드라인 분석을 시행하였다. 신문의 정치적 이데올로기를 자발적으로 규정하는 것을

---

2 중국 우한 지역에서 2019년 12월 처음 발생 후, 2020년 1월 30일 WHO가 '국제 공중보건 비상사태(PHEIC, Public Health Emergency of International Concern)'를 선포하면서 세계적 언론들에서 코로나19 관련 보도가 본격적으로 나오기 시작했다. 또한 국내언론의 경우, 국내 첫 환자가 발생한 때인 2020년 1월 20일부터 언론의 본격적 보도가 시작되었다. 따라서 코로나19 전후의 구별을 편의상 2020년 1월 1일을 기준으로 구분한다.

꺼리는 국내의 다른 주요 일간지와 달리 <조선>과 <한겨레>는 스스로 한국의 보수신문과 진보신문임을 각각 자처해왔다. 이런 이유로 두 신문의 논조는 대북관계를 비롯해 외교 정책들을 보도하는 과정에서 대체적으로 상반된 관점으로 보여주는 경우가 대부분이다. 따라서 본 연구에서는 보수진영과 진보진영의 논평의 기조를 가장 명확히 들여다 볼 수 있는 분석대상으로 두 신문을 선정하였다.

두 신문을 대상으로 <코로나>란 키워드를 넣어 추출된 신문 헤드라인에서 다시 중국, 미국, 일본과 관련된 헤드라인만을 연구범위로 한정한다.[3]

분석을 위한 프레임은 Martin and White(2005)의 평가어 체계 중 '태도' 분석을 위한 틀을 이용하였으며, 분석을 위해 추출된 데이터를 기반으로 작성된 태도 재현 양상에 대한 분석표 예시는 다음과 같다.

<표 1> 태도 재현 양상 분석표 예시

평가어휘	평가자	평가 대상	감정 평가	행위 평가	상태 평가	수사 전략
<u>우한 폐렴</u> 지나친 공포 누구에게도 도움 안 돼	조선 (01.31)	중국			-가치	상기 (은유)
中, 日 이어 우리도 '지역사회 감염', 아직 낙관은 이르다	조선 (02.17)	중국 일본			-가치	상기 (함축)
이제 중국이 한국인 강제 격리, 어떻게 이럴 수가	조선 (02.26)	중국		-윤리		상기 (문법)
중국, '<u>우한 폐렴</u>' 정보 투명하게 공개하라	한겨레 (01.21)	중국		-진실성	-가치	상기 (은유) 상기 (문법)

---

3 <코로나> 키워드로 추출된 데이터를 바탕으로 다시 중국 관련 키워드 <중국>, <중>, <中>, <우한>과, 미국 관련 키워드 <미국>, <미>, <美>, <트럼프>, 일본관련 키워드는 <일본>, <일>, <日>을 입력하여 분석 데이터를 추출하였다.

| 미국 유럽 '코로나' 확산세, 국외 역유입 대책 필요 | 한겨레 (03.15) | 미국 (유럽) | | | -가치 | 상기 (함축) |
| 코로나 협력은커녕 서로 다투는 무책임한 미·중 | 한겨레 (05.05) | 미국 중국 | | -충실성 -충실성 | | 각인 각인 |

<표 1>과 같은 방식으로 해당 자료들을 신문사별로 분석하고 각각의 빈도 수를 비교 조사한다. 재현된 태도의 평가 유형 판단 근거는 일차적으로 2.2에서 일부 설명한 것처럼 Martin and White(2005)가 영어를 기준으로 제시한 판단 기준을 기반으로 한국어 평가 기준을 설정하였다. 그런 다음, 분석을 위해 한국어를 모국어로 하는 본 연구자를 포함한 2명의 동료 연구자를 분석 작업에 참여시켰다. 분석에 참여한 연구자는 언어학 박사학위를 받은 전문 연구자로 3차례에 걸친 토의와 합의를 걸쳐 판단 내용을 검토하였다. 또한 일부 일치하지 않는 평가어의 경우 더 많은 선택을 받은 평가유형으로 분류하였으며, 이 과정에서 복수의 토의와 합의를 거쳤음을 밝힌다.

_____ **4. 분석결과와 논의**

3국에 대한 부정적 정서 재현을 분석한 결과와 정치 이데올로기와의 관련성 논의는 평가어의 수와 유형, 평가실현 방식 순으로 기술한다.

4.1. 평가어의 수

빅카인즈를 통한 검색 결과 2020년 1월 1일부터 12월 31일까지 <코로나>와 <중국>, <미국>, <일본>을 키워드로 입력하여 추출한 사설 수는 <조선>의 경우 총 253건(중국 107건, 미국 90건, 일본 56건)이며 <한겨레>의 경우 총 74건(중국 24건, 미국 39건, 일본 11건)이다.

이 가운데, 헤드라인에서 3국에 대한 부정적 태도를 담은 평가가 나타난 경우는 <조선> 35건(중국 31건, 미국 3건, 일본 1건), <한겨레> 17건(중국 5건, 미국 9건, 일본 3건)으로 분류된다. 분석결과에서 보듯이, 코로나와 관련한 사설 헤드라인에서 <한겨레> 보다 <조선>이 중국, 미국, 일본에 대해 부정적 평가어를 많이 사용하였다. 이것은 <조선>이 3국에 대한 견해를 훨씬 더 적극적으로 재현했음을 보여준다.

이런 결과는 집권여당과 같은 정치노선에 있는 언론의 경우, 사회 혼란을 자극하거나, 질서 유지에 위해할 수 있는 사건에 대해 논평을 적극적 생산해 내는 것을 자제한다는 박주현(2020)의 연구결과와도 일치한다. 감염병과 같이 사회 질서를 깨트릴 수 있는 사건에 대한 논평의 경우 보편적으로 부정적인 평가와 연관지울 수밖에 없기 때문에, 당시 집권 여당과 이념적 성향이 같은 <한겨레>는 코로나19와 관련하여 3국에 대한 비판적 논평보다는 사실 보도나 정보 전달에 집중했다고 볼 수 있다. 반면, 반대노선에 있는 <조선>의 경우 독자에게 집권당의 실패로 인식할 수 있는 사태에 대해 보다 적극적으로 논평한 것이다.

따라서 집권여당과 정치 노선이 같다고 고려되는 <한겨레>보다 반대쪽의 <조선>이 부정적 평가어를 담은 헤드라인을 더 많이 생산해 놓은 것은 정치적 이데올로기에 기반 한 담화 관행에 일치하는 것으로 볼 수 있다.

국가 간 차이를 구체적으로 보면, 3국 중 코로나 발생과 직접적인 관련이 있다고 볼 수 있는 중국에 대한 평가가 두 언론 모두에서 많을 것으로 예측되었다. <조선>의 경우 이런 예측대로 중국과 관련하여 적극적인 방식으로 부정적 평가를 내놓았다(총 31건). 하지만, <한겨레>의 경우는 중국에 대한 평가가 담긴 헤드라인의 수는 총 5건에 불과했다. <한겨레>는 오히려 미국에 대한 평가가 더 많았다(총 9건). 이것은 <한겨레>의 정치적 이데올로기가 친중 성향의 당시 집권여당과 같은 선상에 있기 때문으로 중국에 대한 평가에 소극적이었다고 추론해 볼 수 있다.

따라서 평가 대상의 측면에서는 보수언론인 <조선>이 중국에 대해, 그와 대치되는 <한겨레>가 미국에 대해 부정적 기조를 집중했다는 것은 신문사의 정치적 이데올로기가 3국에 대한 부정적 정서 재현에 중대한 영향을 미쳤음을 입증한다.

4.2. 평가 유형

중국, 미국, 일본에 대한 '태도' 평가의 하부 유형별 빈도수를 분석한 결과는 다음과 같다.

〈표 2〉 3국에 대한 태도평가 하부유형별 빈도수

범주 (총)	중국		미국		일본	
	조선	한겨레	조선	한겨레	조선	한겨레
감정 (0)	0	0	0	0	0	0
행위 (19)	8	4	0	5	0	2
상태 (33)	23	1	3	4	1	1
총계 (52)	31	5	3	9	1	3

<표 2>에서 보듯이, '태도' 평가의 하부유형 중 '감정평가'는 두 신문 모두에서 발견되지 않았다. 이것은 평가대상인 3국은 감정을 느끼고 표현하는 개별적 사람이 아닌, 단체 또는 조직인 국가이기 때문에 나온 결과이다. 또한 장

르 관습의 반영으로 '감정평가'가 나타나지 않았다고도 볼 수 있다.

White(2008: 17)는 뉴스텍스트의 평가어 특징에 대한 설명에서, 장르관습상 객관적 태도가 중요한 뉴스텍스트에서는 감정을 직접적으로 드러내기 위해 사용된 언어 자원, 즉 '감정평가'는 자주 발견되지 않는다고 주장한다. 따라서 이런 장르 관습이 반영된 것으로도 볼 수 있다.

또한 전체적으로 평가대상에 대한 평가 기준의 측면에서 보면, 행위나 행보에 대한 평가인 '행위평가' 보다는 대상에 대한 가치를 평가하는 '상태평가'의 빈도수가 훨씬 높게 나타나는 특징을 보였다. <표 2>에서 보듯이, 두 신문에서 나타난 '행위평가'는 총 19건이 반면 '상태평가'는 총 33건인 것이다.

하지만 신문 간 구체적 차이를 보면, 평가어의 수가 많은 <조선>의 경우 '행위평가'의 수가 8건 '상태평가'의 수가 27건 나타난 반면, 평가어의 수가 적은 <한겨레>의 경우는, '행위평가'의 수가 11건, '상태평가'의 수가 6건' 나타났다. 이것은 <조선>의 경우 코로나19와 관련하여 3국의 행위보다는 감염병으로인해 불안전해진 중국 상황에 대한 평가에 보다 더 집중하였음을 보여준다. 반면, <한겨레>의 경우는 코로나19와 관련하여 발생하는 상황에 대한 3국의 행보를 보다 더 집중적으로 평가했다는 것이다.

평가 유형별 구체적인 특징을 살펴보면, 먼저 '행위평가'의 세부 평가 기준 분석 결과는 다음과 같다.

〈표 3〉 3국에 대한 '행위평가'의 평가 기준과 빈도수

범주	평가 기준 (총)	중국		미국		일본	
		조선	한겨레	조선	한겨레	조선	한겨레
행위	정상성 (1)	1	0	0	0	0	0
	능력 (0)	0	0	0	0	0	0
	충실성 (5)	2	1	0	2	0	0
	진실성 (2)	1	1	0	0	0	0

윤리 (11)	4	2	0	3	0	2
총계 (19)	8	4	0	5	0	2

<표 3>을 보면, 우선 <조선>은 중국과 관련해서만 '행위평가'가 총 8건 나타났다. 미국과 일본을 상대로는 '행위평가'가 나타나지 않은 것이다. 중국에 대한 '행위평가'의 하위유형의 예는 다음과 같다.

(1) ㄱ. 중국이 '한국에 가지 말라' 한다니, <u>세상에 이런 일이</u> (-정상성)

〈조선 2020.05.25〉

ㄴ. 中 또 일방 <u>약속 파기</u>, 정부는 또 中 대변, 한국민 능멸 말라 (-충실성)

〈조선 2020. 11.14〉

ㄷ. 서울 피한 中 외교위원 訪韓, <u>왜 이유도 안 밝히나</u>(-진실성)

〈조선 2020. 08.22〉

ㄹ. 이제 중국이 한국인 강제 격리, <u>어떻게 이럴 수가</u> (-윤리)

〈조선 2020. 02.26〉

(1)에서 볼 수 있듯이, <조선>의 경우 중국에 대해 4가지 하부 유형 모두에서 부정적 평가가 이루어졌다. 다시 말해, 중국에 대한 전반 행위에 대해 다양한 측면에서 부정적인 평가를 내린 것이다. <조선>은 (1ㄱ)에서 세상의 이치에 맞지 않는다는 측면에서 '정상성'에 대해 부정적 평가를 보여준 것이다. (1ㄴ)에서는 중국이 약속을 저버렸다는 점에서 부정적 '충실성'에 해당한다. (1ㄷ)의 경우, 중국의 진실을 숨기는 떳떳하지 못한 행위와 관련하여 '진실성' 측면에서 부정적 평가를 내린 예시이다. (1ㄹ)은 중국정부의 행위가 비도덕하다고 보는 '윤리'적 측면의 평가를 보여준다.

(2) 中 <u>0%대 성장 전망</u>, 韓 백화점 매출 30% 감소, 비상 상황, (+능력)

〈조선 2020. 02.10〉

(2)의 경우는 '능력' 측면에서 단순히 중국의 무능을 비판하려는 목적 보다는 한국정부의 무능을 비난하기 위해 비교대상으로 배치된 것으로 판단할 수 있다. 한국정부의 무능을 평가하기위해 그래도 중국의 경제 상황은 더 낫다는 함축적 의미를 갖는 것이다. 따라서 본 연구에서는 이런 문장들을 중국의 '능력'에 대한 긍정적 기조의 평가로 분류하여, 분석대상에서 제외하였다. 이런 '능력' 측면을 제외하고는 중국에 대한 평가에서는 전반적으로 다양한 평가 기준 하에 명백한 부정적 기조를 나타냈음이 확인된다.

반면 〈한겨레〉의 경우는 비록 출연 빈도수는 적었지만, 중국과 미국, 일본에 대한 평가가 모두 나타났으며, 비슷한 수치를 나타낸 미국과 중국이 일본보다 높았다. 중국의 경우는 '충실성'과 '진실성'과 관련하여 평가가 이루어진 반면 반대 진영인 일본과 미국에 대해서는 '윤리성'에 대한 평가의 비율이 다소 높았다.

(3) ㄱ. 아베 이제 와서 "한국과 코로나 협력", <u>염치없다</u> (-윤리성)

〈한겨레 2020.04.30〉

ㄴ. '<u>인종차별' 민낯보인</u> 미국 흑인 사망사건, 한인 피해 없도록(-윤리성)

〈한겨레 2020.05.31〉

ㄷ. 감염병 첫 경고 의사 죽음에서 중국 정부가 <u>새겨야 할 것</u>(-충실성)[4]

〈한겨레 2020.02.07〉

---

4 (3ㄷ)은 중국내에서 처음으로 감염병에 대해 경고한 자국의사의 말을 무시한 중국 정부의 행위를 평가한 것으로 국민의 안전을 위해 전문가의 조언에 귀 기울여야 하는 책임을 소홀히 했음을 함축하다. 따라서 이 경우 '충실성' 범주의 부정적 평가로 분류한다.

위에서 살펴보았듯이 '사회적 존중'에 해당하는 (3ㄷ)과 같은 '충실성'에 대한 부정적 평가는 무엇인가를 원활히 잘 하지 못했거나 부적절하게 행해졌음에 대한 평가라면 (3ㄱ)과 (3ㄴ)과 같은 '윤리' 측면의 평가는 공동체 규율의 위반에 대한 강력한 비난으로 볼 수 있다.

Martin and White(2005:52)에 따르면, '행위평가'의 하위 기준을 구분하면서 '사회적 존중'에 속한 하부 기준 즉 '정상성', '능력', '충실성'에서 평가 대상이 부정적 평가를 받는다는 것은 그 대상이 행한 행위가 자신이 속한 공동체에서 존경을 받지 못하는 일임을 나타내는 것이다. 하지만 법적 또는 도덕적 부정과 연관되지는 않는다. 반면, '사회적 비난'의 하부 기준, 즉 '진실성'과 '윤리성'에서 부정적 평가를 받는다면 그 문화에서 명시적으로 기술된 규칙이나 규정들을 위반했다고 판단하는 것이다. 따라서 합법성과 도덕성에 의구심을 받고 있다고 볼 수 있으며, '사회적 존중'의 하부 기준보다는 강력한 비난의 대상이 된다. 따라서 '윤리' 측면의 부정적 태도가 나타났다는 것은 '능력'이나 '충실성' 측면보다 더 강한 부정적 기조를 형성하게 된다고 볼 수 있다.

따라서 <한겨레>는 미국과 일본의 행보에 대해서는 보다 강력한 비난의 목소리를 내고 있는 반면 중국에 대해서는 보다 약한 기조로 부정적 태도를 보여주고 있음을 확인할 수 있다.

이것은 코로나로 야기된 상황에 대한 3국의 행위나 행보에 대한 평가에서 <조선>은 중국에 대한 부정적 평가에 몰두했으며, <한겨레>는 미국에 대한 강한 부정적 평가에 보다 집중했음을 보여준다.

사물이나 현상에 대한 평가인 '상태평가'의 하부 평가기준인 '반응', '구성', '가치' 빈도수 분석 결과는 다음과 같다.

범주	평가 기준 (총)	중국		미국		일본	
		조선	한겨레	조선	한겨레	조선	한겨레
상 태	반응 (1)	0	0	1	0	0	0
	구성 (3)	1	0	0	2	0	0
	가치 (29)	22	1	2	2	1	1
총계 (33)		23	1	3	4	1	1

<표 4>에서 볼 수 있듯이, '상태평가'의 분석결과는 두 신문 모두에서 3국에 대한 '가치' 측면의 평가가 가장 많았음을 보여준다. Martin and White (2005)에 따르면, '가치'는 평가자가 평가대상인 사물이나 현상에 대해 얼마나 가치 있는 것인지, 소중한 것인지, 이로운 것인지 등의 기준을 가지고 평가하는 것이다(신진원 2021 재인용). 이것은 평가에서 가장 중요하게 작동한 것이 3국이 우리 사회에 얼마나 가치 있고 이로운 존재인가 그렇지 않는가라는 점임을 보여준다. '가치'를 기준으로 3국을 평가한 예시는 다음과 같다.

(4) ㄱ. 태국 방문자도 감염, 환자 많은 中 5개 省은 입국 차단해야 (-가치)

〈조선 2020.02.05〉

ㄴ. 우한 폐렴, 2차 3차 감염으로 번진 '메르스 실패' 반복 말라(-가치)

〈조선 2020.01.28〉

ㄷ. 우려되는 홍콩 보안법 통과와 미-중 '신냉전' 격화 (-가치)[5]

〈한겨레 2020.05.28〉

(4ㄱ)은 '감염자가 많다'라는 것으로 중국의 위험성을 표현하고 있다. 중국

---

5 (4ㄷ)의 경우 헤드라인 상에서 코로나와 직접적인 연관성을 찾기 힘드나, 본문의 내용에서 코로나로 인해 더욱 악화된 관계를 전제로 하고 있다. 이 경우 분석대상에 포함된다.

사회의 안전성에 대해 부정적으로 평가한 것이다. (4ㄴ)은 코로나를 '우한 폐렴'으로 지칭함으로써 코로나와 중국을 일치시키고 있다. 이것은 중국의 위험성을 극대화한 은유적 표현이다. (4ㄷ)은 미국과 중국과의 갈등상황을 전쟁에 비유함으로서 두 나라간 정치적 관계의 불안전성을 암시하고 있다. (4ㄱㄷ)은 모두 중국 또는 미국이 '위험하다'라는 평가로, 평가자의 관점에서 평가대상인 중국이 더 이상 한국사회에 이롭지 않다는 판단을 기반으로 한다. 따라서 이 표현들은 모두 '가치'의 측면에서 부정적 평가로 분류할 수 있다.

<표 4>를 보면, 특히나 <조선>의 경우가 중국에 대한 평가에서, '반응'이나 '구성'에 비해 '가치'에 대한 부정적인 평가가 높은 비율로 나타났다. 이것은 <조선>이 '중국이 위험하다'라는 프레임을 가지고 중국의 안전을 부정적으로 평가하는 경향이 강하다는 것을 보여준다.

평가 유형 분석결과를 정리해 보면, <조선>의 경우 코로나19 확산 1년 동안 중국과 관련하여 다양한 평가 유형과 기준을 가지고 부정적인 기조를 보여주었으며, 특히 코로나19로 인해 위험해지거나 혼란스러워진 중국의 상황, 사태에 대한 평가에 더 초점을 두었다. 반면, <한겨레>의 경우는 코로나19의 직접적인 발단의 책임이 있다고 지적된 중국보다는 감염병이 세계적으로 확산되는 상황에서 미국이 보인 행보에 대한 비판에 초점을 두어 논평했음을 보여준다.

이것은 보수와 진보를 대표하는 두 신문들의 부정적 재현이 코로나19 확산으로 인한 특정국가, 구체적으로는 중국에 대한 혐오로 이어질 만큼 일방적이거나 강력하지 않았음을 보여준다. 그 이유는 우선 두 신문의 부정적 평가 재현의 대상이 신문사의 정치 이데올로기에 따라 달리 나타났게 때문이다. 또한 신문사의 정치 성향에 따라 중국에 대한 평가에 치우친 <조선>의 경우도 코로나19 책임을 묻고 이로 인해 중국에 대한 직접적이고 강력한 부정적 정서를 재현해 낼 수 있는 평가인 '행위평가'보다 위험에 처한 중국의 상황이나 사태에 대한 우려가 반영된 '상태평가'의 수가 훨씬 높았기 때문이다.

Sheth(2020)와 Bieber(2020)는 세계 주요 언론이 코로나19에 대한 책임을 외부화 하기 위한 전략으로서 일방적으로 중국의 위험성이나 비도덕성을 부각하여 보도한다고 주장하였다. 이로 인해 서구 사회에서 중국인 그리고 아시아인에 대한 혐오가 증폭되었음을 보여준다. 하지만 정치적 이데올로기가 서로 반대에 있다고 판단되는 국내 두 신문의 평가 유형 결과에서 볼 수 있듯이 국내에서는 중국에 대한 비난의 강도가 배타적 국가주의를 이끌 만큼 맹목적이지는 않았음을 보여준다.

4.3. 평가실현 방식

평가가 텍스트에서 언어적으로 실현되는 수사적 전략으로서 '각인'과 '상기'의 출현빈도수를 비교한 결과는 다음과 같다.

〈표 5〉 3국에 대한 평가 실현 방식과 빈도수 예시

수사 전략	실현 방식 (총)	중국		미국		일본	
		조선	한겨레	조선	한겨레	조선	한겨레
각인	명시(12)	3	1	0	6	0	2
상기	은유(16)	11	2	1	2	0	0
	문법(8)	6	1	1	0	0	0
	함축(16)	11	1	1	1	1	1
총계(52)		31	5	3	9	1	3

<표 5>는 전체적으로 직접적 수사 전략인 '각인(12건)'보다 간접적 수사 전략인 '상기(40)'가 높은 빈도로 나타났음을 보여준다. 특히 <조선>의 경우 <한

겨레>에 비해 '상기'가 압도적으로 높은 수치로 나타났다.

구체적으로 보면 '상기' 전략 중 '은유(16건)'와 '함축(16건)'을 통한 평가 전략이 가장 높은 비율로 나타났다.

(5) ㄱ. '<u>우한 코로나</u>' 중소기업 판단이 정부보다 훨씬 빨랐다니

〈조선 2020.03.03〉

　　ㄴ. <u>中 도시 76곳 4억2천만 이동 제한</u>, 우리도 對中 차단 확대 필요

〈조선 2020.02.01〉

(5ㄱ)은 '우한은 코로나'라는 환유를 통해 부정적 판단을 실현하고 있는 예시이다. Bieber(2020: 2)에 따르면, 코로나바이러스 확산 초기 바이러스이름 앞에 'Wuhan Pneumonia(우한 폐렴)'이나 'China Virus(중국 바이러스)'와 같은 환유가 언론에서 일반적으로 사용되었으며, 이로 인해 독자들로 하여금 중국이나 중국인에 대한 부정적 시각을 불러일으켰다. 따라서 은유나 환유를 통한 부정적 평가는 코로나 확산 초기 국가와 언어와 상관없이 가장 일반적인 수사 전략이었음을 볼 수 있다.

(5ㄴ)은 중국이 도시 간 이동 제한을 두었다는 점에서 '중국 도시는 위험하다'라는 인식을 독자가 갖도록 유도한다. 이것은 독자와 공유된 경험적 정보를 통해 기관의 부정적 태도를 암시하는 간접 전략인 '함축'으로 분류된다. '상기'의 하부 수사 전략인 '함축'은 두 신문의 평가에서 모두 나타났지만, <조선>의 경우 '은유'와 함께 가장 선호된 방식이다.

그 밖에 <조선>에서는 댓구와 비교라는 수사 전략을 이용해 반대 쪽 대상을 비교하는 경우가 자주 나타났으며, 수사의문문, 반어 등도 자주 이용되었다.

(6) ㄱ. 대도시들 잇달아 <u>폐쇄한</u> 中, 외국엔 '중국인 입국 막지 말라' (댓구)

〈조선 2020.02.06〉

ㄴ. 결국 中이 "韓 가지 말라" 문 열어놓은 우리는 <u>뭔가</u> (수사의문문)

〈조선 2020.03.09〉

(6ㄱㄴ)은 상기' 전략 중 어휘·문법적 형태를 통한 수사 전략의 예시가 된다. 댓구와 수사의문문을 통해 자국민과 타국민에게 보이는 이율배반적 행위에 대한 비도덕성 측면을 비난하고 있는 것이다. 사실, 이런 어휘·문법적 형태를 이용한 '상기'전략은 본 연구의 분석 대상에서는 예외가 되었지만 중국에 대한 긍정적 평가를 실현하는 방식으로 자주 이용되었다. 그런 경우 대부분은 한국정부 행위에 대한 비난이나 한국 상황의 심각함을 강조하기 위해 '능력' 측면에서 중국을 긍정적 평가하는 댓구가 사용되었다.[6]

Breeze(2017: 14)는 '상기'가 '각인'과 비교하여 독자의 다른 판단을 보다 폭넓게 허용한다고 설명한다. 이것은 '상기'가 간접적이고 이로 인해 저자의 의견을 강화시키지 않기 때문에 오히려 독자들이 평가 포지션을 보다 유연하게 취할 수 있도록 초대한다고 보기 때문이다. 따라서 이는 〈조선〉이 3국, 특히 중국에 대한 평가에서 독자의 평가 포지션을 인정하면서 부정적 정서를 재현하는 방식을 선호했다고 볼 수 있다.

반면에 평가어가 비교적 덜 나타난 〈한겨레〉 경우 〈조선〉에 비해 직접적인 방식인 '각인'의 비중이 높았다. 특히 정치적 이데올로기가 일치하지 않는 미국에 대한 평가에서 그 비율이 높게 나타났다.

---

6 예시: 〈조선 5.25〉 北 핵 강화, 中 국방비 증강, 우리만 '대화로 나라 지킨다'

(7) ㄱ. 코로나 협력은커녕 서로 다투는 <u>무책임한 미·중</u>

〈한겨레 2020.05.05〉

ㄴ. 극심한 분열과 갈등 드러내 <u>대혼란의 미국대선</u>

〈한겨레 2020.10.04〉

(7ㄱ)은 미국과 중국을 무책임하다고 직접적으로 단정하여 진술하고 있으며, (7ㄴ)의 경우는 코로나19확산 동안의 미국 대선이 대혼란을 겪고 있음을 명시적으로 밝힘으로써 미국 사회의 질서가 깨졌음을 진술한다. 이들은 평가어를 통해 저자의 태도를 명백히 드러내는 '각인' 전략의 예시이다. 따라서 〈한겨레〉는 〈조선〉보다 평가어의 수는 적었지만 수사 전략을 통해 반대 진영의 국가에 대해 보다 직접적인 방식으로 기관의 태도를 드러냈음을 알 수 있다. 이것은 〈한겨레〉가 반대 진영에 대한 비판에서 자신의 입장을 명백히 하고 있다고 판단할 수 있는 근거가 된다.

두 신문에 나타난 평가어의 빈도와 수사 전략을 고려해 보면, 평가어의 수가 많은 〈조선〉은 간접적 수사 전략을 통해 부정적 기조의 강도를 조절을 하고 있으며, 〈한겨레〉는 평가어 자체를 한정적으로 사용함으로서 부정적 기조를 조절하고 있다.

Fowler(1991: 120)에 따르면 사설처럼 기관을 대표하는 저자의 의견을 정당하게 노출할 수 있는 공간에서는 독자의 입장이나 이데올로기 형성에 영향을 미치기 위해 가장 효율적인 방식으로 언어와 수사적 전략이 채택된다. 따라서 두 신문은 기관의 관점이 독자에게 가장 효율적으로 전달되고 그 효과를 최상으로 끌어올릴 수 있는 방식으로서 평가의 빈도와 수사 전략의 방향을 설정하였다고 판단할 수 있다.

5. 결론

사회언어학의 발전과 함께 담화분석은 언어의 형태와 의미 사이의 관계를 분석하는 것에서 언어와 사회 간의 관계를 연구하는 것으로 확대되어 왔다. 이와 같은 맥락에서, 본 논문은 코로나19 확산 초반 1년 동안 보수와 진보를 대표하는 국내 두 신문의 사설 헤드라인 분석을 통해, 전 세계적 감염병 확산으로 중국, 미국, 일본에 대한 평가적 태도가 신문 헤드라인에서 어떻게 나타났으며, 신문사의 정치적 이념과 어떻게 관련을 맺는지를 살펴보았다.

가장 먼저, 3국에 대한 부정적 정서 재현의 특징 차이는 태도를 나타내는 평가어의 수에서 명확히 드러났다. 코로나19 이후 그 당시 집권당과 정치적 이데올로기를 같이하는 <한겨레>의 경우 3국에 대한 평가적 태도를 자제한 반면 정치적 이데올로기가 반대에 있는 <조선>의 경우 평가 어휘의 수가 월등히 많았다. 이것은 <한겨레>가 당시 정권의 정책이나 정무에 대한 부정적 영향을 끼칠 수 있는 3국에 대한 부정적 논평 보다는 정보 전달이나 제언에 초점을 두었다고 볼 수 있다. 반면 <조선>의 경우 특히 중국에 대한 부정적 평가를 자주 드러냈는데, 이는 각 신문의 정치적 이데올로기가 적용된 결과라고 볼 수 있다.

van Dijk(2005)은 뉴스텍스트 생산자가 객관적인 입장에서 사건을 보도하는 역할만 하지 않는다고 주장한다. 텍스트생산자가 속한 기관 또는 자신의 이데올로기를 바탕으로 사건에 대한 관점을 독자가 받아들이고 연대하도록 촉구하기도 한다는 것이다. 뉴스 텍스트를 소비하는 주체는 독자이지만 텍스트 소비를 위한 기본적 프레임을 생산하는 것은 언론인 것이다. 따라서 분석 대상이 된 두 신문은 뉴스를 생산하는 기관의 이데올로기의 측면에서 평가적 태도의 방향성을 설정하였음이 확인된다.

하지만 이런 정치적 이데올로기를 기반으로 한 방향성은 평가 유형이나 실현방식을 통해 특정 대상에 대한 과도한 비판이나 맹목적 혐오로 흐르지 않도록 조절되었다. 평가 항목과 관련해서 보면, 평가어의 수가 많은 <조선>은 중국에 대한 부정적 평가에 몰두했지만, 코로나19의 진원지로서의 행위나 행보보다는 코로나19로 인한 중국사회의 위험성에 초점을 두었음을 보여준다. 반면 <한겨레>는 정치 성향이 다른 미국의 행보에 대한 부정적 평가를 명백히 드러냈지만, 전체적인 평가어의 수는 <조선>에 비해 훨씬 적다. 이런 특징은 3국에 대한 부정적 정서 재현은 신문사의 정치적 이데올로기를 바탕으로 평가어의 빈도에 따라 부정적 기조의 강약을 함의한 평가유형을 조절하고 있음을 보여준다.

같은 맥락에서 평가를 텍스트에 실현하는 수사 방식에서도 신문 간 차이와 특징이 발견되었다. 평가어의 수가 많은 <조선>은 다양한 수사 전략을 동원하여 부정적 태도를 간접적 방식으로 재현했다면, 평가어의 수가 적은 <한겨레>는 보다 명시적인 수사 전략을 통해 부정적 태도를 보이고 있다.

결론적으로 두 신문 모두에서 3국에 대한 부정적 정서는 코로나19의 원인으로서 특정 국가나 민족에 대한 제노포비아에서 기인된 것이 아니라 두 신문의 정치적 이념을 바탕으로 재현되었음을 확인할 수 있다. 또한 이런 정치적 이데올로기를 바탕으로 한국이 처한 제반 여건들이 평가 유형과 실현방식에서 부정적 기조의 강약 조절에 영향을 미치고 있다고 볼 수 있다.

한국은 정치, 경제 및 사회 전반에서 글로벌 사회에 상당부분 의존해야 하는 구조를 갖추고 있다. 따라서 미국을 포함한 서구유럽에서 발생하는 특정 민족에 대한 강력한 제노포비아, 또는 배타적 국가주의가 언론에 의해 여론이 형성된다면, 국가 경제와 정치 안정에 위험 요인이 될 수 있을 것이다. 따라서 사회 전반에서 특정 국가에 대한 일방적이고 강력한 부정적 정서의 재현은 올바르지 못한 것으로 판단하고 있다. 따라서 두 신문도 이런 사회 전반의 정서와 기관의 이데올로기를 바탕으로 다양한 수사 전략을 통해 평가어의 강약과 빈도를 조절하여 3국에 대한 부정적 정서를 재현해 내고 있는 것이다.

본 연구는 대표성을 갖는 신문을 선정하고 동료 연구원의 검증을 통해 객관성 유지를 위해 노력했음에도 불구하고 연구의 특성상 연구자의 주관적 판단에 의존할 수밖에 없는 한계를 갖고 있다. Martin and White(2005: 6069)는 평가어체계는 모든 문화나 언어에 동일하게 적용되는 것이 아니라 문화나 언어 사용자에 따라 달라질 수 있다고 말한다. 또한 평가어에 대한 해석에서도 청자나 독자 개인이 갖는 경험적 세계에 따라 차이가 발생할 수 있다고 덧붙인다. 본 연구는 평가어체계가 지니고 있는 이런 자체제약을 받아들이고 텍스트 분석과정에서 연구자의 일관성 있는 판단에 보다 집중하였다.

따라서 본 연구는 코로나19라는 치명적 재난으로 발생한 3국에 대한 부정적 정서가 정치 성향이 상이한 국내 주요 일간지 두 곳에서 어떻게 나타났는가를 관찰하고 그 방향성을 주의 깊게 살펴볼 수 있는 계기가 되었다는 데 의의를 두고자 한다.

* 이 논문은 2021년 대한민국 교육부와 한국연구재단의 지원을 받아 수행된 연구임
  (NRF-과제번호)(NRF-2021S1A5B5A17048512)

김병건(2016), 「신문의 사설·컬럼에 나타난 '진보'에 대한 비판적 담화 분석」, 『사회언어학』24-1, 한국사회언어학회, 66-90.

김수경(2020), 「감염병, 이념, 제노포비아: '코로나19'의 정치화와 반중 (反中) 현상」, 『다문화와 평화』14:1, 다문화평화연구소, 22-43.

노보경·반현(2019), 「언어표현 기반의 북미 정상회담에 관한 한미 신문사설의 비교」, 『문화기술의 융합』5:3, 국제문화기술진흥원, 125-130.

방영덕·박재영(2009), 「인터넷 뉴스의 기사선택과 제목편집: 미디어다음과 조선닷컴의 경우」, 『한국방송학보』3:3, 한국방송학회, 86-124.

박주현(2020), 「언론의 이념성향에 따른 '코로나19' 보도 프레임 비교 연구」, 『한국언론학보』64:4, 한국언론학회, 40-85.

손달임(2020), 「코로나19 관련 뉴스 보도의 언어 분석-헤드라인에 반영된 공포와 혐오를 중심으로」, 『이화어문논집』51, 이화어문학회, 137-166.

신진원(2014), 「'세월호 사고'에 관한 한·미 신문 사설 비교 연구: 평가어 체계를 기반으로」, 『담화와 인지』21:3, 담화·인지언어학회, 123-143.

신진원(2021), 「미래에 대한 한국대학의 인식양상 탐구: "총장인사말" 페이지 담화분석 사례연구」, 『담화와 인지』28:4, 담화·인지언어학회, 73-93.

Bieber, F.(2020), Global nationalism in times of the COVID-19 pandemic. *Nationalities Papers*, 1-13.

Breeze, R.(2017), Tired of nice people? An appraisal-based approach to Trump's dichotomies. *Cultura, lenguaje y representación* 18, 7-25.

Buckley, P. J. & Hashai, N.(2020), Scepticism towards globalisation and the emergence of a new global system. *Global Strategy Journal* 10:1, 94-122.

Chalimah, C. et al.(2018), Evaluating attitudes in news text: Appraisal in critical discourse study. Paper presented at Fourth Prasasti International Seminar on Linguistics, Prasasti.

Enderwick, P. & Buckley, P. J.(2020), Rising regionalization: Will the post-COVID-19 world see a retreat from globalization?. *Transnational Corporations Journal* 27:2, 99-112.

Fowler, R.(1991), *Language in the news discourse and ideology in the press.* London: Routledge.

Fung, I. et al.(2014), Ebola and the social media. *The Lancet* 384(9961), 2207.

Hood, S.(2019), Appraisal. *The Cambridge handbook of systemic functional linguistics*, eds. by Geoff Thompson, Wendy Bowcher, Lise Fontaine, and David Schönthal, 382-409. Cambridge: Cambridge University Press.

Hopper, T.(2018), "Spanish flue": When infectious disease names blur origins and stigmatize those infected. *American Journal of Public Health* 108:11, 1462-1464.

Khoo, C. S. G. et al.(2012), Sentiment analysis of online news text: A case study of appraisal theory. *Online Information* 36:6, 858-878.

Macken-Horarik, M. & Isaax, A.(2014), Appraising appraisal. *Evaluation in context*, eds. by Geoff Thompson and Laura Alba-Juez, 67-92. Amsterdam: John Benjamins,

Martin, J & White, P.(2005), *The language of evaluation, appraisal in English.* New York: Palgrave McMillan.

Noel, T. K.(2020), Conflating culture with COVID-19: Xenophobic repercussions of a global pandemic. *Social Sciences & Humanities Open* 2:1, 100044.

Noh, B. &and Ban, H.(2017), Ideological discrepancies in news media: Focusing on the 2016 US Presidential Election. *The Journal of the Convergence on Culture Technology*, 3:4, 101-106.

Monson, S.(2017), Ebola as African: American media discourses of panic and otherization. *Africa Today* 63:3, 3-27.

Rafi, M. S.(2020), Dialogic content analysis of misinformation about COVID-19 on social media in Pakistan. *Linguistics and Literature Review* 6:2, 131-143.

Reny, T. T. & Barreto, M. A.(2020), Xenophobia in the time of pandemic: Othering, anti-Asian attitudes, and COVID-19. *Politics, Groups, and Identities* 10:2, 209-232.

Sheth, J.(2020), Impact of Covid-19 on consumer behavior: Will the old habits return or die?. *Journal of Business Research* 117, 280-283.

Teo, P.(2000), Racism in the news: A critical discourse analysis of news reporting in two Australian newspapers. *Discourse & Society* 11:1, 7-49.

Ungar, S.(1998), Hot crises and media reassurance: A comparison of emerging diseases and Ebola Zaire. *British Journal of Sociology* 49:1, 36-56.

Van Dijk, T. A.(2005), Discourse analysis as ideology analysis. *Language & Peace*, eds. by Christina Shäffne and Anita L. Wenden, 41-58. New York: Routledge

Wahl-Jorgensen, K.(2020), Coronavirus: How media coverage of epidemics often stokes fear and panic. *The Conversation*. Retrieved from https://theconversation. com/coronavirus-how-media-coverage-of-epidemics-often-stokes-fear-and-panic-131844.

White P.(2008), The news story as rhetoric: Linguistic approaches to the analysis of journalistic discourse. *Communicating conflict: Multilingual case studies of the news media*, eds. by Elizabeth Thomson and Peter White, 1-24. London: Continuum.

압둘라 2세 요르단 국왕의
대국민 담화문에 대한 비평적 담화분석

- 포스트코로나 연설문을 대상으로 -

안희연

(단국대)

1. 서론

1.1. 연구목적

본 연구는 코로나19 사태 이후 압둘라 2세 요르단 국왕이 국민들을 설득하고 통합을 유도하기 위해 사용하는 담화적·언어적·수사적 전략을 비평적 담화분석을 통해 파악하고자 한다. 이에, 본 논문은 2020년 코로나19 사태 이후 국왕의 연설문 중 아랍어로 발표한 대국민 담화문들을 연구한다. 이 연구가 여러 아랍 군주들 중 요르단 국왕을 대상으로 한 것은 요르단의 특수성과 대표성, 그리고 상징성에 기인한다.

요르단 왕가는 사우디아라비아 메카의 토호로 군림하다가, 1차 대전 이후 메카의 땅을 잃은 대신 영국과의 협조 아래 현재의 요르단 지역을 다스리는 입헌 군주국가를 설립하였다. 즉, 그들은 현재의 지배 지역 주민들을 통치하기 위한 역사적, 지역적 기반이 약하다. 현재의 요르단 인구는 본디 이 땅에 정주해온 베두인들과 네 차례의 중동전쟁으로 이스라엘에 의해 축출된 팔레스타인인 및 이라크의 쿠웨이트 침공 당시 요르단으로 피난 온 팔레스타인인으로 구성되어 있다. 이에 더해, 요르단 정부는 시리아 난민들을 적극 수용하여 이들이 현재 요르단 인구의 약 15%를 차지하고 있다.[1]

이처럼 요르단 왕가는 역사적, 지역적 뿌리가 약한 외부인이기에 한 지역에서 깊이 뿌리내린 부족장 또는 토호들에 의한 지도자의 정통성에 대한 공격에 취약하다. 요르단 왕가는 이를 선지자 무함마드의 가계라는 이슬람적 정통성에서 현실적인 지지 명분을 획득했다. 또한 왕가는 현지의 여러 부족들 중 어디에도 속하지 않기에 정치세력들 사이에서 편파적이지 않을 수 있다는 공정성을 장점으로 가진다. 즉, 국왕은 각각의 정치세력인 베두인 부족들의 부족장들의 충성과, 팔레스타인 및 다른 이주민들의 지지를 이끌어내면서 지배의 정당성에 대한 의문을 타개해왔다.

즉, 요르단의 리더십은 다른 일반적인 국가들의 형태와는 판이하다. 국왕의 연설문은 선지자 가문의 이름으로 알라의 뜻과 의지를 실현하는 군주로서의 면모를 부각시키는 동시에, 각기 다른 세력들의 지지와 균형을 끌어내 충성과 통합을 형성하는 수사 전략의 결정체이다. 이에 본 연구는 요르단 왕실이 국민 단합을 위한 설득과 지지를 끌어내는 담화 전략을 비평적 담화분석의 방법으로 분석하고자 한다. 구체적으로는, 코로나19라는 위기 상황을 타개하기 위한 국왕의 대국민 연설문을 통해 국민들을 결집하고 설득하는 과정을 분석하여 연설문의 구성과 핵심 메시지 및 이를 구현하는 담화적 · 언어적 · 수사적 특징을 파악하고자 한다.

---

1 https://reliefweb.int/report/jordan/jordan-response-plan-syria-crisis-2020-2022
 2020년 기준, 요르단에는 136만 명의 시리아 난민이 있으며 이는 요르단 인구의 약 15%에 해당하여, 요르단은 세계에서 두 번째로 1인당 난민수가 가장 많은 국가가 되었다.

1.2. 연구대상 및 방법

1) 연구대상

본 연구는 범세계적 위기인 코로나19 사태 이후 압둘라 2세 국왕이 국민들의 단결을 이끌어내는 방식을 확인하기 위해, 압둘라 2세 국왕의 아랍어 연설문 중 2020년에 이후에 발표된 세 편의 대국민 연설문을 대상으로 한다. 해당 연설문의 제목은 다음과 같다.

① 압둘라 2세 국왕의 요르단인들에 대한 TV 연설 (일시: 2020. 3. 23.)
② 요르단 국왕이 요르단 가족에게 하는 연설 (일시: 2020. 4. 10.)
③ 독립기념일 행사에서 압둘라 2세 국왕의 대국민 연설 (일시: 2020. 5. 25.)

요르단의 압둘라 국왕은 일련의 급변하는 중동 정세 속에서 전통과 서구화의 가치 충돌 및 세대 간의 갈등을 효과적으로 조정했고, 아랍 이슬람 권의 제3·4세대 지도자들 가운데서는 흔치 않게 서구와 역내 세력들 사이에서 나름의 균형을 유지해왔다. 그는 미국과 영국에서 교육을 받아 영어에 능통하여 국제 석상에서 발표하는 연설문은 영어를 주로 사용하여 외국 청자들에게 효과적으로 국제성과 중립성을 표방하고 전달해왔다. 하지만 국왕은 자국민을 대상으로, 특히 단결과 충성을 강조하는 연설에서는 아랍어를 사용하기에 본 논문은 그의 아랍어 연설만을 대상으로 한다. 해결방안과 시간표를 제시할 수 있는 보통의 정치적 위기와는 달리, 코로나19 사태는 지도자의 능동적인 의지만으로는 해결할 수 있는 문제가 아니다. 따라서, 코로나19 사태 이후에 발표된 그의 연설문은 위기 상황에서 사용하는 연설 기법의 특성을 찾을 수 있을 것이라는 가정하에 본 연구의 분석 텍스트로 선정되었다.

2) 연구방법

본 연구는 코로나19 사태 이후 압둘라 2세 국왕의 대국민 담화문에 나타나는 정치 담화의 특성을 비평적 담화분석의 방법을 사용하여 분석한다. 이를 통해, 코로나19 사태가 발발하고 전 세계가 위기에 처한 상황에서, 요르단의 국왕이 위기 상황에서 어떤 담화 전략을 사용하여 자국의 국민들을 설득하고 협조를 끌어내는지 살펴보겠다. 분석은 페어클로(Fairclough)가 제시한 담화의 3차원적 개념에 따라, 1단계의 텍스트, 2단계의 담화실행 차원에서 이루어진다. 텍스트는 소리, 어휘와 문법 같은 형태적 자질들로 이루어진 말이나 글이고, 담화실행은 이러한 텍스트를 생성하고 해석하는 과정을 의미한다(이원표, 2015: 44). 분석 대상 텍스트의 기술(description)과 해석(interpretation)은 구체적으로 거시적 담화 전략, 미시적 담화 전략 및 언어적, 수사적 전략을 분석하여 이루어진다. 이와 같은 담화분석을 통해 국왕이 국민들의 신뢰와 복종을 이끌어내고 자신의 요구가 수용되게 하는 설득 기제를 확인하고자 한다.

2. 비평적 담화분석

비평적 담화분석(Critical Discourse Analysis: CDA)은 담화를 단순히 소리나 단어, 문장 등으로 구성된 독자적인 언어 체계가 아니라, 그것이 생성되고 사용되는 사회문화적 맥락 속에서 이 맥락과 불가분의 관계에 있는 일종의 유기체로 본다(이원표, 2015: 38). 특히, '비평적' 성격과 관련하여 이념과 힘 또는 권력을 핵심적인 개념과 분석 대상으로 삼기 때문에 신문보도, 정치담화, 언어 자질이나 담화 전략의 조작적 사용이 가능한 상황 등을 주요 분석 대상으로 삼는다(이원표, 2015: 39).

그 중에서도 정치담화는 정치인들의 통치 과정에서 지배자와 피지배자 사이의 갈등이 표출되고, 이를 해결하는 과정에서 특수한 언어적, 수사적 전략이 드러난다. 정치담화에 대한 언어학적 연구에서는 정치인들이 자신의 정치적 목적을 달성하기 위한 담화 및 특정 정치인의 언어적 스타일을 분석하기도 한다. 연사가 자신의 신념이나 생각을 체계적으로 정리하여 청중에게 전달하는 논증행위이자 지지, 호소, 설득 등을 청중으로부터 요구하는 의사전달행위인 연설문은 (김재희, 2018: 2)에서는 지도자의 이념과 비전, 리더십이 분명하게 드러난다. 연설문을 비롯한 정치담화의 특징을 잘 보여주는 텍스트 자료들을 설득력 있게 분석함으로써 "전체 담화를 재구성하는" 작업(Larcher 2015:47, 조국현 2020:80 재인용)인 담화 분석과 전략 파악이 이루어질 수 있다.

페어클로(Fairclough, 1989)는 '텍스트-담화 실행-사회적 실행'의 3단계 작업으로 담화 분석을 설명한다. 텍스트 차원에서는 언어 자료에 대한 기술(description)이 이루어진다. 즉 1단계는 어휘, 어구, 문장, 문단 등을 중심으로 분석되거나, 전체 텍스트를 분석의 대상으로 삼아 특정 이념을 생산하거나 강화시키는데 사용되는 언어적 전략을 파악하는 단계이다(최태훈, 2020: 263). 2단계의 담화실행은 텍스트 자체를 넘어서 그것이 생산되고 소비되는 수행과정과 연관시켜 해석되는 과정으로, 텍스트에 내재된 이데올로기성을 드러낼 수 있는 언어학적 요소를 포착해내는 것이다(최윤선, 2014: 27). 3단계의 사회적 실행은 담화가 생산되는 거시 사회의 조직적이고 제도적인 환경을 의미한다. 텍스트에 나타나는 어휘와 문법, 텍스트 구조와 같은 형태적 자질은 특별히 선택된 것으로, 페어클로(Fairclough, 2003: 3)는 텍스트 분석을 "담화분석에서 본질적인 부분"으로 규정하고 있다.

3. 선행연구

전통적으로 정치 지도자들은 자신과 현 정치 체제의 우수성을 홍보하고, 자신에 대한 충성과 그를 위주로 하는 단결을 호소하기 위하여 다양한 연설 기법을 활용해왔다. 일반적으로 그들은 자신의 업적이나 가계에 대한 선전과 그 외에도 상대를 높이거나 낮춤으로써 극적인 효과를 유도하는 등의 수사적 기법을 사용한다.

이에 더하여, 아랍 왕정국가들의 지도자들은 이슬람에 기댄 통치자의 권위, 반이스라엘이나 반서구에 대한 전쟁 프레임 형성 등과 같은 특유의 연설 기법을 공통적으로 사용한다. 그 중 일부 군주들은 가계의 정통성에 더해 이슬람의 창시자 무함마드와 왕족의 가계와의 연계성 등을 강조하기도 한다. 언어적으로 아랍어 연설문은 강한 표현과 풍부한 암시, 정서적 동요를 불러일으킨다는 점에서 아랍의 정치인들이 자국 국민에게 감동을 주기 위한 도구로 사용되어왔다(Israeli, 1998: 19).

연설문의 비평적 담화분석에 관한 연구로, 사희만(2011)은 '무바라크 이집트 대통령의 취임사에 대한 비판적 담화분석'에서 무바라크 대통령이 취한 설득 전략과 취임사에 담긴 기저 이념에 대해서 분석하였다. 무바라크 대통령은 독재자 이미지를 탈피하고자 시도하고, 민주주의라는 이념을 연설 내내 지향하였다. 그의 연구는 무바라크 대통령의 연설 속에 드러난 청자 부르기, 취임식의 성격 규정, 신화(myth)말하기, 새로운 과제 제시, 지칭, 대통령으로서의 정체성 구축과 정권의 합리화하기, 협력 구하기, 격려하기, 상호조율하기, 마무리하기의 수사적 전략을 찾아냈다.

이원표(2015)는 그의 저술 '한국정치담화의 언어학적 분석'에서 권위주의 정권들이 '정통성'을 확보하기 위해 시도하는 언어의 '조작적' 사용 측면을 박정희, 전두환, 노태우 대통령의 취임사, 연설문, 담화문에서 거시구조 분석과 구체적 담화전략인 언어적, 수사적 전략의 분석을 통해 보여주었다. 세 사람은 핵심 가치와 목표 제시, 도전 과제 언급, 태도와 의지 표명, 국민 참여와 협조 요청을 거시적 구조로 삼아 관여하기, 의무서법, 은유, 정치구호 등의 전략을 사용하였다.

조원형(2017)은 문재인 대통령의 광주민주화운동 37주년 기념사와 요아힘 가우크 전 독일 대통령의 추모사를 비교하여 대통령의 과거사 연설에 대해 비판적 담화분석을 실시하였다. 두 연설문에서는 공통적으로 반성의 진정성을 보여주는 어휘 선택, 과거정부와 현정부 대조 전략, 정치적 반대자 비판 전략이 취해져 과거사 연설이 궁극적으로 오늘날 자신의 정당성을 확보하는 전략에 활용되었다는 점을 밝혔다.

김재희(2018)는 문재인 대통령의 연설문을 비평적 담화분석의 틀 내에서 사회언어학적 측면에서 분석하였다. 특히 인칭대명사, 반복 또는 배제되는 어휘, 전제와 함축된 내용, 상호텍스트성과 같은 미시적인 언어 전략들을 중심으로 하여, 담화 속에 내재된 권력 관계 및 이해관계를 보여주었다.

압둘라 2세 요르단 국왕의 연설문은 알 하끄와 알 슬레이비(Al-Haq, F. A. A., & Al-Sleibi, 2015)의 연구에서 다루어졌다. 이 연구는 압둘라 2세 국왕이 2007년, 2010년, 2011년에 국제사회를 대상으로 영어로 발표한 연설문 3편에 대해 비판적 담화분석을 실시하여 그가 사용하는 주요 설득 기제를 도출하였다. 알 하끄와 알 슬레이비는 해당 연설문에서 '창조성, 은유, 상호텍스트성, 완곡어법, 지시'의 다섯 가지 전략을 발견하였고, 국왕이 이 전략을 사용하여 서로 다른 측들 간의 상호 관계(the mutual correlation between the different parties)라는 이념 전달에 성공하였다고 평가하였다.

본 연구는 전대미문의 코로나19 사태를 맞이한 위기 상황시에 행해진 대국민 연설을 대상으로 거시적, 미시적 담화 전략을 통해 텍스트의 구조와 소주제 및 언어적, 수사적 특성을 분석한다는 점에서 기존 연구와 차별성을 가진다.

4. 자료 분석

4.1. 거시적 담화 전략

국왕의 대국민 정치담화는 왕권 강화와 안정적 정치기반 마련을 목표로 국민의 공감과 협조를 이끌어내는 설득적 성격을 지닌다. 설득은 일상적 대화를 포함하는 모든 담화의 기저에 깔린 화자의 의사소통적 동기나 목표가 되지만 정치담화가 가장 대표적인 공적 상황에서의 설득을 목표로 하는 장르라는 것은 분명하다. 설득적 텍스트의 전개 구조는 '문제', '제안된 해결책', '지지 논증', '믿어 달라는/가치를 채택해 달라는 호소'의 네 가지 요소로 구성된다(이원표, 2015: 221). 이 구조는 코로나 대유행이라는 범세계적 위기 상황에서 요르단 국왕을 포함한 대부분의 국가 지도자들이 기댈 수 있는 효과적인 대국민 담화의 전개 구조이다. 현재의 코로나 위기는 국민의 협조가 없이는 해결이 어려운 초국가적 위기이다. 이를 극복하기 위해 국왕의 메시지는 문제 해결의 주체가 바로 국민들이라는 점을 그들을 향해 호소하고, 이들이 정통성 있는 국가에 속한 국민이라는 정체성을 거듭 강조한다. 본 연구에서는 이원표(2015)에서 사용된 정치담화분석의 거시적 전개 구조 분류 방법을 활용하여, '도전과 과제의 언급, 도전과 과제에 대한 태도, 국민의 참여와 협조 요청'이 거시적 전개 구조의 소주제로 분류하여 분석하였다.

1) 도전과 과제의 언급

(1)	ST	في هذه الأيام، يمر وطننا مثل باقي العالم بظروف استثنائية صعبة، تستدعي إجراءات والتزاما وتعاونا استثنائيا.
	TT	최근 우리 나라는 세계 다른 나라와 마찬가지로 예외적인 조치와 의무, 협력을 필요로 하는 유례없이 어려운 상황을 지나고 있습니다. (2020. 3. 23. 연설)
(2)	ST	تقفون بشموخ وقوة، في مواجهة التحديات
	TT	여러분은 도전과제에 대처하기 위해 강인하게 서 있습니다. (2020. 4. 10. 연설)
(3)	ST	في هذه الأيام المباركة من عيد الفطر السعيد، تحلّ علينا ذكرى استقلال مملكتنا الحبيبة، ونحن نعيش ظرفا استثنائيا، استدعى أن نغيّر شكل احتفالنا المعتاد.
	TT	행복한 이드 피트르를 보내는 축복받은 이 날에, 우리가 사랑하는 왕국의 독립기념일이 다가오고 있습니다. 그리고 우리는 그간 축하해오던 방식을 바꿔야만 하는 예외적인 상황에 놓여 있습니다. (2020. 5. 25. 연설)

코로나19 사태 이후 요르단 국왕이 발표한 세 편의 연설문에서 '코로나'가 직접적으로 언급되는 것은 단 두 차례이다. 코로나는 '우리가 겪고 있는 이 상황', '유례없이 어려운 상황'으로 묘사되며 구체적인 위기의 내용이 제시되지 않았다. 또한 2020년 4월 10일 '요르단 가족에게 하는 연설'에서는 단 한 차례도 코로나를 언급하지 않는 대신 '도전과제'라는 표현을 사용함으로써 이를 국민의 힘을 통해 극복해야 할 대상이라는 점을 강조하였다.

2) 도전과 과제에 대한 태도

(1)	ST	لا أتحدث إليكم اليوم لأقدم لكم النصائح والتوجيهات، بل لأقول لكم، أثبتم كما كنتم دائما، أنكم كبار أمام الأمم، كبار لأنكم تقفون بشموخ وقوة، في مواجهة التحديات، ليس بما تملكون من موارد أو إمكانيات مادية، وإنما بعزيمتكم ووحدتكم ووقوفكم، وقفة رجل واحد، لحماية الوطن والإنسان، وهو أغلى ما نملك.
	TT	저는 오늘 여러분들께 조언을 하거나 지시를 내리기 위해 말하는 것이 아니라, 여러분이 항상 그래왔듯, 공동체 앞에서 위대하고, 도전과제에 의연하고 굳건하게 직면한 바를 증명하여 위대하다는 점을 말씀드리고자 합니다. 여러분이 지닌 것은 물질적인 자원이나 가능성이 아니라, 나라와 인류를 보호하기 위한 여러분의 결의와 통합, 단결, 이와 같은 것이 우리가 가진 가장 값진 것입니다. (2020. 4. 10. 연설)
(2)	ST	حاضرون بروح الأردني الواثق بالله ووطنه وقدرته، حاضرون بالإيمان المطلق أن القادم أفضل وأن بعد العسر يسرا، حاضرون بفرحكم في عيد الوطن.
	TT	여러분들은 알라에 대한 믿음을 지닌 요르단의 정신과 그 나라와 그 능력을 가지고 왔습니다. 여러분은 미래가 더 나으며 고난 뒤에 기쁨이 있다는 것을 절대적으로 믿습니다. 이 나라의 독립기념일에 함께 기뻐하고 있습니다. (2020. 5. 25. 연설)

국왕은 국민이 가진 국가적 정체성과 종교적 신념, 긍정적 태도를 강조하며 국민이 위기상황에 가져야 할 태도에 대해서 언급하였다. 그는 국민들이 지녀야 할 마음가짐에 대해서는 언급하면서도, 국왕 자신의 단독적 행동이나 문제 해결을 위한 주체적 의지는 드러내지 않음으로써 이 문제를 해결하는 데에는 국민들의 협조가 우선적으로 필요함을 강조하고 있다. 또한, 이 연설문은 정부가 진행하는 해결책 마련 등 구체적인 코로나 극복 방안을 공개하지 않으면서 실제 상황에 대한 세부적인 언급을 회피하면서 사태의 장기화에 대한 비난을 피하고자 하는 의도로도 읽힌다.

(1)	ST	فلنرتقي بمسؤولية حماية الوطن الذي نحب، ولنتفانى في التضحية والعطاء، كما هي الأم، التي نحتفل بعيدها في هذه الأيام.

	TT	우리는 사랑하는 나라를 보호하기 위한 책임감을 드높이고, 오늘날 우리가 축하하는 어머니의 날을 기념하듯, 어머니의 희생정신과 이타심을 발휘합시다. (2020. 3. 23. 연설)
(2)	ST	ولا بُدّ من أن يتحمل الجميع مسؤولياتهم، وما عَهدُنا بالأردني إلا الوفاء والانتماء لهذا الوطن، الذي ننعم فيه بالأمن والاستقرار
	TT	우리 모두 각자 책임을 짊어져야 합니다. 우리가 알고 있는 요르단인은, 이 안전하며 안정이 만연한 조국 요르단에 속한 충성스런 국민입니다. (2020. 5. 25 연설)

책임감과 이타심, 희생정신은 코로나 위기를 극복하기 위해 국민들이 가져야 할 태도로 나타났다. 특히, 어머니가 자식에 대해 갖는 무조건적 희생정신을 국민과 국가의 관계에 비유하여 국민들도 희생정신을 발휘하여 국가를 보호하고자 할 것을 호소하였다. 그러나 연설전반에서 드러나듯 코로나의 출현과 확산을 막는 과정에서 국왕이 지도자로써 구체적인 해결방안을 제시하지 않아 연설문의 수용자인 국민에게는 다소 공허하게 들려질 여지가 있다.

3) 국민의 참여와 협조 요청

(1)	ST	نعم، لقد تباعدنا اجتماعيّاً، لكننا تقاربنا بقلوبنا وأهدافنا، لكي ننجح. وقد منّ الله علينا بوضوح الرؤية وحكمة القرار، عندما اتخذنا إجراءات استباقية لمواجهة هذا الوباء.
	TT	네, 우리는 사회적 거리두기를 하고 있지만, 우리가 성공하기 위해서 우리의 가슴속에 담긴 우리 목표에는 가까워졌습니다. 알라께서는 우리가 이 전염병에 대처하기 위해 선제적인 조치들을 취하였을 때, 우리에게 그 결정의 비전과 지혜를 명확하게 보여주셨습니다. (2020. 5. 25. 연설)
(2)	ST	واليوم، أتوجه إليكم إخواني وأخواتي، عائلتي الكبيرة، أبناء شعبي، الذين أستمد منهم كل العزيمة، اليوم كل واحد منكم، جندي لهذا الحمى، كل من موقعه، وأطلب منكم بصوت الأب لأبنائه، عدم التنقل والالتزام بالتعليمات الرسمية..
	TT	오늘 저는 제가 모든 결정을 구하는 형제 자매 여러분들, 저의 대가족, 국민 여러분들께 말씀드립니다. 오늘 여러분들 한 분 한 분은 각자의 자리에서 이 나라를 지키기 위한 군인처럼 애쓰고 있습니다. 저는 여러분들께 아버지가 자식들에게 말하듯 이동하지 말고 공식적인 지시사항을 준수할 것을 당부 드립니다. (2020. 3. 23. 연설)

(1)에서는 사회적 거리두기와 같은 조치를 이행함으로써 요르단이 효과적으로 전염병을 극복하고 있으며 계속적으로 이에 동참할 것을 촉구한다. (2)에서는 코로나 방역 조치를 위한 국민들의 참여와 협조를 요청하는 내용으로, 직접적인 명령 서법을 쓰지 않고, 국민들의 공감을 이끌어내는 방식을 택한다. 특히 코로나19 사태의 극복은 가문의 지속과 이어지는데, 요르단이 대가족/씨족/가문 위주의 사회이기에 개인이 한 가문에 속한 소속감과 안정감이 개인의 삶에서 필수적이기 때문이다. 한편, 국가와 국민의 관계를 아버지와 자식의 관계에 빗대어 표현함으로써 요르단 국왕은 위기 상황에서 국민들에게 개개인을 넘어 가족 구성원이자 한 국가의 국민으로서의 정체성을 확인시켜주고 있다.

4) 마무리하기

(1)	ST	وأسأل المولى عز وجل، أن يحفظكم ويحفظ الأردن، وأن يبارك في جهود المخلصين من أبنائه في كل مواقعهم.
	TT	저는 알라께 여러분과 요르단을 지켜 주시기를 부탁드리며, 우리 국민들이 각자의 자리에서 충실하게 행하는 노력을 축복해주시기를 기원합니다. (2020. 3.23. 연설)
(2)	ST	وأتمنى لكم جميعا الصحة والسلامة، "فاللّه خَيْرٌ حافظاً وَهُوَ أرْحَمُ الرّاحِمِين."
	TT	여러분 모두의 건강과 안전을 기원합니다. "알라는 우리를 최상으로 보살펴 주시는 가장 자비로우신 분입니다."(2020. 4. 10. 연설)
(3)	ST	أعاد الله علينا هذا العيد، وعلى الأردن الغالي، باليمن والبركات، إنه سميع مجيب.
	TT	우리가 다시 이 명절을 맞을 수 있기를, 귀중한 요르단에 축복을 내려 주시기를 기도드립니다. 알라는 실로 들어주시고 응답해주시는 분입니다. (2020. 5 .25. 연설)

세 연설문은 공통적으로 신에게 간청을 하는 것으로 마무리된다. 이는 여타 이슬람 국가의 정치담화문에서 공통적으로 나타나는 것으로 무슬림으로서

의 정체성을 분명히 보여주는 표현이다. 이슬람 관련 표현은 무슬림 공동체에서 아랍어를 사용하는 무슬림들의 고유한 삶의 방식과 표현이기 때문이다(곽순례, 2014: 70). 현 사태의 위기 극복을 위해 국왕은 알라에게 요르단을 보호하고 축복해줄 것을 요청하고, 모두가 간절히 바라는 코로나의 종식을 알라에게 요청하고 있다.

4.2. 미시적 담화 전략

분석 결과 본 연구에서 사용된 미시적 담화 전략은 '국민에 대한 칭송, 국가에 대한 묘사, 긍정적 미래 제시하기'이다. 위기 상황에서 국왕은 자원이 한정적이고 국가 규모가 작지만, 지금껏 많은 위기를 극복했다고 묘사한다. 그 이유를 국민에게 돌리며, 요르단 국민에 대한 설명도 첨부한다. 이후 긍정적인 미래를 제시하면서 국가와 국민이 함께 이 문제를 극복할 수 있다는 전략을 취한다. Van Dijk(반 다이크)에 따르면 '긍정적 자기 제시'와 '부정적 타인 제시'는 이념을 언어적으로 표현하는 가장 기본적인 방식이다(이원표, 2017: 161). 본 연구의 분석 대상 연설문은 코로나19라는 특수한 위기 상황에서 국민들의 동참을 호소하고 있다. 따라서, 부정적 타인 제시는 드러나지 않았으며, 현 위기 상황을 타파하고 국민들에게 희망을 주기 위해 긍정적 미래 제시가 잘 드러났다.

1) 국민에 대한 칭송

| (1) | ST | ودعوني أقول لكم، أنتم كبار لأنكم تحققون الإنجازات العظيمة في أصعب الظروف، ولا تعرفون المستحيل، كبار لأنكم تقدمون أروع صور التضحية والإيثار، وكبار لأنكم في وطن كرامة الإنسان فيه فوق كل الاعتبارات. |

	TT	저는 여러분이 가장 어려운 상황에서 불가능을 모른 채 성취를 이룩하였기에 위대하다고 말하고자 합니다. 여러분은 가장 멋진 희생과 이타심의 형상을 보여주므로 위대합니다. 여러분은 인간의 존엄성을 가장 우선시하는 국가에 있으므로 위대합니다. (2020. 4. 10. 연설)
(2)	ST	فالاستقلال هو أنتم، والسابقون من الآباء والأجداد، في بناء الدولة، ونشامى القوات المسلحة والأجهزة الأمنية، حماة الوطن والاستقلال.
	TT	왜냐하면 독립은 여러분들과 앞서 나라를 세운 부모님들과 조부모님들, 용감한 군과 안보기관, 국가와 독립의 지킨 자들의 것입니다. (2020. 5. 25 연설)

연설에서 국왕은 알라, 우리, 가족, 요르단, 국민에 대한 묘사와 칭송 기법을 효과적으로 사용하였다. 만약 국왕이 달성한 성과가 있었거나 왕가의 정당성을 확보하고자 하는 목적이 있었다면 본인 자신 또는 하쉼 가문 등에 대한 언급을 하였을 것이다. 그러나 본 연구의 대상 텍스트에서는 코로나 퇴치와 관련해서는 왕 개인의 치적에 대한 홍보가 드러나지 않았다. 대조적으로 그의 앞선 연설에서는 하쉼가의 정당성을 여러 차례에 걸쳐 강조했다. 2016년 5월 24일 독립기념일에 발표한 국왕의 연설 중에는 "국가에 대한 자부심은 이슬람을 채택한 하쉼 가문의 종교적 정당성에 기반하고, 나아가 세계에 모든 형태의 극단주의와 폭력을 거부하는 이슬람의 이미지를 제시한다"라는 구절이 있으며, 2012년 10월 23일 국내 주요 인사들을 초청해서 한 연설에서도 "우리 하쉼가가 이 나라를 다스리는 일은 과거의 어떤 날에도 이득을 추구함이 위해서가 아니라, 다만 이 나라를 위해서 이 나라의 문제들을 다루고 이익을 지키기 위한 우리의 의무와 희생"이라고 명시적으로 언급하였다. 이와 같은 표현에서 보듯 요르단 국왕의 대국민 연설은 대표적 이슬람 국가로 발언이 필요한 경우나, 왕가의 정통성을 강화하고자 하는 의도가 있을 때에는 왕가를 강조하는 구절이 언급되었다.

2) 국가에 대한 묘사

(1)	ST	هذه الدولة، التي أصبحت مسيرتها قصة نجاح، لا تزال تدهش الآخرين، رغم كل ما أحاط بها من ظروف إقليمية استثنائية أو اقتصادية صعبة، أو قلة في الموارد، وتجاوزت بكل الإصرار، أصعب الاختبارات.
	TT	(걸어온) 과정이 성공 스토리가 된 이 나라는 유례없는 역내 상황이나 어려운 경제 상황, 부족한 자원에도 불구하고 결의를 가지고 가장 어려운 도전들을 극복해냈고, (오늘날에도)여전히 다른 국가들을 놀라게 하고 있습니다. (2020. 5. 25. 연설)
(2)	ST	دائما يطرح علي السؤال، لماذا تقف بكل هذه الثقة بين الأمم، وأنت قادم من بلد صغير، محدود الموارد؟
	TT	저는 항상 이런 질문을 받습니다. 당신은 자원이 한정된 한 작은 나라에서 왔는데, 여러 나라들 사이에서 어떻게 이토록 자신감에 차 있습니까? (2020. 4. 10. 연설)

국왕은 요르단이 규모가 작고 자원이 한정된 나라이지만 위기를 잘 극복해 냈고, 그 과정에서 자신이 믿고 의지하는 국민들이 큰 역할을 한다는 점을 강조하기 위해 요르단의 경제적 한계점을 먼저 언급한다. 이는 물질적으로는 부족한 요르단이지만 국왕의 리더십과 이를 잘 따르는 국민들이 지금의 요르단을 일구어 냈고, 코로나 위기 역시 과거 어려움을 극복했듯 다시금 이겨낼 수 있음을 강조하고자 한 것이다. (1)에서 나타난 '성공 스토리'는 요르단의 태생적 약점에도 불구하고 지금의 안정적 상황을 이끌어 냈다는 자부심과 함께, 앞으로의 문제 해결을 위한 토대로서 요르단이 이룩해온 치적을 암시적으로 나타낸다. 알 하끄와 알 슬레이비(Al-Haq&Al-Sleibi, 2015:322)는 압둘라 2세 국왕이 요르단이 처한 문제들과 이에 대처하는 노력을 매우 창조적인 방식으로 설명하였고, 이것이 그의 연설을 더 실용적이고 유형적으로 만든다고 설명한다. 해당 연구는 이에 대한 예시로 "Jordan has one of the most dynamic and diversified economies in the region. Today we are fighting our way through the global economic crisis that has hit this region so hard"라는

문장을 분석했다. 여기에서 'fighting'이라는 표현은 외국의 원조에 의존하는 자원 빈국인 요르단의 상황 속에서 요르단의 사회적 실행(social practice)을 의미한다(Al-Haq&Al-Sleibi, 2015: 322). 즉, 담화는 인간이 사회생활에서 행하는 수많은 행동/행위들, 즉 실행들 가운데 하나로 여겨진다는 점을 제시하였다(이원표, 2015: 44).

3) 긍정적 미래 제시하기

(1)	ST	نعم، وقريباً، ستقام الصلوات في المساجد والكنائس، وستعود الحياة للشوارع والأسواق، وسيعود العمال إلى مصانعهم، والموظفون إلى مؤسساتهم، وسنرى أبناءنا وبناتنا الطلبة، يخرجون كل صباح إلى مدارسهم وجامعاتهم. قريباً، كل هذا سيتحقق. "شدة وبتزول"، إن شاء الله.
	TT	곧 사원과 교회의 예배가 이루어지고, 거리와 시장의 일상이 회복될 것입니다. 노동자들은 공장으로, 직장인들은 회사로 복귀할 것입니다. 우리는 학생인 우리의 아들과 딸이 매일 아침 학교로, 대학교로 가는 것을 볼 것입니다. 가까운 시일 내에 이 모든 것이 달성될 것입니다. 어려운 상황은 지나갈 것입니다. (2020. 4 .10 연설)
(2)	ST	لكن قصة هذا العيد، الذي خلا من زيارات الأقارب والأحباب، ومن ضحكات الأطفال في الساحات والأحياء وظلت تعمر البيوت، قصة نرويها لأبنائنا وأحفادنا، عن وطن وقف فيه الآباء والأمهات بقوة لحماية حياتهم ومستقبلهم.
	TT	친척과 지인 방문, 마당과 동네에 아이들의 웃음 소리가 없이 집 안에서만 머물렀던 이번 이드의 이야기가 우리의 자손들과 손자들에게 우리나라에서 그들의 아버지와 어머니가 그들과 그들의 미래를 굳건하게 보호하기 위해 단합했었다고 이야기해 주도록 합시다. (2020. 5. 25 연설)

(1)에서는 이슬람 사원과 더불어 교회가 곧 재개장할 것이라는 점도 제시하고 있다. 이는 요르단에서 소수이지만 요르단 사회를 구성하는 기독교인들에 대한 관심과 배려를 표명하는 것으로 보여진다. 이는 서로 대립되는 주체들끼리 화합하고 단결하여 이 난관을 헤쳐나가야 한다는 메시지를 간결하지만 분명하게 전달한다.

위의 사례에서 국왕은 요르단의 긍정적인 미래 이미지를 제시하여 국민들을 안심시키고, 현재의 위기를 타개하기 위해 그들의 참여와 협조를 이끌어내고 있다. 특히, 미래의 상황에 대한 구체적 묘사는 국민들의 삶에 직접 와닿도록 하는 효과를 준다. 부정적 과거와 긍정적 미래 제시의 전략을 통해 대통령들은 자신의 정치적 비전을 제시하거나 자신의 정권을 과거의 정권과 차별화하고 국민들의 기대를 불러일으켜 정통성을 확보하기도 한다(이원표, 2015: 296). 압둘라 2세 국왕은 코로나 시대 이전의 다른 연설문에서 긍정적 이미지는 미래의 상황을 제시하고 국민의 기대를 반영하기 위해, 부정적 이미지는 현재의 불안정한 정치적 상황을 인식하기 위해 긍정과 부정 이미지를 균형적으로 사용하였다(Al-Haq&Al-Sleibi, 2015: 325). 그러나 이와 달리, 포스트 코로나 시대의 연설문에서는 코로나와 비교할 다른 대상이 없으므로 미래에 대한 긍정적 이미지만이 제시되었다. 또한, 코로나와의 전쟁에 나서는 지휘관 적 면모와 적극적인 태도를 보이는 대신 국민과 함께 전체의 대열 사이에 선 모습을 보여준다.

4.3. 언어/수사적 전략

1) 인칭대명사 사용

정치 담화에 사용되는 다양한 인칭대명사는 발화자와 수신자와의 관계를 명확히 보여주고 그 효과를 이데올로기적으로 드러내 주는 대표적인 언어지표이다(김재희, 2018: 9). 특히 '우리'는 자신의 정치적 대표성을 확장시키면서 청자와의 공동체적 유대감과 연대감을 형성하는데 효과적이어서 정치 담화에 자주 등장한다(최윤선, 2014: 49-50).

(1)	ST	ولم تكن معركتنا مع "كورونا" إلا أحد هذه الاختبارات الصعبة التي أظهرت كفاءة الدولة، ومتانة مؤسساتها، وقوّة جيشها وأجهزتها الأمنية.
	TT	코로나와 우리의 전쟁은 국가의 역량과 기관의 견고함, 군과 안보기관의 힘을 보여주었던 이러한 어려운 시험들 가운데 하나에 지나지 않았습니다. (2020. 5. 25. 연설)
(2)	ST	نعم، لقد تباعدنا اجتماعياً، لكننا تقاربنا بقلوبنا وأهدافنا، لكي ننجح. وقد منّ الله علينا بوضوح الرؤية وحكمة القرار، عندما اتّخذنا إجراءات استباقية لمواجهة هذا الوباء.
	TT	네, 우리는 사회적 거리두기를 하고 있지만, 우리가 성공하기 위해서 우리의 가슴속에 담긴 우리 목표에는 가까워졌습니다. 알라께서는 우리가 이 전염병에 대처하기 위해 선제적인 조치들을 취하였을 때, 우리에게 그 결정의 비전과 지혜를 명확하게 보여주셨습니다. (2020. 5. 25. 연설)

대국민 담화에서 인칭대명사 '우리'의 사용은 국왕과 국민이 하나됨으로써, 탈개인화가 완성이 되고 탈개인화는 앞으로의 정책과 리더십의 정당화를 보증해주는 표지가 된다(김재희, 2018: 10).

위 사례에서 나타나듯, '우리'는 미래지향적 동반자 관계를 형성하는 주요한 요소로 작용한다. 연설은 국민들에게 개개인의 의지보다는 공동체 일원으로서의 책임감과 무슬림이자 요르단인으로서의 정체성을 강조하고 있다. '우리'라는 대명사는 연사인 국왕과 국민이 무슬림으로서의 정체성을 공유하고, 요르단의 국왕과 국민이 공동의 삶의 방식과 목표를 갖고 있음을 강조하며 공감대를 증진시킨다.

(1)	ST	دائماً يطرح عليّ السؤال، لماذا تقف بكل هذه الثقة بين الأمم، وأنت قادم من بلد صغير، محدود الموارد؟ ويكون ردي عليهم: أقف بكل هذه الثقة والقوة والاعتزاز لأن حولي شعباً عظيماً شامخاً، حريصاً على التكاتف مع الجيش والأمن، وإسناد مؤسسات الدولة، مواطنين يعملون بعزيمة، وينجزون باحتراف، ويضحون بشجاعة.
	TT	저는 항상 이런 질문들을 받습니다. 당신은 자원이 한정된 소국에서 왔는데, 여러 국가들 사이에서 왜 이토록 자신감에 차 있습니까? 저는 그들에게 이렇게 답합니다. 제 곁에는 위대하고 자랑스러운 국민이 있기 때문에 이

		모든 자신감과 힘과 자부심을 갖고 서 있습니다. 그들은 군과 안보기관과 연대하고, 국가 기관에 의탁하고, 결단력을 갖고 일하고 전문성을 가지고 성취하며, 용기로 희생하는 자들입니다 (2020. 4. 10 연설)

정치담화에서 '나'는 '우리'로 가는 징검다리 역할을 한다. '나'의 생각이 국민들과 동일하며 국민들이 '우리'라는 연대감을 갖게 하는 것으로, 결국 정치담화는 '나'에서 우리로, '우리'에서 나로 어떻게 전이되는가에 성공여부가 달려 있다(최윤선, 2014: 63). 국왕은 자신이 국민들에게 얼마나 의지하고 있는지를 보여줌으로써, 국민들이 국가에 소속감을 가지고 충성할 수 있는 발판을 만들어준다. 이상적이고 긍정적인 국민의 모습을 제시하고, 현재의 위기 상황에서 단결이 필요한 부분을 언급하면서 호소가 이어진다.

2) 어휘

국왕의 연설문에서는 '국민'에 대한 지시와 서술이 자주 등장한다. 지시와 서술은 문장과 문장을 구성하는 명제를 만드는데(Renkema, 2004: 87), 연설문에서는 '국민'이 주요 사회적 행위자로 등장하여 국민에 대한 지시와 서술이 '결의', '의지', '책임감' 등의 어휘로 나타난다. 바람직한 국민의 자세는 '인간의 존엄성'이라는 요르단이 추구하는 가치와 함께 명시되었고, '군'과 '안보기관'은 정부와 협력하는 핵심 기관이자 국민이 협조해야 할 주축으로 국가의 문제 해결 의지를 보여주고 국민들의 협조를 요청할 시에 자주 등장하였다.

(1)	ST	سنتجاوز، بإذن الله، هذا الظرف الذي نعيشه، لأن المعدن الحقيقي للأردنيين يظهر عند الصعاب، ولأنكم أصحاب العزم والإرادة، لأنكم الأقدر على تحمل المسؤولية، ولأن انتماء والوقوف إلى جانب الدولة ومؤسساتها نهجكم، ولأنكم مؤمنون أن التكاتف يقود إلى القوة والمستقبل الأفضل، سنتجاوز، بعون الله، كل التحديات

	TT	우리는 이 상황을 극복할 것입니다. 요르단인들의 본성은 위기시에 드러납니다. 여러분들은 결의와 의지를 가진 자들이며, 누구보다 책임감이 강한 자들이며, 국가와 기관에 대한 소속감은 여러분들이 따르고자 하는 길이기 때문입니다. 또한 여러분들은 연대가 힘과 더 나은 미래를 가져온다는 것을 믿기 때문입니다. 우리는 알라의 도움으로 모든 위기를 극복할 것입니다. (2020. 4. 10. 연설)
(2)	ST	ودعوني أقول لكم، أنتم كبار لأنكم تحققون الإنجازات العظيمة في أصعب الظروف، ولا تعرفون المستحيل، كبار لأنكم تقدمون أروع صور التضحية والإيثار، وكبار لأنكم في وطن كرامة الإنسان فيه فوق كل الاعتبارات. نعم، هذا هو الأردني الذي أعرفه وأباهي به العالم، بفخر الواثق بشعبه
	TT	저는 여러분이 가장 어려운 상황에서 불가능을 모른 채 성취를 이룩하였기에 위대하다고 말하고자 합니다. 여러분은 가장 멋진 희생과 이타심의 형상을 보여주므로 위대합니다. 여러분은 인간의 존엄성을 가장 우선시하는 국가에 있으므로 위대합니다. (2020. 4. 10. 연설)
(3)	ST	وقد رأينا جميعا في الأسابيع الأخيرة، إخواننا وأخواتنا الأردنيين، في كل مواقعهم، يرتقون بأدائهم، ويصلون الليل بالنهار في مواجهة هذا الخطر، ويقفون صفا واحدا مع إخوانهم وأخواتهم في قواتنا المسلحة، وقفة عنوانها، كرامة الإنسان الأردني، الكرامة التي قاتل وضحى من أجلها الأردنيون جميعا.
	TT	우리는 최근 몇 주간 우리의 요르단 형제자매들이 각자의 자리에서 자신의 업무를 향상시키고, 이 위험에 맞서기 위해 밤낮으로 기도하는 것을 보았습니다. 그들은 형제자매들과 함께 군에서 하나의 대열로 서 있고, 그 대열의 선두에는 요르단인의 존엄성, 바로 요르단인 모두가 투쟁하고 희생하여 쟁취한 존엄성이 있습니다. (2020. 4. 10. 연설)

'국민'의 모습은 '결의와 의지', '희생과 이타심' 등의 어휘로 서술되어 의지가 굳건하며 위기를 극복할 수 있는 강인하고 긍정적인 인물의 모습으로 매우 긍정적으로 제시되고 있다. 이러한 긍정적 이미지에 '인간의 존엄성'이라는 요르단의 핵심적 가치를 부각시켜 이 가치를 가장 우선시하는 국가에 대한 소속감과 정부와 군경과 협조하고 연대가 꼭 필요함을 명시하고 있다. 또한 국왕이 사용하는 어휘들은 국가의 안정과 안전을 위해 필요한 국민상으로서 가족과 국가를 헌신적으로 사랑하고 보호하는 책무를 가지는 이상적인 국민의 모습을 보여준다. '충성과 소속감', '희생과 이타심', '책임감'은 국가에 대해 국민이 지녀야 할 핵심적 가치라는 점을 강조하고, 뒤이어 그들에게 '각자의

자리에서 발전'할 것을 촉구함으로써 그들에게 요구되는 마음가짐과 행동을 지도하고 있다. 동시에 그의 연설은 '알라와 알라의 국가, 그 국가의 능력을 믿는' 요르단인의 정신을 언급함으로써 국민적 정체성을 무슬림으로서의 정체성에 일치시켰다. 이를 통해 연설은 청자들이 보다 넓은 사회적 범위 내에서 정서적으로 단일 대오를 형성하고 실천적으로 국가의 지침에 따라야 한다는 점을 강조한다.

3) 은유(metaphor)

정치인들은 전하고자 하는 하나의 발상을 다른 것과 비교하기 위해 은유를 사용한다(Al-Haq&Al-Sleibi, 2015: 321). 본 연구의 연설문에서는 국왕이 국민을 설득하고 자신의 정치적 목적을 달성하는데 도움이 되는 방식으로 은유가 사용되고 있다.

(1)	ST	واليوم، أتحدّث إليكم، وكأنّني أرى وجوهكم المشرقة، يا وجوه الخير، تقولون نحن هنا.
	TT	오늘 저는 마치 제가 여러분들의 빛나는 얼굴을 보듯, 선한 사람들이라고 여러분에게 말하면, 여러분은 우리가 여기에 있다 라고 말합니다. (2020. 5. 25 연설)
(2)	ST	ولم تكن معركتنا مع "كورونا" إلّا أحد هذه الاختبارات الصعبة التي أظهرت كفاءة الدولة، ومتانة مؤسساتها، وقوّة جيشها وأجهزتها الأمنية.
	TT	코로나와 우리의 전쟁은 국가의 역량과 기관의 견고함, 군과 안보기관의 힘을 보여주었던 이러한 어려운 시험들 가운데 하나에 지나지 않았습니다. (2020. 5. 25. 연설)
(3)	ST	ولا بدّ من أن يتحمل الجميع مسؤولياتهم، وما عهدنا بالأردني إلّا الوفاء والانتماء لهذا الوطن، الذي ننعم فيه بالأمن والاستقرار، لنجعل هذه الأزمة واحدة من المحطات الكبرى التي تجاوزناها، وحوّلنا أخطارها إلى عناصر قوّة ومنعة.
	TT	우리 모두 각자 책임을 짊어져야 합니다. 우리가 알고 있는 요르단인은, 이 안전하며 안정이 만연한 조국 요르단에 속한 충성스런 국민입니다. 그러기에 우리는 금시의 이 위기를 전화위복의 계기로 삼고, 각자가 책임을 다

| | | 하여 이번 위기 또한 과거 우리가 경험해왔던 주요 통과의례 중 하나가 되도록 해야 할 것입니다. (2020. 5. 25 연설) |

(1)에서 언급된 '빛나는 얼굴'은 요르단 국민을 상징하는 것으로 '알라에 대한 믿음을 갖고 더 나은 내일이 올 것이라 믿는 긍정적인 요르단인'이라 서술하면서 종교적으로 신실하고 긍정적이고 밝은 이미지를 강조하기 위해 표현되었다. (2)에서 언급된 코로나와 우리의 전쟁에서 '전쟁'은 코로나를 극복하는 과정을 은유적으로 표현하여 우리가 물리쳐야 할 대상이라는 것을 보여주었다. (3)에서 사용된 '통과의례'는 위기를 성공적으로 극복해낸 상황을 묘사한 것으로, 요르단이 지금껏 국내외적 위기를 잘 헤쳐왔다는 사실을 강조하였다.

5. 결론

포스트코로나 시대의 압둘라 2세 요르단 국왕의 연설문은 하쉼 왕가의 정통성을 강조하거나 국내외 정치무대에서 성공적인 중재자로서의 역할 대신, 국민에게 친화적이고, 국민을 자랑스럽게 여기는 공감자로서의 역할을 두드러지게 보여준다. 연설은 국민 개개인에게 가족의 구성원이자 한 국가의 국민으로서 지켜야 할 의무와 책임을 강조하고, 나아가 무슬림의 정체성을 결부시켜 애국자이자 신실한 무슬림의 모습을 제시하며 국민을 설득시킨다. 국왕은 때로는 아버지의 모습으로, 때로는 동료의 모습으로 국민에게 친근하게 다가가는 한편, 가부장적이고 보수적 이슬람 국가의 특성에서 반드시 지켜야만 하는 위계질서를 부여하는 역할을 한다. 이처럼 요르단 국왕은 국민에게 국가와 종교에 대한 소속감과 정체성을 강조하여, 이들 스스로 요르단 국민임을 자랑스럽게 여기도록 만드는 감정적 호소를 통해 설득적 텍스트의 목적을 달성하고자 하였다.

　연구를 통하여 나타난 거시적 담화전략에서 연설문은 도전과 과제의 언급, 도전과 과제에 대한 태도, 국민의 참여와 협조 요청, 마무리하기로 구성되어 있다. 미시적 담화전략에서는 국민에 대한 칭송, 국가에 대한 묘사, 긍정적 미래 제시가 나타났으며 언어적, 수사적 전략에서는 인칭대명사 사용, 자주 쓰이는 어휘, 은유가 드러났다. 거시적 담화전략에서 구조 분석의 결과는 연설문의 소주제별 발화 전개방식을, 미시적 담화전략과 언어적, 수사적 전략을 통해서는 국왕이 강조하고자 하는 이념과 목표를 이해할 수 있었다.

　요르단 국왕은 국가와 국민, 알라를 세 개의 중심축으로 삼아 연설문의 필수 담화 구성 요소로 선정하였다. 먼저, 국가는 코로나라는 전염병 확산 상황에 맞추어 국왕 자신과 하쉼 가문의 위치, 역내에서 펼치던 그들의 주도적 역할을 희석시켰다. 그는 오히려 경제적 약소국이라는 요르단의 한계를 인정하면서, 그 반대급부로 국민이 보여준 저력과 능력을 강조하면서 국민의 협조를 이끌어냈고, 국민에게 '인간의 존엄성'이라는 요르단의 정신을 지키면서 나의 가정과 국가를 보호하도록 호소하고, 국민들 스스로의 행동에 책임을 지도록 촉구하였다. 연설문의 말미에는 알라의 가호를 촉구함으로써 모든 위기 상황에서 무슬림으로서의 정체성을 보여주었다. 이로써 본고에서 드러난 요르단 국왕의 대국민 연설문에는 국왕이 새로운 형태의 위기가 도래했을 경우 자신의 이념과 권력을 유지하기 위한 목적이 창의적인 담화전략과 언어적, 수사적 전략을 통해 구현되는 것을 알 수 있었다.

　코로나19 사태 이후 발표한 국왕의 대국민 연설문이 세 편에 불과하여 본 연구는 사태의 추이에 따라 달라지는 국왕의 연설문의 상세한 변화를 추적하기에는 한계가 있었다. 이는 앞으로 해당 연설문이 추가되면서 후속 연구를 통해 보다 상세하게 그가 전달하고자 하는 목적 및 설득 기법의 변화 등을 다룬 연구가 가능할 것으로 보인다. 또한 그의 연설을 타 이슬람국가 지도자들과의 연설문과 비교하여 정치담화의 전략을 분석하는 것 역시 흥미로운 주제가 될 수 있을 것이나, 이는 향후 과제로 남겨두고자 한다.

곽순례(2014), 「아랍어 연설문에 나타난 이슬람 관련 표현 연구」, 『통번역학연구』 18-3, 67-90.

김재희(2018), 「대통령 연설문에 나타난 사회언어학적 의미 연구 - 페어클로의 비판적 담화분석을 중심으로-」, 『텍스트언어학』 44, 1-33.

사희만(2011), 「무바라크 이집트 대통령의 취임사에 대한 비판적 담화분석」, 『한국중동학회』 31-3, 213-240.

이원표(2017), 『한국 정치담화의 언어학적 분석』, 서울, 한국문화사.

조국현(2020), 「독일 온라인 신문의 기사제목과 리드에 담긴 '코로나 담화'의 분석」, 『독어교육』 78, 79-101.

조원형(2017), 「기억과 다짐: 대통령의 과거사 관련 연설에 대한 텍스트언어학적 분석」, 『수사학』 29, 217-245.

조원형(2019), 「역대 대통령의 광주민주화운동 기념사에 대한 텍스트언어학적 분석」, 『텍스트언어학』 46, 169-199.

최윤선(2014), 『비판적 담화분석』, 서울, 한국문화사.

최태훈(2020), 「코로나19로 촉발된 미·중 미디어 전쟁 양상 환구시보 사설 비교를 통한 비판적 담화분석」, 『비교문화연구』 59, 261-291.

Al-Haq, F. A. A., & Al-Sleibi, N. M. (2015). A Critical Discourse Analysis of Three Speeches of King Abdullah II, *US-China Foreign Language*, 13(5), 317-332.

Fairclough, N. (1989). *Language and Power*, London, Longman.

Fairclough, N. (2003). *Analyzing Discourse. Text Analysis for Social Research,* London, Routledge.

Israeli, R. (1998). The pervasiveness of Islam in contemporary Arab political discourse: the case of Sadat and Arafat, O. Feldman & C. Landtsheer (Eds), Politically speaking. London, Praeger.

https://kingabdullah.jo/ar/speeches(Search:2021.1.10.).

재난인문학 연구총서 9

코로나19 위기 상황에서의
종교 지도자 담화문 연구

양명희

(중앙대)

1. 서론

2019년 12월 중국에서부터 시작된 코로나19로 우리 사회는 많은 변화를 경험하였다. 코로나19의 전염성은 사람과 사람 간의 대면을 피하게 하여 회의나 회식 등 사회생활에 필요한 모임을 줄어들게 하고 비대면 방식을 일반화하였으며, 이러한 비대면성은 사회뿐 아니라 개인의 일상생활을 변화시켰다. 백신과 치료제의 개발로 코로나19의 위력은 한층 약해졌지만 정체불명의 바이러스의 지속으로 이상 기후, 지구 환경 오염, 핵전쟁의 위협 등 언제 닥칠지 모르는 재난에 대한 관심과 두려움이 이전보다 훨씬 증가하였다.

이런 가운데 강희숙(2020)에서는 '재난인문학'에 대한 연구의 필요성을 역설하며 재난인문학의 관심 영역으로 재난에 대한 인간의 기억과 기록에 바탕을 둔 재난의 역사, 재난에 대한 인식, 재난에 대한 대응 및 서사화 양상, 재난에 의한 충격과 심성의 변화, 이로 인한 트라우마와 치유 등을 제시하였다. 재난을 겪을 수밖에 없는 인간을 다루는 학문으로서 재난인문학은 문학작품, 역사서, 신문기사 등 다양한 장르의 텍스트 유형을 대상으로 인간이 재난을 어떻게 기억하고 인식하고 대응하고 치유하는지 등을 분석한다.

코로나19라는 재난 상황과 관련한 언어학적 연구는 주로 담화 연구로, 신문을 대상으로 한 연구가 대부분이다.[1] 본고에서는 신천지 사태 등으로 미사 중지, 법회 중단 등 초유의 사태가 벌어진 종교계가 코로나19라는 재난 상황을 어떻게 인식하고 대응하였는지 분석하고자 종교담화(宗敎談話, religious discourse)2를 연구 대상으로 삼았다.3 또한 종교는 속세에서 벗어나 구원과 열반에 이르는 것을 목적으로 하는 만큼 종교담화에서의 코로나19에 대한 인식과 대응은 신문기사나 정부담화4와는 다른 양상을 보일 것이라고 예측하였다.

이 같은 연구 목적을 위해 본고에서는 종교담화의 주요 장르인 경전이나 설교, 기도문이 아닌 종교 지도자의 담화문을 연구 대상으로 하였다. 직접적으로 코로나19에 대한 인식과 대응을 가장 잘 보여주고 있는 것이 종교 지도자들이 전체 신자(때로는 국민까지 포함)를 대상으로 공식적인 의견을 표명한 담화문이기 때문이다.5

본고에서는 2020년 2, 3월에 발표된 종교 지도자들의 담화문 7편을 대상으

---

1 코로나19에 대한 담화 연구로 강민정(2020), 신문적·왕림·김진해(2020), 최태훈(2020), 강희숙·신유리(2021), 양명희·김현강(2021) 등이 있는데 신문 기사, 기사 제목, 신문 사설 등을 대상으로 하였다. 코로나19와 관련한 정치 지도자의 연설문과 담화문에 대한 연구로 이해미(2020), 안희연(2021), 박서희(2021) 등이 있으나 이해미(2020)를 제외하면 모두 국외 정치 지도자를 대상으로 하였다.

2 Kohnen(2010)에서는 담화 영역의 하나로 과학담화, 뉴스담화, 서신담화, 법정담화, 문학담화 등과 함께 종교담화의 세부 영역에 대해 논의하고 있다. 서양의 종교담화는 역사적 특성상 기독교 담화를 뜻하는데 일반적으로는 성경, 기도, 종교적 교리(religious instruction), 신학적 논의(theologicla discussion)를 주요 영역으로 본다.

3 종교담화에 대한 국내의 언어학적 연구로 강현석(2012, 2013)은 개신교와 불교의 기도문을 대상으로 문형, 청자경어, 화행, 호·지칭어를 비교, 분석하였고, 정경은(2019)은 개신교와 불교의 홈페이지 인사말을 비교, 분석하였다. 강민정(2019)는 구어인 목사의 설교 담화를 대상으로 담화 구조, 담화의 특성, 담화 전략 등을 분석하였다는 점에서 연구 영역을 확장하였다.

4 담화의 명칭은 담화가 생산되는 장소(병원, 법원, 교실, 시장, 국회..)나 행위(상담, 요리, 경매, 설교..)에 따라 이름이 붙여지곤 한다. 본문에 사용한 '정부담화'는 생산되는 장소를 사용하여 이름붙인 것이다. 비판적 담화분석의 주된 연구 대상인 정치담화의 '정치'는 '정치'라는 어휘를 정의하는 것이 어려운 만큼 정치담화의 범위에 대해 다양한 견해가 있다(이원표, 2015: 22~23).

5 본고에서 분석 대상으로 수집한 담화문 중 상당수는 해당 종교단체의 홈페이지뿐 아니라 일반 신문에도 기사화되었다.

로 각 종교 담화문의 언어적 특징과 재난인문학적 관점에서 코로나19에 대한 인식, 코로나19에 대한 대응, 신자들에 대한 메시지, 정부에 대한 태도 등을 비교, 분석하고자 한다.[6] 이를 위해 담화문의 특징과 구조를 2020년 2월에 발표된 정세균 국무총리의 담화문을 통해 살펴보고, 정부 담화문과의 비교를 통해 종교 담화문이 갖는 공통적인 특징에 대해서도 논의하고자 한다. 연구 대상이 된 담화문은 천주교 3편, 원불교 1편, 불교(조계종) 1편, 개신교 2편이다.[7]

2. 담화문의 특징과 구조

담화문(談話文, statement)은 국어사전에 다음과 같이 정의되어 있다.

어떤 단체나 공적인 자리에 있는 사람이 어떤 문제에 대하여 자신의 의견이나 태도를 공식적으로 밝히는 글.(고려대 한국어대사전)

---

6 '코로나19에 대한 인식, 코로나19에 대한 대응, 신자들에 대한 메시지, 정부에 대한 태도'와 같은 분석 틀은 서론에서 언급한 강희숙(2020)의 재난인문학 연구의 주제(재난의 역사, 재난에 대한 인식, 재난에 대한 대응 및 서사화 양상, 재난에 의한 충격과 심성의 변화, 이로 인한 트라우마와 치유) 중 담화문에 공통적으로 나타난 내용을 중심으로 마련한 것이다.

7 종교 지도자들의 담화문은 인터넷 검색을 통해 자료를 구하였다. 우리나라 종교인 조사는 통계청에서 10년 주기로 이루어지는데, 2015년 조사 결과에 따르면 개신교가 967만 6천, 불교가 761만 9천, 천주교가 389만 명, 원불교 84만, 유교 75만, 천도교 65만 등이다. 국가통계포털(https://kosis.kr/statHtml/statHtml.do?orgId=101&tblId=DT_1PM1502) 참고. 이중 유교의 대표격인 성균관과 천도교 홈페이지 검색 결과 성균관 공지사항에서 '코로나바이러스감염증-19 예방 수칙'(2월 20일), 천도교 공지사항에 '코로나19 감염 확산에 따른 천도교중앙총부 대응 안내'를 확인할 수 있었으나 지도자의 담화문은 찾을 수 없었다. 반면 불교(조계종), 천주교, 원불교 홈페이지에서는 쉽게 종교 지도자의 담화문을 찾을 수 있었고, 개신교 담화문은 개신교 신문사의 포털에서 검색되었다.

앞의 정의를 보면 글쓴이는 단체나 공적인 자리에 있는, 즉 대표하는 사람이고, 어떤 문제에 대한 태도나 의견을 표명할 필요가 있을 때 작성되며, 사적인 글이 아니라 공적인 글임을 알 수 있다. 담화문은 국어사전의 정의처럼 어떤 문제에 대한 의견이나 태도를 공식적으로 밝히는 글이기 때문에 문체는 격식적이고 어조는 정중하며 내용상으로는 설명과 설득 전략을 사용하는 것이 일반적이다.

담화문은 공식적인 글이기 때문에 글의 성격에 따라 보관 내지는 보존해야 할 문서의 성격을 띠기도 한다.[8] 또한 담화문은 방송이나 공적 자리에서 구어로 전달되기도 하는데 이런 특징 때문에 담화문을 연설문의 일종으로 포함하기도 한다. 연설문은 연설을 목적으로 작성한 글로서 '연설'이라는 행위로 인해 결국 그 내용이 공식적 의견이 된다는 점에서 담화문과 겹치는 부분이 있다. 그러나 명칭으로 의미하는 바가 다른 만큼 담화문과 연설문을 구분하는 것이 필요하다. 예를 들어 대통령 취임사의 경우 연설문이기는 하지만 담화문이라고 하지는 않는다.

'담화문' 앞에 오는 수식어는 '대국민, 대시민; 대통령, 회장, 김여정; 공동, 특별, 사과' 등으로, 대상으로 하는 청자를 표현할 때는 그 앞에 '대(對)'를 붙여 사용하고, 담화문을 발표하는 화자를 수식어로 하거나, 담화문의 성격을 나타내는 '공동, 특별, 사과' 등의 수식어를 붙이기도 한다. 수식어에서 볼 수 있듯 담화문은 주로 정부기관의 대표(대통령, 국무총리 등)가 발표하는 경우가 많은데 정치적, 경제적, 사회적으로 큰 문제가 있을 때 대상으로 하는 청

---

8 역대 대통령 담화문의 경우 행정안전부 대통령 기록관에 보관되어 있다. 대통령 기록관의 홈페이지를 검색하면 역대 대통령 중 박정희 대통령의 담화문이 가장 많이 검색되며, 노태우 대통령의 경우 '담화문'이라는 용어 대신 '국민께 드리는 글'이라는 표현을 사용하였다.

자에게 설명을 하고 설득 내지는 협조를 구하기 위한 목적으로 발표되는 경우가 많다.[9]

다음은 2020년 2월 22일 코로나19 주의 단계를 심각 단계로 격상하면서 발표했던 정세균 국무총리의 담화문의 일부이다.

> 존경하는 국민 여러분!
> 코로나19로 인해 국민 여러분께서 걱정이 많으실 것으로 생각합니다.
> 국무총리로서 큰 책임감을 느끼며 국민 여러분께 송구하다는 말씀을 드립니다.
>
> 최근 일부 지역을 중심으로 코로나19 확진자가 급격하게 증가하고 있습니다. 정부는 코로나19의 감염 진행 상황이 더욱 엄중한 국면으로 들어가고 있다고 판단하고 확산을 막기 위해 최선의 노력을 다하고 있습니다. (중략)
>
> 특별히 당부드립니다. 종교행사 등 좁은 실내 공간에 모이는 자리나 야외라 하더라도 많은 사람이 밀집하는 행사는 당분간 자제하거나 온라인 등 다른 방법을 강구해 주시기 바랍니다. (중략)
>
> 존경하는 국민 여러분, 우리는 코로나19를 이겨내야 하고 이겨낼 수 있습니다. (중략) 국민 여러분과 함께 이 상황을 반드시 이겨내겠습니다. 감사합니다.

---

9 국내 정치 지도자의 담화문과 연설문에 대한 언어학적 연구 성과로는 김병홍(2014), 김재희(2018), 강민정(2019), 강세현·남인용(2021), 이해미(2020) 등이 있는데 대부분 비판적 담화 연구이다.

앞에서 기술한 대로 문체는 격식적이고 어조는 정중하며, '국민'에 대해서는 '존경하는'이라는 수식어를 사용하여 호칭하고 있다.

담화문의 구조는 인사말-상황 설명과 해법 제시-(국민들에 대한) 당부-맺음말로 구성되어 있다.[10] 인사말에서는 청자, 즉 국민을 위로하는 인사말을 하고 있고, 다음 단락에서는 현 상황을 설명하면서 이를 해결하기 위한 해법을 제시한다.[11] 상황 설명과 해법 제시는 현재 진행형이기 때문에 '-고 있-'이 빈도 높게 사용되고 있다.[12] 다음은 국민들에 대한 당부로 '종교행사'의 자제를 구체적으로 언급하고 있음을 확인할 수 있다. 맺음말에서는 국민의 신뢰를 얻기 위해 코로나19를 이겨낼 수 있다는 자신감을 표현하며[13] 국민의 협조를 강조하고 있다. 이와 같은 구성은 정부 대국민 담화문의 전형적 구성으로, 필요에 따라 각 구성의 강약을 조정할 수 있다.

---

10 담화문의 구조에 대한 분석으로 성미경(2003)이 있다. 성미경(2003)은 담화문의 구성을 상황 규정-방향성 제시-요구된 실천사항 등 셋으로 나누었다.
11 담화문의 구조는 인사말과 본문, 맺음말로 나누면 셋으로 분석이 가능하고, 본문을 상황 설명, 해법 제시, 당부(또는 요청, 지침)로 세분화하면 최대 다섯 개의 단락으로 분석이 가능하다. 이 담화문은 상황 설명과 해법 제시를 함께 기술하고 있어 4개의 구성으로 나뉜다.
12 한마루 2.0에 의한 어휘빈도 통계에서 명사는 코로나>국민>여러분>정부>우리 순으로 빈도가 높았고, 동사는 있다>내다>이기다>주다>드리다 순이었다. 동사 '있다'는 현재 상황을 설명하거나(확진자가 증가하고, 노력을 다하고, 실시하고, 대처하고, 갖춰나가고) 가능 표현 '-을 수 있다'(이겨낼 수 있-, 극복해낼 수 있-, 치유할 수 있-)에 사용되었다.
13 동사 '이겨내다'가 같은 문단에 3번 사용되었다.

3. 종교 담화문의 분석 결과

3.1. 연구 대상

담화문은 종교담화의 전형적 텍스트 장르가 아니다. 그렇기 때문에 종교 홈페이지에 들어가 '담화문'을 검색하면 그 수가 많지 않다.

대한불교조계종 홈페이지에서 '담화문'이란 검색어로 검색된 파일은 모두 64건으로 가장 수가 많은데, 코로나19에 대한 담화문[14]은 1건이었다. 천주교 서울대교구 홈페이지에서도 44건[15]의 담화문이 검색되었지만 코로나19에 대한 것은 2건이었고,[16] 원불교 홈페이지에서는 3건의 담화문이 검색되었으며 그중 2건이 코로나19에 대한 것이었다. 천주교는 서울대교구 외에 한국 천주교 주교단 이름으로 2020년 3월 19일 담화문을 발표해 총 3건의 담화문을 수집하였다.

개신교의 담화문은 한국기독교협의회와 한국교회총연합회 공동 이름으로 발표된 두 편과, 한국교회총연합회의 공동 대표인 대한예수교장로회 대표 김태영 목사의 것을 수집하였다.[17] 김태영 목사의 목회서신은 '담화문'이라고 명칭하고 있지 않지만 대한예수교장로회 대표로서 공식적 의견을 표명한 것으로, 코로나19의 확산에 가장 큰 요인으로 지적된 개신교의 예배 문제에 종교 지도자들이 어떻게 대응하고 있는지를 잘 보여 주는 자료이기에 대상으로 삼

---

14 메뉴는 '종단>종단소식>주요소식'이다.
15 해마다 발표되는 장애인의 날 담화문이 가장 많았고, 다음은 생명위원회 담화문이다. 안내 정보에서 2건, 소식 알림에서 42건이 검색되었다.
16 천주교는 대교구마다 홈페이지가 있으나 코로나19 관련 담화문은 서울대교구 홈페이지에서만 검색되었다.
17 공동 담화문은 한국기독교교회협의회와 한국교회총연합회 홈페이지 보도자료 메뉴에서 검색되었고, 목회서신은 대한예수교장로회총회 홈페이지에서 검색할 수 있다.

앗다. 한편 3월 6일에 발표한 공동 담화문 '코로나19 사태와 신천지에 대한 한국교회의 입장'은 코로나19보다 신천지에 대한 내용이 대부분을 차지해 연구 대상에서는 제외하였다. 수집된 자료를 표로 보이면 다음과 같다.

〈표 1〉 종교 지도자들의 담화문

종교	발표 날짜	글쓴이	제목	약어
천주교	2020년 2월 25일	서울대교구장 염수정 추기경	서울대 교구 사제들과 신자분들에게 드리는 담화문	천주_1
천주교	2020년 3월 15일	서울대 교구장 염수정 추기경	신자들과 함께하는 미사와 모임 중단 기간을 연장하며	천주_2
천주교	2020년 3월 19일	한국 천주교 주교단	코로나19와 관련하여 국민 여러분과 한국 천주교회 신자분들께 드리는 담화	천주_3
원불교	원기 105년(2020) 2월 27일	원불교 교정원장 오도철	원불교 교정원장 담화문	원불
불교	불기 2564년(2020) 3월 6일	대한불교 조계종 총무원장 원행	코로나19 사태에 대한 대한불교조계종 담화문	불교
개신교	2020년 3월 6일	한국기독교교회협의회 회장, 총무·한국교회총연합 대표회장(공동)	코로나19 사태와 신천지에 대한 한국교회의 입장	개신_1
개신교	2020년 3월 18일	한국기독교교회협의회 회장, 총무·한국교회총연합 대표회장(공동)	코로나19 사태 공동 담화문	개신_2
개신교	2020년 3월 24일	대한예수교장로회 총회장 김태영 목사	코로나19 사태에 대한 총회장 목회서신	개신_3

2020년 2, 3월 당시 여러 담화문이 나오게 된 코로나19 상황을 요약하면, 2020년 2월 18일 31번째 확진자 발생 이후 신천지 교인들을 중심으로 대구

지역과 경북 청도 지역의 확진자가 급증하기 시작하며, 2월 22일 '주의' 단계였던 코로나19 상황이 '심각' 단계로 격상된다.[18] 그리고 이를 국민들에게 알리는 '코로나19 대응 국민께 드리는 담화문'(2장에서 인용)을 당시 국무총리였던 정세균 국무총리가 발표한다. 이후 각 종교 지도자들은 미사 중지, 법회 중지 등의 내용을 담은 담화문을 발표하기 시작하는데 종교 지도자들 중 제일 먼저 2월 25일 서울대교구의 염수정 추기경이 담화문을 발표한다.[19] 그리고 뒤이어 2월 27일 원불교는 교정원장의 이름으로 담화문을 발표한다.

천주교, 원불교와는 달리 대한불교 조계종과 개신교는 3월 6일이 되어 담화문을 발표한다. 불교는 조계종 외에도 태고종, 천태종 등이 있는데 이중 가장 신자 수가 많은 종파는 조계종이며 홈페이지에 담화문을 게재한 것은 세 종파 중 조계종이 유일하다. 개신교는 불교보다 더 종파가 다양하며 연합 모임[20]도 하나가 아니라 4개가 있는 것으로 알려져 있다. 개신교는 당시 문제가 되었던 신천지로 인해 개신교의 종교시설이 코로나19 전파 요인이라는 여론에 대응하기 위해 3월 6일 신천지 사태에 대한 공식 입장문을 발표하게 된다.[21]

---

18 당시 현황 파악은 질병관리청(당시 질병관리본부)의 코로나바이러스감염증19 홈페이지의 정보를 기초로 한다.(http://ncov.mohw.go.kr/ 참고) 2020년 2월 22일 보도자료에 따르면 대구 지역 155명, 경북 지역 132명으로 확인되며 2월 21일에는 코로나19 대응의 총리주재 회의가 처음 열리게 된다.

19 같은 날 종교 지도자들의 모임인 한국종교인평화회의 성명서(2월 25일)가 발표되었다. 그러나 이 담화문은 특정 종교의 담화문이 아니기 때문에 연구 대상에 포함하지 않았다. 521자의 이 성명서는 코로나19 현황과 긍정적 전망, 국민과 정부에 대한 신뢰와 종교계의 다짐, 기도와 기원 3단락으로 구성되어 있고, 어휘 사용에서 '기도' 외에는 종교적 색채를 찾기 어렵다. 주요 대상은 정부 관계자와 의료진, 국민이다.

20 개신교는 종파도 다양하고 연합회도 한국기독교교회협의회(NCCK), 한국교회총연합(UCCK), 한국교회연합(CCIK), 한국기독교총연합회(CCK) 등 수가 많아 이중 가장 오래된 한국기독교교회협의회(1924. 9. 24. 설립)의 담화문을 주요 대상으로 삼았다. 한교협은 진보 성향으로 분류된다.

21 3월 6일 전후로 정부 부처에서는 신천지에 대한 강제수사(한겨레 2020. 3. 5. '신천지 강제

3.2. 천주교 담화문

서울대 교구장의 담화문 2건과 주교단의 담화문은 제목에 담화문의 대상을 분명하게 표현하고 있다.

(1) ㄱ. 서울대교구 사제들과 신자분들에게 드리는 담화문(천주_1)

ㄴ. 신자들과 함께하는 미사와 모임 중단 기간을 연장하며(천주_2)

ㄷ. 코로나19와 관련하여 국민 여러분과 한국 천주교회 신자분들께 드리는 담화(천주_3)

이와 함께 담화문에는 천주교 담화라는 것을 알 수 있게 하는 '형제 사제, 교형 자매'와 같은 친족 호칭을 사용하고, 수식어로는 기독교의 가장 큰 덕목인 '사랑하는'이 사용되었다.[22]

(2) ㄱ. 사랑하는 형제 사제들과 교형 자매 여러분(천주_1)

ㄴ. 사랑하는 교구 신자들과 형제 사제 여러분(천주_2)

ㄷ. 사랑하고 존경하는 국민 여러분, 사랑하는 한국 천주교회 신자 여러분(천주_3)

글의 구조적 측면에서 두드러지는 특징은 담화문의 내용과 관련한 성경 구

수사' 추미애의 무리수? 중대본 "판단은 수사당국 몫" 반박), 구상권 검토(한겨레 2020. 3. 6. 정부 "신천지 '명백한 고의' 밝혀지면 구상권 청구도 검토"), 시설 폐쇄(한겨레 2020. 3. 6. 서울시 "신천지 허위제출한 시설정보 30여 곳 추가 발견 폐쇄") 등 강한 대응 조치를 하였다.

22 강현석(2013)은 개신교, 불교 기도문에 나타난, 기도 대상에 대한 호·지칭어를 분석하였다. 호칭어의 경우 개신교는 '아버지', 불교는 '부처님'이 가장 많이 사용되었다고 한다.

절을 담화문 앞이나 뒤에 배치하고 있는 점이다. 이는 개신교에서도 사용되는 언어적 특징으로 종교담화를 정부담화와 구별 짓게 하는 요소이다.[23]

천주교 담화문은 넷으로 나눌 수 있는데, 첫 단락에 해당하는 인사말과 마지막 단락의 맺음말에서 해당 종교의 특징이 드러난다.[24] 그런데 천주교 담화문의 인사말에는 정부담화와 달리 (3ㄱ)에서 보듯 '방역당국자, 의료진' 등 비신자에 대한 인사에 그 가족에 대한 인사말도 포함되어 있는 것이 특징적이다. '아버지, 형제, 자매'와 같은 가족 호칭을 종교에 사용하는 천주교 담화에 '가족'을 중시하는 종교적 가치가 표현된 것으로 해석된다.

(3) ㄱ. 방역 당국자들과 일선 의료진의 형언할 수 없는 수고와 그 가족들의 희생에 진심으로 감사드리며 (중략) 또한 고통 속에 있는 환자들이 하루빨리 건강을 회복하여 가족의 품으로 돌아가 일상의 삶을 되찾길 기원합니다.(천주_1)

   ㄴ. 질병으로 고통받는 환자와 가족, 희생자와 그의 가족, 우리 국민, 나아가, 전 세계 모든 이가 이 위기를 이겨낼 수 있는 힘을 주십사(후략)(천주_3)

   ㄷ. 어려운 시기를 이겨내고자 애쓰는 우리 국민들, 세계 곳곳에서 '코로나19'로 고통받는 이웃들, 그리고 ~ 아드님의 특별한 은총을 청하며(천주_1)

(3ㄴ), (3ㄷ)은 '가족' 중심의 가치 외에 포교라는 종교적 과제가 신자로부터

---

23 강민정(2019)에 따르면 개신교 목사들은 설교를 시작할 때 기도를 하거나 성경을 몇 구절 읽고 시작한다고 한다.(둘을 같이하기도 한다.)
24 첫인사에는 '주님의 평화와 은총을 빕니다'를, 끝인사에는 '하느님의 특별한 은총을 청하며 우리의 사랑하는 어머니 성모님의 전구를 겸손되이 구합시다.'라는 문구를 사용한다.

이웃, 국민, 전 세계로까지 확장되고 있음을 확인할 수 있다.

담화문의 본문 구성은 상황 설명과 해법 제시 그리고 관련자들에 대한 당부로 짜여지는데 천주_1의 담화문에서는 신부와 신자 외에도 정치 지도자에 대한 당부[25]가 포함되어 있는 점이 특징적이다.

당부의 말은 '-기 바랍니다, -ㅂ시다, -어야겠습니다' 등과 같은 형식으로 표현되는데, 이는 다른 종교의 경우도 마찬가지이다.

> (4) ㄱ. 교형자매 여러분, ~ 주님 부활의 기쁨을 더욱 뜻깊게 맞이할 수
>   있도록 준비해야겠습니다.(천주_1)
>   ㄴ. 미사 재개에 필요한 준비를 갖춰 주시기 바랍니다.(천주_2)
>   ㄷ. 악에서도 선을 이끌어 내시는 하느님의 사랑과 자비의 섭리를 깨
>   달을 수 있는 은혜를 청하며 ~ 간청합시다.(천주_3)

천주_1과 천주_2는 서울대교구의 담화문으로 주 대상은 교구 신부와 신자들이다. 반면 천주_3은 신자뿐 아니라 국민을 대상으로 한 공식 담화문이라는 차이가 있다. 이러한 차이는 본고가 분석하고자 하는 코로나19에 대한 인식, 코로나19에 대한 대응, 신자에 대한 메시지,[26] 정부 등에 대한 태도 등에서 다른 면모를 보일 것이라는 예측이 가능하다.

---

25 사제들과 신자에 대한 당부에 이어 '~ 혹시라도 '코로나19'의 불행한 상황을 정략적이거나 정치적인 도구로 삼으려고 하는 시도는 결코 없어야겠습니다.'라는 문장이 나온다. 천주교 미사 예식 중 신자들의 기도에는 국가와 정치 지도자들에 대한 기도가 포함되어 있는 경우가 많다. 이를 천주교라는 특정 종교담화의 특징으로 보아야 할지 아니면 메시지 전달자의 개인적 특징으로 볼 수 있을지에 대해서는 연구가 더 필요하다.
26 종교담화문에는 신자(신도)뿐 아니라 사제, 사찰 스님, 목사 등에게 전하는 메시지도 포함되어 있다. 종교마다 지칭어가 다르기 때문에 이에 맞게 사용한다.

<표 2> 재난인문학적 관점에서의 담화 분석 내용_천주교

분석 내용	천주_1	천주_2	천주_3
코로나19에 대한 인식	‣낯선 공포와 불안 ‣불안과 공포감 ‣위기, 어려운 시기	‣사막 한가운데를 걷는 순례자의 심정 ‣힘겹고 낯선 체험 ‣코로나19로 인한 상황이 어떻게 전개될지 알 수 없지만 ‣어려운 시기	‣예기치 못한 ‣심리적, 사회적 피해, 경제적 피해 ‣위기 ‣광야 한가운데를 걷는 순례자의 심정 ‣재난과 시련의 시기
코로나19에 대한 대응	‣기도, 배려, 사랑 ‣안전, 생명 ‣의연하게, 지혜롭고 슬기롭게	‣이 시간의 의미와 가르침을 깨닫는 것 ‣기도	‣연대와 사랑의 실천 ‣적극적인 협조와 노력 ‣어려운 이웃을 먼저 생각하는 마음 ‣성찰과 성숙의 때 ‣기도
사제와 신자들에 대한 메시지	‣기도, 단식, 자선, 묵상, 회개, 연민, 자비, 사랑, 희생	‣기도 ‣주변 사람들을 돌보는 시간 ‣믿음, 희망	‣믿음, 희망 ‣기도 ‣서로 힘이 되자(협조)
정부 등에 대한 태도	‣방역 당국자, 의료진과 그 가족에 감사 ‣국가와 정치 지도자를 위해 기도 ‣정치 지도자 국민의 생존과 안정 최우선의 가치	‣낯선 공포와 불안 ‣불안과 공포감 ‣위기, 어려운 시기	‣의료진, 자원봉사자, 정부에 감사 ‣정부의 시책에 적극적으로 동참

세 담화문 모두 코로나19에 대해 '위기, 어려운 시기'라고 표현하고 '낯선, 예기치 못한'이라는 수식어를 사용하였다. 한편으로 천주_2와 천주_3은 순례자 비유를 사용하여 이 담화가 천주교 담화인 것을 쉽게 알 수 있게 한다. 코로나19에 대한 천주교의 대응은 크게 셋으로 나눠볼 수 있다. 기도와 성찰, 협조이다. 세 담화문 모두 코로나 극복의 방법으로 기도와 성찰, 협조를 들고 있는데 이는 예전부터 내려온 천주교의 전통이라고 할 수 있다. 위기 극복을

위해 기도를 하고, 왜 이런 시련을 신이 주었는지 성찰을 하며, 그 가운데에서 이웃을 돕는 행위를 통해 위기 상황을 극복할 수 있다는 전형적인 기독교적 대응 방식이다.

세 담화문 중 협조는 천주_3에서 특히 강조되고 있는데, 정부 시책에 적극적으로 동참한 결과 한국이 다른 나라로부터 찬사를 받고 있다는 친정부적 발언을 하여 정치 지도자에 대한 우려를 표한 천주_1과 구별된다. 사제와 신자들에 대한 메시지는 '기도, 사랑, 믿음' 등 신앙생활에 필요한 덕목들이 핵심어로 추출되었으며 이는 코로나19에 대한 대응 방식과 연결되어 있다.

3.3. 원불교 담화문

원불교 담화문의 제목은 '원불교 교정원장 담화문'으로 담화문을 발표한 발신자를 담화문의 제목에 사용하고 있다.[27] 제목 아래에 소괄호를 사용하여 '원불교 재가출가 교도[28]에게 드리는 말씀'이라는 부제를 달아 누구를 대상으로 하고 있는지를 명확하게 밝혔다.[29]

부르는 호칭은 따로 사용하지 않고 있으며, '교도, 교무'라는 지칭어와 인사말, 연도 사용(원기) 등에서 해당 담화문이 원불교 담화문임을 알 수 있다.[30]

---

27 2022년 1월 28일에 발표된 코로나19 관련 담화문에도 같은 제목이 사용되었다.
28 '재가출가' 교도란 세속을 떠나지 않고 집에서 스님처럼 도를 닦는 신자와 출가한 신자(스님)를 가리키는 것으로 모든 불자를 뜻한다.
29 원불교의 담화문은 동영상 자료까지 홈페이지에 탑재되어 있고, 2월 28일에는 코로나19 극복을 위한 기도문도 파일로 올렸다. 또한 하단에 법회 중단을 보도하는 연합뉴스 기사도 제공하여 이용자들이 쉽게 담화문에 접근할 수 있도록 하였다. 기도문은 원불교뿐 아니라 천주교(코로나19 극복을 청하는 기도), 불교 등 다른 종교에서도 작성되어 신자들에게 제공되었다.
30 첫인사는 '원불교 재가출가 교도님들의 앞날에 법신불 사은님의 은혜가 늘 함께하기를 기원합니다.'로 시작한다. 발표 연도는 원불교의 시작 연도(원기)를 사용하여 '원기 105년

담화문의 구조는 인사말-상황 설명과 해법 제시(법회 중단)-관련자들에 대한 당부(교무, 교도들에 대한 지침)-맺음말로 구성되어 있다.

코로나19를 '재난'(재난 극복에 정성을 모아)으로 인식하고 앞서 살펴본 천주교 담화문과 마찬가지로 '불안, 두려움'이라는 어휘를 사용하였다. 코로나19에 대한 대응으로 정부 지침을 따르고 '원불교 코로나19 대책위원회'를 조직하는 등 적극적인 대응을 취하고, 이러한 대응은 법회 중단과 훈련 행사의 연기 및 취소라는 강력한 대응책으로 연결된다.

교무와 교도들에게는 전화순교와 설교 및 강연 시청, 축원 기도를 부탁하고, 이웃을 도울 것을 당부하고 있다. 신자들에 대한 이러한 메시지는 천주교 담화문과 비슷한 내용으로 이웃을 돕는 행위를 통해 위기 상황을 극복할 수 있다는 종교적 메시지이다. 정부에 대한 태도는 구체적으로 나타나지 않으며, 의료진이나 방역자들에 대한 감사 표현도 없다. 원불교 담화문은 부제와 같이 교도들에게 교단의 입장을 전달하는 데 집중되어 있다.

3.4. 대한불교조계종 담화문

2월 22일 중앙사고수습본부 정례브리핑에서 '신천지 전수조사 현황 및 조치계획'이 발표되면서 시작된 종교행사 및 모임의 중단 조치는 조계종의 경우도 예외가 아니었다. 대한불교 조계종은 2월 두 차례의 긴급지침을 공지한다. 첫 번째는 2월 20일로 종교행사의 자제를 요청하고 코로나 예방 지침을 공지하였으며, 2월 23일에는 법회 취소를 공식화하였다. 이는 앞서 분석한 천주교나 원불교보다 빠른 조치로 2차 긴급지침의 문구[31]대로 가장 오랜 역사를 가

(2020)'과 같이 썼다.

진 불교가 국가 종교로서의 정체성을 확인하는 조치라고 할 수 있다.

대한불교조계종 담화문의 제목은 '코로나19 사태에 대한 대한불교조계종 담화문'으로 총무원장 명의로 발표되었지만 원불교처럼 발신자를 제목에 반영하고 있지는 않다. '지극한 마음으로 발원하면 위기를 극복할 수 있습니다' 라는 부제를 제목 아래 첨부하였는데, 이 문장은 본문 마지막 단락에도 사용하여 코로나19라는 위기 극복이 발원으로 가능하다는 종교적 태도를 가장 잘 보여준다. 대상(청자)은 국민과 사부대중32으로 '존경하는 국민 여러분, 사부대중 여러분, 국민 여러분 그리고 사부대중 여러분'이라는 호칭을 사용하고 있다.33

담화문은 인사말 없이 바로 코로나19에 대한 상황 설명으로 시작하고, 다음 단락에서는 조계종이 코로나19를 극복하기 위해 어떤 활동을 했는지 자세히 소개하고 있다.(긴급지침 시달, 정부당국의 조치에 적극 협력, 모금운동, 공익템플스테이 준비, 기도 등) 이는 앞서 분석한 천주교 담화문에는 포함되지 않은 내용으로 호국 불교로서 불교의 역할을 강조한 대목으로 해석할 수 있다. 다음은 신도들에 대한 당부인데 자신을 돌아보는 정진의 시간을 가질 것을 당부함과 함께 법회 중단으로 어려워진 재적사찰의 어려움을 언급하며 이에 대한 관심과 응원을 부탁하는 대목이 들어 있다. 종교의식이 중단됨으로

---

31 '코로나19 관련 대한불교조계종 전국 사찰 긴급지침(2차)'(2. 23.)은 네 항목으로 구성되어 있는데 이중 마지막(4번) 문장은 다음과 같다.
　　4. 우리 불교는 전통적으로 국가가 어려움에 처했을 때 항상 앞장서 국민들과 함께 고난을 극복해온 역사를 상기하고, 종단의 지침에 적극 협조한다.
32 '사부대중'은 불문(佛門)에 있는 네 가지 제자, 곧 비구(比丘), 비구니(比丘尼), 우바새(優婆塞), 우바니(優婆尼)를 아울러 이르는 말로, 신도 전체를 가리킨다. 고려대한국어대사전(2009) 참고.
33 '국민' 앞에 오는 수식어는 대체로 '존경하는'이라고 할 수 있다. 앞서 천주교 주교 담화문에서는 '사랑하고 존경하는'이라는 수식어가 사용되었다.

써 생겨난 경제적 문제를 직접적으로 언급하고 있는 점이 앞선 담화문과 다른 점이다.

담화문에서는 코로나19를 '위기, 재난, 국가적 비상사태' 등으로 규정하고 있다. 그리고 이에 대한 조계종 차원의 대응책을 구체적으로 기술하고 있으며, 국민들의 협조(모두의 마음을 모아내다, 한마음 한뜻으로 위기를 극복해, 화합, 성숙한 시민의식)와 믿음(재해대책본부와 의료진)으로 이 상황이 종식될 수 있다는 것을 국민과 신도들에게 전달하고 있다. 정부나 정치권에 대한 비판적 또는 부정적 태도는 찾아볼 수 없으며 국민과 신도들에게 정부와 의료진을 믿어야 함을 강조하는 것에서 볼 수 있듯 국가 종교로서 책임을 다하려는 불교의 정체성을 확인할 수 있는 담화문이다.

3.5. 개신교 담화문

'한교총, 한교협' 공동 담화문과 김태영 목사의 목회서신[34]에는 공통적으로 '코로나19 사태'라는 표현을 사용하고 있다.[35] 표준국어대사전의 '사태'는 '일이 되어 가는 형편이나 상황. 또는 벌어진 일의 상태.'라고 풀이되어 있지만, '사스 사태, 메르스 사태, 폭력 사태, 해고 사태'와 같은 쓰임에서 발신자가 코

---

34 네이버지식백과의 『교회용어사전』(2013)에 따르면 '목회서신'은 사도 바울이 기술한 디모데전서와 디도서, 디모데후서를 가리키는 말이다. 형식은 서신이지만 그 내용은 목회 현장에서 수고하는 동역자들에게 필요한 권면과 목회적 지침을 전한 것으로, 지금은 목사가 신자들에게 보내는 편지 형식의 글을 목회서신이라고 지칭한다. 본고가 대상으로 한 목회서신은 기독공보에 게재되었으며(공식성), '총회 산하 9,200 교회와 기관 255만 명의 목회자와 성도'를 대상으로 할 뿐 아니라 정부당국자, 언론인에 대한 당부를 포함하여 제목에는 담화문이라는 용어가 사용되지 않았지만 담화문으로 규정할 수 있다.
35 코로나19 사태라는 표현은 3월 6일 발표된 조계종 담화문의 제목에도 사용되고, 같은 날 발표된 개신교 담화문에도 사용되고 있다.

로나19의 확산을 하나의 큰 사건으로 규정하고 있음을 알 수 있다.

두 글은 다음과 같은 인사말로 시작한다.

(5) ㄱ. 교회는 국민의 생명을 지키는 파수꾼입니다. (개신_2)

　　ㄴ. 총회 산하 9,200 교회와 기관 255만 명의 목회자와 성도님에게
　　　　주님의 이름으로 문안드립니다. (개신_3)

두 담화문에는 다음 예에서 보듯 '교회'를 주어로 사용하거나 '우리, 우리
교회, 우리 민족, 우리나라, 우리 주 예수 그리스도'처럼 '우리'를 사용한 주어
의 쓰임이 빈번하다.

(6) ㄱ. 사랑하는 한국교회 성도 여러분, 예수 그리스도의 수난과 죽음과
　　　　부활의 신앙을 성찰하며 실천하는 사순절 기간을 지내고 있습니
　　　　다. 우리는 ~ 믿습니다. (개신_2)

　　ㄴ. 모든 교회는 보다 책임있게 행동해 주셔서 이와 같은 일들이 재
　　　　발하지 않도록 협조해 주시기 바랍니다. (개신_2)

　　ㄷ. 그동안 우리 교회는 주중 집회를 중단하고, 주일예배의 중단 대신
　　　　예배 형식의 변경을 통해 ~ 대처해 왔습니다. (개신_2)

　　ㄹ. 지금 한국 교회는 한마음으로 기도하며 국민과 함께 이 위중한
　　　　시련을 이겨내야 합니다. (개신_2)

　　ㅁ. 한국 교회는 그동안 정부당국과 긴밀하게 소통을 하면서 ~ 적극
　　　　협력해 왔습니다. (개신_3)

　　ㅂ. 교회가 예배당에서 예배를 드릴 경우에는 방역당국이 제시한 안
　　　　전수칙을 철저하게 지켜 주시기 바랍니다.(개신_3)

　　ㅅ. 우리는 하나님의 말씀을 붙잡고 이 난국을 넉넉히 이겨낼 수 있
　　　　습니다.(개신_3)

‘교회’를 주어로 사용한 것은 담화문 발표자들이 교회 연합회의 대표이거나 총회장이기 때문일 것이고, ‘우리’의 빈번한 사용은 개신교 공동체가 하나임을 강조하기 위한 표현으로 해석된다.

호칭은 공동 담화문은 ‘사랑하는 한국교회 성도 여러분’을 1회 사용하였고, 목회서신에서는 ‘사랑하는 성도 여러분, 목회의 현장에서 헌신하시는 존경하는 목사님, 한국교회를 섬기는 성도 여러분’을 각 1회씩 사용하였다. 호칭을 보면 담화문의 대상자가 성도[36]와 목사임을 알 수 있는데, 목회서신에는 정부 당국자에 대한 경고와 언론인에 대한 당부가 포함되어 대상자의 범위가 더 넓다. 공동 담화문 끝에는 천주교 담화문과 마찬가지로 성경 구절[37]이 배치되어 있으며, 목회서신에는 성경 구절은 없지만 요리문답[38]이 인용되어 종교담화의 특징을 확인할 수 있다.

다음 <표 3>은 재난인문학적 관점에서 두 담화문의 내용을 분석한 것이다.

<표 3> 재난인문학적 관점에서의 담화 분석 내용_개신교

분석 내용	개신_2	개신_3
코로나19에 대한 인식	‣인간의 탐욕이 빚어낸 환경적 박해 상황 ‣위중한 시련	‣위기와 환란의 시대 ‣재난

---

36 국어사전의 ‘성도(聖徒)’는 1) 기독교 신자를 높여 부르는 말, 2) 거룩하게 신앙생활을 하다가 죽은 사람이나 순교자들 가운데 덕행이 뛰어나 공경받을 만하다고 교황청에서 공식적으로 인정한 사람을 이르는 말로 풀이되어 있다.(고려대한국어대사전, 2009) 같은 단어가 개신교와 천주교에서 달리 사용되고 있다.
37 시편 91장 1, 2절로 하나님이 전염병에서 건지실 것이라는 내용이다.
38 요리문답은 교리문답이라고도 하며 “기독교의 중요한 교리들을 체계 있게 교육시킬 목적으로 만든 문답 형식의 글.”을 뜻한다.(네이버지식백과의 『교회용어사전』(2013) 참고)

코로나19에 대한 대응	▸자율적으로 감염의 확산을 방지할 수 있는 공동체라는 사실을 증명해 내야 ▸한마음으로 기도하며 국민과 함께 이겨 내야	▸정부 당국과 긴밀하게 소통 ▸적극 협력 ▸코로나19 극복을 위해 함께 기도
교회와 신자들에 대한 메시지	▸교회: 집단감염 재발 방지 협조, 안전예배 수칙 준수, 지역 주민과 함께 하는 교회 ▸교인: SNS를 통해 친밀하게 교제	▸성도: 하나님과의 거리를 가까이, 기도, 주의 사랑 실천 ▸목사: 기도, 성도 섬기기 ▸장로: 믿음, 생명의 파수꾼 역할
정부 및 언론 등에 대한 태도	▸정부: 명령 대신 대화와 협력 부탁	▸정부: 경고, 소통과 대화 당부 ▸언론: 공정한 보도 당부

'인간의 탐욕이 빚어낸 환경적 박해 상황'과 '위중한 시련'이라는, 코로나19에 대한 인식을 표현한 단어들은 기독교의 관념이 반영된 것이다. '탐욕, 박해, 시련' 등의 어휘는 성경에 자주 등장하는 기독교 용어로,[39] 신천지 사태로 인해 교회 전체가 위기 상황에 몰리게 된 당시를 화자가 어떻게 인식하고 있는지 보여준다.

코로나19에 대한 대응은 두 담화문의 목적과 성격이 다르기 때문에 인식과는 다른 차이를 보인다. 공동 담화문은 교회가 코로나 진원지라는 오명을 벗기 위해 교회 공동체에 집단감염 재발 방지 협조, 안전예배 수칙 준수 등에 동참하도록 설명하고 설득하는 글의 성격을 갖기 때문에 코로나19에 대한 대응이 이미 실행한 대응이 아니라 실행해야 하는 대응이 표현되어 있다. 반면

---

[39] 세 단어는 모두 『교회용어사전』(2013)에 풀이되어 있으며 이 사전에서 해당 단어가 사용된 성경구절도 확인할 수 있다.

목회서신은 기독교인들에게 예배라는 것이 얼마나 중요한 것인지를 정부와 언론인들에게 설득하고 교회에 대한 조치에 항의의 뜻을 전달하려는 목적을 갖고 있기 때문에 코로나19에 대해 소통과 협력, 그리고 기도로 모범적으로 대응하였음을 강조하고 있다.

청자에 대한 메시지도 두 담화문은 차이가 있는데 공동 담화문이 대부분 교회에 대한 메시지라면, 목회서신은 교회공동체의 구성원인 목사, 성도, 장로에 이르기까지 처지에 맞는 메시지를 전달하고 있다.

두 담화문은 차이점 외에 공통점이 있는데 다른 종교 담화문에서 사용된 '미사 중지, 법회 중단'과 같은 표현을 사용하고 있지 않다는 점이다. 대신 '예배의 형식을 바꾸다(개신_2), 주일예배의 중단 대신 예배 형식의 변경(개신_3)'이라는 표현을 사용하여 개신교의 종교예식인 예배가 지속되어야 함을 암시적으로 드러내고 있다. 특히 목회서신에서는 요리문답 1번을 인용하며 예배의 중요성을 다음과 같이 강조하고 있다.

(7) ㄱ. 기독교인에게 예배는 생명과도 같은 것입니다. (개신_3)
    ㄴ. 기독교인에게 예배를 무시하고 포기하라는 것은 존재의 목적과 삶의 의미를 끊는 것입니다. (개신_3)
    ㄷ. 예배는 중단되어서도 안 되고 중단될 수도 없습니다. (개신_3)

이는 정부의 방역 조치에도 불구하고 일부 교회에서 예배가 진행되는 것을 이해시키려는 목적에 의해 작성된 것으로 해석될 수도 있겠으나 개신교 교회가 처해 있는 상황 즉, 코로나19의 전파라는 오명을 더욱더 강화시켰을 것이다.

정부에 대한 태도에서도 두 담화문은 차이를 보인다. 공동 담화문에서는 정부에 대해 대화와 협력을 부탁하는 비교적 온건한 태도를 보인 데 반해 목회서신에서는 3월 21일 국무총리의 긴급담화[40]에 대해 유감을 표현하며 정부 조치와 언론 보도에 대해 '교회사찰, 한국교회 폄하, 모욕, 모멸감, 지존감에 손상, 욕보이다' 등의 표현을 사용하며 강력하게 항의한다. 항의의 수위는 상당히 높아 '기독교 신앙을 탄압, 군사 독재 시절에도 경찰 공권력이 교회 안으로 들어오지 못했다, 왜곡과 혐오와 차별이 아니라 공정한 보도를 하시라'와 같이 강경한 태도를 보인다.

_____ **4. 결론**

본고는 코로나19 위기 상황에서 종교계가 코로나19에 대해 어떤 인식과 대응을 보였는지를 살펴보기 위해 2020년 2~3월에 발표된 종교 지도자의 담화문 7편을 대상으로 언어적 특징과 재난인문학적 관점에서 담화 내용을 분석하였다. 분석 내용을 요약하면 다음과 같다.

첫째, 모든 담화문은 공히 코로나19를 재난과 위기로 인식하고 규정하였다. 개신교 담화문에는 '인간의 탐욕이 빚어낸 환경적 박해 상황, 위중한 시련'이라는 표현을 사용하고 있는데 '탐욕, 박해, 시련' 등의 어휘는 성경에 자주 등장하는 어휘이다.

둘째 코로나에 대한 대응은 정부 정책이나 방침에 협조하는 것을 최우선으

---

40 신천지 외에도 지역 교회에서 여러 명의 확진자가 발생하자 정부는 대국민 담화를 통해 종교시설 등 다중시설의 운영 중단을 강력히 요청했다. 3월 21일 정세균 국무총리는 대국민담화에서 "행정명령을 따르지 않는 경우에는 시설 폐쇄는 물론, 구상권 청구 등 법이 정한 가능한 모든 조치를 적극적으로 취해 나갈 것"이라고 하였다.

로 삼았으며, 종교적 대응 방식, 즉 이웃을 돕고 기도(발원)하는 것을 강조하고 있다. 절대신에 대한 기도와 발원, 이웃을 돕는 사랑과 자비는 모든 종교의 공통적인 재난 해결책이라고 할 수 있다.

셋째, 신자들과 직무자(사제, 교무, 스님, 목사 등)에 대한 메시지에서는 신앙생활에 대한 당부가 주된 내용을 차지하며, 코로나19를 극복할 수 있다는 믿음을 주고자 하였다.

넷째, 정부에 대한 태도는 대부분 긍정적이며, 개신교의 목회서신만은 예외적으로 종교시설 폐쇄 등 강한 조치에 대응하여 부정적 태도를 보인다.

각 종교 담화문은 인사말, 호칭, 연도 표시 등에서 해당 종교의 어휘를 사용하여 어느 종교의 담화문인지 쉽게 알 수 있게 하였다. 모든 담화문의 맺음말은 공통적으로 코로나19 극복을 위한 기도를 청하는 것으로 끝나는데 결국 재난 앞에서 약한 존재인 인간이 절대적 존재에게 기도(기원, 축원, 발원)하는 것이 종교담화의 가장 큰 내용적 특징이라고 할 수 있다.

가스펠서브(2013), 『교회용어사전(Glossary of Christianity)』, 생명의말씀사.(네이버지식백과사전 검색)

강민정(2019), 「대통령 연설문에 나타나는 사회언어학적 의미 연구-페어클로의 비판적 담화분석을 중심으로-」, 『텍스트언어학』 44, 한국텍스트언어학회, 1-33.

강민정(2020), 「온라인 뉴스기사 제목의 비판적 담화분석: 다이아몬드 프린세스호 내 코로나19 관련 기사를 중심으로」, 『사회언어학』 28-3, 한국사회언어학회, 1-31.

강세현·남인용(2021), 「'최순실 국정 농단' 관련 박근혜 대통령의 대국민 담화문과 신문보도에 대한 비판적 담론분석-조선일보와 한겨레신문을 중심으로-」, 『정치정보연구』 24-1, 한국정치정보학회, 1-37.

강현석(2012), 「기독교와 불교 기도문의 사회언어학적 비교 연구-문형, 화행과 청자경어법을 중심으로」, 『사회언어학』 20-2, 한국사회언어학회, 1-31.

강현석(2013), 「개신교와 불교 기도문에 나타나는 호칭어와 지칭어의 비교 연구」, 『사회언어학』 21-3, 한국사회언어학회, 25-53.

강희숙(2020), 「동아시아 재난에 대한 인문학적 담론의 모색」, 『인문학연구』 59, 조선대학교 인문학연구원, 9-24.

강희숙·신유리(2021), 「'K-방역'에 대한 언론 사설의 담화 전략 분석 - 담론 형성의 언론사별 대조를 중심으로-」, 『우리말연구』 68, 우리말학회, 187-217.

김병홍(2014), 「대통령 사과 담화문의 언어 전략 분석」, 『우리말연구』 38, 우리말학회, 123-151.

김재희(2018), 「대통령 연설문에 나타난 사회언어학적 의미 연구-페어클로의 비판적 담화분석을 중심으로-」,『텍스트언어학』44, 한국텍스트언어학회, 1-33.

박서희(2021),「코로나19 관련 정치 담화에 대한 비판적 담화 분석: 트럼프와 쿠오모의 연설 비교를 통하여」,『사회언어학』29-3, 한국사회언어학회, 139-165.

성미경(2003),『대통령 대국민 담화문의 수사학적 특성에 대한 비판적 연구』, 성균관대학교 대학원 신문방송학과 석사학위논문.

신문적 · 왕림 · 김진해(2020),「한 · 중 코로나19 관련 신문기사의 비판적 담화 분석 - 의료진 및 확진자를 중심으로-」,『한말연구』57, 한말연구학회, 97-129.

안희연(2021),「압둘라 2세 요르단 국왕의 대국민 담화문에 대한 비평적 담화분석 -포스트코로나 연설문을 중심으로-」,『한국이슬람학회논총』31-2, 한국이슬람학회, 177-206.

양명희 · 김현강(2021),「'위드 코로나' 담화 분석 -중앙지와 경제지 사설을 중심으로-」,『우리말글』, 우리말글학회 91, 97-124.

이원표(2000),「대통령 취임사 분석: 수사 구조와 담화의 민주화」,『사회언어학』8-1, 한국사회언어학회, 87-166, 이원표(2001) 재록.

이원표(2001),『담화분석: 방법론과 화용 및 사회언어학적 연구의 실례』, 한국문화사.

이원표(2007),「정치담화에서의 관여(involvement) 전략」,『담화와인지』14-2, 담화인지언어학회, 137-170.

이원표(2015),『한국 정치담화의 언어학적 분석』, 한국문화사.

이재원(2013),「박근혜 대통령 취임사의 수사학적 분석」,『텍스트언어학』35, 한국텍스트언어학회, 229-254.

이해미(2020),「한일 지도자의 연설문 분석 -코로나 위기 속 신뢰 구축과 협력 촉구를 중심으로-」,『일본어문학』87, 한국일본어문학회, 121-142.

임성우(2013),「정치담화에서의 감정 표출과 양태성」,『독일어문학』62, 299-319.

정경은(2019),「한국 개신교와 불교 홈페이지의 인사말 비교 연구」,『언어과학연구』89, 언어과학연구회, 309-333.

최태훈(2020),「코로나19로 촉발된 미 · 중 미디어 전쟁 양상-환구시보 사설 비교를 통한 비판적 담화분석-」,『비교문화연구』59, 경희대학교 비교문화연구소, 261-291.

Kohnen, Thomas(2010), Religious discourse, Andreas H. Jucker and Irma Taavitsainen (eds.), *Historical Pragmatics*, Handbooks of Pragmatics

Volume 8, De Gruyter Mouton.

Maingueneau, Dominique(2021), Religious Discourse and Its Modules, Jay Johnston and Kocku von Stuckrad (eds.), *Discourse Research and Religion -Disciplinary Use and Interdisciplinary Dialogues*, De Gruyter.

Parks, Russell M., Karen Tracy(2015), Discourses of Religion, *The International Encyclopedia of Language and Social Interaction*, John Wiley & Sons, Inc.

Pihlaja, Stephen (ed.)(2021), *Analysing Religious Discourse*, Cambridge University Press.

Tannen, Deborah, Heidi E. Hamilton, Deborah Schiffrin (eds.).(2015), Discourse and Religion, *The Handbook of Discourse Analysis*(e-book code 2nd), Wiley Blackwell.

Wuthnow, Robert J.(2011), Taking Talk Seriously: Religious Discourse as Social Practice, *Journal for the Scientific Study of Religion* vol 50-1.

제4부

재난 시대의 리터러시와 교육 담론

기후 정의 담론에 기반한 리터러시 교육

- 기후 정의 리터러시 교육 목표 및 내용을 중심으로 -

강희숙

(조선대)

파키스탄의 셰바즈 샤리프 총리는 지난 11월 8일 이집트 샤름 엘 셰이크에서 열린 제27차 유엔기후변화협약 당사국회의(COP27) 연설에서 올해 대홍수에 따른 파키스탄의 피해 규모가 300억 달러(약 41조 원)가 넘는 것으로 추산된다며 "탄소 배출량이 아주 작음에도 우리는 인류가 만든 재앙의 피해자가 됐다."라고 개탄하였다.[1] 나이지리아 역시 최근 10년간 서아프리카에 발생한 홍수 중 가장 큰 규모의 피해를 보았다. 역대 최악의 홍수로 600명 이상이 사망하고 130만 명의 수재민 발생, 20만 채 이상의 가옥이 파괴됐다.[2]

어떻게 해서 최악의 홍수들이 파키스탄이나 나이지리아처럼 가난한 나라들에서 계속되는 것일까? 점점 더 뚜렷해지고 있는 기후 불평등이 아니고서는 설명할 수 없다는 것이 기후전문가들의 견해이다. 세계은행과 아시아개발은행의 조사에 따르면, 1959년 이후 세계에 뿜어져 나온 탄소 가운데 파키스탄이 내놓은 것은 0.4%에 불구함에도 불구하고 세계에서 기후에 가장 취약한 지역이 됐다. 놀랍게도 나이지리아의 탄소 배출량은 세계 최저 수준을 기록하

---

1 2022년 11월 9일 연합뉴스 보도자료 참조.
  (https://www.yna.co.kr/view/AKR20221109002500079?input=1195m
2 2022년 10월 18일 동아사이언스 기사.
  (https://www.dongascience.com/news.php?idx=56709)

였다.[3] 이와 같은 사례들에서 알 수 있는 바와 같이 지구온난화의 직접적인 원인인 탄소 배출량이 가장 낮은 나라들에서 기후 위기로 인한 피해와 영향이 가장 최악의 수준에 달하고 있다는 것은 오늘날 기후 위기로 인한 피해의 양극화와 불평등 현상이 증대되고 있음을 보여주는 것이다(한상운 외 2021).

그렇다면 문제 해결의 열쇠는 어디에 있는 것일까? 본 연구는 바로 이와 같은 질문에 대한 답으로서 최근 들어 활발해지고 있는, '기후 불평등' 현상에 대한 대응 방안으로 등장한 '기후 정의' 담론에 기반한 리터러시 교육의 방향을 제시하는 데 그 목적이 있다. 오늘날 우리는 기후 문제의 해결이 다른 어떤 위기나 위험보다 시급한 기후 비상(Climate Emergency) 시대에 살고 있는 만큼 제대로 된 기후 시민 의식을 지닌 시민들의 실천과 행동의 함양을 위한 새로운 리터러시 교육이 필요하다고 보았기 때문이다.

이와 같은 작업을 위해 제2장에서는 최근 심화되고 있는 '기후 불평'등 현상의 다양한 양상과 함께 그에 관한 대응 방안으로 제시되어 온 '기후 정의' 담론의 특징 및 전개 양상을 살펴보기로 하겠다. 그다음 제3장에서는 새로운 리터러시, 곧 뉴 리터러시로서 '기후 정의 리터러시'를 제안하고, 이를 토대로 기후 정의 리터러시 교육의 목표와 교육 내용을 제시하고자 한다.

2. 기후 불평등 현상과 기후 정의 담론의 전개 양상

주지하는 바와 같이 지구는 탄생 이래 수천 년에서 수백만 년의 주기로 현

---

3 2021년 7월 30일 뉴스펭귄.
(https://www.newspenguin.com/news/articleView.html?idxno=5122)

저한 변화를 되풀이해 왔다. 이는 지구의 기후가 자연적인 장기 변동을 되풀이해 왔음을 의미한다. 문제는 최근 100년~150년간에 발생한 기후변화는 과거의 자연적인 변동과는 그 성격이 확연하게 다르다는 것이다(김해동 외 2018: 10). 인류가 산업사회로 진입하면서 이른바 대가속(Great Acceleration)의 페달을 밟은 지구 온난화에 의해 폭염과 홍수, 태풍, 가뭄, 산불 등등의 자연 재해의 빈도 및 강도가 계속해서 심해지고 있으며, 산과 바다, 습지와 강, 밀림 등지의 동식물 또한 개체 수가 급격하게 줄어드는 멸종 위기를 겪고 있기 때문이다. 최근 유엔 세계기상기구(WMO), 유엔환경계획(UNEP) 등이 함께 발표한 보고서에 따르면 지구 기온은 2026년까지 1.1℃에서 1.7℃까지 오를 것으로 추정되었다.[4] 이와 같은 상승치의 전망은 지금까지 인류가 내다본 임계점(Tipping Point)인 1.5℃를 훌쩍 넘어서는 것이라는 점에서 그 심각성이 적지 않다. 지금껏 겪어보지 못한 극한 기후가 점점 더 자주, 더 강력한 형태로 발생하게 되리라는 것은 이미 예견된 미래인 셈이다.

기후 위기 문제에 대한 성찰적 담론 가운데 하나인 '인류세론'[5]에서는 온난화를 넘어 가열화 수준에까지 이른 기후 위기의 실태와 함께 인류가 지구와 생태계에 끼친 해악이 지대한 만큼 전 인류가 그 책임에서 자유롭지 못하다는 '책임론'을 강조해 왔다. 또한 '인류세론'에서는 지구 행성의 파국적 상황은 우리 인간 모두의 책임이기에 다 같이 해결책[6]을 내는 데 집중해 왔다. 이광

---

4 2022년 9월 23일 자 『내일신문』 참조.
5 '인류세'라는 개념은 지난 2000년 노벨상 수상자인 네덜란드 화학자 폴 크뤼천(P. Crutzen)이 맨 처음 제안하였다. 오늘날 인류가 자연에 필적할 지질학적 힘을 가지고 지구 환경에 영향을 미칠 수 있게 되었으며, 이로 인해 훼손된 지구환경이 지구 환경이 지구 시스템에 대혼란을 초래하고 인류의 생존 자체를 위협하고 있다는 것이다.
6 온난화의 원인인 탄소 감축을 위한 국제적 협상이나 국가나 공동체 차원의 그린 뉴딜(Green New Deal) 정책의 도입, 첨단 과학 기술을 동원하여 탄소를 포집하거나 역배출

석(2022: 48)의 견해를 빌리자면 인류세 관점은 '불타는 지구'에 동승한 공동 운명의 절멸 상태에서 탈출할 수 있는 '집합적 생존'의 거시적 방책을 찾는 데 관심을 두어 왔다고 할 수 있는 것이다.

문제는 '인류세론'이 기후 위기의 원인에 대한 '책임론'보다는 어떻게 하면 효과적인 해결책을 빠르게 내놓을 수 있을 것인지에 더 집중해 왔다는 것이다. 그 결과 '인류세론'은 국가와 지역, 사회계층, 세대와 젠더와 같은 다양한 요인에 따르는 피해의 양극화 또는 불평등 현상에 관해서는 소홀히 해 왔다는 한계가 없지 않다.

미국의 지진학자 존 머터(John C. Mutter) 교수는 그의 책 『재난 불평등』에서 "재난은 왜 약자에게 가혹할까?"라는 사회적 질문을 던진 바 있다. 그리고 2005년 미국 뉴올리언스에 불어닥친 허리케인 카트리나[7]와 21세기 최악의 자연재해로 꼽히는 2010년 아이티 지진을 중심으로 개개인이 받는 재난 피해의 크기는 계층 간 소득 격차 등 사회 구조가 결정한다고 역설하였다. 이와 같은 '재난 불평등' 현상은 전 지구적일 문제일뿐더러 생태계 전반에 걸쳐 있는 문제라고 할 수 있는바, 아래에서는 몇몇 구체적인 사례들을 제시해 보기로 하겠다.

파키스탄이나 나이지리아의 사례를 통해서도 확인하였듯이, 물, 가스, 전기 등 기본적인 생활 시설이 거의 안 되어 있는 기후 위기를 맞이하는 제3 세계

하는 기술을 동원하는 것을 말한다.

7 2005년 8월말 뉴올리언스를 비롯해 걸프 연안을 강타했던 허리케인 카트리나(Hurricane Katrina)는 뉴올리언스의 80%가 침수되면서 1,330명이 사망하고, 약 150만 명의 이재민이 발생하는 등의 인명과 재산 피해를 초래한 엄청난 자연재해였다. 문제는 이 재난의 성격이 단순히 역대 최대의 인명과 재산 피해에만 그치는 것이 아니라는 것이었다. 80%의 침수 피해가 거의 대부분 가난한 저지대의 주민이었다는 것이 그것이다.

민중들은 오늘날 상상을 초월하는 실존적인 위기 상황에 놓여 있다. 기후 위기를 초래한 당사자는 선진국인 제1 세계이지만 그 최대 피해자는 기후 위기에 책임이 없는 제3 세계라는 것이다(신승철 2021:187). 이와 같은 사실을 잘 보여주는 것이 바로 [그림 1]에서 확인할 수 있는 1750년부터 2020년까지 주요 국가의 이산화탄소 누적 배출량이다.[8]

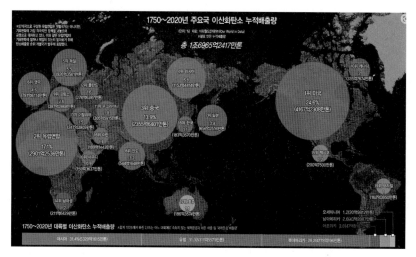

[그림 1] 1750~2020년 주요 국가의 이산화탄소 누적 배출량

[그림 1]은 산업혁명 이후 2020년까지 누적되어 온 이산화탄소 누적 배출량이 미국, 유럽연합(EU), 중국, 러시아, 독일 등 북반구 혹은 선진국이 높은 순위를 차지하며, 그만큼 책임도 작지 않다는 것을 보여준다. 그러나 기후 위기의 피해는 상대적으로 책임이 낮은 남반구나 후진국에 집중되고 있다. 이는

---

8 2022년 11월 6일 자 한겨레에서 재인용.

가장 전형적인 '기후 불평등' 현상의 사례라고 할 수 있다.

중요한 사실은 기후 위기의 원인이자 결과로 나타난 기후 불평등 현상이 단순히 선진국과 개발도상국, 또는 제1 세계와 제3 세계 간의 문제만은 아니라는 것이다. 2016년에 이루어진 세계 경제와 사회 조사(World Economic and Social Survey) 결과에 따르면 [그림 2]에서 보듯이 기후 위기와 불평등이 악순환의 고리로 연결되어 있다.[9]

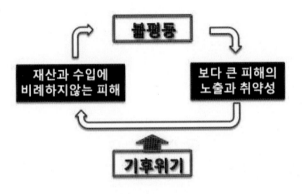

기후위기와 불평등의 악순환, 출처=World Economic and Social Survey 2016

[그림 2]

따라서 오늘날 기후 불평등은 단순히 국제적 수준의 국가 간 문제일 뿐만 아니라, 한 국가 내부에서 지역과 사회계층, 세대와 성별 등등의 요인과 관련한 다양한 층위에서 상존하는 문제이다. 예컨대 지난 8월 8~9일 서울 한강 이

---

9 2022. 2. 20. 한겨레 기사 참조.
(https://www.hani.co.kr/arti/society/environment/1031762.html).

남 지역을 중심으로 쏟아진 시간당 최고 141.5㎜의 폭우로 관악구 신림동의 반지하에 살고 있던 일가족 3명이 구조되지 못한 채 끝내 사망하고 말았던 사고는 기후 위기로 위한 피해가 한 국가 내부에서도 취약 계층 또는 재난 약자에 더 집중되는 경향이 있음을 보여주는 단적인 사례이다.

국내에서 기후 위기의 가장 큰 책임을 진 집단은 거대 기업인데 그로 인해 심각한 피해를 받는 계층은 노동자 집단이라는 점도 기후 불평등을 보여주는 또 다른 사례이다. 한국환경연구원이 발간한 '2020 폭염 영향 보고서'에 따르면 2014년부터 2019년까지 온열 질환으로 사망한 사람의 숫자는 300여 명이다. 폭염 일수가 30일을 넘긴 2018년 온열질환자 숫자는 무려 44,094명에 이른다. 직업군별로 보면 야외노동자 1만 명당 28.7명의 온열질환자가 발생했다. 그 외 직업군에서는 3.5명이 발생하였다.[10]

유엔 산하 '기후변화에 관한 정부 간 협의체(IPCC)'에서는 폭염이나 폭우, 가뭄 등 기후 재난이 갈수록 잦아지고 그 강도도 세질 것이라고 경고하고 있는바,[11] 이와 같은 기후 재난이 미래 세대에게 더욱 가혹해지리라는 것은 불을 보듯 뻔한 일이다. 벨기에 브뤼셀자유대학(VUB)의 빔 티에리 교수가 이끄는 연구팀에서 요즘 태어난 아이들은 조부모 세대보다 평생 몇 배나 더 심한 기후 재해를 겪을 것이라는 전망하에 결과적으로 40세 아래인 사람들은 전례 없는 삶을 살게 되며, 온난화가 없었다면 0.01%의 확률로 사실상 불가능했을 폭염과 가뭄, 홍수, 흉작을 겪을 것이라고 본 것[12]도 그러한 사실을 뒷받침해

---

10 2022.11.14., 경향신문 기사 참조.
   (https://m.khan.co.kr/environment/environment-general/article/202211140929
   001#c2b)
11 https://www.yna.co.kr/view/AKR20220809109500501
12 2021년 10월 3일 자 KBS 보도자료(https://news.kbs.co.kr/news/view.do?ncd=5292344)

준다.

남성에 비해 여전히 사회·경제적 약자인 여성에게 더 큰 피해가 돌아가기 마련이라는 것 또한 부인하기 어려운 일이다. 기상이변이 빈발하고 위력을 더할수록, 둘 사이 교집합에 놓인 '가난한 나라의 소녀'에게 가해지는 고통이 배가되고 있기 때문이다.[13] 2009년 12월 31일 자『여성신문』의 보도[14]에 따르면, 기후 위기의 피해는 남녀에게 공평하지 않은, 극히 '성차별적'인 현상이라고 할 수 있다. 즉, 1991년 방글라데시의 사이클론 재해로 인한 14만 명의 사망자 중 90%가 여성이었으며, 인도양 쓰나미로 여성이 남성보다 4배가량 더많이 희생되면서 극심한 성비 불균형 현상을 초래하기도 했다.[15]

마지막으로, 기후 위기의 불평등은 인간과 비인간 존재 간에도 나타나고 있다. 기후 위기의 영향이 인간뿐만 아니라 생태계 전반에 걸치는 문제이고 보니 오늘날 다수의 생물종이 지구상에서 사라질 위험에 처해 있다. 2019년 9월 2일 호주 남동부 지방에서 발생하여 2020년 2월 13일 진화된 대규모 산불로 인한 피해가 다른 무엇보다도 코알라와 캥거루 같은 야생동물들에게 멸종 수준의 피해를 가져왔다는 것이 결정적인 증거이다.[16] 2015년 퓰리처상 논픽션 부문을 수상한 엘리자베스 콜버트(Elizabeth Kolbert)의 저서 <여섯 번

참조.

13 2021년 11월 9일 자『한국일보』.

14 http://www.womennews.co.kr/news/articleView.html?idxno=42628.

15 국제구호단체인 옥스팸(Oxfam)은 수영이나 나무에 오르는 등의 피신능력이 남자들보다 약한 여자들이 재난에서 더 많은 인명피해를 입었고, 이는 피해지역의 성비 불균형으로 이어졌다고 분석했다. 이는 여성들이 세계 빈곤 인구의 70%를 차지한다는 사실과도 같은 맥락이다.

16 나무 위키(https://namu.wiki)의 자료에 따르면 호주 산불로 인한 총 사망자 수는 28명에 달하였으며, 빅토리아주에서는 실종자가 6명이 발생했고, 주택 1300 채를 포함하여 건물 5700여 채가 전소되는 피해를 입었다. 이러한 피해는 야생동물에게 더욱 심하여 5억 마리가 불에 타 죽었다.

째 대멸종>에 따르면, 현재 지구상 민물 연체동물 3분의 1, 상어와 가오리 3분의 1, 포유류 4분의 1, 파충류 5분의 1, 조류 6분의 1이 영원히 사라지고 있다. 따라서 인류에 의해 야기된 기후 위기로 인한 생태계의 위기 또한 기후 위기 불평등의 또 다른 모습이라고 할 수 있다.[17]

이상의 논의를 통하여 우리는 기후 위기의 원인이자 결과로서 다양한 층위의 '기후 불평등' 현상이 존재하고 있음을 확인하였다. 이와 같은 문제에 대한 대응 담론으로서 대두된 것이 바로 '기후 정의' 담론이다.

그렇다면 '기후 정의'란 과연 무엇일까? 여러 가지 정의가 가능할 수 있지만, 본고에서는 일단 '기후 정의'를 전 지구적인 재난이라고 할 수 있는 기후 위기의 원인과 책임이 누구에게/어디에 있는지를 분명히 하려는 시도로서, 기후 위기가 미치는 영향에서 나타나는 다양한 유형의 기후 불평등을 해결하기 위한 실천적 노력의 일환이라고 정의(定義)하고자 한다.[18] 이를 바탕으로 다음에서는 '기후 정의' 담론이 대두되게 된 배경은 무엇이라고 할 수 있는지, '기후 정의'를 구성하는 요소는 무엇이며, 그동안 '기후 정의'의 실현을 위한 실천적 노력에 대한 평가는 어떠한지 등등에 초점을 맞춰 '기후 정의' 담론의 전개 양상을 살펴보고자 한다. 다만, 지면의 제약으로 지금까지 이뤄진 '기후 정의' 담론의 전체적인 윤곽을 전부 살펴보는 것은 어려운 일이라고 할 수 있다. 따

---

17 지난 8월의 폭우로 가축이나 야생동물이 입은 피해의 모습을 보여주는 다음의 기사 또한 인간과 비인간 존재 간에 나타나는 기후 위기의 불평등을 잘 보여주는 사례이다.
  인간보다 동물은 기후재난에 더욱 취약합니다. 폭우가 내려도 목줄에 묶여있어 재난을 피할 수 없었던 동물들이 많았습니다. 지난 8월18일 기준 농림축산식품부 집계를 보면, 이번 폭우로 가축 10만3880마리, 벌통 1269군(개·벌통 1개당 꿀벌 약 2만 마리 서식) 등이 죽었습니다. 야생 동물이 입은 피해는 집계조차 안 됩니다.(2022-8-31, 한겨레)
18 2022년 11월 13일 자 『한겨레』에서는 '기후정의'를 "기후 위기를 일으킨 책임과 피해가 일치하지 않는 것을 바로잡으려는 활동 등을 말한다."라고 정의하고 있는바, 본고에서의 정의를 뒷받침해 준다.

라서 본 연구에서는 1차적으로 2019년부터 2021년까지 총 3년간에 걸쳐 국내적인 관점에서 기후 정의 개념의 구체화 및 그 실현 방안을 계획하는 것을 목표로 이루어진, 한국환경연구원(KEI)의 기후환경 정책 연구 보고서 가운데 하나인 '기후 정의실현을 위한 정책 개선방안 연구(I~III)'를 중심으로 살펴보되, 가장 최근에 이루어진 국제적 기후위기 대응 노력이나 국내에서의 기후 정의 행동 등을 부가하여 설명하는 방식으로 논의를 진행해 나가고자 한다.

'기후 정의 실현을 위한 정책 개선방안 연구'(I)(한상운 외 2020)에 따르면, '기후 정의' 담론의 부상은 계급과 인종에 차별적으로 노출되는 환경오염에 저항하면서 발전되어 온 미국의 환경 정의 이론으로부터 직접적인 영향을 받았으며, 그 배경은 크게 세 가지로 볼 수 있다. '공통의, 그러나 차별적 책임'을 강조한 '유엔기후변화협약'과 '국제적 기후 정의운동', 기후변화 윤리 및 인권 문제에 대한 '학계의 연구 성과' 등이 그것이다.

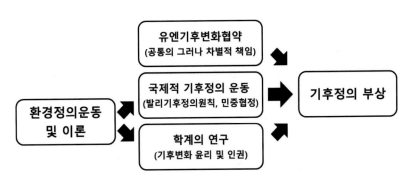

[그림 3] '기후 정의' 부상에 영향을 미친 요소들(한상운 외, 2020:8)

[그림 3]에서 확인할 수 있는 바와 같이 '기후 정의' 문제가 부상하게 된 첫 번째 배경으로는 '유엔기후변화협약(UNFCCC)'[19]을 들 수 있다. '유엔기후변

화협약은 1992년 6월 브라질 리우데자네이루에서 개최한 유엔환경개발회의(UN CED)에서 채택된 것으로, '공동의 그러나 차별적 책임(Common But Differen- tiated Responsibilities, 이하 CBDR)'의 원칙을 강조하였음이 특징이다. 이 원칙의 구체적인 개념은 다음과 같은 UNFCCC 제3조 1항에서 찾을 수 있다.

> (3) 기후변화 협약 당사국들은 형평성에 기반하여 **공통적이지만 차별화된 원칙과 각각의 능력에 따라** 현재 및 미래 세대의 이익을 위해 기후 시스템을 보호해야 한다. 이에 따라 선진국에 해당하는 당사국들은 기후변화와 그에 따른 부작용과 싸우기 위해 앞장서야 한다.(UN 1992:4)[20]

이에 따르면, 기후변화 협약의 당사국들에게는 현재 및 미래 세대의 이익을 위해 기후 시스템을 보호해야 하는 책임이 주어지되, 공통적이지만 차별화된 원칙과 각각의 능력에 따라 책임을 져야 한다. 또한 선진국들은 기후변화와 그에 따른 부작용과 싸우기 위해 앞장서야 한다는 책임이 주어지게 되었다.

그러나 '유엔기후변화협약(UNFCCC)'에서 처음 제기된 'CBDR'의 원칙은 그동안 협약 최고 의사결정기구인 당사국총회(COP)에서 강대국의 이해관계로 실질적인 효과를 거두지 못한 채 공전을 거듭해 오다가[21] 최근 이집트의 휴양

---

19 United Nations Framework Convention on Climate Chang의 약어.
20 문승민(2022: 156)에서 재인용.
21 리우협약은 어떠한 구속력과 강제성도 보여주지 못한 채 거센 반발에 부딪힐 수밖에 없었다. 이후 1997년 일본 교토에서 열린 제3차 유엔기후변화협약 당사국 총회에서 선진국을 대상으로 온실가스 감축의 의무와 함께 개발도상국에 대한 기술적, 경제적 지원의 의무를 부과하는 '교토의정서'가 채택되기도 하였으나 이 역시 주요 온실가스 배출 국가들 중 몇몇 국가들이 자국의 경제적 사정을 근거 삼거나(미국) 선진국-개발도상국 분류 기준의 형평성을 문제 삼으며(일본, 캐나다, 러시아) 불참한 데 이어 세계 최대 온실가스 배출 국가로 성장한 중국과 인도 역시 감축 의무 대상에서 제외되는 등 실효성의 차원에서 아쉬운

도시 샤름 엘 셰이크에서 열린 'COP27'에서 기후변화로 인한 '손실과 피해' 대응을 위한 재원 마련 문제가 처음으로 정식의제로 채택되었으며, 최종적으로 기후변화에 가장 취약한 국가를 위한 기금을 설립하기로 합의가 이루어지는 성과를 거두었다. 이러한 성과는 '유엔기후변화협약' 채택 이후 30년 만에 이루어진 첫 번째 국제적 노력의 성과라는 점에서 이후 '기후 정의' 담론에 관한 관심을 끌어올리는 데 기폭제의 역할을 할 수 있게 될 것으로 보인다.

'기후 정의' 담론이 부상하게 된 두 번째 배경으로는 국제적 사회운동인 '기후 정의 운동'(climate justice movement)을 들 수 있다. 총 27개 항의 '발리 기후정의원칙'의 탄생을 가능하게 한 2002년 인도네시아 발리에서의 기후 정의 운동이 그 출발점이다. 이후 '기후정의연대'라는 국제적 연대조직이 결성되는 등등 국제적 수준의 다양한 기후 정의 운동이 전개되는 한편, 2018년 스웨덴의 환경운동가인 그레타 툰베리의 '기후를 위한 학교 파업' 1인 시위를 계기로 2019년 유엔 기후행동 정상회의에 맞춘 대규모 '기후정의행동'이 전개되기도 하였다.

지난 9월 24일에 이루어진 '924 기후 정의행진' 또한 우리 사회에서 이루어진 새로운 '기후 정의' 담론의 진전을 보여주는 것이라는 점에서 잠시 언급할 필요가 있다. 2019년 9월 '기후위기비상행동'이 출범하고 한국에서 최초의 기후 대중운동이 시작된 이후, 코로나19 상황과 정부 교체를 겪으면서도 기후운동은 꾸준히 진전하고 있다.

행진에서 외쳐진 구호도 상당히 달라졌다. 기후변화 대응에 미온적인 정부를 비판하며 하루빨리 기후 비상선언과 탄소중립 정책을 시행할 것을 촉구했

모습을 보여주었다.

던 2019년에 비해, 9월 24일, 행사장인 서울 시청 앞에 모여든 3만 5천 명의 참가자의 피켓에는 '기후가 아니라 체제를 바꾸자', '기후 위기의 원인은 자본주의', '지금 당장 정의로운 전환' 같은 구호들이 적혔다. 이와 같은 구호들은 기후 위기에 책임이 누구에게 있는지를 밝히고 대안 주체가 누구인지를 확인하는 목소리라고 할 수 있는바, 자본주의에 책임을 묻고 지금 당장 정의로운 전환을 해야 한다는 주장을 담고 있는 것들이라는 점에서 중요한 의미를 지닌다.

한편, '기후 정의' 부상에 영향을 미친 세 번째 요소로는 학계의 연구 성과를 들 수 있다. KCI(한국학술지검색색인) 검색 결과 2002년부터 검색일 현재[22]까지 총 403건의 논문이 발표된 가운데 사회과학 분야 논문이 217편, 53.8%로 절반 이상을 차지하며, 인문학 분야는 45편 11.2%를 차지하는 등 65% 정도가 사회과학과 인문학에 집중되는 모습을 보였다. [그림 4]가 그 근거이다.

그동안 학계의 연구는 기후변화 시대의 인권과 정의, 기후변화에 대한 책임, 기후변화로 인한 피해와 관련하여 국가 간 경계를 넘어서서 윤리적 책임을 공정하게 배분할 수 있는 방안 등등 기후 정의 차원에서 기후변화의 취약성 혹은 불평등 문제를 설명하려는 접근이 활발하게 이루어졌다.

그러나 기후 정의담론의 출발은 엄밀한 의미에서 기후변화 및 기후변화 정책에 내재된 불평등 문제나 책임 윤리, 인권, 정의로운 전환, 취약 계층 등의 문제에 대한 인식과 조명에서부터 시작된다고 보는 것이 좀더 적절하다고 할 수 있다. 이러한 연구 성과들은 주로 환경사회학이나 환경정책, 환경철학의 관점에서 접근되었다는 점에서 '기후정의'라는 개념은 다름 아닌 '환경정의'에

---

22 2022. 11. 20. 기준.

서 그 뿌리를 찾을 수 있음을 뒷받침해 준다고 할 수 있다.

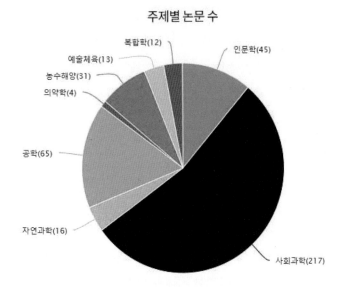

[그림 4] KCI에 등재된 '기후 정의' 주제의 분야별 논문 수

그런데 한상운 외(2020: 8)에서 제시된 '기후 정의' 부상에 영향을 미친 요소들 중에는 '기후 불평등' 현상에 주목하면서 '기후 정의'의 필요성을 역설하거나 UN 당사국총회인 COP의 성과나 한계 또는 기후 행동 등에 대해 집중 조명해 온 언론 보도는 제외하였다는 것이 한계라고 할 수 있다. 언론의 조명이나 집중 보도가 이루어지는 순간, 그러한 자료를 대하는 독자나 시청자들의 이목과 관심을 끌게 됨으로써 결과적으로는 하나의 담론으로서 자리를 잡게 되는 기능을 발휘한다고 할 수 있는바, '기후 정의' 담론의 현주소를 파악하는 데는 우리의 언론이 그동안 '기후 정의' 문제를 어떠한 방식으로 다루어 왔는지를 살펴볼 필요가 있다.

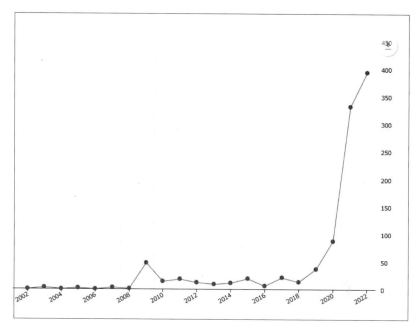

[그림 5] 빅카인즈 자료에 나타난 '기후 정의'에 관한 기사의 연도별 빈도

　한국언론진흥재단에서 구축하고 있는 빅카인즈 자료에 따르면 우리의 언론들에서 '기후 정의'에 주목한 것은 2003년의 일로, 이 시기에는 단순히 미국 등 국외에서 이루어지고 있는 '기후 정의' 관련 단체 활동에 관한 사실 보도에 그치는 수준에 머물러 있다가 지난 20년간 '기후 정의'에 관한 언론의 관심이 계속해서 확장되면서 코로나19팬데믹이 진행 중인 2020년 이후부터는 폭발적인 증가세를 보이고 있다. 이와 같은 사실을 뒷받침해 주는 것이 '기후 정의'에 대한 보도가 처음 등장한 2003년부터 본 연구를 위한 자료 조사가 이루어진 2022년 11월 15일까지 빅카인즈 자료에서 확인된 '기후 정의'에 대한 기사의 연도별 빈도이다.

　[그림 5]를 보면, 우리의 언론에서 '기후 정의' 문제에 주목하기 시작한 이

래 최근에 이르기까지 한 가지 특징적인 면을 포착할 수 있다. 그 하나는 2009년도에 비교적 높은 빈도를 보인다는 것을 제외하면 2019년부터 상승 곡선을 보이기 시작한 이래 해를 거듭할수록 그 빈도가 높아지는 가운데 2022년도에 이르러 가장 높은 빈도를 보인다는 것이다. 이와 같은 사실은 특히 최근에 보도된 두 편의 사설을 통해 알 수가 있는데 2022년 9월 25일 자 『경향신문』 사설과 2022년 11월 6일 자 『한겨레』 사설이 그것이다. 두 사설의 핵심 내용을 제시해 보면 다음과 같다.

(4) ㄱ. 참가자들은 '기후재난, 이대로 살 수 없다'는 구호를 외치며 '**기후정의**'를 요구했다. 이는 세계 각지에서 동시다발적으로 진행된 올해 기후위기 집회의 공통 주제이기도 하다. **정의를 강조하는 것은 기후위기가 본질적으로 불평등하고 부정의하기 때문이다.**

ㄴ. 옥스팜에 따르면 1990~2015년 전 세계 소득 상위 10%가 온실가스의 절반 이상을 배출한 반면, 소득 하위 50%는 겨우 7%의 온실가스를 배출했다. "**불평등을 극복하지 않고는 온전한 의미에서 위기를 극복할 수 없으며 기후정의를 실현할 수 없다**"는 시민들의 선언이 지극히 정당한 이유다.(2022-9-25, 경향신문)

(5) ㄱ. 온실가스 감축 노력을 통해 기후변화 속도를 늦추되, 이미 현실화하고 있는 기후재난에 대해선 피해를 최소화할 대책을 마련해야 한다. **이 과정에서 중요한 것이 '기후정의'다. 지구 온난화에 책임이 거의 없는 가난한 나라들이 기후변화로 인한 피해는 훨씬 많이 받고 있으므로, 온실가스를 다량 배출해온 나라들이 온실가스 감축에 앞장서고 가난한 나라들의 적응을 도와야 한다는 것이다.**

ㄴ. 개발도상국들은 그동안 기후위기 대응에 필요한 재정 지원을 선진국들에 촉구해왔다. 지극히 정당한 요구다. '**공평한 책임 분담**'은 **기후변화협약의 오랜 원칙이기도 하다.** 이번 당사국총회가 선진국

들의 책임 회피를 끝내고, 기후위기에 대한 경각심을 높이는 계기
가 되어야 한다. 세계 10위의 온실가스 다배출 국가인 한국도 국제
적 위상에 걸맞은 책임을 다해야 함은 물론이다.(2022-11-6, 한겨레)

이러한 사례 가운데 (4)는 '9월 기후정의행동'이 주최한 '기후정의행진'에 관
한 기사를 중심으로 하는 것이다. 기후 위기가 본질적으로 불평등하고 부정의
하다는 인식과 함께 기후 정의를 요구하는 시민들의 요구가 정당하다는 인식
을 잘 보여주고 있다. (5)는 제27차 유엔기후변화협약 당사국총회(COP27)에
관한 것으로 기후재난으로 인한 피해를 최소화할 대책을 마련하는 데 중요한
것이 기후 정의이며, 기후 위기 대응을 위한 '공평한 책임 분담' 요구가 지극
히 정당한 것임을 강조하고 있다.

한편, 우리의 언론 보도들에서 '기후 정의'가 어떠한 맥락에서 출현하는지
연관어 분석 결과를 제시하면 다음과 같이 흥미로운 사실이 확인된다.

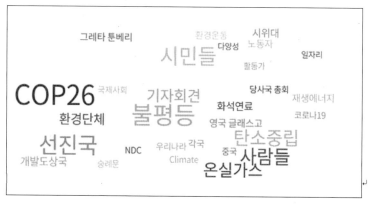

[그림 6] 빅카인즈 자료에 나타난 '기후 정의'의 연관어

이러한 분석 결과를 통해 우리는 '기후 정의' 담론이 전개되고 있는 맥락을 어느 정도 포착할 수가 있다. 즉, 그동안 '기후 정의'는 'COP26, 불평등, 선진국, 탄소중립, 온실가스, 시민들/사람들' 등등의 어휘들과 연관된 맥락에서 주로 사용되어 온 것이다.

흥미로운 사실은 [그림 6]의 연관어 가운데 2021년 영국의 글래스고에서 열린 COP26, 곧 제26차 기후변화 당사국총회를 제외하면, '기후 정의'가 다른 무엇보다 '기후 불평등' 현상과 그 연관성이 높다는 것이다. 이와 같은 사실은 오늘날 국내외적으로 그 요구가 높아지고 있는 '기후 정의'의 실현은 다양한 유형의 기후 불평등 문제를 해결하려는 지구적, 또는 사회적 실천이 뒷받침되지 않고는 거의 불가능함을 보여준다고 할 것이다.

물론 '기후 정의' 담론이 단순히 '기후 불평등' 현상을 조명하는 수준에만 머물러 있지 않다. 이와 같은 사실을 뒷받침하는 것이 바로 '기후정의선언 2021'이다. 지난 2021년, 한국의 기후 정의 운동에 대한 문제의식을 지닌 이들이 모여 만든 '기후정의포럼'에서는 약 6개월간에 걸쳐 토론, 집필, 검토의 과정을 거쳐 '기후정의선언 2021'이라는 제목의 선언문을 발표하였다. 이 선언문에는 모두 20개의 테제에 대한 논의가 담겨있는데, 이 가운데 기후 정의문제와 직접적인 연관성이 엿보이는 것을 몇 가지 소개하면 다음과 같다.

(6) ㄱ. 전대미문의 기후 위기에 맞서 새로운 기후정의운동을 발전시켜야 한다.
ㄴ. 불평등은 당연한 기후 위기의 원인이자 결과이다.
ㄷ. 분배의 정의보다 생산의 정의가 더 중요하다.
ㄹ. 기후정의운동은 성장주의 이데올로기와 그 변형인 녹색성장론을 거부한다.

ㅁ. 기후정의운동은 자본주의 경제 체제가 아닌, 필요 기반의 돌봄과
　생태적 전환 경제를 추구한다.

ㅂ. 지금까지의 기후운동과는 다른 새로운 기후정의운동이 필요하다.

　이러한 사례들은 '기후 정의'에 대한 담론의 최근 양상을 잘 보여준다고 하는 점에서 주목할 만하다. 즉 '기후 정의' 운동은 기존의 기후 운동과는 구별되는 것으로, 여러 가지 변혁적인 이슈가 함께 등장하는 모습을 보인다는 것이다. 분배의 정의보다 생산의 정의를 우위에 놓음으로써 노동을 포용한 정의로운 전환을 강조하고 있는 점이라든지, 돌봄과 생태적 전환 경제를 추구하는 것 등의 이슈가 바로 그것이다.

　한편, 한상운 외(2020)에서 이루어진 또 다른 성과로는 기후 정의의 요소를 크게 네 가지로 구체화하여 기후변화 적응의 개념틀을 제시하고 이를 바탕으로 '기후 정의의 개념을 구체화하였다는 점을 들 수 있다. 우선 이 연구에서 제시된 '기후 정의'를 반영한 기후변화 적응의 개념 틀은 [그림 7]과 같다.

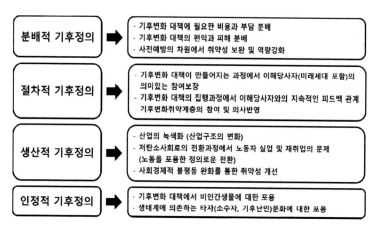

[그림 7] '기후정의'를 반영한 기후변화 적응의 개념 틀(한상운 2020: 8)

이러한 개념 틀을 따르면 기후 위기의 원인이자 결과로 나타난 불평등 문제를 해결하려는 노력의 일환으로서 등장한 '기후 정의'를 구성하는 요소는 '분배적 기후 정의', '절차적 기후 정의', '생산적 기후 정의', '인정적 기후 정의' 등 크게 네 가지라고 할 수 있다. 이 네 가지 요소는 앞으로 우리 사회와 국가, 또는 시민사회가 실천해 나가야 할 '기후 정의' 실현의 방향과 함께 본고가 해결하고자 하는 '기후 정의 리터러시' 교육의 틀을 마련하는 데도 도움이 된다는 점에서 중요한 의미를 지닌다. 특히 마지막 '인정적 정의'는 비인간 생물에 대한 대책과 함께 소수자나 기후 난민의 경우처럼 생태계에 의존하는 타자 문화에 대한 포용도 필요하다는 인식이 뒷받침되고 있어 '기후 정의 리터러시' 교육의 목표를 설정하는 데도 시사하는 바가 크다고 할 것이다.

이상의 논의에서는 본고에서 제안하고자 하는 '기후 정의 리터러시' 교육의 이론적 토대로서 기후 불평등의 다양한 양상과 함께, 기후 불평등에 관한 대응 방안으로서 '기후 정의' 담론이 어떠한 배경과 개념 틀 안에서 전개되었는지를 살펴보았다. 이제 남은 문제는 '기후 정의 리터러시'란 무엇이며, 또 그 교육의 목표와 내용은 무엇인지를 해결하는 것이다. 3장에서는 이런 문제에 대한 답을 찾는 데 주안점을 두고자 한다.

3. '기후 정의 리터러시'와 리터러시 교육

주지하는 바와 같이, 원래는 어느 시공간에서나 보편적으로 통용되는 인지적 개념 또는 의미 해독이나 산출 활동에 관한 정신적 능력 정도로 인식되었던 리터러시의 개념(신동일 2021: 7)은 오늘날 그 범위가 엄청나게 확장되어

문자 텍스트는 물론 사회적으로, 문화적으로 이루어진 일 전체가 텍스트가 될 수 있음이 확인되고 있다. 리터러시 개념의 이와 같은 확장은 1980년대 스트리트(Street), 지(Gee), 쟁크스(Janks) 같은 사회학자들이 제창한 '뉴 리터러시(New Literacy)'에 대한 접근을 통해 이루어졌음이 주지의 사실이다. 뉴 리터러시는 적용 대상을 개인의 인지적 작용이 아닌 사회적 행위로 보는 한편, 실천적 면모를 강조한다는 점에서 기존의 리터러시와 구별된다.

그동안 우리 사회에 새롭게 등장하여 활발한 담론의 대상이 된 리터러시로는 매체와 관련된 '디지털 리터러시', '미디어 리터러시', '영화 리터러시' 등을 비롯하여 비판적 성찰이나 다문화/다중언어 맥락을 강조한 '비판적 리터러시, 다문화/다중언어 리터러시' 등을 들 수 있다. 최근 들어서는 '문화 리터러시, 인종 리터러시, 행복 리터러시' 등[23] 인식과 사유의 대상이 될 수 있는 것이라면 어느 것이든 리터러시의 대상으로 확대 재생산되고 있는 중이다.

본고의 연구 대상인 재난이나 기후 문제 관련 리터러시에 대한 접근도 상당히 활발한 편이다. 미국의 경우 10여 년 전부터 '기후 리터러시(Climate Literacy)' 또는 '기후과학 리터러시(Climate Science Literacy)에 대한 논의가 진행되어 왔다. 예컨대 2009년에 마련된 미국의 GCRP(Global Change Research Program)에서는 '기후 리터러시'를 "인간과 기후의 상호 영향을 이해하고 기후변화에 대한 의사소통 및 의사 결정을 할 수 있는 역량"으로 정의하고 있고 '기후과학 리터러시'는 과학적으로 신뢰할 수 있는 기후 정보를 구분하는 법을 알고 기후와 기후변화에 대해 의미 있는 방식으로 소통하며, 기후에 영향을 미칠 수 있는 행동과 관련하여 정보에 기반한 책임 있는 의사 결정을 할

---

23 이강선 외(2022) 참조.

수 있는 능력이라고 보고 있다.

국내의 경우에도 김찬국, 최돈형(2010)에서 우리나라 '기후 리터러시'[24]를 기후변화 교육의 지침으로 제시하였다. 또한 박혜경, 정철(2014)에서는 초·중생의 기후 리터러시 교육을 '인지적 영역, 정의적 영역, 실천적 영역'으로 나누어 진단한 바 있다(염정윤 외 2021: 35).

'기후 정의 리터러시' 교육에 관련한 논의도 전무하지는 않은 실정이다. 김병연, 조철기(2021)에서는 현 교육과정 체제하의 '학교지리' 교과목에서 이루어지고 있는 기후변화 교육의 특징을 세 가지로 구분하여 논의한 뒤 현재의 기후변화 교육은 기후변화가 유발하는 부정의한 사회경제적 측면들을 바라보지 못하도록 만들어 기후변화가 권력, 차이, 형평성, 정의의 문제와 상호연관성이 있음을 보여주지 못하고 있음을 비판하였다. 따라서 학교지리는 기후 정의를 향한 지리적 렌즈를 확장시켜 학생들이 기후변화를 둘러싼 글로벌 부정의와 도덕적, 정치적, 사회적 정의에 관심을 가지도록 만들어 지속 가능한 미래를 만들기 위한 '정의로운 기후 시민성'을 함양하는 데 기여할 수 있도록 해야 한다는 제안을 하고 있다.

'기후인문학'이라는 학제 도입의 필요성을 제안하며 '기후 정의'를 위한 인문학의 역할 및 정책을 제시하고 있는 이정철, 임철희, 김휘진(2022)에서도 기후 정의 교육에 대한 제안이 이루어진 바 있다. "근대 이후 이산화탄소는 누가 가장 많이 배출하였는가?", "기후변화의 가장 큰 피해는 누구에게 돌아가는가?", "기후변화가 여성에게 가져오는 불평등은 무엇인가?" 등 같은 질문을 통한 문제의식 또는 비판의식과 함께 타인의 고통에 공감하는 감수성 교육이

---

24 '기후 리터러시' 대신 '기후 소양'이라는 용어를 선택하여 쓰고 있지만 혼돈을 피하기 위하여 '기후 리터러시'라는 용어로 통일하여 설명하기로 한다.

필요하다고 본 것이 그것이다.

그렇다면 새로운 리터러시로서 '기후 정의 리터러시' 교육의 목표와 교육 내용은 무엇이어야 할까? 여기에서는 바로 이 문제에 초점을 맞춰 논의를 진행해 보고자 한다.

우선 '기후 정의 리터러시' 교육의 목표 설정을 위해서는 이른바 '시민성' 또는 '시민 의식'의 함양을 '기후 정의' 및 '리터러시'의 개념과 연결지어 고려할 필요가 있다. 그동안 기후 위기 문제와 관련하여 논의가 이루어진 '시민성'으로는 '생태 시민성', '기후 시민성'과 '정의로운 기후 시민성' 등을 들 수 있다.

김병연(2011), 김소영, 남상준(2012), 김찬국(2013) 등에서 꾸준히 논의가 이루어진 '생태 시민성'이란 "환경문제를 야기한 사회구조적인 측면과 그에 따른 정의와 사회 정책적인 분배에 대한 문제의식을 갖고, 총체적인 관점으로 인간과 자연의 관계 및 사회와 자연의 관계를 바라보고 이를 생태적으로 건전하게 재구성할 수 있는 능력 등을 갖춘 시민성"을 의미한다(김찬국 2013: 36).

문제는 '생태 시민성'은 본고에서 다루고 있는 '기후 문제'까지를 포괄하는 넓은 의미의 생태 혹은 환경문제의 해법에 필요한 시민성을 다루고 있다는 것이다. 따라서 '기후 정의 리터러시' 교육의 목표를 설정하기 위해서는 생태 전반의 문제가 아닌 기후 문제 또는 좀 더 정확히 말해 기후 위기의 원인이자 결과로 나타난 '기후 불평등' 문제의 해결을 위해 대두된 '기후 정의 관점'의 시민성을 고려해야 한다. 따라서 '기후 정의 리터러시' 교육의 목표는 김병연, 조철기(2021)에서 제기하고 있는 '정의로운 기후 시민성'의 함양이라는 차원에서 고려하는 것이 좀더 타당하다고 본다.

한편, 윤순진(2020)에서는 '기후 시민성'을 기후 시민이 보이는 특정 행동과 인식이라고 정의하고 여기에는 기후변화 문제 해결에 관심을 가지고 '지속적으로 정책을 만드는 후보자에게 투표', '적정 수준의 환경·에너지 비용 부담', '에너지 절약 행동 참여', '탄소배출 및 에너지 소비를 염두에 둔 소비 습관 함양' 등을 포함하는 것으로 보았다. 이러한 '기후 시민성'에서 강조되고 있는 것은 바로 실천 행동이라고 할 수 있는바, '기후 정의 리터러시'에도 기후 정의 실현을 위한 실천 행동의 중요성이 강조될 필요가 있음을 알 수 있다.

김병연, 조철기(2021)에서는 학교 지리는 '기후 정의'를 향한 지리적 렌즈를 확장시킬 필요가 있다는 전제하에 지리교육의 목표를 '정의로운 기후 시민성' 함양에 두고 있다. 그렇다면 '정의로운 기후 시민성'이란 무엇을 의미할까? 명시적인 제시는 이루어지지 않고 있지만, 김병연, 조철기(2021: 436)의 논의를 간추리자면, '정의로운 기후 시민성'이란 "기후변화를 둘러싼 글로벌 부정의와 도덕적, 정치적, 사회적 정의에 관심을 갖고 지속 가능한 미래를 만들어 가는 데 적극적으로 실천할 수 있는 역량"을 말한다. 따라서 '정의로운 기후 시민성'의 함양을 위해서는 '정의'에 대한 관심과 함께 지속 가능한 미래를 만들어 가기 위한 적극적인 실천 두 가지를 요건으로 보고 있다는 결론이 가능하다.

문제는 2장에서 논의한 '기후 정의'의 개념이나 지구적인, 또는 한 지역이나 공동체 안에서의 다양한 불평등 현상, 그에 관한 대응 방안으로 제시된 기후 정의 실현을 위한 국제적인 협약이나 기후 행동 등등을 고려할 때 우리의 '기후 정의리터러시' 교육의 목표는 좀더 다양한 요소를 포괄하는 구체성을 지닐 필요가 있다는 것이다.

앞에서 필자는 '기후 정의'의 개념을 "전 지구적인 재난이라고 할 수 있는 기후 위기의 원인과 책임이 누구에게/어디에 있는지를 분명히 하려는 시도로서, 기후 위기가 미치는 영향에서 나타나는 다양한 유형의 기후 불평등을 해결하기 위한 실천적 노력의 일환이라고 정의한 바 있다. 이와 같은 개념 정의에서 출발해 보면, '정의로운 기후 시민성'은 우선적으로 '기후 불평등' 현상, 그에 대한 책임 소재의 문제, 기후 불평등을 해결하기 위한 방법으로서 '기후 정의'의 구성 요소나 실현 방법에 대한 인식과 함께 기후 정의를 실현하기 위한 실천적 노력을 포괄하는 것이어야 한다. 여기에 한 가지를 더하자면, 정의(情義)적 혹은 정서적 요소로서 기후 불평등 현상에 대한 문제의식과 함께 기후 불평등으로 고통을 겪고 있는 개인이나 집단에 대한 공감 능력이나 감수성 또는 기후 정의 실현 방안 및 태도에 대한 비판의식 등을 포함할 필요가 있다. 이상의 논의 결과를 토대로 본 연구에서 제시하고자 하는 '기후 정의 리터러시' 교육 영역과 내용 요소를 하나의 표로 정리하면 아래와 같다.

〈표 2〉 기후 정의 리터러시 교육 영역 및 내용 요소

영역	내용 요소	비고
인지	· 기후 위기의 심각성 및 실태에 대한 인식 · 기후 불평등 현상의 유형 및 피해 규모에 대한 인식 · 기후 정의 담론의 형성 및 출현 배경 · 기후 정의 구성요소 · 기후 정의 실현 방안에 대한 체계적 이해 · 기후 정의 쟁점에 대한 이해	
정의	· 기후 위기 원인 담론에 대한 비판의식 · 기후 불평등 현상에 대한 문제의식 · 기후 불평등 현상에 대한 공감 능력 및 감수성 · 기후 정의 실현 방안 및 태도에 대한 비판의식 · 비인간 생물의 가치나 공존에 대한 고려 · 소수자나 기후 난민의 경우처럼 생태계에 의존하는 타자 문화에 대한 포용	'인류세론' 등에 대한 비판적 성찰
실천	· 기후 불평등 완화를 위한 태도 · 기후 대중 운동(기후위기비상행동 등)에 참여 · 기후 정의 실현을 위한 정치적 행동 · 기후 정의 실현을 위한 비용 부담	윤순진(2020) 참조.

4. 결론 및 제언

오늘날 우리는 "기후 위기는 다름 아닌 불평등의 위기"(정록 2022)라는 인식과 함께 "인류세와 기후 정의, 왜 지금 당장의 문제인가?"(신승철 2021)라는 담론과 마주하고 있다. 본 연구의 출발은 바로 이러한 시대적 요구에 응답하려는 뜻에서 새로운 리터러시로서 '기후 정의 리터러시'의 필요성과 함께 이러한 리터러시의 교육 목표 및 내용 요소를 제시하는 데 관심을 두었다. 논의의 결과 '기후 정의 리터러시' 교육은 '정의로운 기후 시민성'의 함양을 목표로하되, 교육 내용은 인지적, 정의적, 실천적 영역 등 세 영역으로 구분하여 살펴볼 필요가 있음을 제안하였다. 다만, 세 가지 영역 가운데 가장 중요한 것은 '실천적 영역'이라고 할 수 있는바, 단순한 인식이나 비판 또는 공감에만그치지 않고, 문제를 해결하려는 적극적인 행동과 실천이 수반될 때 인류의예견된 미래를 바꿀 수 있을 것이다.

마지막으로 한 가지를 덧붙이자면 '기후 정의 리터러시' 교육은 초중등학교에서 이루어지는 형식교육에서는 물론 평생교육원이나 문화센터 같은 비형식적 교육을 통한 일반 시민교육에서의 도입과 강화가 이루어져야 한다는 것이다. 즉 '기후 정의 리터러시' 교육은 나이의 고하를 막론하고 인식과 대응 혹은 실천이 요구되는 것이지만 지금 당장 모든 연령층을 대상으로 하는 리터러시 교육이 불가한 일이라고 한다면 '기후 불평등'의 책임이 더 큰 세대인 부모 세대 혹은 조부모 세대를 대상으로 하는 비형식교육의 강화가 시급하다고할 것이다.

김병연(2011), 「생태시민성 논의의 지리과 환경 교육적 함의」, 『한국지리환경교육학회지』 19-2, 한국지리환경교육학회, 221-234.

김소영, 남상준(2012), 「생태시민성 개념의 탐색적 논의: 덕성과 기능 및 합의 기제를 중심으로의의 지리과 환경 교육적 함의」, 『환경교육』 25-1, 환경교육학회, 105-116.

김찬국(2013), 「생태시민성 논의와 기후변화교육」, 『환경철학』 60, 한국환경철학회, 35-60.

김해동, 정응호, 노백호, 김학윤(2018), 『기후변화와 미래사회』, 계명대학교 출판부.

문선영, 유한별(2022), 「기후시민의식 함양에 미치는 리터러시 역량의 영향에 관한 연구: 정책 리터러시 및 위험리터러시를 중심으로」, 『환경정책』 제30권 제3호, 한국환경연구원, 177-208.

문승민(2022), 「2030·2050 NET-ZERO 기후정의─기후정의와 국제환경 협력 그리고 우리나라의 전망」, 광장 222호, 세계평화교수협의회, 151-162.

박혜경·정 철(2014), 「기후변화 수업이 초·중학생의 기후 소양 함양에 미치는 효과」, 『한국환경교육학회 학술대회 자료집』, 환경교육학회, 63-67.

신동일(2021), 「담론 기반의 리터러시 교육의 필요성과 이론적 토대 탐색: 포스트-민주주의 사회에 관한 성찰로부터」, 『문화와 사회』 29-2호, 한국문화사회학회, 7-38.

신승철(2021), 「인류세와 기후 정의, 왜 지금 당장의 문제인가?」, 『뉴 래디컬 리뷰』 2021-2, 뉴 래디컬 리뷰, 179-192.

이광석(2022), 「'탈'인류세의 기후 생태 정치학을 위하여」, 『문화과학』 2022 봄, 문화과학사. 45-72.

이정철, 임철희, 김휘진(2022), 『기후인문학의 도래: 기후정의를 위한 인문학의 역할 및 정책 연구』, 경제·인문사회연구회.

정록(2022), 「기후위기, 불평등의 위기」, 『황해문화』 2022 봄, 새얼문화재단, 54-72.

한상운 외(2020), 『기후 정의실현을 위한 정책 개선 방안 연구(Ⅰ)』, 한국환경정책·평가연구원(KEI).

C. John Mutter/장상미 역(2020), 『재난불평등』, 동녘.

Elizabeth Kolbert/이혜리 역(2022), 『여섯 번째 대멸종』, 리디북스.

재난 리터러시 관점에서의 코로나19 관련 정례브리핑에 대한 비판적 분석

공나형

(전남대)

1. 들어가며

이 연구의 목적은 크게 두 가지이다. 그 첫 번째는 선행 연구를 검토함으로써 재난 리터러시(disaster literacy)의 개념을 정의하고 그것의 구성 요인을 명확히 함으로써 재난 리터러시 수준의 측정이나 재난 리터러시 교육의 활성화를 위한 개념적 기반을 조성하는 것이다. 두 번째 목적은 재난 리터러시 관점에서 중앙방역대책본부의 코로나19 관련 정례브리핑(이하 브리핑)의 텍스트 구조와 언어의 사용 양상을 비판적으로 검토함으로써[1] 공적 장(場)에서의 재난 관련 언어 사용에 대한 개선 방안을 모색하는 것이다.[2]

본고에서 재난 리터러시에 대한 개념적 정의 및 본격적인 담론의 형성이

---

1 후술하겠으나 코로나19 관련 중앙방역대책본부 정례브리핑은 담당 부처의 보고와 부처에 대한 질의와 부처의 응답으로 이루어지는 구어 담화이다. 그러나 담당 부처의 보고 부분은 구술 담화로 볼 수 없다는 것이 본고의 관점인데, 그 이유는 해당 브리핑이 기(旣)작성된 문서를 읽는 것으로 진행되기 때문이다. 따라서 본고에서는 사전 작성된 원고 낭독이 아닌 실시간으로 진행되는 질의 및 응답을 제외한 브리핑 담화는 문어 담화로 보고자 하며 '텍스트'로 지칭하고자 한다. 따라서 자유 대화로 이루어지는 질의 응답은 본 연구에서는 제외된다.

2 재난 관련 언어는 넓게 보아 공공 용어의 하나로 볼 수 있다. 국립국어원에서는 공공 용어 역시 소통의 도구라는 견지에서 언중들이 쉽게 이해하고 정확히 표현할 수 있도록 하는 정비 사업을 꾸준히 전개하고 있다. 그러나 해당 사업이나 연구들은 대체로 어휘 수준에서의 정확성이나 공공성에 초점을 맞추고 있어 다소 아쉽다. 후술하겠으나 본고에서 언급하고자 하는 '언어'는 단지 어휘 수준에 국한되는 것이 아닌 텍스트의 구조에서부터 설득 전략 등을 포함하는 광범위한 개념이다. 이러한 지점에서 기존 공공 용어 사용 관련 논의와 본고는 차별성을 지닌다.

필요하다고 본 이유는 다음과 같다. 먼저 현대 사회에 이르러 재난의 빈도가 잦아지고 그 양상 또한 매우 다양해짐에 따라 재난을 대비하고 대응하며 예방하는 능력이 중요해졌기 때문이다. 물론 2015년 국립국어원에서는 『재난보도 언어 지침』을 발간한 바 있지만, 이는 대체로 어휘 수준의 단위를 대상으로 논이하고 있어 재난의 복잡다기한 속성을 고려한 언어학적 논의라고 보기에는 많은 아쉬움이 있다.3 본고는 재난을 대비하고 대처하는 능력이 현대 사회에서 점점 중요해지고 있다는 점을 고려하였을 때 재난 교육은 더욱 강조될 수밖에 없으며 언어적 연구에서도 관련한 논의가 필수적으로 이루어져야 한다고 본다. 재난의 상황은 인간의 생존과 직결되어 있다는 측면에서 공적 영역에서 사용되는 재난 언어의 중요성은 더 강조할 필요가 없을 만큼 중요하기 때문이다. 특히 다문화 사회로 진입한 한국의 사정을 고려하였을 때 재난 관련 텍스트의 구조를 살피고 언어의 사용 양상을 비판적으로 성찰하는 일은 필수적이라 할 수 있다.

본 연구는 위의 문제의식에 기대어 재난 리터러시의 개념적 정의 설정과 함께 시론적 작업으로서 코로나19 관련 중앙방역대책본부의 정례브리핑을 연구 대상으로 하여 텍스트 구조 및 언어 사용에 대하여 검토하고자 한다. 이때 분석 내용은 브리핑의 텍스트 구조, 구조에 포함된 텍스트 기능, 기능을 수행하는 언어 사용과 같은 언어적 표현에 국한된다.4

---

3 참고로 해당 지침서에서는 "1. 근거나 출처를 분명히 밝힌다. 2. 추측 표현을 피한다. 3. 과장된 표현을 사용하지 않는다. 4. 구조 상황을 구체적으로 표현한다. 5. 재난 상황을 자극적으로 표현하지 않는다. 6. 뉴스 전달자의 개인적 감정 표현을 자제한다. 7. 이해하기 쉬운 용어를 사용한다. 8. 저속한 표현을 사용하지 않는다."의 8가지 기준을 세운 바 있다.

4 물론 텍스트를 분석하는 과정에는 레이아웃이나 스타일과 같은 복합 양식의 양상까지도 포함되어야 할 것이다. 그러나 본고에서는 언어적 표현에 주로 초점을 맞추고자 하였는

본고의 연구 문제는 다음과 같다. 2장에서는 연구 문제 1과 연구 문제 2를 논의함으로써 연구의 기반을 마련하고 3장에서는 이를 토대로 본고의 주된 내용인 연구 문제 3과 연구 문제 4를 논의하고자 한다.

연구 문제 1: 기존 선행 연구를 고려하였을 때 재난 리터러시는 어떻게 정의될 수 있으며 그것의 구성 요소는 어떻게 설정될 수 있는가?

연구 문제 2: 코로나19 관련 중앙방역대책본부 정례브리핑의 장르적 속성은 어떻게 정리될 수 있는가?

연구 문제 3: 정례브리핑의 텍스트 구조와 구조에 따른 언어 양상은 어떻게 제시될 수 있는가?

연구 문제 4: 재난 리터러시 관점에서 보았을 때, 정례브리핑의 텍스트 구조 및 언어 사용 측면에서 개선되어야 하는 점은 무엇인가?

2. 재난 리터러시의 개념과 정례브리핑의 속성

2.1 재난 리터러시의 개념적 정의

재난 리터러시(disaster literacy)는 현재 그 수는 많지 않지만 주로 국외 연구에서 논의되고 있는 개념인데, 주로 건강 리터러시(health literacy)[5]의 일

데, 그 이유는 리터러시에서 가장 기본이 되는 단위는 소리(sound)와 의미(meaning)라는 점을 고려하였을 때 텍스트 자료에서 의미를 구성해 내는 데에는 언어적 표현이 근간을 이룬다고 보았기 때문이다.

5 해당 용어는 건강 문해력, 헬스 리터러시 등으로도 명명되지만 본고에서는 비교적 고빈도로 사용되는 '건강 리터러시'라는 용어를 사용하고자 한다. 연구자의 직관상 '건강'은 '헬

환으로 논의된다. '재난'은 넓은 의미에서 인간이 건강을 영위하기 위해 올바르게 대응하고 회복해야 하는 대상이라는 점에서 건강과 관계한다고 보는 것이다.[6] 따라서 이 장에서는 건강 리터러시의 기존 논의를 간략히 살피고 재난 리터러시를 개념적으로 정의하고자 한다.

건강 리터러시란 개인의 건강과 복지를 향상시키고 건강 불평등을 줄이는 것을 핵심 요소로 한다고 인식 및 논의되어 온 개념이다(Duong TV et al., 2016). 논의 초반에는 의료 환경에서 제시되는 텍스트를 읽고 이해하는 능력으로 정의되던 것이 시간이 지남에 따라 개인의 건강에 관계하는 여러 집단과의 상호작용적 측면으로까지 점차 확장되었으며, 최근에는 건강과 관련한 정보들을 비판적으로 분석하고 해당 정보에 기반을 두어 자신의 건강 정보에 대한 적절한 결정을 내릴 수 있는 인지적·사회적 기술까지 모두 아우르는 개념으로 이해된다. 주요 논지에서 다루어진 건강 리터러시의 정의와 구성 요인을 나열하면 아래의 <표 1>과 같다.[7]

<표 1> 기존 선행 연구에서 다루어진 건강 리터러시의 정의와 구성 요소

출처	정의	구분
WHO(1998)	건강의 유지·증진에 필요한 정보를 접근, 이해, 사용하는 능력과 동기를 결정하는 인지적·사회적 기술	
American Medical Association (1999)	보건의료환경에서 기능하는 데 요구되는 기본적인 읽기, 수리 과업 수해능력을 포함하는 기술의 집합체	

스'보다 '정신 건강' 등의 사용에서처럼 좀더 넓은 의미의 영역을 아우를 수 있는 개념처럼 느껴지기 때문이다.

6 비단 감염병의 상황뿐 아니라 환경 재해나 산업 재해 등과 같은 재난 상황에서 건강권 보장에 대한 논의가 함께 등장하는 것은 이러한 관련성 때문이라 생각할 수 있다.

7 해당 표는 안지숙(2014)를 보완한 것임을 밝힌다.

Nutbeam (2000)	건강을 유지·증진하기 위한 정보를 획득, 이해, 활용하는 능력을 결정하는 개인적·인지적·사회적 기술	기능적 상호적 비판적
Institute of Medicine (2004)	적절한 건강결정을 내리는 데 필요한 건강 정보와 서비스를 획득, 처리, 이해하는 능력	문화적·개념적 지식 듣기 / 말하기 수리 기술 쓰기 기술 읽기 기술
Zarcadoolas Pleasant & Greer (2006)	정보에 기반한 선택을 하고 건강 위험요인을 줄이며 삶의 질을 높이기 위해 건강 정보를 찾고, 이해하고, 평가 및 활용하는 데 필요한 광범위한 기술과 역량	기초적 리터러시 과학적 리터러시 시민적 리터러시 문화적 리터러시
Freedman et al. (2009)	개인과 집단이 지역사회의 이익을 위한 건강 결정을 내리는 데에 필요한 정보를 획득, 처리, 이해, 평가하고 행동으로 옮기는 능력	개념적 토대 비판적 기술 시민 의식
Healthy People 2030[8]	개인이 자신과 타인을 위해 자신의 건강/공중 보건과 관련된 정보와 서비스를 찾고, 이해하여 이에 입각한 결정을 하거나 행동을 할 수 있는 역량	개인(personal) 건강 리터러시 조직(organizational) 건강 리터러시

한편 건강 리터러시의 경우 다른 리터러시와 비교하였을 때 건강의 형평성 문제와 함께 거론되며 사회적 복지 문제와 밀접한 관련성을 지닌다는 측면에서 사회적 실천과 관행 등의 문제와 적극적으로 연계된다. 재난 리터러시 역시 건강 리터러시와 함께 건강권 보장을 위한 실천적 방안으로 이해되기도 한다.[9]

---

8 해당 정의는 기존의 것을 더욱 확장한 것인데, 기존의 정의와 비교하였을 때 달라진 점은 다음과 같다. 먼저 단순히 정보를 이해하는 것보다 건강 정보를 이용하는 사람들의 능력을 강조하며 '적절한(appropriate)' 결정보다는 '정보에 입각한(well- informed)' 결정을 내리는 능력에 초점을 둔다. 다음으로 공중 보건(public health)의 관점에 입각하여 사회 조직이 건강 리터러시를 다룰 책임이 있다는 것을 인정한다. 이는 단순히 '개인이 적절한 건강 결정을 내리는 데 필요한 기본적인 건강 정보와 서비스를 얻고, 처리하고, 이해할 수 있는 역량'으로 정의하던 것에 비하여 상당히 확장된 개념이다.

재난 리터러시란 비교적 최근에 형성되고 전유되기 시작한 개념인 만큼 합의된 정의를 찾기는 힘들어 보인다. 이는 본고에서 명명한 '재난 리터러시'라는 명칭이 논자에 따라 달리 기술되어 온 점만 보아도 쉽게 유추할 수 있다. 그러나 재난 리터러시가 어떠한 용어로 명명되든지 간에, 이는 대체로 현대사회의 재난에 대한 복합적인 대응 전략 측면에서의 실천 혹은 대비 역량을 함양하는 것이라는 점에서는 이견이 없어 보인다. 재난 리터러시에 대한 논의는 국내보다는 국외에서 비교적 활발하며, 해당 논의들의 정의를 제시하면 아래와 같다.[10]

〈표 2〉 기존 선행 연구에서 다루어진 재난 리터러시의 정의와 구성 요소

연구	정의
Chen and Lee(2012)	**재난 예방 리터러시**(Disaster prevention literacy)란 재난 예방에 대한 기술과 태도, 개인적인 지식을 의미한다.
Hung et a.. (2012)	**재난 위험 리터러시**(Disaster risk literacy)란 재난 위기와 관련한 정보를 이해하고 해석하며 더 나아가 소통할 수 있는 능력을 의미한다.
Brown et al. (2014)	**재난 리터러시**(Disaster literacy)란 정보를 읽고 이해하고 해당 정보를 바탕으로 의사결정을 하기 위해 정보를 사용하고 이해하고 읽을 수 있는 개인의 능력이다.
Kanbara et al. (2016)	**재난 위험 감소 리터러시**(Disaster risk-reduction literacy)란 생존자들이 재난으로부터 발생하는 위험을 줄이고 위험을 줄이는 것에 대한 빠른 결정을 내리는 것을 도울 수 있는 인지(awareness), 지식(know-ledge), 기술(techniques) 등을 의미한다.
Chung and Yen (2016)	**재난 예방 리터러시**(Disaster prevention lieracy)란 방재 지식을 적용하는 능동적 태도의 발달과 재난 이후 삶을 회복하고 개선하는 능력으로 개념화할 수 있다.

---

9 Brown et. al. (2014)에서는 재난 리터러시란 개념은 1974년 이래로 미국에서 시작된 건강 리터러시 개념으로부터 차용된 것이라 주장한 바 있다.
10 해당 내용은 Çalışkan&Üner(2021)의 내용을 기반으로 본고에서 수정 및 보완한 것임을 밝힌다.

	Chung and Yen(2008)에서는 이를 인지, 기술, 감정을 포함한 다양한 능력과 기술의 복합체로 정의했으며, 이를 통해 개인과 개인이 자신의 삶의 의지를 위해 재난에 대응, 분석 및 성찰할 수 있다고 보았다.
Olowoporok u(2017)	**재난 리터러시(Disaster literacy)**란 재난과 관련한 정보를 파악하고 이해하여 해석하고 소통할 수 있는 능력을 가리킨다.
Seifi et al. (2018)	**재난 건강 리터러시(Disaster health literacy)**란 일반적으로 건강 관련 정보, 건강 관리 체계에 대하여 비판적으로 의문을 제기하고 이 정보를 사용하여 건강의 사회적, 경제적, 환경적 결정 요인을 적극적으로 해결하는 능력이다.
Sinta (2021)	**재난 리터러시(Disaster literacy)**는 재난 완화, 대비, 대응 및 복구의 맥락에서 지침을 따르는 데 필요한 정보를 읽고 이해하고 사용하여 정보 정책을 형성하는 개인의 능력이다.
Çalışkan, C., & Üner, S. (2021)	**재난 리터러시(Disaster literacy)**란 재난 정보에 접근하고 이해하며 평가 및 적용하여 정보에 입각한 결정을 내리고 재난의 완화/예방, 준비, 대응 및 복구 등에 관한 일상 생활의 지침을 준수할 수 있는 개인의 능력을 의미한다.

위의 선행 연구를 살펴보았을 때 대체로 재난 리터러시는 여타의 리터러시 영역과 동일하게 정보에 접근(accessing)하고, 이해(understand)한 후, 평가(evaluate)하여, 적용(apply)하는 능력으로 구분되는 듯하다. 통상적으로 리터러시 논의에서 '접근'은 정보를 찾고 검색하는 것을 의미하며 '이해'의 영역은 정보를 이해할 수 있는 것을 의미하며 '평가'의 영역은 접근한 정보를 해석하고 여과하여 판단하고 비판적으로 평가할 수 있는 것과 관계한다. 마지막으로 '적용' 영역은 수집한 정보를 대상으로 수행하는 사회적 수준의 실천을 의미한다. 특히 마지막의 적용 단계는 실천적 영역의 리터러시와도 밀접한 연관성을 지닌다.

그러나 재난 리터러시의 경우 다른 영역의 리터러시와 변별되는 것이 있는데, 재난의 경우 전개의 국면, 즉 단계가 존재한다는 것이다. 즉 재난 리터러시란 재난 전개 측면에서 보았을 때, 재난이 발발하기 전에는 재난을 예측하는 능력과 관계하며 재난 진행 동안에는 재난에 대응하면서 재난을 대처하는 능력과 관계한다. 재난이 종료된 후에도 재난을 극복하는 과정 또한 재난 리터러시의 영역에 포함된다. 따라서 재난 리터러시를 구체화하기 위해서는 재난의 전개 단계인 준비 단계, 대응 단계, 복구 단계에 따라 논의해야 할 것이다.

따라서 재난의 단계 및 리터러시 영역에 따라 재난 리터러시를 구체화하면 아래와 같이 구분될 수 있다.[11] 참고로 본고에서 분석하고자 하는 브리핑 텍스트는 재난의 진행 단계에서 쓰였으며 재난에 대한 현황 기술과 방역 대책에 대한 당부가 주를 이룬다는 점에서 리터러시 영역 중에서는 기능적 영역과 관계한다. 아래 <표 3>의 음영 부분은 이를 나타낸다.

<표 3> 재난의 전개 단계와 리터러시의 영역에 따른 구분

리터러시 영역 구분 재난의 전개 단계		기능적(functional) 영역		⇒	실천적(practical) 영역	
거시 단계	세부 단계	접근	이해		평가	적용
대비	예방 Prevention	위험을 예방하거나 위험을 감소시킬 수 있는 정보에 대해 접근할 수 있는 능력	위험/위해 요인을 예방하고 감소와 관련한 의미를 도출하고 이해할 수 있는 능력		위험 예방 및 위험 감소의 평가 및 해석 능력	위험 예방 및 위험 저감에 대한 정보에 입각한 의사 결정 능력

---

11 해당 내용은 Çalışkan&Üner(2021)의 내용을 기반으로 본고에서 수정 및 보완한 것임을 밝힌다. 또한 음영으로 제시된 부분은 본고에서 논의하고자 하는 브리핑과 관련한 리터러시의 영역이다. 즉 중앙방역대책본부의 코로나19 관련 정례브리핑은 재난 진행 단계와 관련하면서 주로 정보를 전달하고 설득한다는 측면에서 기능적 리터러시 영역과 관계한다고 할 수 있다.

진행	대응 Response	재난에 대한 신속하고 효과적으로 대응할 수 있도록 하는 정보에 제때 접근할 수 있는 능력	의미를 도출하고 제때에 재난에 대한 신속하고 효과적인 대응 활동을 이해하는 능력	재난에 대한 신속하고 효과적인 대응 활동을 제때에 평가하고 해석할 수 있는 능력	재난에 대한 신속하고 효과적인 개입에 대한 결정을 제때 내릴 수 있는 능력
	대처 Preparedness	재난 발생 시 손실을 제한하는 조치에 대한 정보에 접근할 수 있는 능력	재해 시 피해와 손실을 제한하는 행동을 이해하고 의미를 도출하는 능력	재난 발생 시 피해 및 손실을 제한하는 조치를 평가하고 해석하는 능력	재해 시 피해 및 손실을 제한하는 조치에 대한 의사 결정 능력
복구	회복 Recovery Rehabilitation	회복 조치에 대한 정보에 접근할 수 있는 능력	의미를 도출하고 회복/재활 지식을 이해하는 능력	복구/평가 관행을 평가하고 해석하는 능력	재난에 대한 신속하고 효과적인 개입에 대한 결정을 제때 내릴 수 있는 능력

　　재난 리터러시의 역량이 높다는 것은 개인적 측면에서는 기능적 리터러시의 영역에서 요구되는 정보 이해와 접근 능력을 함양하여 해당 지식에 근거하여 실천하는 것을 의미한다. 사회적 측면에서는 일반적이고 보편적인 기능적 리터러시 영역을 고려한 정보를 생산하고 실천을 도모하는 분위기를 형성하거나 교육적 실천 등을 적극적으로 추진하는 것과 관계한다.

　　본고에서는 브리핑을 분석하고자 하므로 사회적 측면에서의 재난 리터러시를 언어적 요소에 근거하여 비판적으로 살피는 것으로 정리할 수 있다. 이는 브리핑이 재난의 대응 정보와 대처 정보를 어떠한 구조로 담고 있는지, 그것은 국민의 일반적인 기능적 리터러시 수준을 고려한 형태인지, 또한 재난 대응과 대처에 대한 정보를 제공하는 데 사용된 언어 사용 양상은 어떠한지, 그것은 국민의 일반적인 기능적 리터러시 수준을 고려한 형태인지 등을 살피는 것으로 구체화될 수 있을 것이다.

2.2 정례브리핑 텍스트의 장르적 속성

본 절에서는 본격적으로 브리핑 텍스트의 구조 및 언어 사용 양상을 파악하기에 앞서 브리핑의 텍스트로서의 장르적 속성을 파악하고자 한다. 해당 논의가 이루어진 후에야만 앞서 살펴보았던 리터러시 영역에서 다루어지는 '정보'의 성격을 좀더 명확히 할 수 있고, 해당 장르와 관계하는 기능적 리터러시의 영역을 가늠할 수 있기 때문이다.

기존 연구에서 브리핑의 장르적 속성을 논한 연구는 매우 드물기 때문에, 본고에서는 기존 연구에서 보편적으로 다루어지는 텍스트 유형을 고려하여 브리핑의 장르적 속성을 논의하고자 한다. 텍스트는 의사소통 공동체가 각 텍스트 유형에 대해 발전시켜 온 사회 문화적 언어 양식으로 볼 수 있는데, 그 세부적 장르는 학자에 따라 다양하게 논의되어 왔다(권태현, 2015: 79 참고).[12] 현재 보편적으로 차용하고 있는 텍스트 유형 분류는 기능 중심의 분류인데, 해당 분류에서는 텍스트가 의사소통 참여자들의 상호작용 속에서 수행하는 역할에 초점을 두는 것이 특징이다. 텍스트 기능의 명칭은 연구자에 따라 조

---

12 텍스트 유형을, 공통된 특성을 지니는 텍스트의 실현 형태라고 정의한다면 공통된 특성을 어떻게 보느냐에 따라 유형은 구분될 수 있을 것이다. 한국텍스트언어학회(2004)에 따르면 텍스트 분류의 방법은 크게 구조 중심 분류와 기능 중심 분류 그리고 통합적 분류 방식으로 구분될 수 있다. 구조 중심의 분류는 문법이나 어휘, 내용 전개방식과 같은 텍스트 내의 구조적 자질에 초점을 둔 텍스트 분류 방법이다. 이 방법은 여타의 외적 요소를 고려하지 않고 텍스트 자체에 내재하는 특성으로 텍스트를 분류할 수 있으며, 이를 통해 얻어진 텍스트의 구조적 특성을 교육적으로 활용할 수 있다는 장점이 있다

금씩 다르지만 일차적 기능은 '자기표현하기(표현하기), 교류하기(친교), 정보
교환하기(정보전달), 조정하기(설득)'의 네 가지로 정리된다(Heinemann &
Viehweger, 1991). 이에 따라 대체로 작문 교육에서도 텍스트 유형을 크게 정
보 전달 텍스트, 설득적 텍스트, 친교 목적 텍스트, 정서 표현 텍스트로 구분
하는데, 본고에서 논의하고자 하는 브리핑 텍스트는 재난에 대한 정보를 다룬
다는 측면에서 정보 전달 텍스트의 하나로 논의될 수 있을 것이다. 그러나 브
리핑은 단순히 재난에 대한 정보를 전달하는 데에만 멈추는 것이 아니라 국
가의 방역 지침이나 일련의 정책에 적극적으로 참여할 것을 설득하고 부탁한
다는 측면에서 설득의 기능까지 함께 수행하고 있다고 할 수 있다. 이에 따라
본고에서는 해당 텍스트의 장르적 유형 및 속성을 아래와 같이 제시하고자
한다.

〈표 4〉 코로나19 브리핑 텍스트의 장르적 유형 및 속성

구분		내용
형식	유형	정보 전달 및 설득 목적 텍스트
	기능	정보 전달 기능, 호소의 기능
	발신자	공적인 단체 혹은 단체의 장(長)
	수신자	문화적 · 지역적 배경이 다양한 불특정 다수의 개인 혹은 집단
	속성	공식적, 격식적
	전달 매체	TV, 유튜브, SNS와 같은 영상 매체, 라디오, 신문 등 국민의 물리적 수준에서 접근성을 도모할 수 있는 매체
내용		재난에 대한 대응과 관련한 정보, 재난에 대한 대처와 관련한 정보

　2.1에서 우리는 사회적 측면에서의 재난 리터러시를 언어적 요소에 근거하
여 비판적으로 살피기 위하여 고려해야 하는 사항을 열거한 바 있다. 본 절에
서는 해당 사항을 분석하는 데 필요한 맥락적 요소를 텍스트 장르에 초점을

맞추어 논의하였다. 결국 브리핑 텍스트를 재난 리터러시의 관점에서 분석하고자 하는 연구 문제 3과 연구 문제 4는 다음과 같이 다시 구체화될 수 있을 것이다.

- 브리핑은 문화적·지역적 배경이 다양한 불특정 다수의 개인 혹은 집단을 대상으로 재난의 대응 및 대처와 관련한 정보를 전달하거나 동참을 호소하는 데 어떠한 구조를 지니고 있는가? 그리고 그것은 일반적인 기능적 리터러시의 수준을 고려하였다고 볼 수 있는가?

- 브리핑에 사용된 언어는 공적이고 격식적인 영역에서의 매체언어로서 불특정 다수의 개인 혹은 집단에게 정보를 전달하거나 호소하는 데 어떠한 속성을 지니고 있는가? 그리고 그것은 일반적인 기능적 리터러시 수준을 고려하였다고 볼 수 있는가?

3. 정례브리핑의 구조와 언어 사용 양상 분석

3.1 연구 대상

본 연구의 대상이 되는 것은 중앙방역대책본부의 코로나19 관련 정례브리핑이며 구체적으로는 담당 기관인 질병관리본부(현 질병관리청)에서 국내 발생 재난으로 인지한 2020년 1월 20일 '신종 코로나바이러스감염증 관련 브리핑' 이후의 브리핑에 국한된다.[13] 해당 감염병 관련한 브리핑은 2020년 2월 3일부터 그 제목이 '중앙방역대책본부 정례브리핑'으로 일원화되기 시작하였으며 주말 등을 제외하고 현재(2022년 11월)까지 1일 1회 꾸준히 진행되고 있는 것으로 보인다. 본고에서는 대한민국 정책브리핑 누리집(https:// www.kor-ea.kr/news/ policyBriefingList.do)의 부처 브리핑 게시판에서 '(코로나19 관련) 중앙방역대책본부 정례브리핑'을 검색하여 분석을 진행하였으며 2021년 6월 25일의 정례브리핑까지를 연구 대상으로 삼고자 하였다. 그 결과 최종적으로 분석의 대상이 된 것은 196편이었다.[14]

해당 브리핑의 담당 기관명은 '질병관리본부(현 질병관리청)' 혹은 '보건복지부'로 올라 있었으며 2020년 2월 4일 이후부터는 재난의 시급성 및 심각성을 고려하여 수어 통역도 함께 진행되어 국민의 건강권 및 알권리를 보장하고 있음을 알 수 있었다. 한편 발표자는 중앙방역대책본부장, 중앙방역대책부본부장, 중앙방역대책본부 상황총괄단장 등 기관의 대표라 볼 수 있는 담당자인 것으로 보인다.

3.2. 텍스트 구조와 구조에 따른 언어 사용의 특징

(1) 텍스트 메타 구조

먼저 대한민국 정책브리핑 누리집(https://www.korea.kr/news/policyBriefingList.do)의 게시판에는 중앙방역본부의 정례브리핑뿐만 아니라 여러 부처의

---

13 해당 브리핑에서 정은경 당시 질병관리본부장은 "1월 20일 오전 8시에 중국 우한시 신종 코로나바이러스 감염증 해외유입 확진 환자를 확인하였습니다."라고 언급한 바 있다.
14 어떠한 이유인지 해당 누리집에는 2021년 6월 25일과 2022년 8월 2일 사이 중앙방역대책본부 정례브리핑 자료는 찾을 수 없었다. 물론 22년 8월 이후 정례브리핑은 이전의 브리핑과 크게 달라진 면은 없었으나 시기적으로 1년의 공백이 있음은 분석의 일관성을 유지하는 데 변수로 작용할 수 있다고 보아 공백 이전까지를 분석의 대상으로 삼고자 하였음을 밝힌다.

브리핑이 함께 올라 있다. 이에 따라 기관명과 주제, 등록일과 발표자 등의 구분이 게시판에 노출되며 이를 클릭하였을 때 본문 열람 및 시청이 가능하다. 한편 수어 통역이 존재하는 경우 이 또한 정보로서 제시되고 있는 것이 특징이다.

기관명	주제		등록일	발표자
질병관리본부	중앙방역대책본부 정례브리핑	수어 ⊙	2020.02.29	권준욱 중앙방역대책본부 부본부장
질병관리본부	중앙방역대책본부 정례브리핑	수어 ⊙	2020.02.28	권준욱 중앙방역대책본부 부본부장
질병관리본부	중앙방역대책본부 정례브리핑	수어 ⊙	2020.02.27	정은경 중앙방역대책본부장
질병관리본부	중앙방역대책본부 정례브리핑	수어 ⊙	2020.02.26	정은경 중앙방역대책본부장
질병관리본부	중앙방역대책본부 정례브리핑	수어 ⊙	2020.02.25	정은경 중앙방역대책본부장
질병관리본부	중앙방역대책본부 정례브리핑	수어 ⊙	2020.02.24	정은경 중앙방역대책본부장

[그림 1] 대한민국 정책브리핑 누리집의 부처 브리핑 게시판

본문에는 동영상과 함께 브리핑 전문이 수록되어 있는데, 이를 보이면 아래와 같다.

[그림 2] 인터넷 게시판 본문에서 제시되는 브리핑 양상

일반적인 수어 통역과는 다르게 코로나19 브리핑의 경우 수어 통역이 발표자와 동일한 크기로 제시되고 있어 언어적 약자를 배려하고 있음을 알 수 있으며 '중앙방역대책본부'라는 배경을 통해 브리핑 텍스트의 생산자를 명확히 알 수 있도록 배치하고 있음을 알 수 있다.

(2) 텍스트 내용 구조와 언어 사용의 특징

모든 브리핑 텍스트 구조는 공통적으로 '시작말15_본문_맺음말'의 형식으로 진행된다.16 먼저 '시작말'은 발표자 및 브리핑 일시(재난 진행의 국면)에 따라 조금씩 변이가 있었다. 예를 들면 감염원의 명칭이 정해지지 않은 경우 (1ㄱ)에서와 같이 '대응에 대해서 말씀드리겠습니다.'로 시작되었으나 이후 20년 2월 3일 '코로나19 감염증'으로 재난원(災難原)의 명칭이 정해지고 난 후에는 일괄적으로 (1ㄴ)에서와 같이 '현황을 말씀드리겠다'는 보고의 선언으로 시작되었다. 재난원에 대한 정부의 공식 명칭이 발표되자 브리핑 역시 '대응'에서 '현황'으로 어휘에 변화를 준 것은 국민들로 하여금 재난의 상황이 본격적으로 시작되었음을 공식적으로 알리는 것과 동시에 국민들로 하여금 재난에 대한 본격적인 대응 및 대처를 주문하는 역할을 하고 있다고 볼 수 있다.17

---

15 각 부처마다 정례브리핑의 시작말 양상은 약간씩 달랐는데 '안녕하십니까?'와 같은 인사말이 제시되기도 하며 발표자의 성명을 보고하기도 하였으며 경우에 따라서는 '○○월 ○일 ○요일 정례브리핑을 시작하겠습니다.'와 같은 의례적 개회 선언으로 갈음되기도 하였다. 후술하겠으나 중앙방역대책본부의 코로나19 관련 브리핑은 대체로 '코로나바이러스 감염증-19 국내 발생현황을 말씀드리겠습니다.'와 같이 주제 혹은 소재의 보고가 인사말에 포함되는 것이 일반적인 것으로 보인다.

16 물론 상기하였듯이 언론사(일반 국민)와의 질의 및 응답 역시 브리핑과 함께 진행되지만 본고에서는 이를 구어 담화로 보아 브리핑과는 다른 속성을 지녔다고 판단하여 분석에서 제외하였다.

17 이와 관련하여 20년 2월 3일 당시 브리핑에서는 '질병관리본부 중앙방역대책본부는 2월

(1) ㄱ. 신종 코로나바이러스 **감염증 대응에 대해서 말씀드리겠습니다**.
ㄴ. 신종 코로나바이러스 **국내발생 현황에 대해서 말씀드리겠습니다**.

한편 시작말은 발표자에 따라서도 약간의 변이가 존재하였는데, 예를 들어 정은경 당시 본부장의 경우 공통적으로 '코로나바이러스감염증-19 국내 발생 현황에 대해서 말씀드리겠습니다.'라는 선언으로 시작말이 갈음된 후 바로 본문이 시작되는 것이 특징이었으나 권준욱 당시 부본부장의 경우에는 (2)에서 볼 수 있는 것처럼 '시작말'에 날짜를 언급하거나 시간에 대한 언급이 있기도 하는 등의 개인적 변이를 보였다.

(2) **3월 12일 0시 현재 국내 코로나바이러스감염증 발생현황부터** 말씀드리겠습니다.
4월 6일 코로나19 감염증 국내 발생 현황 말씀드리겠습니다.

또한 특징적인 것은 2021년 4월 26일 이후부터 직책명 혹은 이름을 소개하는 부분이 시작말 표현에 추가된다는 것이다. 이는 시작말 표현에 있어 단 한 건의 변이를 보이지 않았던 정은경 당시 본부장 역시 마찬가지였는데, 인사말과 함께 자신의 직책명 소개, 시작 선언의 말이 따르게 되는 것을 관찰할 수 있었다. 해당 예시는 아래의 (3)과 같다.

(3) **안녕하십니까? 질병관리청장 정은경입니다. 5월 13일** 정례브리핑을

2일 발표된 신종 코로나바이러스 감염증 조치 계획 후속조치로 신종 코로나바이러스 감염증 대응지침을 일부 변경하여 2월 4일부터 적용하도록 하겠습니다.'라고 하며 재난이 본격적인 진행 단계에 도입했음을 예고하였다.

시작하겠습니다.

안녕하십니까? 방대본 상황총괄단장입니다. 8월 30일 정례브리핑 시
작하겠습니다.

이와 같이 직책명이나 브리핑 일시를 명시하는 것은 일반 국민들로 하여금
브리핑의 성격 및 책임 의식을 명확히 한다는 인상을 주는 한편 텍스트의 해
석에 관여할 수 있는 여러 맥락적 변수를 축소하는 역할을 하고 있다고 이야
기할 수 있다. 지금까지 논의한 시작말의 구조를 나타내면 아래와 같다.

구분	재난 진행 초기 단계		본격적 재난 진행 단계
내용	개인별 편차가 존재하지만 인사말에 이어 개시 선언	→	인사말에 이어 자신의 이름과 직책, 브리핑의 일시를 제시한 후 개시 선언
특징	'대응'에서 '현황'으로의 어휘 변화를 통해 재난 진행의 단계로 도입하였음을 공식화		독자들로 하여금 브리핑 내용에 대한 책임을 자청함으로써 신뢰성 도모 해석에 관여할 수 있는 맥락적 변수 축소

[그림 3] 텍스트의 '시작말' 구조의 내용과 특징

다음으로 브리핑 텍스트의 본문 구조를 살펴보도록 하자. '본문'은 재난과
관련하는 재난 관련 이슈들이 정보 나열식 구조로 제시되어 있는 것이 특징
인데, 재난 관련 이슈들은 이를테면 확진자 정보, 백신 수급, 백신 부작용, 사
회적 거리두기 정책 등이 포함되는 것으로 보인다. 한편 각 이슈들은 또 다시
세 부분으로 구성되어 있는데, 먼저 **①재난 이슈에 대한 상황적 기술**과 **②해
당 이슈에 대한 국가의 대응과 대처**, 마지막으로 **③해당 이슈에 대하여 국가
가 주문하는 국민의 대응과 대처**가 그것이다.

①**재난 이슈에 대한 상황적 기술**은 대체로 숫자 기술 및 통계적 해석으로 이루어지는 것이 일반적이었다. 또한 ①의 부분은 먼저 ⑥국내 확진 현황에 대한 총보고, (a-1)사망자 보고 및 위로의 말, ⑥지역별 보고로 구성된다. 국내 확진 현황에 대한 총보고 및 사망자 보고는 절대적 숫자만 제시되지만 지역별 보고의 부분에서는 수치에 대한 통계적 해석이나 주요 감염원에 대한 설명이 덧붙는 것이 특징적이다. 이후 ②재난의 현 상황에 대한 정부의 대응과 대처에 대한 기술이 이어진다. 이는 아래와 같다.

(4) ㄱ. 3월 13일 0시 현재로 총 누적 확진자 수는 7,979명입니다. 이 중 510명이 격리해제되었습니다. 확진환자 현황을 보시면 어제는 110명이 증가하였습니다. 어제는 격리해제가 177명이 증가하여 확진환자보다는 격리해제자 숫자가 조금 더 많았습니다. 현재 격리중인 환자는 68명이 감소한 7,402명이 격리 중에 있습니다.

ㄴ. 사망환자는 어제 1분이 증가하여서 67분의 환자분이 사망하셨습니다. 오늘 오전까지 저희가 집계한 보고자료에 의하면 3분 정도가 더 사망하셔서 총 사망자 숫자는 70명이 되겠습니다. 사망하신 환자분의 고인의 명복을 빌고 유족들께는 위로의 말씀을 드립니다.

ㄷ. 어제는 광주·강원·충북·전북·전남·경남·제주 등 7개 시도에서는 신규환자 발생보고가 없는 상황입니다. 집단발생 사례를 보시면 신천지 관련이 전체 환자의 59.9%를 보여주고 있습니다. **그 이외에는 대부분의 집단발생 사례들을 보시면 의료기관과 관련된 거나 아니면 다중시설 또는 사업장 아니면 교회 같은 그런 단체, 수련회 같은 것하고 관련된 그런 사례가 최근에는 많이 보고가 되고 있는 그런 상황입니다.**

ㄹ. 서울시 구로구 소재 콜센터 관련해서는 3월 8일부터 현재까지

109명의 확진환자가 발생하였으며, 감염경로 및 접촉자에 대한
역학조사는 진행 중입니다.

위의 (4ㄱ-ㄹ)은 모두 동일한 브리핑에서 발췌한 것이다. (4ㄱ)은 확진 현황을 텍스트 생산자 측의 어떠한 해석이나 상황에 대한 예측 없이 객관적 수치를 통해 기술하고 있다[①(a)]. (4ㄴ)은 사망자 현황인데, (4ㄱ)과 다른 점은 관례적인 유감 표시가 뒤따른다는 점이지만 구성 면에서는 (4ㄱ)과 큰 차이가 없다[①(a-1)]. (4ㄷ)은 시·도별 확진 현황을 나타낸 것인데, (4ㄱ-ㄴ)과 동일하게 수치적으로 기술 되어 있지만, 이에 대한 통계적 해석이 주를 이룬다는 점에서 이질적이다. 또한 (4ㄷ)과 같은 시·도별 확진 현황에서는 밑줄 부분과 같이 확진 현황과 관련한 정부 측의 해석을 덧붙이기도 하는 것이 특징이다[①(b)]. 이와 같이 수치에 대한 통계적 해석이나 추이의 예측에 대한 언급에는 (4ㄹ)과 같은 재난에 대한 국가의 대응이나 대처 양상이 후행하게 된다.

확진자 현황 외 다른 이슈에 대한 구조도 비슷한데, 이를테면 예방접종 관련 이슈 또한 위에서 기술한 것과 크게 다르지 않다.

(5) ㄱ. 먼저, 예방접종 관련 주요 상황을 설명드리겠습니다.
코로나19 예방접종을 2차까지 완료하신 분들이 100만 명을 넘어섰습니다.[①(a)]
ㄴ. 1차 예방접종을 마친 분들은 374만 6,000명으로 우리나라 전체 인구 대비 7.3%이고, 2차 접종까지 마치신 분들은 104만 명, 2% 입니다. 65세 이상 어르신들의 예약률은 50%를 넘어섰으며, 60 ~74세까지 어르신 등 451만 9,000명이 예약을 완료하셨습니다. [①(b)]

즉 (5)의 예에서도 볼 수 있듯이 절대적인 수치에 대한 언급(5ㄱ)과 함께 수치의 추이에 대한 통계적 해석(5ㄴ)을 통해 국민들의 이해를 돕는 것을 알 수 있다.

한편 위와 같이 이슈의 현황에 대한 기술적 보고에 뒤이어서는 재난 이슈에 대한 **②해당 이슈에 대한 국가의 대응과 대처** 내용이 뒤따른다.

(6) ㄱ. 예방접종 후 이상반응으로 신고된 사망자 현황은 신고 당시 기준으로 148명이 신고되었으며, 아스트라제네카 백신이 60명, 화이자 백신이 88명이 신고되었고, 백신별로는 10만 명당, 10만 명 접종당 사망신고율은 유사하였고, 영국 등 다른 국가와 비교해서도 크게 차이가 나지는 않았습니다. [①ⓑ]

ㄴ. **추진단은 이상반응 감시를 위해 건강보험공단이나 심평원 등의 공공 분야에서 구축된 건강·의료이용 빅데이터를 적극 활용하고 있습니다.**

ㄷ. 건강보험공단과는 빅데이터 구축에 대한 MOU를 체결하여 질병청이 보유하고 있는 예방접종 정보와 이상반응 신고자료와 건강보험공단이 보유하고 있는 의료기관 이용 빅데이터를 연계해서 이상반응에 대해서 **좀 더 입체적이고 종합적으로 분석을 진행할 계획입니다.**

(6ㄱ-ㄷ)은 모두 동일한 텍스트에서 부분 발췌한 것으로 (6ㄱ)이 구체적인 수치와 이에 대한 통계적 해석에 대한 ①재난 이슈에 대한 상황적 기술이라면 (6ㄴ)과 (6ㄷ)은 각각 (6ㄱ)의 상황에 대한 국가의 현재의 대응과 앞으로의 대처 계획을 나타낸 부분이다. 이처럼 브리핑의 본문에는 각 이슈별로 ①재난 이슈에 대한 상황적 기술이 선행하고 곧이어 ②해당 이슈에 대한 국가의 대응

과 대처가 후행하는 구조로 구성되어 있다고 할 수 있겠다.

그러나 경우에 따라서는 재난의 대처와 대비가 모두 드러나 있지 않은 경우가 존재하는데, 특히 재난의 대처에 대한 언급보다는 재난에 대한 대비 내용을 찾을 수 없는 경우가 더 많이 존재한다. 이를테면 아래와 같다.

(7) ㄱ. 102명의 확진자는 물류센터의 직원이 72명이고 직원의 가족 등 접촉자가 30명이었으며, 시도별로는 경기도가 42명, 인천이 41명, 서울이 19명이었습니다. [①(b)]

ㄴ. 중앙방역대책본부는 5월 12일부터 경기 부천시 쿠팡 물류센터에서 근무한 근로자는 진단검사를 받은 후 자가격리를 실시하고, 혹시 가족 중에 학생 또는 학교 종사자가 있는 경우에는 등교중지, 가족 중에 의료기관·사회복지시설 종사자가 있는 경우에는 **근무제한을 요청하였습니다.**

(7)의 예에서 볼 수 있듯이 ①재난 이슈에 대한 상황(7ㄱ)에 대한 국가의 현재 대처 내용은 제시되어 있었으나(7ㄴ) 앞으로의 대비 양상은 해당 브리핑에 제시되어 있지 않다. 아래의 예 또한 유사하다.

(8) ㄱ. 현재까지 예천군 집단발병과 관련해서는 **총 41명의 확진자가 확인되었습니다.** 어제 확인된 확진자는 긴급돌봄 교사에게 감염된 소아의 부모로, **가족 4명이 모두 코로나19로 확인되었습니다.**

ㄴ. **중앙방역대책본부는 주말을 맞이하여 종교시설과 유흥시설 등에 대한 각별한 주의를 당부드립니다.** 종교시설인 경우에는 온라인 등 비대면·비접촉 종교행사 활용을 권장드립니다. 현장 종교행사 할 경우에도 발열체크, 또 참여자간의 2m 거리두기, 마스크 착용 등이 필요하고, 특히 비말이 발생할 수 있는 침방울이 튀는

행위인 합창·구호 등을 자제해주실 것을 당부드립니다.

(8) 역시 비슷한데, 재난의 기술(예천군 집단 감염 현황), 국가의 대응(역학
조사를 하여 긴급돌봄 교사로부터 감염이 시작된 것을 확인함)은 (8ㄱ)에 제
시되어 있지만 관련한 국가의 대처는 제시되어 있지 않다.

한편 재난 이슈에 대한 구조는 마지막으로 ③해당 이슈에 대하여 국가가
주문하는 국민의 대응과 대처 내용이 제시되는 것이 특징이다.

(9) ㄱ. 중앙방역대책본부는 지역사회 추가 전파를 신속히 차단할 수 있
도록 코로나19 확진자가 방문했던 다중이용시설 이용자 및 행사
참여자에 대한 **일제검사를 실시하고 있습니다.**
ㄴ. 해당 일시에 관련 장소를 방문하신 분들은 증상유무와 상관없이
선별진료소를 방문하여 **진단검사를 받아주실 것을 당부드립니다.**

(9ㄱ-ㄴ)을 보면 (9ㄱ)은 재난에 대한 국가의 대응에 뒤이어 국민에 대한 당
부사항이 (9ㄴ)처럼 후행하는 것을 확인할 수 있다. 그러나 모든 이슈에 대하
여 ③의 경우가 언제나 필수적인 것은 아니었는데, 나열된 이슈들에 대한 정
부의 주문 사항이 중복될 경우 ③은 한 번만 실현되기도 하였기 때문이다. 그
이유는 크게 두 가지로 측면에서 생각할 수 있을 듯한데, 먼저 국민에 대한
당부가 지니는 체면 위협의 가능성으로 인해 횟수를 줄이는 것으로 생각될
수 있을 것이다. 또 다른 이유는 글에 대한 집중도를 높이기 위한 의도를 고
려할 수 있는데, 동일한 내용이 여러 번 반복되는 것은 독자들의 흥미를 저하
시키는 요인으로 작용할 수 있기 때문이다.

한편 **③해당 이슈에 대하여 국가가 주문하는 국민의 대응과 대처**는 국민이

수행해야 하는 대응과 대처와 관련한 정보를 제공하는 동시에 국가의 방역 정책에의 참여에 대한 호소의 기능 또한 수행한다고 할 수 있다. 따라서 해당 단락에는 '요청', '당부'와 같은 지시 동사와 함께 그것의 체면 위협의 정도를 경감하기 위한 전략으로서의 경어가 병행하고 있는 것이 특징이다.

> (10) 또한 발열, 호흡기 증상이 있으시면 마스크를 착용하고 자차를 이용하여 선별진료소에서 **검사를 받아주실 것을 요청드립니다**.
>
> (11) 유흥시설, 주점 등 실내다중시설을 이용하는 경우에는 마스크 착용, 시설에서 머무는 시간의 최소화, 일행이 아닌 사람과 최대한 간격 띄우기, 출입 시 발열 및 호흡기 증상여부 확인 및 명부 작성 등 감염병예방수칙 준수를 **당부드립니다**.

더 나아가 해당 명제를 강조하고자 하는 경우 정도성이 높은 지시 동사를 사용하는 것이 아닌 부사 '거듭', '재차' 등이 사용되어 강조하는 것이 특징이다. 한편 예시로 당부 사항이 구체화되는 것도 ③의 특징이라 할 수 있다. 이는 예를 들어 아래의 (12)와 같은데, '여러분들께 각별한 주의를 부탁드립니다.'라는 주제문은 '몸이 조금이라도 안 좋을 경우(재난 대처)', '여행을 계획한 경우(재난 대응)', '여행을 진행하고 있는 경우(재난 대응)', '여행 후 감염병 의심 증상이 있을 경우(재난 대처)' 등으로 구체화되고 있다. 또한 ③ 역시 두괄식의 구조를 취하는 것이 일반적이다. '국민 여러분들께 각별한 주의를 부탁드립니다.'라고 하는 주문장은 후행하는 여러 문장들로 '각별한 주의'라는 상황이 예시로써 구체화되고 있기 때문이다. 이처럼 다양한 예시를 언급하는 것은 재난의 상황을 가상적으로 체험하고 대비할 수 있게 한다는 측면에서 효과적이라 할 수 있겠다.

(12) 중앙방역대책본부에서는 앞으로 연휴를 앞두고 여행 등 야외활동이 증가할 것으로 예상되기 때문에 **국민 여러분들께 각별한 주의를 부탁드립니다.** 몸이 조금이라도 안 좋으시거나 불편하시거나 아프시다면 여행을 삼가주시고 여행을 하시더라도 최소한의 가족단위로 자기의 차를 이용하여 여행하거나 되도록 혼잡한 여행지는 피해주실 것을 부탁드립니다. 여행 시에도 별도의 모임을 자제해주시고, 여행이 끝난 후에도 발열이나 호흡기 증상이 있으면 외출을 하지 말고 집에서 휴식을 취하며, 열이 지속되거나 증상이 심해지면 콜센터 또는 관할 보건소로 문의하거나 선별진료소를 우선 방문해서 조기에 검사를 받으시기 바랍니다

　요컨대 본문의 구조는 재난 관련 이슈 각각에 대하여 해당 이슈에 대한 현황 보고→국가의 대응과 대처(대응 정보 기술→대처 계획 보고)→국민의 재난 대응과 대처 당부의 구조로 진행되고 있으며 각 단락은 모두 두괄식 구조로 구성되어 있다고 정리할 수 있다. 또한 재난 관련 이슈가 추가될 때마다 해당 구조는 반복적으로 제시되는 것이 특징인데, 이와 같은 구조의 구성은 정보 처리의 인지 과정을 고려한 것으로 이해될 수 있다, 구조의 반복된 구조는 청자 혹은 독자들로 하여금 정부 처리 과정에 인지적 부담을 느끼지 않아도 되기 때문이다. 또한 '먼저 코로나19의 신속한 예방접종을 위한 추진상황에 대해서 말씀드리겠습니다.', '다음은 안전한 예방접종 및 이상반응 관련되는 내용을 말씀드리겠습니다.', '마지막으로 방역에 대한 주요 내용 말씀드리겠습니다.'와 같은 두괄식 구성은 독자들의 정보 취사 선택 혹은 정보 이해에 있어 효율성을 도모하고 있다고 평가할 수 있다.

　본문의 구조를 기술하면 아래와 같다.

소재	주제	내용	특징
재난 관련 이슈 ㉠	이슈 ㉠에 대한 상황적 기술	재난의 상황과 관련한 이슈 ㉠에 대한 현재 상황과 통계적 해석	상황에 대한 두괄식 언급 수치로 이루어진 기술이 주를 이룸
	이슈 ㉠에 대한 국가의 대응과 대처	이슈 ㉠을 해결하기 위한 정부의 기 수행 혹은 수행 중인 노력에 대한 언급 이슈 ㉠의 위험성을 줄이기 위한 정부의 대처 방안	재난에 대한 대비 내용은 생략이 두드러짐
	이슈 ㉠에 대하여 국가가 주문하는 국민의 대응과 대처	이슈 ㉠에 대한 국민의 대응 방안 당부 이슈 ㉠에 대한 국민의 대처 방안 당부	'요청', '당부'와 같은 지시 동사와 함께 그것의 체면 위협의 정도를 낮추기 위한 전략으로서의 경어 병행 부사 '거듭', '재차' 등이 사용되어 명제 강조
		↓	
재난 관련 이슈 ㉡	이슈 ㉡에 대한 상황적 기술	재난의 상황과 관련한 이슈 ㉡에 대한 현재 상황과 통계적 해석	수치로 이루어진 기술이 주를 이룸
		반복 …	

[그림 4] 텍스트의 '본문' 구조의 내용과 특징

다음으로 '맺음말' 부분의 구조를 살피도록 하겠다. 결론 부분에서는 재난의 초기의 경우 '이상입니다', '감사합니다'와 같은 간단한 인사말로 갈음되기도 하였지만 재난의 상황이 장기화되고 복잡해짐에 따라 본문에서 제시하였던 국민의 대응 및 대처 방안에 대한 강조를 하거나 방역에 힘쓰고 있는 현장 근무자들이나 국민에 대한 감사의 인사와 함께 마무리하기도 한다. 즉 해당 텍스트의 맺음말은 재난의 전개 단계가 심화될수록 호소의 기능을 수행하게 되는 것을 볼 수 있었다. 아래의 예를 보자.

(13) 일반 국민들께서도 손 씻기와 기침예절 준수 등 일상생활에서의 감
염병 예방수칙을 지켜주실 것을 당부드립니다.
이상입니다.

(13)의 예문에서 볼 수 있는 것처럼 재난 초기의 단계에 해당하는 브리핑
자료로, 본문이 마무리되고 '이상입니다'로 텍스트의 맺음말은 간단히 제시되
어 있는 것을 볼 수 있다. 그러나 아래의 (14)의 경우에서는 유행의 안정화를
강조하는 한편 약속의 최소화 및 신속한 검사에 대한 내용을 재당부하고 있
음을 알 수 있다.

(14) 특히, 앞으로 열흘 남짓의 기간은 보다 확실한 반전 추이를 만들어
내기 위해 중요한 시기인 만큼 협조를 당부드립니다. 모든 모임과
약속은 취소해 주시고 마스크를 착용할 수 없는 장소는 피해 주시기
바랍니다. 의심스러우실 때는 신속히 검사를 받으시기를 부탁드립
니다. 감사합니다.

이처럼 재난의 진행이 장기화될수록 맺음말은 구조적으로 더욱 복잡해지고
있으며 기존의 정보 전달의 기능보다 호소의 기능에 치중되는 것을 찾아볼
수 있다. 호소의 궁극적 목적은 '설득'이라 할 수 있는데, 이를 위하여 사용된
호소의 전략은 크게 강조, 다짐, 비유, 감사 등을 들 수 있다. 해당 전략은 아
래의 (16-18)처럼 단독으로 사용되기도 하지만 (15)에서 볼 수 있는 것처럼 복
합적으로 사용되기도 한다.

(15) 1년이 훨씬 넘게 계속되고 있는 **코로나19의 긴 터널 속에서**[비유] 한
치의 방심도 없이 방역수칙을 준수해주시고 사회적 거리두기에 협

조해주시는 **국민 여러분들의 인내에 감사드립니다**[감사]. 이제까지 힘드셨지만 조금 더 힘을 내시고, 앞으로도 일상 속에서 방역수칙을 준수해주실 것을 거듭 부탁드립니다[강조]. 방역당국 또한 대규모 진단검사를 통한 확진자 조기발견, 역학조사를 통한 감염확산 방지 등 그리고 감염취약시설 관리강화 등 **모든 노력을 다하겠습니다**[다짐]. 이상입니다.

(16) 국민 여러분의 거리두기 노력이 어렵고 힘든 이웃을 지키고 힘든 한 해를 보낸 서로에게 힘이 될 수 있습니다. 사랑과 구원이라는 성탄의 의미를 되새기며 **여러분의 실천을 다시 한번 거듭 당부드립니다**[강조]. 감사합니다.

(17) 새로운 일상으로의 변화 앞에서 여러분들의 힘과 참여를 믿으면서 **저희 방역당국도 계속해서 최선을 다하도록 하겠습니다**[다짐]. 이상입니다.

(18) 우리 모두 한마음으로 실천해주실 것을 **다시 한번 부탁 올립니다**[강조]. 이상입니다.

특히 비유의 경우 의인화에서부터 은유 환유까지 다양한 비유의 방법들이 사용되어 설득을 위한 호소의 기능을 충실하게 수행하고 있다. 아래의 (19)의 예는 코로나 바이러스를 의인화되어 있고, (20)의 예는 좌측통행에서 우측통행으로 삶의 방식이 변화된 바 있는 과거의 사실에 대한 직유의 기법이, (21)에서는 '일상회복'이 도달해야 하는 종점으로 형상화한 은유의 기법이 사용된 것을 확인할 수 있다.

(19) **우리가 맞서 싸우고 있는 코로나바이러스는 사람의 법칙이 아닌 자연의 법칙을 따르고 있으며**, 내가 얼마나 오랜만에 모임에 나갔는지, 내가 얼마나 반가운 사람을 만났는지를 **배려해주지는 않습니다.**

많이 아쉽겠지만 모임과 약속을 줄여주시고 또한 불편하시겠지만 마스크를 꼭 써주실 것을 당부드립니다.

(20) **마치 우리가 일상에서 좌측통행을 우측통행으로 바꾸었듯이 이제는 생활방식이 바뀌었다고 생각해 주시고**, 불편하시고 힘드시더라도 계속해서 노력을 다해서 지켜주실 것을 부탁 올립니다.

(21) **코로나19로부터 일상회복으로 가는 가장 빠르고 안전한 길**은 예방 접종입니다.

이러한 비유를 사용한 강조는 독자들의 이해의 편의성을 도모하는 한편 설득을 위한 호소의 기능을 적극적으로 수행한다고 해석할 수 있다.[18]

구분	재난 진행 초기 단계		본격적 재난 진행 단계
내용	'감사합니다', '이상입니다'와 같은 인사말로 끝맺음 선언	→	끝맺음 기능 외에 설득을 위한 호소의 기능을 적극적으로 수행
특징	간단한 인사말로 갈음됨으로써 단순하고 평면적인 기능 수행		설득을 위하여 여러 가지의 비유 전략(은유, 환유, 직유, 의인화 등)이나 감사의 표현 등이 적극적으로 활용

[그림 5] 텍스트의 '맺음말' 구조의 내용과 특징

3.3. 재난 리터러시 관점에 근거한 브리핑 텍스트의 비판적 검토

본 절에서는 지금까지 수행한 재난 리터러시 관점에서의 비판적 검토를 통해 드러난 텍스트 구조 및 언어 사용에 대한 개선 사항을 간략히 언급하고자 한다.

---

18 이러한 설득의 기법은 특히 과거 SNS에서 자주 주목을 받았는데, 이러한 다양한 비유를 통한 각인 효과는 카드뉴스나 밈(meme) 등의 활용에 적합하기 때문이다.

먼저 텍스트 구조 분석에 대한 함의는 다음과 같다. 먼저 텍스트 구성은 비교적 반복적으로 사용되어 있었고 두괄식 구조로 구성되어 있는 것이 특징이다. 본고는 이러한 구조가 독자들의 정보 처리 과정을 고려한 구성이라고 주장하였다. 그러나 상기하였듯이 대응 정보와 대처 정보가 뒤섞여 있거나 대처 정보가 생략이 되어 있는 경우도 존재하였는데, 정부의 대처 정보는 국민들이 안전을 가늠하고 대비하게 한다는 점에서 매우 중요하기 때문에 대처 정보와 구분되어야 한다고 주장하였다.

한편 언어 사용 양상 측면에서 개선되어야 하는 점은 주로 정보 전달 측면에서 가장 중요한 본문과 관련한다. 본고에서는 이를 크게 **(1)잦은 명사화 및 명사 연결 구성의 사용, (2)어려운 한자어 및 전문 용어 사용, (3)행위자가 불명확한 문장의 사용**으로 구분하여 논의하고자 한다.

먼저 명사 연결 구성은 대체로 두 개 이상의 수식어가 존재하는 환경에서 가장 많이 관찰되었다. 이러한 명사 연결 구성은 텍스트의 간결성을 도모한다는 측면에서는 효율적이지만, 독자/청자, 필자/화자 간 공유하는 영역이 일치하지 않을 경우, 성분 사이의 의미 관계가 다양하게 해석될 여지가 크기 때문에 오독 혹은 오해의 위험이 있으며 독자 측면에서도 이를 해석하기 위한 인지적인 부담이 커진다는 한계가 존재한다. 이러한 명사 연결 구성은 아래와 같다.

(22) **이 부분 관련해서**는 중화항체 그리고 T세포의 면역반응 측정 등을 **임상시험 종료 시까지 최우선하여 지원하고 진행할 예정으로 있음을 말씀드리면서**, 이러한 치료제 그리고 백신의 임상시험에 있어서 **가장 중요한 점은 환자의 모집 또 백신의 경우에는 자원자의 모집으로**, 이를 극복하기 위한 다양한 방안을 추가로 마련하고 있으며, 임

상에 참여하는 의료기관 그리고 의사분들을 비롯한 의료진들의 적극적인 참여와 협조를 계속 부탁드립니다.

위의 (22)의 예는 연결 어미의 잦은 사용으로 긴 명제가 하나의 문장에 제시되어 있고 연결 어미 선후 명제의 층위가 맞지 않는다는 측면에서 수정되어야 할 부분들이 적지 않다. 그러나 독자 입장에서 가장 큰 문제가 되는 것은, '이 부분 관련해서', '진행할 예정으로 있음을 말씀드리면서', '가장 중요한 점은 환자의 모집 또 백신의 경우에는' 등의 과도화 명사화 및 명사 연결 구성인데, 그 이유는 이러한 내용 표상 방법이 명제의 의미를 파악하거나 이해하는 데 매우 어렵게 하고 있기 때문이다.[19] 예를 들어 '백신의 경우'가 의미하는 바가 백신을 접종하는 문제인지, 백신의 수급과 관련한 문제인지 명확한 바를 알기 어렵다. 이와 비슷한 예는 아래에서도 찾아볼 수 있다.

(23) **병상 배정 건을 기존 지자체에서 중수본 직할로 전환하고** 환자 배정 업무를 담당하는 인력도 대폭 확충하는 등 병상 운영의 효율성도 제고하였습니다.

(23)의 예에서 '배정 건'은 추측건대 '병상 공급이 원활하지 못한 상황'으로 이해될 수 있으나 그 의미는 명확하지 않다. 또한 (23)의 문장 의미를 명확히 하기 위해서는 '기존 지자체가 관리하던 것을 중수본이 직접 배정하고 관리하

---

19 그 외에도 해당 문장에는 명확하지 않은 어휘의 사용 또한 문제시될 수 있다. '환자의 모집 또 백신의 경우에는 자원자의 모집으로, 이를 극복하기 위한 다양한 방안을 추가로 마련하고 있으며'의 구절에서 '모집'은 '참여'로, '극복하다'보다는 '해결하다'라는 어휘의 사용이 적절할 것이다. 더 나아가 '방안을 마련하다'보다는 '방안을 모색하다'가 좀더 적절할 것이다.

는 것으로 전환하고자 한다' 등으로 수정하는 것이 적절하겠다.

> (24) 주요 위험요인으로는 **증상을 조기에 인지하지 못한 이런 조기 인지**
> **미흡으로 인해서** 검사가 지연되고, **백신 완전접종 후에 시간 경과에**
> **따라서 접종 효과는 감소되는 것 그리고 밀폐·밀집된 환경과 방역**
> **수칙의 준수 미흡이** 가장 큰 요인으로 보고 있습니다.

(24)의 예 역시 문장을 소화하기에 너무 복잡한 명제가 하나의 문장에 이어져 있고, 문장의 호응 관계가 맞지 않는다는 문제도 존재하지만 사실 독해를 방해하는 가장 큰 요인은 과도한 명사의 연결이라 할 수 있다. 요컨대 '조기 인지 미흡'이라는 명사 연결 구성은 불필요하며 '완전 접종', '시간 경과' 등의 의미는 명확하지 않기 때문이다.

다음으로 어려운 전문 용어 및 한자어의 사용을 지적할 수 있다. 물론 코로나19라는 재난 상황은 건강과 관련한 재난이라는 점에서 의학 전문 용어가 사용되는 것은 어쩔 수 없겠으나 전문 용어가 언급되었다면 이에 대한 해석 제시가 필요하다고 생각된다. 더 나아가 이와 같이 전문 용어이자 공공 용어의 속성을 지니는 어휘나 표현 등은 그 의미가 잘 드러날 수 있는 쉬운 용어로 대체되어야 할 것이다.[20] 재난 상황에서 관련 부처의 브리핑은 최대한 대

---

20 이와 관련하여 국립국어원의 공공 용어 정비의 방향 또한 그 방향이 선회되어야 할 필요성도 존재한다. 현재 국립국어원이 주도하는 다듬은 말 사업이나 공공 용어 정비 (용역) 사업 등은 그 필요성은 타당하지만 그 결과는 매우 아쉬워 애초의 사업 의도가 잘 전달되지 않거나 곡해되는 경우가 존재한다. 가장 큰 문제로 본고는 어휘 층위의 1:1 번역을 지향하는 태도를 꼽고자 한다. 이를테면 '팝업 가든(pop-up garden)'을 'pop-up'과 'graden' 의 어휘 단위로 나누어 번역한 '반짝 정원'으로 다듬는 것 등을 그 예로 들 수 있다. 요컨대 말 다듬기나 공공 용어 정비 등은 어휘 형태에 치중하기보다는 내용 및 의미 전달에 방점을 두어야 할 것이다.

다수의 국민과 국내에 거주 혹은 체류하고 있는 최대 다수의 일반인들의 이해를 도모하기 위해 사용되어야 하기 때문이다.[21] 그러나 전문 용어나 어려운 한자어의 사용 등은 브리핑 자료에서도 쉽게 찾아볼 수 있었다. 그 예는 아래와 같다.

특히 아래의 정보와 관련하는 독자 집단은 한국어가 유창하지 않은 경우일 가능성도 존재하므로 '이행보증금'이나 '예치', '자진출국' 등의 법률 용어 혹은 어려운 한자어의 경우 이를 쉽게 설명할 수 있어야 하겠다.

> (25) 강제퇴거 대상 외국인을 시설에 보호하기보다는 **이행보증금을 예치하고 자진출국하도록 하는 출국명령 이행보증금 예치제도를 입법화**하였습니다.
>
> (26) 이 과정에서 신속한 검사를 위한 **자동차 이동형 선별검사소, 추적검사**를 높이기 위한 전자출입명부, 무증상·경증환자 치료를 위한 생활치료센터와 같이 우리만의 독창적인 방역 모델을 만들어냈습니다.
>
> (27) 격리 대상자들은 입국일로부터 14일간 격리기간이 종료되면 한 차례 더 **일제검사를 시행한 후에** 격리를 해제할 예정입니다.

마지막으로 행위자가 불명확한 문장 사용을 지적할 수 있다. 이는 특히 국가의 대응 정보를 제시하는 것과 관련하였는데 아래의 (28) 문장에서는 '돌봄·의료 인력'들을 '확보'하고 '충분히 지원'하는 주체가 제시되어 있지 않다.

> (28) 이후 남는 비접촉자와 밀접접촉자는 14일간 격리·관찰될 것이며,

---

21 이러한 이유로 국립국어원에서 발간한 『재난 보도 언어 사용 지침』에는 '재난 보도는 가능한 한 쉬운 용어를 사용하여 뉴스를 접하는 사람의 알 권리를 보장해야' 한다고 언급한 바 있다.

돌봄인력도 함께 지원할 것입니다. **환자 전원은 최대한 신속하게 조치하고 돌봄·의료인력들을 함께 확보하여 충분히 지원할 것입니다.**

_____ **4. 나가며**

본고는 선행 연구를 통해 재난 리터러시(disaster literacy)의 개념을 정립하고 구성 요인을 제시함으로써 재난 리터러시 담론 형성을 위한 개념적 기반을 조성하는 데 첫 번째 목적이 있었다. 그리고 이와 같이 정의한 재난 리터러시 관점에서 중앙방역대책본부의 코로나19 관련 정례브리핑의 텍스트 구조와 언어의 사용 양상을 비판적으로 검토하고자 하였다. 해당 연구는 궁극적으로 공적 영역에서 재난 리터러시 능력을 함양하도록 하는 공적 장(場)에서의 재난 관련 언어 사용에 대한 개선 방안을 모색하는 데 의미가 있다.

그러나 본고는 다음과 같은 한계를 지닌다. 먼저 텍스트에 국한된 분석으로 인하여 재난 이슈에 영향을 미쳤던 사회적 맥락을 적극적으로 고려하지 못하였다. 코로나19 상황은 전대미문의 장기적이고 대규모였던 탓에 재난이 진행되는 동안 우리는 개인의 위생이나 건강 문제뿐만 아니라 우리 사회가 그간 등한시하였던 사회적·윤리적 문제들을 전방위적으로 마주하게 되었다. 그리고 현재는 그러한 문제가 또 다른 영역에서의 예상치 못한 재난을 발생시키는 악순환을 목도하고 있는 중이기도 하다. 이러한 악순환에는 '재난'이라는 특수한 상황이 지닌 위중성만을 강조함으로써 문제시될 수 있던 여타의 상황들을 임시방편적으로 봉합하려 했던 우리의 태도에도 책임이 존재한다. 그리고 그 과정에 언어가 중심이 되어 (이데올로기적으로) 모종의 기능을 한 것은 부정할 수 없는 사실이다. 따라서 재난과 관련한 언어 분석은 앞으로 사

회적 맥락을 적극적으로 고려하는 쪽으로 선회되거나 확장되어야 할 것이다.[22]

지금까지 언어학자들은 언어학은 기술적(descriptive) 학문이지 처방적(prescriptive) 학문은 아니라 생각하여, 있는 그대로의 언어를 기술하고 분석하는 것만을 언어학자의 본분으로 생각해 왔다. 사회의 진보 혹은 변혁을 위해 언어를 탐구하는 것은 사회과학의 분야로 여겼던 것이다. 그러나 사회가 다변화되면서 사회 변화에 기여하는 언어의 역할이 강조되며 인권으로서의 언어, 생존을 위한 수단으로서의 언어를 살피는 것은 언어학이 당면한 중요한 연구 문제 중 하나가 되었다. 이러한 점을 고려하였을 때 본고에서 재난 리터러시 관점에서 국제적 재난과 관련한 정례브리핑의 텍스트 구조를 분석하고 구조에 사용된 언어를 비판적으로 살피고자 하는 연구는 앞으로 재난 담론 혹은 재난 관련 교육에서 언어의 역할을 고민하는 데 유의미한 역할을 해 줄 것으로 기대한다.

---

22 이러한 과정에서 기술과의 관련성을 비판적으로 살피려는 노력 또한 중요할 것이다. 이러한 연구는 미디어 리터러시 및 디지털 리터러시 영역과의 연장선상에서 논의될 수 있을 것이다.

권태현(2015), 「작문 교육을 위한 텍스트 유형의 체계화 방안」, 『작문연구』 26호, 한국
　　작문학회, 71-105.

안지숙(2014), 『결혼이주여성의 건강문해력 측정도구 개발』, 이화여자대학교 박사학위
　　논문.

한국텍스트언어학회(2004), 『텍스트언어학의이해』, 박이정.

American Medical Association(1999), *AMA Graduate Medical Education. Directory,*
　　1998-1999. Washington, DC: American Medical Association.

Brown, L., Haun, J., & Peterson, L.(2014), A Proposed Disaster Literacy Model,
　　Disaster Medicine and Public Health Preparedness 8(3), 267-275. doi:10.
　　1017/dmp.2014.43

Çalışkan, C, Üner, S.(2021), Disaster literacy and public health: a systematic re-
　　view and integration of definitions and models, *Disaster Med Public*
　　Health Prep 15(4), 518-527.

Chen, C, Lee, W.(2012), Damages to school infrastructure and development to
　　disaster prevention education strategy after Typhoon Morakot in Taiwan,
　　Disaster Prevention and Managemen 21(5), 541-555.

Chung, S. C., & Yen, C. J.(2016), Disaster prevention literacy among school ad-
　　ministrators and teachers: A study on the plan for disaster prevention
　　and campus network deployment and experiment in Taiwan, *Journal of*
　　Life Sciences 10, 203-214.

Heinemann, W. & Viehweger, D.(1991), *Textlinguistik. Eine Einführung,* Tübingen:

Max Niemeyer Verlag.

Kevin Hung, K.. C., Yue, J., & Kim, J. H. et al.(2012), Preliminary findings on urban disaster risk literacy and preparedness in a Chinese community. In: *13th World Congress on Public Health*, 439.

Kanbara, S., Ozawa, W., & Ishimine, Y. et al.(2016), Operational definition of disaster risk-reduction literacy, *Health Emerg Disaster Nurs 3*, 1-8

Institute of Medicine(2004), *Health Literacy: A Prescription to End Confusion*, Washington, DC: The National Academies Press. https://doi.org/10.17226/10883.

Nutbeam, D.(2000), Health Literacy as a Public Health Goal: A Challenge for Contemporary Health Education and Communication Strategies into the 21st Century. *Health Promotion International 15*, 259-267.

Olowoporoku, O. A.(2017), A Recipe for Disaster: An Assessment of Environmental Sanitation Situation in Nigeria, *MAYFEEB Journal of Environmental Sciences Vol 1*, 1-5.

Seifi B, Ghanizadeh G, Seyedin H.(2018), Disaster health literacy of middle aged women, *J Menopausal Med. 24(3)*, 150.

Sinta, Dewi.(2021). Disaster literacy among young peatland farmers in Central Kalimantan. E3S Web of Conferences. 249. 03009. 10.1051/e3sconf/2021 24903009.

WHO(1998), *The world health report 1998. Life in the 21st century. A vision for all*. WHO, Geneva.

Zarcadoolas, C., Pleasant, A. F., & Greer, D. S.(2006). *Advancing health literacy: A framework for understanding and action*, Jossey-Bass.

문화간 의사소통 관점에서의
공익광고 이해 양상 분석

- 광주 및 전남 지역에 거주하는 유자녀 중국 국적의
결혼 이주 여성을 대상으로 -

공나형 · 박소연 · 윤영

(전남대 · 호남대 · 호남대)

이 논문의 목적은 문화간 의사소통 관점에서 다문화 배경을 지닌 이주민들의 공익광고에 대한 이해 양상을 살피는 데 있다. 구체적으로는 비수도권에 거주하는 유자녀 결혼 이주 여성을 대상으로 하여 실험 연구 및 인터뷰를 진행함으로써 공익광고의 메시지를 파악하는 데 겪는 의사소통 실패의 양상을 문화간 의사소통 관점에서 살피고 그 원인을 파악하고자 한다. 이를 통해 궁극적으로는 다문화 사회로 진입하고 있는 한국 사회에서 공익광고가 추구해야 하는 발전적 방안을 언어적, 문화적 측면을 중심으로 논의하고자 한다.[1]

공익광고는 '공공의 이익을 목적으로 하는 광고'라는 사전적 의미와 더불어 광고의 내용이 대체로 국가가 정책적으로 지향하는 바가 된다는 점을 고려한다면 '공공'의 영역에는 당연히 이주민들도 포함되어야 한다.[2] 특히 COVID-19

---

[1] 통계에 따르면 한국에 체류하고 있는 외국인 주민은 2020년 기준 215만여 명으로 전체 인구의 4.2%에 달한다(https://www.joongang.co.kr/article/25021839). 이주 배경 주민이 전체 5%를 넘는 경우 다문화 사회로 규정하는 학계의 관점, 그리고 통계 수치가 국가 간 이동이 자유롭지 못하였던 COVID-19 시기였음을 고려해 본다면, 한국은 통계상으로 이미 다문화 사회로 진입 단계에 들어섰다고 볼 수 있다.
https://www.index.go.kr/potal/main/Each DtlPageDetail.do?idx_cd=2756

[2] 한국방송광고진흥공사(KOBACO)에서는 공익광고에 대하여 '인간 존중의 정신을 바탕으로 사회・공동체의 발전을 위한 의식개혁을 목표로 하며 광고라는 설득커뮤니케이션을 통하여 제반 사회문제에 초점을 맞추고 국민들의 태도를 공공의 이익을 지향하는 모습으로 변화시키는 것을 목적으로 하며, 휴머니즘, 공익성, 범국민성, 비영리성, 비정치성을

로 촉발된 전세계적 재난 속에서 이주민들의 생존과 적응에 언어가 미치는 영향은 더욱 중요해졌는데, 국가 방역이나 복지 차원에서 이루어지는 백신 접종 등의 사안은 개인의 건강 및 재난의 극복과 밀접한 관련이 있기 때문이다. 따라서 이러한 상황일수록 공익광고는 인쇄 매체나 공적 뉴스보다 압축적이면서도 이해하기 쉽게 공공의 메시지를 전달하는 데 주력해야 한다. 본고는 상기의 문제의식에 기반하여 COVID-19 상황에서 공익광고가 국가적 재난 속에서 공공의 이익을 도모하기 위하여 자신의 역할을 잘 수행하고 있는지 이주민 관점에서의 공익광고에 사용된 언어 사용 양상을 비판적으로 살피고자 한다.

본고는 연구 대상을 모집하는 데 있어 메시지 해석에 관여하는 문화적 변인을 최대한 통일하고자 하였고 현재 광주 및 전남 지역에 거주하는 결혼 이주 여성 중 비교적 높은 비중을 차지하는 국적을 고려한 결과 중국 국적으로 한정하게 되었다.[3] 또한 자녀가 있는 결혼 이주 여성으로 연구 참여자를 제한하였는데, 그 이유는 대체로 복지 분야의 공익광고 필요성이 가장 높은 집단은 양육하는 자녀가 있는 경우라 생각하였기 때문이다.[4]

본고의 연구 문제를 나열하면 다음과 같다.

기본 이념으로 한다'고 정의하고 있다. '공익성'과 '범국민성'에는 비단 한국에서 태어나 자란 이들만을 대상으로 보는 것이 아닌 다양한 이주 배경을 지닌 이들까지 포함되는 것은 의심할 여지가 없다.

3 Kosis에 2022년 11월 현재 기준에서 공개된 2021년 광주광역시 국적별 여성 외국인 현황을 보면 인구의 가장 높은 비중을 차지하는 국적은 중국(한국계 중국인 포함)과 베트남으로 보인다. 그러나 증감 추이를 고려하였을 때 중국 국적의 결혼 이주 여성의 증가율이 베트남보다 더 높은 점을 고려하여 중국으로 한정하게 되었음을 밝힌다.

4 한국의 이주민은 크게 직업 목적과 결혼 목적으로 구분할 수 있는데, 결혼 목적으로 한국에 이주하는 이들 대부분은 여성이다. 이러한 이유로 본고에서는 여성으로 성별을 한정하였음을 밝힌다.

연구 문제 1: 광주·전남 지역에 거주하는 유자녀 결혼 이주 여성은 공익광고의 핵심 메시지를 정확히 해석하는가. 정확히 해석하지 못한다면, 언어적·언어 문화적 측면에서 원인은 무엇인가.

연구 문제 2: 광주·전남 지역에 거주하는 유자녀 결혼 이주 여성들이 공익광고의 핵심 메시지를 도출해내는 데 사용한 언어적·문화적 근거는 타당한가. 타당하지 않다면 그 이유는 무엇인가.

연구 문제 3: 연구 문제 1과 연구 문제 2를 통해 알 수 있는 공공성 측면에서 공익광고의 언어 사용의 발전적 방향은 어떻게 제시될 수 있는가.

2. 이론적 논의

1) TV 공익광고의 장르적 특징

언어적 측면에서 공익광고를 다룬 연구는 크게 형식적 측면에서의 장르 분석적 연구와 사회언어학적 관점에서 광고의 내용적 측면을 비판적으로 분석한 연구로 나뉠 수 있을 것이다.[5]

TV를 통한 공익광고를 대상으로 한 국어학적 연구는 2000년대 들어서야 활발해진 것으로 보이는데, 해당 연구들은 대체로 장르 중심 접근법에 근거하여 공익광고가 지닌 장르성을 살피는 것을 주된 목적으로 하고 있다(서은아, 2007; 이철우·이혁화, 2011; 고혜원, 2020 등). 예를 들어 이들 연구에서는

---

5 사실 공익광고와 관련한 연구는 국어학적 논의보다는 사회과학적 분야에서 좀더 활발히 연구되어 왔다. 해당 영역에서는 공익광고에서 사용된 복합문식적 양상을 살피거나 수사적 전략 측면에서 성공적인 요소를 살피는 내용이 주를 이룬다(이시훈·강태완, 2004; 신인식, 2005; 오장근, 2013 등).

공익광고의 최상위·거시·미시 구조를 살피고 각 구조에서 드러나는 언어적 양상을 살핀다. 이를테면 고혜원(2020)에서는 인쇄 및 TV 공익광고의 언어의 구조와 문장 특성을 살폈는데, 해당 연구에 따르면 공익광고는 매체에 관계없이 문제 제기-상황 설명-해결책 제시-주제 강조라는 전형적인 내용적 요소를 갖추고 있었고 TV의 공익광고는 인쇄의 광고가 신뢰성을 담보하기 위하여 평서문을 주로 사용하는 것과 달리 상황극을 활용하여 다양한 문장 유형을 활용하고 있는 것으로 드러났다. 연구자들마다 약간의 차이는 있었으나 공익광고에 대한 내용 구조가 '문제 제기→상황 설명→해결책 제시→주제 강조'라는 점에서는 대체로 동의하고 있는 것으로 보인다. 그러나 본고에서 광고를 선정하기 위하여 다양한 공익광고를 살펴본 결과 '문제제기' 단계와 '상황설명' 단계가 크게 구분되는 것은 아닌 것으로 보아 이를 구별하지 않았다.[6]

본고에서는 이러한 공익광고의 장르성을 다룬 연구들의 결과에 근거하여 본 연구에 활용하고자 하는 광고들의 구조를 다음과 같이 구분하고자 하였다.

도입 및 전개	문제 제기 및 상황 설명	구체적이고 일상적인 상황 예시 제시
내용 정리	해결책 제시	도입 및 전개 부분에서 제기한 문제 및 상황에 대한 해결책을 제시
주제 제시	메시지 강조	문제의 상황에 대한 해결책을 다시 한번 강조하며 마무리

[그림 1] 본고에서 보는 TV 광고 내용 구조

---

6 최근 TV 공익광고를 다룬 연구들에서 내용 구조의 구분은 대체로 강연임(2007)을 따르고 있다. 그러나 강연임(2007)은 지면광고의 텍스트를 중심으로 하여 구분하였으며, 해당 논의에서 문제제기는 '편리함은 짧고 쓰레기는 길다!'와 같은 표제를 의미한다. 결국 '문제제기'와 '상황 설명'은 텍스트 유형에 따른 구분인 것이지 내용적으로는 큰 차이가 없는 것으로 보인다.

그러나 이들 연구는 대체로 공익광고의 장르성을 살피는 데 효과적이기는 하지만, 표면적으로 드러난 광고의 장르성을 단지 기술함으로써 공익광고가 추구해야 하는 언어의 공공성의 영역을 평가할 수 없다는 한계가 있다.

다음으로는 공익광고가 지닌 공공성이라는 특수성에 초점을 맞추어 논의를 진행한 연구들이 존재한다. 이들은 대체로 사회언어학적 관점에 근거한 연구들로서 광고는 한국 사회를 반영한다는 관점을 견지하며 광고에 사용된 언어적 전략이나 재현 양상 등을 사회 비판적으로 논의하는 데 초점을 맞추고 있다. 이러한 사회비판적 논의에서 이주민과 관련한 논의는 매우 드문 편인데 가장 대표적인 연구로는 마정미(2010)을 들 수 있다. 해당 연구에서는 광고 분석을 통해 광고에서 재현되는 다문화주의의 의미와 표상을 고찰함으로써 한국사회의 다문화주의를 비판하는 것을 목적으로 한다. 이 연구에서는 이주민을 재현하는 공익광고를 비판적으로 분석하며 공익광고가 표면적으로는 다문화 가정에 대하여 이상적이고 포용적인 면모를 보여주면서도 한국 사회를 구성하는 하나의 국민으로서의 정체성을 심어주기보다는 관용과 시혜의 대상으로서 타자화되고 있음을 지적한 바 있다. 이상의 사회언어학적 관점에서의 연구들은 광고를 대상으로 하여 한국 사회의 이주민에 대한 태도를 비판적으로 분석하는 데 목적을 두고 있지만, 커뮤니케이션학적 관점에서 광고를 다루고자 한 연구이기 때문에 언어적 요소나 선택과 같은 부분은 다소 소략되어 있다는 한계를 지닌다.

이 외에도 (한)국어 교육쪽에서는 광고를 비교문화적 관점에서 대조적으로 분석하거나(QIU, YUNHONG 2017 등) 언어 교육 자료의 일환으로 사용하는 방법을 모색하는 연구(정윤희 2010; 이인순·윤진 2012; 신선해 2016; 김혜진·김지혜 2019 등)도 존재한다. 그러나 이들 논의는 대체로 장르 분석과 동일하게 광고에 드러난 양상을 비판적으로 고찰하기보다 드러난 구조를 토대로 활용 방안을 모색하는 데 주력한 연구로 본 연구와는 차이가 있다.

TV 공익광고와 관련한 기존 연구 분석을 통해 알 수 있는 바는 다음과 같이 정리될 수 있다. 첫째, 여러 논의들은 TV 공익광고가 지닌 장르적 특수성-공적 영역에서 공익의 이익을 창출하기 위한 설득적 장르-을 인정하면서도, 이러한 특수성에서 가장 중요하게 다루어져야 하는 언어적 공공성에 초점을 두어 논의를 진행한 연구는 매우 드물다. 이러한 양적 결과는 애초에 공익광고를 보는 시청자는 대체로 한국에서 태어난 사람이면서 한국어를 능숙하게 구사하고 한국 문화에 대한 적응도가 높은 사람들로 정의하고 있다는 점을 방증한다고 할 수 있다. 요컨대 공익광고의 생산에 있어 고려되는 예상 시청자들에서 한국어 및 한국 문화에 대한 문식 수준이 낮은 이주민은 배제되는 사고가 이러한 연구의 결과로 드러난 것이라 할 수 있다.

둘째 사회 비판적 논의로서 공익광고를 분석한 연구들은 대체로 사회 구조적 차원의 모순을 지적하는 데 치중하고 있어 수용자들이 광고 메시지를 해석하는 과정이나 전유하는 양상을 살피기에는 한계가 있었다. 광고는 시청자들을 대상으로 메시지를 설득하는 것을 가장 큰 목적으로 한다는 점을 고려하였을 때 텍스트에서 사용된 언어적 전략의 성공 여부를 살피기 위해서는 수용자들의 메시지 해석 양상을 함께 살피는 것이 중요하다. 따라서 해당 연구에서는 미시적 차원에서 이주 여성들의 광고 메시지 해석 양상을 질적으로 살핌으로 이러한 한계를 극복하고자 한다.

2) 분석적 틀로서의 문화간 의사소통 실패 원인

본고에서는 이주 여성들을 대상으로 하여 광고 메시지의 이해 양상을 살피고자 하였으며 이때 광고 메시지 이해에 실패와 성공을 가늠하기 위해서는 일정한 분석틀이 필요하다고 판단하였다. 이는 추후 실패 범주에 기여하는 원인을 살피는 데에도 필수적이었기 때문이다. 이에 따라 본고에서는 [그림 2]와 같이 Thomas(1983)의 의사소통 실패 원인에 따라 세 층위로 구분하여 살펴보았다.

[그림 2] 문화간 의사소통 실패 원인(Thomas, 1983:100_한상미 2005: 40 재인용)

Thomas(1983)이 제시한 문화간 접촉에서의 의사소통 실패 원인은 언어적 측면에서의 '문법적 오류, 화용적 실패'와 사회문화적 측면에서의 '사회적 오류'로 세 층위에서 설명된다. 이중 언어 사용에 관한 지식이 부족하여 나타나는 화용적 실패는 화용언어적 실패7와 사회화용적 실패8로 나타난다. 그리고

---

7 화용언어적 실패(pragmalinguistic failure)는 발화가 지니는 화용적 힘을 언어로 부호화할 때 나타나는 차이 때문에 생기는 언어적인 문제이다. 그러나 화용언어적 실패는 주어진 상황맥락에 적절한 '언어를 사용하는가'에 관한 지식 부족으로 나타나는 것이기 때문에 '언어 자체'에 대한 문장 내적 지식이 부족한 것에서 나타나는 문법적 오류와는 다르다. 화용언어적 실패는 화자가 의도한 화용적 힘이 목표어의 모어 화자들이 일상적으로 느끼는 내용과 체계적으로 다른 경우나, 비모어 화자가 자신의 모국어에서 사용하던 발화 전략이 부적절하게 제 2언어로 전이되었을 때 발생한다(Thomas, 1983: 99).

세 층위의 경계는 명확하게 구분되어 있어 모호하지만, 문화간 의사소통에서 화용적 실패 양상을 분석하기 위한 논의의 도구로 활용하기 위해 구체적인 하위 범주들을 구분한다.

〈표 1〉 한상미(2005: 67)에서 제시한 의사소통 문제 요인 분석틀

생산 문제	문법적 오류		발음 오류
			억양 오류
		어휘 오류	대치, 첨가, 생략
		형태·통사 오류	조사	대치, 첨가, 생략, 형태
			어미	시제, 종결, 연결, 전성
			어순
			주어 생략
			문장
			표현 오류
	화용적 실패	화용언어적 실패	호칭
			통사적 완화장치
			어휘·구 완화장치
			보조화행
		존대법	화계 선택, 어휘, 어미, 조사
			화용적 관례어
			담화표지
			비언어적 요인
		사회화용적 실패	사회적 거리
			간접성의 정도

---

8 사회화용적 실패(sociopragmatic failure)는 목표어에 대한 사회문화적 능력이 부족해서 나타나는 담화적 또는 상호작용적 오류를 말한다. 특정 상황에서 적절하다고 판단되는 사회적, 사회언어적 행위는 문화마다 다르다. 그렇기에 의사소통 과정에서 문화 간 차이나 갈등, 충돌이 발생할 수 있다. 이때 사회화용적 실패가 나타나게 될 가능성이 있다. 이에 대해 Thomas(1983: 99)는 사회화용적 실패가 비교문화적으로 다른 인식에서 적절한 언어 행위를 구성하고, 학습자의 언어 지식뿐만 아니라 믿음 체계까지 포함하기 때문에 화용언어적 실패에 비해 다루기가 훨씬 어렵다고 하였다. Thomas(1983: 103-109)는 사회화용적 실패의 원인으로 '힘과 사회적 거리(power and social distance), 부담의 크기(size of imposition), 금기(taboos), 충/효와 같은 가치관(values)'을 들었다.

			가치관
			부담의 정도
이해 문제	문법적 오해		발음
			억양
			의미
	화용적 오해	화용언어적 측면	호칭
			화용적 관례어
			담화표지
		사회화용적 측면	간접성의 정도
			가치관(집단주의/개인주의)
	사회문화적 오해		고정관념/편견

이에, 본고에서는 Thomas(1983)의 의사소통 실패 원인을 적용한 「표1」의 한상미(2005: 67) '의사소통 문제 요인 분석틀'을 본 연구 주제에 부합하게 수정 보완하여 다음 <표 2>와 같이 재구성하였다.

<표 2> 문화간 의사소통 장애 유발 항목

	문법적 오해		Ⓐ발음
이해 문제			Ⓑ의미
	화용적 오해	화용언어적 측면	Ⓒ화용적 관례어[9]
		사회화용적 측면	Ⓓ간접성의 정도[10]
			Ⓔ가치관(집단주의/개인주의)
	사회문화적 오해		Ⓕ고정관념/편견

---

9 한상미(2005)는 대화적 관례어와 공손 관례어와 같이 관용적으로 고정되어 문장이나 구 단위로 통째로 학습되는 단위들을 모두 화용적 관례어라 규정하고 화용적 실패의 하위 범주로 분류했다. 화용적 관례어는 반드시 담화 맥락이 전제된 상태에서만 그것이 실패인 지 아닌지를 판단할 수 있기 때문에 관례어를 화용적 실패의 범주에 넣어 분석하였다.(한 상미 2005: 108-109) 이에 대해 본고에서는 속담이나 특정 공동체 내 언중들에게 흔히 쓰 이는 표현을 화용적 관례어에 포함하고자 한다. 가령 '-은/는 -이요 -은/는 이다.'와 같은 대응되는 문장에 대한 이해', '나는 생각한다, 고로 -한다.'가 있는데, 이는 상당 부분 정형 화되어 관용적으로 고정된 표현으로 언중들에게 사용된다는 특징이 있다. 물론, 외국의 명언을 한국어권 사회에서 '화용적 관례어'로 포함하여 기술하는 것이 적절한 것인지에

한상미(2005)에서는 '생산의 문제'와 '이해의 문제'로 나누어 문법적 오류/오해, 화용적 실패/오해를 중심으로 분석틀을 작성하였으나, 본고에서는 비수도권 거주 유자녀 결혼 이주 여성의 공익광고 '이해'에 대한 언어적, 문화적 측면을 고루 살피는 데 목적이 있으므로, '생산의 문제'는 제외하였다. 또한, 한상미(2005)에서 제시한 문법적 오해의 하위 구성 요소 중 '억양'과 화용 언어적 측면에서의 '호칭, 담화표지'는 코로나 관련 공익광고라는 특정 주제 때문에 큰 영향을 미치지 않는다고 판단하여 제외하였다. 다만, 사회화용적 측면에서 가치관(value)은 여러 요소 중 문화적 가치 차원에서 상대적 거리감, 정도성을 살피는 데 유용한 집단주의-개인주의에 초점을 두고, 한상미(2005)에서는 배제된 '사회적 오류'의 층위를 고려하여 '사회문화적 오해'라는 항목을 제시하다. 이는 문화간 의사소통 상황에서 어떠한 고정관념, 편견으로 문화적 갈등을 경험하는지 파악하기 위해 추가하였다.

이에 본고에서는 <표 2>의 분석틀을 기반으로, 예비 조사와 본조사 내용을 언어적인 측면, 사회문화적인 측면에서 각각 구성하여 실시하였으며, 교차 검증을 통해 최대한 연구 결과의 높은 신뢰도를 유지하고자 하였다.

3. 연구 방법

1) 연구 참여자 및 연구 자료

본고에서는 본조사를 실시하기에 앞서 먼저, 광고 메시지를 정확히 해석하

대한 의문이 제기될 수 있으나, 외국의 명언을 한국 공익광고에서 다룬 것은 그만큼 한국
어권 사회에서 다수의 언중이 공감하고 이해 및 사용되고 있다는 것을 시사하기도 한다.
10 공익광고 장르 자체/메시지 전달방식에 대한 인식 차이

는 데 모종의 어려움을 겪을 것이라는 본고의 연구 가설을 확인하기 위하여 설문지를 활용한 예비 조사를 실시하였다.[11]

본고에서는 광주·전남 지역에 거주하는 유자녀 결혼 이주 여성 11명을 대상으로 예비 조사를 진행하였으며 최소 5년 이상의 거주 기간을 조건으로 한정하였다. 거주 기간을 5년 이상으로 한정한 이유는 거주 기간이 5년 미만인 경우 언어적 요소가 메시지 해석에 굉장히 크게 영향을 미치기 때문에 언어·문화적 요소를 폭넓게 관찰할 수 없다고 생각하였기 때문이다(https://docs.google.com/forms/d/1wvl9R-K0Imr3VzmJO6AyofURQ__-6lVoRoSHhIAgFtk/edit#responses).[12] 연구[13] 참여자 정보를 간단히 보이면 아래와 같다.

〈표 3〉 본고의 예비 조사에 참여한 연구 참여자 정보

	나이	직업	한국 거주 기간	한국어 학습 기간	한국어 학습 기관
A	37	개인상가 운영	60개월	6개월	사회통합프로그램
B	47	전업 주부	192개월	·	다문화가족지원센터
C	46	전업 주부	264개월	3개월	다문화가족지원센터
D	45	자영업자	204개월	24개월	독학
E	40	특수직 이중언어코치	180개월	180개월	방문학습, 독학
F	44	전업 주부	150개월	12개월	다문화가족지원센터
G	52	전업 주부	223개월	24개월	사회통합프로그램

---

11 예비 조사를 실시한 또다른 이유는 기존의 공익광고 관련 연구들을 통해서는 이주민들이 광고 메시지를 해석하는 데 어떠한 지점에서 의사소통적 어려움을 겪는지, 어려움을 겪는 이유는 무엇인지 등을 판단할 수 없었다는 점도 존재한다.

12 또한 대체로 결혼이주자들의 문화 적응을 살피는 연구에서는 거주한 지 5년 이상의 참여자들을 대상으로 하는 것이 일반적이다(황미혜 2014; 박길순·이은아 2020 등).

13 본 연구에 참여한 연구진들은 한국어 교육 기관에서 많게는 10년 이상 종사한 현장 경험을 가지고 있다. 이러한 현장 경험을 토대로 추측하였을 때, 본고에서는 이주민들이 한국 문화에 충분히 적응하게 되는 기간은 이주 후 최소 5년이라고 생각하게 되었다.

H	47	다문화 이해 강사	252개월	180개월	국제가정문화원
I	43	회사원	252개월	48개월	교회
J	46	전업 주부	126개월	36개월	다문화가족지원센터
K	41	회사원	180개월	48개월	다문화가족지원센터

다음으로 연구 자료가 된 공익광고는 총 2편으로 이는 모두 보건 복지 분야에 한정된다. 시대적 환경과 연구 참여자들의 관심도를 고려하여 본고에서는 COVID-19과 관련한 광고를 두 편 선정하였으며 이는 각각 백신 접종과 개인 방역의 필요성을 강조한 광고이다. 먼저 [광고 1]은 '최고의 씬'이라는 제목으로 올라 있으며 30초의 분량이다.[14] [광고 1]은 다음과 같이 구조화될 수 있다.

<표 4> 광고 1의 구조 및 내용

	대사	주제	특징
❶ 도입 및 전개	대한민국을 지킨 영웅 씬 거리두기를 지킨 여행 씬 집에서 건강 챙기는 운동 씬	방역을 위해 노력하는 '개인'의 일상 제시	- 장면(scene)과 백신(vaccine)의 발음 유사성으로 의미적 연결을 시도하고, 노래(랩)의 운율을 맞추듯 구로 제시 - 방역 지키는 개개인들의 일상 모습을 장면(scene)을 뜻하는 '씬'으로 제시 (구체적 예시 나열) 「의도 및 기대 효과」 - 시청자의 흥미 유발 - 개별 장면이 하나의 공통 주제로 귀결

---

14 [광고 1]은 다음의 링크(https://www.youtube.com/watch?v=hlcrgEeF9nQ)에서 볼 수 있다.

❷ 내용 정리	그리고 다 함께 해피엔딩 씬 #해피엔딩씬	방역을 위해 '공동체' 구성원으로서 백신 접종 권장	- 장면(scene)과 백신(vaccine)의 발음 유사성으로 의미적 연결 시도하며 구로 제시 - 공동체 구성원들이 방역에 동참할 때 '행복한 결말'이 된다는 것으로 정리, 마무리 「의도 및 기대 효과」 - 내용 연결로 공통 주제를 뒷받침함 - 앞의 구체적 사례 내용을 정리하면서, 보다 확장된 의미로 주제 내용을 제시할 바탕 마련
❸ 주제 강조	최고의 씬은 백신과 함께 하는 해피엔딩이 되길 희망합니다.	개인인 동시에 공동체 일원으로서 방역을 위한 '백신 접종' 권장 강조	- 장면(scene)과 백신(vaccine)의 발음 유사성 활용과 '해피엔딩'이라는 어휘 반복 사용으로 앞의 내용과 연계성 고려 - 구가 아닌 완전한 문장 형태로 주제 제시 - '백신 접종 = 해피엔딩'이라는 메시지를 강조함으로써 백신 접종 독려 「의도 및 기대 효과」 - 주제 내용을 비유적이지만 명시적으로 제시하고 강조

두 번째 광고는 COVID-19와 관련한 개인 방역의 중요성을 강조한 광고이다. 「광고2」[15]는 다음과 같이 구조화될 수 있다.

<표 5> 광고 2의 구조 및 내용

	대사	주제	특징
❶ 도입 및 전개	천리길도 마스크 밀착 착용부터	방역을 위해 노력하는 개인의 '외출 생활'	- 일의 시작이 중요하다는 뜻으로 '천리길도 한걸음부터' 속담 활용하여 마스크 착용 권장

---

15 [광고 2]는 다음의 링크(https://www.youtube.com/watch?v=1STXQQ7VxlU)에서 볼 수 있다.

	음식은 덜어 먹어야 맛이요 식기는 따로 써야 맛이다. 나는 산책한다 고로 거리 둔다.	제시	- '말은 해야 맛이고, 고기는 씹어야 맛이다.' 속담에서 상투적으로 많이 쓰이는 '-은/는 −이요 −은/는 이다.'대칭적 문장 구조 사용하여 따로 덜어 먹는 것의 중요성 제시 - 데카르트의 '나는 생각한다, 고로 존재한다.'에서 '나는 생각한다, 고로 −한다.'의 정형화된 표현, 패러디가 많이 된 표현을 활용하여 거리두기 강조 - 구체적인 개인 외출 생활 관련 예시 나열 「의도 및 기대 효과」 - 시청자의 흥미 유발 - 개별 장면이 외출 생활 습관이라는 하나의 공통 주제로 귀결
❷ 내용 정리	외출 생활도 안전하게	'안전한 외출 생활' 권장	- 앞의 구체적 예시 내용이 '안전한 외출생활노력'이라는 주제를 명시적으로 제시하며 앞의 내용을 정리 「의도 및 기대 효과」 - 내용 연결로 공통 주제를 뒷받침함 - 앞의 구체적 사례 내용을 정리하면서, 주제 내용을 강조할 바탕 마련
❸ 주제 강조	우리들의 생활 습관 하나하나가 안전을 지키는 백신입니다	방역을 위한 개인 외출 생활 노력 강조	- 구나 문어체 종결어미 사용이 아닌 구어체에서의 격식적 종결어미를 사용하여 주제 제시 - '안전한 외출 생활 = 백신 효과'라는 메시지를 은유적으로 전달하여 주제 강조 「의도 및 기대 효과」 - 주제 내용을 비유적이지만 명시적으로 제시하고 강조

2) 예비 조사 설계

예비 조사는 Google 설문지를 활용한 비대면 설문으로 진행되었으며[16] 모든 질문은 답변의 정확성을 위하여 중국어 번역을 한 후 제시되었고 질문지는 총 4개의 세션으로 구분될 수 있었다. 먼저 1세션은 응답자의 인구통계학적 특성을 묻는 부분으로, 13개 문항으로 구성되었으며 한국 거주 기간이나 학습 기관, 동거 가족 등과 관련한 일반적인 정보를 묻는 질문들이 주를 이루었다. 다음의 2세션은 한국 매체에 대한 물리적·심리적 접근성을 살피기 위한 목적을 지녔으며 문항은 15개로 각 문항마다 5개 리커트 척도로 접근성의 정도를 측정하고자 하였다. 2세션의 문항을 구성하는 데에는 이원희(2012)의 문화간 의사소통 능력 측정을 위한 매체 이용 실태 관련 문항이 참고되었다. 3세션은 한국의 언어 문화에 대한 친숙도를 살피기 위한 목적을 지녔으며, 구체적으로는 한국 정주민과의 친밀도, 한국 문화에 대한 긍정적 태도, 한국어 사용 정도 등을 묻는 총 24개의 질문으로 구성되었다. 3세션의 문항은 Barry (2001)의 문화적응 척도를 바탕으로 구성한 문화지형웹(Cultural Mapping Web)[17]의 분석 항목을 활용하였다. 마지막 4세션은 본고의 연구 문제와 직접적 관련성을 지니는 세션으로, 본고에서 선정한 2개의 광고를 시청하고 메시지를 묻고 그 이유를 적게 하였다. 본 연구지들은 설문지에 광고 동영상을 삽입하여 웹을 통해 시청할 수 있도록 하였다. 질문은 크게 광고의 메시지를 적고 그렇게 생각한 까닭을 적게 하는 질문과 광고를 보며 이해되지 않는 한국

---

16 이 연구의 파일럿 실험이 진행되던 시기는 2021년 말과 2022년 초로 한국의 거리두기가 해제된 이후여서 집합 실험이 가능할 수도 있었겠으나 이 시기 동안 오미크론의 확산 등으로 국내 확진자 수가 대폭적으로 증가하던 상황임을 고려하여 비대면으로 진행하였음을 밝힌다.

17 '문화지형웹'은 이민자들의 사용언어(모국어와 현지어), 현지에서의 사회성(친구 관계), 모국과의 접촉이나 교류 등과 같은 하위 지표 6개를 이용해 각각의 문화 적응 척도를 Barry 가 제시한 동화(assimilation), 분리(separation) 통합(integration)과 주변화(marginalization)의 개념을 통해 중국계 이민자들의 문화적응 양상을 분석한 것이다.(구경모 2021:610)

어가 있는지를 묻는 것으로 구성되었다.[18]

예비 조사 결과를 토대로 연구진들은 정기적으로 모여 파일럿 결과가 함의한 결과를 논의하였으며 애초에 설정하였던 "결혼 이주여성들은 공익광고 메시지를 해석하는 데 어려움을 겪을 것이다, 광고 메시지를 해석하는 데 관여한 언어적·문화적 근거가 타당성을 결여하고 있을 것이다"라는 연구 가설이 타당하다고 판단할 수 있었다. 본고에서는 애초 설명한 연구 문제 1과 연구 문제 2를 해결하기 위하여 예비 조사에 참여하였던 연구 참여자 6명을 대상으로 전화 인터뷰를 진행하였다.[19] 전화 인터뷰는 <표 2>에서 제시한 개념틀에 따라 의사소통의 실패가 일어나는 지점과 그 원인을 파악하는 데 주목하여 연구를 진행하였다. 이와 관련해서는 후술하고자 한다.

3) 예비 조사 결과

예비 조사 결과를 정리하면 다음과 같다. 먼저, 연구 참여자들은 거주 기간에 비해 한국어를 본격적으로 체계적인 학습을 한 기간이 매우 짧음을 알 수 있었다. 연구 참여자들은 적게는 5년 가장 많게는 22년 거주하였으며 연구 참여자의 거주 경험 평균은 16년이었다. 해당 거주 기간은 그리 짧은 시간은 아님에도 불구하고 한국어의 학습 기간은 매우 짧은 것으로 드러났는데, 2명 정도가 15년이라고 대답한 경우를 제외하고서는 대체로 2년-4년 사이라 답하였다. 이는 거주 기간에 비해 매우 짧은 시간이라는 점에서 이들에게 한국어 교

---

18 예비 조사를 하기 전 연구진은 연구 참여자들에게 설문지 응답시간은 대략 40분 정도가 소요될 것임을 미리 고지하였고 관련해서는 동의서를 모두 받았으며 금전적 보상을 함께 이행하였음을 밝힌다.
19 본조사에 참여한 인원 선정에 관여한 기준은 4장에서 밝히고자 한다.

육이 체계적으로 이뤄지지 못하였다는 점을 방증한다고 할 수 있다.

둘째, 이들의 매체에 대한 접근성은 높은 수준을 보였는데, 이를 통해 본 연구진들은 TV를 통한 공익광고에 비교적 익숙할 것이라 예측할 수 있었다. 다만 이들은 인쇄 매체보다는 영상 매체에 대한 활용 빈도가 더 높은 것으로 보였으며 스마트폰을 활용한 인터넷 환경에서 뉴스를 자주 접하는 것으로 드러났다.[20]

셋째, 매체에 대한 연구 참여자들의 태도나 인식 수준은 대단히 긍정적인 것으로 조사되었다. 이들은 대체로 매체 사용이 한국어 사용에 긍정적인 영향을 준다고 이야기하고 있었고 앞으로 한국 생활에 적응하거나 이해하는 데 도움이 되어 줄 것이라 믿고 있었다. 이들은 물론 인터넷을 통해 자국(중국)의 소식을 접하기도 하였지만 꾸준히 그리고 정기적으로 한국 매체를 사용하여 한국의 소식을 접하거나 친목을 도모하는 것으로 조사되었다.

넷째, 이들은 체계적으로 한국어를 학습한 기간은 매우 짧지만 자신의 한국어 실력을 긍정적으로 평가하고 있는 것으로 드러났다. 이들은 대체로 한국어를 통한 의사소통에 자신 있어 하였으며 큰 어려움이 없다고 답하였다. 이는 이들의 직업이 다양하다는 점과도 연관이 있다고 판단할 수 있었다. 한국어를 체계적으로 배운 기간은 얼마 되지 않더라도 오랜 사회생활을 통해 한국어로 소통하거나 한국의 언어 문화에 익숙하다면 의사소통에 큰 문제가 없다고 느낄 수도 있기 때문이다. 이와 관련해서는 추후 인터뷰 조사를 통해 더욱 심층적으로 알아볼 필요가 있다고 생각하였다.

---

20 본고의 설문에서는 척도의 숫자가 클수록 '매우 그렇다'에 가까웠는데, 매체 활용과 관련한 질문 모두에서 평균은 대체로 3점 후반대였으며 인쇄 매체 활용과 관련해서는 2.45를 기록하여 가장 낮은 수준을 보였다. 가장 높은 응답률을 보인 질문은 '인터넷 사용'과 관련된 경우였는데, 이들은 현재 인터넷을 통해 뉴스를 보는 것으로 드러났다.

마지막으로 광고의 메시지를 해석하는 것과 여기에 관여한 단서를 묻는 질문에서는 광고의 의미와 의미 해석에 관여하는 언어적 단서를 분명히 지적한 연구 참여자들도 존재하였지만, 그렇지 않은 경우도 많았다. 이는 바로 위에서 제시한 '한국어 실력에 대한 긍정적 자기 평가'와 다소 모순되는 지점이 있었는데, 광고의 주제와 그것에 영향을 미친 언어 및 언어 문화적 단서가 정확하지 않았음에도 불구하고 자신의 언어 실력을 높게 평가하고 있었기 때문이었다. 본고에서는 광고의 주제에 대하여 피상적으로 답하거나 광고의 주제에 완전히 어긋난 답안을 한 연구 참여자들을 대상으로 인터뷰 조사를 진행하였다. 이들이 광고의 메시지를 해석하는 데 정확히 어떠한 지점에서 실패를 겪었으며 그것이 함의하는 바를 살피기 위해서이다.

4. 공익광고 이해 양상 분석

1) 본조사 설계

본고에서는 3장에서 기술한 언어적 전략 및 의도가 수용자들에게 잘 전달되는 것이 성공적인 의사소통이라고 보았으며, 이를 토대로 결혼 이주 여성의 문화간 의사소통 과정에서의 광고 이해 양상을 살피고자 하였다. 여기에는 공익광고가 공익성, 범국민성을 기반으로 한국인뿐만 아니라 결혼 이주 여성에게도 쉽게 이해되어야 한다는 전제가 존재한다. 따라서 본 장에서는 중국 국적의 결혼 이주 여성이 경험하는 공익광고 이해 과정에서 발생하는 의사소통 실패 원인을 본조사인 전화 인터뷰를 통해 언어적, 문화적 측면에서 면밀히 검토하고자 하였다.

본조사는 전화 인터뷰 방식으로 이루어졌으며 연구 참여자 선정은 앞서 실시한 예비 조사 결과에서 설문 응답한 내용 중 1번, 2번 광고에서 파악한 주제 내용이 모두 실제 내용과 전혀 다르거나 비슷하기는 하지만 핵심적인 내용을 이해하지 못한 채 추상적으로 응답한 응답자 6명을 본조사 연구참여자로 선정하였다. 이는 1번, 2번 광고에서 잘못 이해한 내용이 구체적으로 어떠한 측면에서 오류 또는 실패를 보이는 것인지 면밀히 조사하기 위하여 예비 조사 참여자 11명 중 6명을 심층 인터뷰한 것이다. 인터뷰는 회당 20-30분 정도 소요되었으며 사전 동의하에 녹음하여 문항별 답변을 기록하였다.

본조사 인터뷰 질문은 <표 2>의 '문화간 의사소통 장애 유발 항목' 분석틀을 토대로 다음과 같이 [광고1, 2]에 대한 인터뷰 질문 내용을 구성하였다.21

<표 6> 광고 1의 인터뷰 질문 내용

구분	대사	주제	인터뷰 질문 내용
❶ 도입 및 전개	대한민국을 지킨 영웅 씬	방역을 위해 노력하는 '개인'의 일상 제시	- '씬'의 의미가 무엇이라고 생각하는가?Ⓐ,Ⓑ - 영상에서 시나리오에서 장면을 뜻하는 기호 '#'가 의미 전달에 유효했는가?Ⓑ 공익광고에서 '장면(scene)'을 뜻하는 '씬' 어휘를 왜 사용했다고 생각하는가?Ⓐ, Ⓑ 영어 '장면(scene)'을 백신의 '신'과 음성적 유사성에 근거해 유희적으로 사용한 것에서 흥미가 유발되었는가?Ⓐ, Ⓑ 각각의 씬은 개인 일상생활에서 방역을 위해 노력할 것을 독려하기 위한 장면들임을 이해했는가?Ⓐ, Ⓑ
	거리두기를 지킨 여행 씬		
	집에서 건강 챙기는 운동 씬		

---

21 [광고 1]은 'Ⓒ화용적 관례어'가 사용되지 않았으나 「광고2」에서는 두드러지게 사용되었다. 또한, 사회화용적 측면에서 'Ⓔ가치관' 관련 질문과 사회문화적 오해에서의 'Ⓕ고정관념 및 편견' 관련 질문은 [광고1, 2]에 대한 세부 질문을 마친 후 종합적으로 확인하였다. 이에 대한 내용은 후술하겠다.

❷ 내용 정리	그리고 다 함께 해피엔딩 씬	방역을 위해 '공동체' 구성원으로서 백신 접종 권장	방역을 위한 노력이 개인에 한정되지 않고 공동체의 일원으로서 이루어져야 한다는 메시지가 충분히 전달, 이해되었는가?Ⓑ,Ⓓ
❸ 주제 강조	최고의 씬은 백신과 함께 하는 해피엔딩이 되길 희망합니다.	개인인 동시에 공동체 일원으로서 방역을 위한 '백신 접종' 권장 강조	해당 내용에서 전달하고자 하는 주제가 무엇이라고 생각하는가?Ⓑ,Ⓓ 주제가 공익광고로서 충분히 전달되었다고 생각하는가? 잘 전달되지 않았다면 그 이유가 무엇이라고 생각하는가?Ⓑ,Ⓓ

먼저 [광고 1]의 '도입 및 전개' 단계에서 구체적 사례들로 제시된 언어적 의미를 문법적 오해의 'Ⓐ발음, Ⓑ의미', 사회화용적 측면에서의 'Ⓓ간접성 정도' 항목에서 세부적으로 확인하였다. 발음의 유사성으로 시청자의 흥미를 유발하고 편안하게 접근하기 위한 것임을 잘 이해하고 있는지에 주력하였으며, 의미는 독립적인 어휘 의미, 구의 의미, 해당 단계에서의 내용 구성 의도를 중심으로 질문하였다. 그리고 제시된 '영웅 씬, 여행 씬, 운동 씬'의 내용이 궁극적으로 전달하고자 하는 메시지 의도가 이해되었는지를 질문하여, 메시지 전달의 간접성 인식을 확인하였다. 다음으로, '내용 정리' 단계에서 방역을 위한 노력이 개인 생활에서뿐만 아니라 공동체 생활에서도 모두 필요하다는 것을 강조하였는데, 이에 대한 구조적 이해가 내용과 함께 이루어졌는지를 확인하였다. 이는 문법적 오해의 'Ⓑ의미', 사회화용적 측면에서의 'Ⓓ간접성 정도'를 확인하기 위함이었다. 마지막으로, '주제 강조' 단계에서 방역을 위한 개인의 생활 습관, 공동체의 이익을 위해 백신 접촉을 독려하는 주제 내용이 충분히 잘 전달되었는지, 잘 전달되지 않았다면 그 이유는 무엇인지 질문하였다. 이 또한 문법적 오해의 'Ⓑ의미', 사회화용적 측면에서의 'Ⓓ간접성 정도'를 확인하기 위함이었다. 이어서 「광고 2」의 인터뷰 질문 내용을 살펴보면 다음과 같다.

〈표 7〉 광고 2 인터뷰 질문 내용

구분	대사	주제	인터뷰 질문 내용
❶ 도입 및 전개	천리길도 마스크 밀착 착용부터	방역을 위해 노력하는 개인의 '외출 생활' 제시	- '천리길~', '음식은~', '나는~'에 속담 및 관례어 표현이 활용되었다는 것을 알았는가?ⓒ - '천리길~' 속담에서 전달하려는 의미가 무엇인지 이해하였는가?ⓑ, ⓒ
	음식은 덜어 먹어야 맛이요 식기는 따로 써야 맛이다		- '음식은~' 속담에서 전달하려는 의미가 무엇인지 이해하였는가?ⓑ, ⓒ '나는~' 표현이 한국에서 패러디가 많이 되었을 정도로 정형화된 표현이라는 것을 알고 있는가? 전달하려는 의미가 무엇인지 이해하였는가?ⓑ, ⓒ
	나는 산책한다 고로 거리 둔다		- 속담 및 관례어 표현을 유희적으로 표현한 것에서 흥미가 유발되었는가?ⓑ,ⓒ 각각의 장면은 개인 '외출' 생활에서 방역을 위해 노력할 것을 독려하기 위한 장면들임을 이해했는가?ⓑ,ⓒ
❷ 내용 정리	외출 생활도 안전하게	'안전한 외출 생활' 권장	해당 구절에서 안전한 외출 생활 권장 메시지가 충분히 전달, 이해되었는가?ⓑ,ⓓ
❸ 주제 강조	우리들의 생활 습관 하나하나가 안전을 지키는 백신입니다	방역을 위한 개인외출 생활노력 강조	해당 내용에서 전달하고자 하는 주제가 무엇이라고 생각하는가?ⓑ,ⓓ 주제가 공익광고로서 충분히 전달되었다고 생각하는가? 잘 전달되지 않았다면 그 이유가 무엇이라고 생각하는가?ⓑ,ⓓ

[광고 2]의 '도입 및 전개' 단계에서 구체적 사례들로 제시된 언어적 의미를 문법적 오해의 'ⓑ의미', 화용적 오해의 'ⓒ화용적 관례어', 'ⓓ간접성 정도' 항목을 중심으로 광고 이해 정도를 확인하였다. 특히 속담이나 정형화된 관례어 사용의 의도를 충분히 이해하고 있는지, 각각이 지닌 의미가 무엇인지를 질문하였다. 특히 예문들이 한국인에게 많이 알려진 공유된 지식으로서 '문장 내 형식적 구조'를 반복 활용하여 내용만 방역 관련으로 교체되었다는 것을 인지하는지 확인하였다. 그리고 해당 장면들의 내용이 어떠한 메시지를 전달하기

위한 것인지를 확인하였다. '내용 정리' 단계에서는 문법적 오해의 'ⓑ의미', 사회화용적 측면에서의 'ⓓ간접성 정도'를 확인하는 차원에서, 해당 구절에서 안전한 외출 생활을 권장하는 주제 내용이 명시적으로 드러난 것을 이해하고 있는지 확인하고, 공익광고의 주제가 잘 전달되었는지 질문하였다. '주제 강조' 단계에서 백신 접종을 독려하는 주제가 아니라 안전한 외출 생활을 권장하는 내용이라는 점이 충분히 전달되었는지, 잘 전달되지 않았다면 그 이유는 무엇인지 질문하였다.

〈표 8〉 광고 1, 2에 대한 인터뷰 질문 내용

구분	인터뷰 질문 내용
ⓔ가치관	- 공공의 이익을 위해 개인이 백신을 맞아야 한다는 것에 대해 어떻게 생각하는가? - 모국과 한국의 경우 달리 인식되는 부분이 있다면 무엇인가?
ⓕ고정관념 및 편견	- 공익광고를 보면서 확인하게 된 한국에 대한 고정관념이나 편견이 있는가?

마지막으로 [광고1, 2]에 대한 종합적인 질문으로, 공익광고에서 화용적 오해의 'ⓔ가치관' 관련 질문과 사회문화적 오해의 'ⓕ고정관념 및 편견' 관련 질문하였다. 구체적인 내용은 '공공의 이익을 위해 개인이 백신을 맞아야 한다는 것에 대해 어떻게 생각하는가? 그것이 모국과 한국의 경우 달리 인식되는 부분이 있다면 무엇인가?', '공익광고를 보면서 확인하게 된 한국에 대한 고정관념이나 편견이 있는가?'로 질문하였다.

2) 본조사 결과

본조사는 4.1.에서 제시한 대로 설계되었으며 예비 조사에 참여한 6명의 결혼 이주 여성을 대상으로 진행되었다. 연구진은 연구 참여자들과 사전에 인터뷰 조사의 날짜와 시간을 협의하였으며 인터뷰는 한 사람당 20-30분이 소요되었다. 6명의 인터뷰 대상자 선정 기준은 예비 조사 설문 문항 중 [광고1, 2] 관련 질문에 정답과 유사하게 답안을 작성하였지만 핵심적인 내용을 놓치고 있거나 전혀 정답과 거리가 먼 답안을 작성한 이들로 선정하였다. 이는 공익광고 이해에서 어려움을 겪는 배경 및 원인을 파악하기 위함이다. 인터뷰는 1:1로 전화 통화를 통해 진행되었고, 분석틀에 따라 준비된 질문 내용을 중심으로 인터뷰하였으며, 인터뷰 내용은 녹음하였다. 이를 토대로 본조사를 실시한 결과, 주목할 만한 점들을 중심으로 표로 정리하면 다음과 같다.

〈표 9〉 본조사 결과 내용 정리

Ⓐ발음		
Ⓑ의미		① 해당 광고의 대략적인 내용은 이해하지만 구체적 예시들에 대한 세부 내용(음성적 유사성, 의미적 연결, 속담이나 화용적 관례어)은 거의 이해하지 못함.
화용 언어적 측면	Ⓒ화용적 관례어	
사회 화용적 측면	Ⓓ간접성 정도	② 언어 자체가 지닌 메시지에 주목하여 공익광고 내용을 파악하지 않고, 화면을 통해 "시각적 이미지"로 전달되는 등장 인물이나 상황, "특정 어휘"를 바탕으로 메시지를 파악하려는 경향이 강함.
	Ⓔ가치관 (집단주의/ 개인주의)	③ 집단주의-개인주의에 대한 문화 가치 차원(Ⓔ)에서의 인식 양상을 확인한 결과, 모든 연구참여자가 전형적인 공동체 중심적인 가치관을 보였다. 다만, 중국에서의 당연한 요구에 비하여 한국의 백신 접종 권장 내용은 그 정도성에서 약하게 인식됨.
Ⓕ고정관념/편견		④ 고정관념이나 편견(Ⓕ)에 대해서는 소수가 미적 기준 적용 및 관심이 모국에 비하여 한국이 두드러지게 나타난다고 인식함.
		「기타」 연구참여자의 인지적, 정의적 태도가 주목된다. 거주 기간은 길지만 체계적인 한국어 학습 기간이 짧아 한국어 이해가 부족하다는 자기 인식이 부족하였으며, 그로 인한 불인정의 불쾌감을 보이기도 함.

이를 구체적으로 살펴보면 다음과 같다.

첫째, [광고1, 2] 각각의 장면에 대한 세부 질문에 대한 응답 내용을 정리하여 살펴보면, 해당 광고의 대략적인 내용은 이해하지만 [도입 및 전개 단계]에서의 구체적 예시들에 대한 세부 내용을 거의 이해하지 못하였다는 것을 발견할 수 있었다. 특히 [도입 및 전개 단계]에서 사용된 흥미 유발을 위한 음성적 유사성이나 의미적 연결, 속담이나 화용적 관례어를 은유적으로 대체하여 표현한 언어 문화적 요소에 대한 이해는 매우 부족하였다. 이를 통해 공익광고 이해 과정에서 "문법적 오해(Ⓐ발음, Ⓑ의미), 화용적 오해(Ⓒ화용적 관례어)"가 나타남으로써, 공익광고 생산자의 의도가 온전히 전달되지 못하는 의사소통 실패의 결과가 초래될 수 있음을 확인하였다.

다음의 인터뷰 내용은 [광고 1]에서 사용된 발음, 의미 부분에서 흥미 유발을 위해 고안된 음성적 유사성 및 의미적 연결 질문에 대한 답변이다. 6명 중 5명의 연구참여자가 영어 '장면(scene)'을 백신의 '신'과 음성적 유사성(Ⓐ)에 근거해 하나의 공통된 주제를 드러내기 위한 의미적 연결(Ⓑ)을 위하여 사용하였다는 것을 이해하지 못하였다. 장면(scene)의 '씬'을 하느님이나 그리스 로마 신화에 등장하는 '신(God)'으로 이해하는 경우가 다수였으며, '장르'로 이해하는 경우도 있었다. 전자의 경우 의료진의 직업정신과 희생정신을 높이 평가하여 '신(God)'으로 묘사하였다고 이해하였으며, 후자의 경우 '영웅 씬, 여행 씬, 운동 씬'과 같이 여러 장면이 구체적 예시로 제시된 것에서 미루어 짐작하여 여러 종류의 장르로 이해하였다.

또한 [도입 및 전개 단계]에서 구체적 예시 장면에서 장면(scene)을 뜻하는 시나리오 기호인 '#(Ⓑ)'을 이해한 연구참여자는 없었다. 이는 장면의 '씬'이 지닌 의미를 명확히 전달하기 위하여 사용한 시각 정보가 수용자에게 충분히 전달되지 못하였음을 보여준다. 그리고 음성적 유사성에 근거하여 유희적으로 흥미 유발을 위한 의도가 수용자들에게 적절히 전달되었는지에 대한 물음에서, 모든 연구참여자가 해당 내용 자체에 대한 이해가 쉽지 않기 때문에 흥미 유발이 되지 않았다고 답하였다. 연구참여자 중에는 백신 접종 관련 광고는 흥미 유발과 같이 가벼운 주제가 아니라 중요한 정보 전달의 측면에서 접근해야 할 무거운 주제이기 때문에 흥미나 재미로 제작하는 것은 와닿지 않는다고 답한 연구참여자도 있었다. 이로써, 수용자에게 흥미롭게 제시하여 접근성을 높이고, 전달하려는 주제 메시지를 효과적으로 전달하기 위해 구성된 장치들이 공익광고에서 제대로 기능하지 못하였다는 것을 알 수 있다.

다만, [내용 정리 단계], [주제 강조 단계]에서 '방역을 위한 노력이 개인에 한정되지 않고 공동체의 일원으로서 이루어져야 한다는 메시지가 잘 전달, 이해되었는가', '해당 내용에서 전달하고자 하는 주제가 무엇인가', '주제가 공익광고로서 잘 전달되었는가'에 대해서는 모든 연구참여자가 잘 이해가 되었다고 답하였다. 이는 「광고 1」이 당시 매스컴 등에서 자주 접할 법한 '백신 접종'이라는 핵심어를 담고 있었기 때문에 유추하기가 쉬웠으며, 도입 및 전개 단계에서 '대한민국을 지킨 영웅 씬' 장면에서 등장한 방역복 차림의 의료진을 근거로 충분히 도출해내는 것이 어렵지 않았을 것으로 보인다. 다만, 「광고 1」이 '백신 접종'만을 전면에 내세우기보다는 방역을 위해 노력하는 공동체 구성원으로서의 개인을 함께 제시하고 있다는 점을 쉽게 간과하고 있다는 점이다. 이는 연구참여자들이 대략적인 광고 내용은 이해하고 있지만 그 메시지를 전달하기 위해 구성된 세부적인 내용과 장치들에 대해서는 거의 이해하지 못함으로써 광고를 매개체로 한 문화간 의사소통이 원활히 이루어지지 못했음을 보여준다.

[연구참여자 A]

Q: 광고1의 '영웅 씬, 여행 씬, 운동 씬'에서 '씬'이 무슨 뜻으로 이해되셨나요?

A: 여기 씬은... 그리스 로마 신화에 나오는 신 그거 아닙니까?

Q: 영웅 씬, 여행 씬, 운동 씬에서 씬을 그리스 로마 신화에 나오는 신으로 이해하셨을까요?

A: 아니아니요, 신은 그렇게 이해는 할 수 있는데, 그 광고에 나오는 씬은 그 신이 아니죠.

Q: 네.. 그러면 어떻게 이해하셨을까요?

A: 음.. 그건 설명할 수 없네요.

[연구참여자 B]

Q: 광고1의 '영웅 씬, 여행 씬, 운동 씬'에서 '씬'이 무슨 뜻으로 이해되셨나요?

A: 장르, 드라마 이런 거 장르 얘기하는 거 아닌가요? 액션 종류, 애정 종류, 신화 종류, 사건 종류 같은.. 장르 아닌가요?

Q: 공익광고에서 '영웅 씬, 여행 씬, 운동 씬'에서 씬이 장면(secene)을 뜻한다는 것을 힌트를 주기 위해서 시나리오를 뜻하는 기호(#)와 영화 슬라이드 그림이 작게 광고에 나왔는데 그것을 이해하셨을까요?

A: 그.. 그건 잘 모르겠어요.

[연구참여자 C]

Q: 왜 백신을 맞으라는 공익광고에서 장면을 뜻하는 씬을 여러번 사용했다고 생각하세요?

C: 글쎄요, 그런 거 생각하지 못해서 모르겠어요.

Q: 공익광고에 대한 관심을 높이고 흥미를 갖게 하기 위해서 사용했어요. 백신의 '신'과 영어 '장면(scene)'의 발음이 비슷해서요. 혹시 이런

508

의도가 충분히 전달되셨나요?

C: 글쎄요, 도움은 되겠죠. 근데 저는 모르겠어요. 저한테는 와닿지 않았
   어요. <u>백신은 저한테 재미로 보는 게 아니기 때문에.. 백신을 맞아야
   이렇게 잘 할 수 있겠구나 이렇게 생각하지 재미있구나 생각하지 않
   아요.</u>

아울러, 「[광고 2]의 [도입 및 전개 단계]에서 속담이나 관례어 표현(Ⓑ,Ⓒ)
을 방역 관련 내용으로 일부 교체하여 언어문화적 요소를 흥미롭게 이끌어내
고자 한 광고의 의도는 연구참여자들에게 파악하기 어려운 것으로 나타났다.
특히 [광고 1]에서 '씬'의 의미를 이해하고 각 장면의 주제 또한 잘 이해한 연
구참여자에게도 [광고 2]에서의 화용적 관례어 사용은 이해하기 어려운 것으
로 나타났다. 외출한 후 마스크 필수 착용, 음식 덜어 먹기, 거리 두기와 같은
명시적 언어 정보만 이해될 뿐, 그것이 속담, 패러디된 정형적 표현을 사용하
였다는 점, 각 속담이나 각 장면이 개인 '외출' 생활에서 방역을 위해 노력할
것을 독려하기 위한 장면들이라는 점, 수용자의 관심과 흥미를 이끌기 위한
의도라는 점은 이해하지 못하였다. 오히려 속담 사용으로 인하여 본래 의미
전달이 '연구참여자 D'의 발언과 같이 왜곡되기도 하였다. 대충의 내용으로
핵심 정보는 이해하지만 그것을 포장하여 표현한 언어 정보에는 관심이 없거
나 쉽게 지나치는 요소로 제한되었다.

[연구참여자 D]

Q: '천리길도 마스크 착용부터' 이 말은 어떻게 이해하셨나요?

D: 천리길은 먼길이라고만 생각하고.. 먼길을 가면 시간이 많이 걸리는
   데, <u>그 긴 시간 동안 꼭 마스크를 해야 한다, 중간에 잠깐잠깐 벗지
   말고.. 이렇게 이해했어요.</u>

Q: '음식은 덜어 먹어야 맛이요 식기는 따로 써야 맛이다' 여기에서 속담이 쓰였는데, 혹시 어떻게 이해하셨을까요?

D: 음식을 따로 먹어야 한다는 건 알아요. 근데 속담은 생각 안났어요. 한국 속담 알아도.. 배워도.. 제 생활하고 잘 연결이 안돼요.

Q: '나는 산책한다, 고로 거리 둔다.'는 데카르트의 '나는 생각한다, 고로 존재한다.'를 패러디해서 재미있게 보여준 것인데, 혹시 이해하고 계셨을까요?

D: 아니요... 해야되는 말이나 이해하고 그러지, 그 배경지식을 연결하고 그래서 재미있는지 이런 거는 몰라요.

Q: "우리들의 생활 습관 하나하나가 안전을 지키는 백신입니다."에서 전달하려는 뜻이 뭐라고 생각하세요?

D: 뜻은 백신 맞는 것은 중요하다. 우리를 지키기 위해서는...

[연구참여자 F]

외국인들은 그렇게 하면 처음부터 이해하기 어려워요. 한국인들도 만일 그렇게 한다면은 처음부터 이해 다 한다고는 못할 거 같은데요. 외국인들은 말도 잘 안되는데 처음부터 그렇게 하면 이해하기 어려울 것 같아요.

또한, [광고 2] [내용 정리 단계]에 제시된 '안전한 외출 생활 권장' 메시지가 충분히 전달, 이해되었는지에 대해서는 모든 연구참여자가 이해되었다고 답하였지만, [주제 강조 단계]에서 제시된 '우리들의 생활 습관 하나하나가 안전을 지키는 백신입니다'의 주제문이 개인 외출 생활 습관이 백신의 효과만큼 중요하다는 것을 은유적으로 강조한 것임을 정확히 이해한 연구참여자는 없었다. 모든 연구 참여자들이 '연구참여자 D'와 같이 '백신 접종'을 주제로 이해했는데, 이는 광고 언어가 비유적으로 제시되어 내용 전달의 간접성(ⓓ)이 높아지면서 의미 해석이 어려웠던 것으로 보인다. 이를 통해 주제가 공익광고로서 충분히 전달되지 못하였음을 확인할 수 있었다. 그리고 해당 내용 표현이 문화적 배경 지식이 있을 경우 재미있게 받아들일 수 있겠지만, 이는 한국인들만 이해하는 것이라고 지적한 '연구참여자 F'의 인터뷰 내용은, 공익광고가 결혼 이주 여성과 같은 외국인을 공익광고 수용자로 포함하여 고안되지 않았음을 예상하게 한다. 그리고 공익광고의 범국민성, 공익성의 전제를 충분히 반영하지 못한 결과라 할 수 있다.

이처럼 공익광고에서 도입 및 전개 단계에서 사용한 흥미 유발 및 의미적 연결의 의도로 사용된 언어 표현들이 간단 명료하게 직접적으로 제시되지 않고 음성적 유사성이 비유적 표현으로 나타나 의미 전달의 간접성이 높아지면서 외국인 수용자에게 명확히 전달되지 않았다. 이와 같은 결과는 광고 언어에만 국한되지 않고, 화면을 통해 전달되는 시각적 정보에서도 확인된다.

둘째, [광고1, 2]에 대한 세부 질문을 하면서 부가적으로 특이할 만한 점이 발견되었는데, 언어 자체가 지닌 메시지에 주목하여 공익광고 내용을 파악하지 않고, 화면을 통해 "시각적 이미지"로 전달되는 등장 인물이나 상황, "특정 어휘"를 바탕으로 메시지를 파악하려는 경향이 강하다는 점이다. 이는 화용적 오해 중 사회화용적 측면에서 전달되는 메시지가 지닌 간접성의 정도가 높다 보니 직접적인 핵심 메시지 파악에 대한 피로감, 난해함으로 인하여 나타난 것으로 보인다. 처음에 직관적으로 입력되는 시각 정보에 따라 공익광고 내용을 주관적으로 해석하여, 본래의 공익광고 의도대로 언어 정보를 이해하는 것이 어려웠던 것으로 보인다. 그러면서 공익광고이기 때문에 보다 명료하고 직접적인 메시지 전달이 필요한 것이 아니냐는 의문을 제기하며, 이를 문화 간 차이로 인식한 연구참여자도 있었다.

다른 한편으로, 도입 및 전개 단계에서 문법적 오해(Ⓐ발음, Ⓑ의미), 화용

적 오해(ⓒ화용적 관례어)에 대한 이해가 어려워지고 전달되는 메시지의 간접
성(ⓓ)이 높아지면서 더 두드러지게 시각적 이미지 정보에 의존하여 광고 메
시지를 해석한 것으로도 보인다. 결국, 문화간 의사소통 과정에서 언어적 측
면에서의 이해 부족이 비언어적 시각 정보와 맞물려 나타남을 확인할 수 있
었으며, 이것이 섣부른 광고 메시지 이해로 이어질 수 있음을 확인하였다.

[연구참여자 E]

Q: 이 표현에서 백신을 접종하라는 핵심 메시지가 충분히 전달되었다고
   생각하세요?

A: 네네, 그냥 딱 보면은 처음부터도 그렇게 좀 와닿던데요. 어차피 코로
   나 그걸로 다 나온 거 같더라고요.

[연구참여자 A]

이게 보는 사람 입장에서 여러 가지 사람이 나오고 여러 가지 상황이 나
오고.. 그러면 보는 사람이 솔직히 이게 간단하게 시각적으로 접속하는 건
데.. 사람을 중심으로 보든가 아니면 여러 가지 상황이 나오든가.. 나는 사
람을 중심으로 봤어요. 그래서 백신 이렇게 뭐 무슨 씬, 무슨 씬, 그 씬이
백신하고 연결되는 거라고는 생각 못했어요. 중국의 공익광고는 한국하고
많이 달라요. 한국은 약간 추상적으로 하는 것 같은데 중국은 단도직입적으
로 해요. 조금 더 이해하기 쉽게 만들었으면 좋겠다는 생각이 들었다는 생
각이 들어요.

[연구참여자 F]

여러 가지 씬 중에 영웅 씬이 가장 기억에 남아요. 중국에서는 모든 일이
있으면 군인이 먼저 나오고.. 그렇지만 코로나는 중국이든지 한국이든지 다
른 나라든지 상관이 없어서... 의료진들이 가장 고생을 많이 하잖아요. 그래

서 <u>어느 공익광고든 의료진 다 나오잖아요.</u>

또한 흥미로운 점은 여러 시각적 이미지 정보들 중에서도 모국이나 한국 내 다른 매체를 통해 반복적으로 노출되었던 인상이 한국의 공익광고 장면에 투사되어 인상 깊게 인식되는 것으로 나타났다. '연구참여자 A'는 언어 정보보다는 등장인물 정보를 중심으로 이해했다고 하였으며, '연구참여자 F'는 코로나와 관련하여 영상 매체에서 자주 접한 이미지로 흰색 방역복을 입은 의료진들의 모습을 해당 공익광고에서도 가장 먼저 눈에 띄었고 인상에 남았다고 하였다. 이와 같이 단편적인 시각 정보를 바탕으로 '코로나 백신 접종'과 같은 메시지를 전달할 것이라는 섣부른 짐작을 하게 되고, 그 안에서 광고 언어를 이해하였다. 이는 언어 정보를 통해 명확한 메시지를 읽어내기보다는 직관적으로 입력되는 이미지로서의 시각 정보를 토대로 광고 메시지를 파악하려 하였다는 것을 알 수 있다. 그리고 그것이 이전에 경험한 시각 정보의 메시지 내용에 영향을 받아, 새로운 광고를 접해도 이전 정보 범주 안에서 유사하게 해석하였음을 확인하였다.

아울러 '연구참여자 E'가 메시지를 전달하는 방식이 모국과 비교하여 간접적(ⓓ)이라고 한 것은, 언어 표현 방식에서 문화간 차이를 인식한 것이다. 즉 언어 전달 방식이 모국과 상이하여 해당 메시지 내용을 잘 이해할 수 없었던 원인을 문화간 차이에서 찾은 것이다. 이는 문화간 의사소통 과정에서 타문화 내에서의 언어 표현 방식이 부분적으로 낯설고 이질적으로 인지된 결과이며, 이것이 곧 의사소통 실패로 이어질 수 있음을 보여준다.

셋째, [광고1, 2]에 대한 종합적인 질문으로, 사회화용적 오해의 문화적 가치 차원에서 상대적 거리감, 정도성을 살피기 위하여 집단주의-개인주의에 대한 문화 가치 차원(ⓔ)에서의 인식 양상을 확인하였다. 구체적인 질문으로는

「광고1,2」와 같이 공공의 이익을 위해 개인의 백신 접종을 권장하거나 개인 방역 생활 습관을 독려하는 것에 대한 인식을 질문하였는데, 모든 연구 참여자들은 공공의 이익을 위한 개인의 의무라고 생각한다고 답하여 전형적인 공동체 중심적인 가치관을 보였다. 이는 중국 국적의 결혼 이주 여성들이 한국의 집단주의적 문화 가치에 대해 상대적 거리감을 가깝게 느낄 수 있음을 보여준다. 즉 모든 결혼 이주 여성이 한국의 공동체 중심적인 공익광고 내용에 큰 거부감 없이 수용하였다는 것을 확인할 수 있었다. 이는 결혼 이주 여성의 국적이 중국이라는 점에서, 개인주의적 가치보다는 집단주의적 가치를 중시한다는 것을 보여준다. 공공의 이익을 위해 개인 방역을 강조하는 공동체 중심적인 공익광고 내용이 연구참여자들에게는 거부감이 아닌, 당연한 의무에 더 가깝게 인식된 것이다. 이는 중국에서의 당연한 요구에 비하여 한국의 백신 접종 권장 내용은 그 정도성에서 약하게 인식되어, 상대적으로 집단주의적 문화 가치를 보이는 한국의 공익광고 내용에 거부감이 크지 않았던 것으로 보인다.

다만, 모국에 대한 집단주의적 가치관이 지닌 강도, 정도성이 한국보다 더 강하게 작용한다고 인식하였다는 점이 주목된다. 이와 같은 결과는 정치적 상황에 따른 공공성의 개인 의무 정도가 다르게 인식된 것이 반영된 것이었다. 그리고 이에 대한 연구 참여자들의 입장도 긍정적인 의견과 부정적인 의견으로 나뉘었는데, 국적이 중국이어도 한국에서 오랜 기간 거주하면서 모국과 한국의 방역을 비교하게 되면서 자신의 개인적인 생각과 판단이 드러난 것으로 보인다.

모든 연구 참여자들은 공공을 위한 개인의 선택이 자율적인가는 정치적 상황에 따라 달리 나타난다고 인식하고 있었으며, 한국보다 모국인 중국에서 정부의 강제적 요구로 더 강하게 요구된다고 하였다. '연구참여자 B'는 개인의 자율에 맡겨도 공동체적 가치를 실현할 수 있으므로 보다 자율적인 권유로 공익광고를 제작하는 것이 더 적절하다고 보는 입장을 보였으며, '연구참여자 C'는 국가 상황에 맞게 방역을 해야 하지만 정부의 더 적극적인 개입으로 공동체 이익을 위한 선택을 하도록 해야 한다고 언급하였다. 또한, '연구참여자 A'는 백신 접종 효과에 대한 불신으로 공익광고 자체에 대한 거부감을 보이기도 하였다. 이처럼 세부적인 이해 양상에 있어서는 일부 긍정적인 의견과 부정적인 의견으로 각기 달리 수용될 수 있음을 확인하였다.

[연구참여자 B]

Q: 공공의 이익을 위해서 개인이 백신을 당연히 맞아야 한다는 것에 대해 어떻게 생각하세요?

A: 그거 당연하죠. 그래서 제가 열심히 맞았는데...

Q: 중국에서는 어떠한가요?

A: 중국에서는 이제 강제죠. 그냥 개인 뜻이 없이 무조건 맞아야 되죠.

Q: 중국에서는 그렇게 강제로 한다고 했을 때 보통 어떻게 생각하시나요?

A: 저는 한국에서 살고 있기 때문에... 그건 조금 인권이 조금 뭔가.. 부적절한 것 같은데... 저의 개인적인 생각에는 한국에서 하는 방식이 맞다고 생각해요. 다 맞아야 하는 것 맞지만 개인이. 강제성은 없지만은 백신의 중요성을 충분히 알려주고 개인의 판단에 따라서.. 대한민국 사람은 80% 이상 맞았으니까..

[연구참여자 C]

백신을 당연히 맞아야 개인의 보호도 되고 다른 사람한테도 피해를 주지 않으니까 필요한 것 같아요. 한국에서는 자기 선택이 있어서 맞아도 되고 안맞아도 되는데, 중국에서는 실제로는 맞아야 한다고 하면 개인의 권리가 없어요. 중국에서는 강제성이 있어요. 좀 이게 불편하더라도 나라 홍보할 때 다 국민을 위해서 무조건 그렇게 하라고 소수의 희생 있어도, 불만 있어도, 사적으로 표시돼도 공적으로 보충해야 돼요. 다 장단점은 있지만.. 중국은 하도 민족이 많고 사람도 많아서 한국처럼 개인의 자유에 맡기고 자기가 선택하면 실제로 통제되기 어려워요.

[연구참여자 A]

Q: 광고1 마지막에서 "최고의 씬은 백신과 함께 하는 해피엔딩이 되길 희망합니다." 라고 하는데 주제가 뭐라고 생각하세요?

A: 여기서 주제는 아마 백신이 아니고, 모두가 노력을.. 그런거 아닌가요?

Q: 광고1은 백신을 권장하는 것이 주제예요. 말이 어렵게 전달될 수 있는 것 같아요.

A: 말을 어렵게 하는 게 아니고... 솔직히 지금 현실은 백신은 효과 있는지 없는지 모르거든요. 저 3차까지 맞았는데도 코로나에 걸렸어요. 그래서 이런 사람들이 이런 국민 앞에서 무슨 백신이 큰 효과를 이렇게 해서.. 이런 의미를 담아서 광고를 찍었지만은 이 광고를 보는 사람들이 과연 백신이라고 생각을 할까 싶어요.

넷째, [광고1, 2]에 대한 종합적인 질문으로, 사회문화적 오해에서 공익광고에 대한 고정관념이나 편견(Ⓕ)이 작용한 것은 없는지 심층 질의한 결과, 6명 중에 1명만 미적 기준 적용 및 관심이 한국과 모국의 경우 다르다는 것을 언급하였다. 모국에 비하여 한국이 시각적으로 다양하고 흥미로운 관점에서 제작되었다고 하였다. '연구참여자 B'는 한국이 사람뿐만 아니라 주변 생활 환경까지도 모두 미적인 것에 대한 추구가 강하다고 하였다. 이것이 공익광고에도 반영되어 제작되는 것 같다고 하였다. 그리하여 반복적으로 노출되는 광고임에도 불구하고 재미있게 볼 수 있다고 긍정적으로 답변하였다. 이를 고정관념이나 편견 관련 질문에 대한 답변으로 언급한 것은 표면적으로는 미에 대한 추구에 거부감이 없는 것처럼 묘사되었지만, 실상은 필요 이상으로 과하다는 인식이 내포되어 있는 것으로 보인다. 전달하고자 하는 메시지를 명료하게 사용해야 하는 공익광고에 미적 추구에 따라 구성되는 것이 불필요하다고 인식한 결과로 해석할 수 있다.

[연구참여자 B]
　　광고는 반복적으로 하잖아요. 그러면 사람은 지치고 안보는 경우 있어요. 한국 광고는 그래도 재미있고 예쁘게 만들고, 공익광고도 그렇고.. 그러면 광고도 잘 봐요. 재미있어요. 거기에 거부감은 없지만... 한국 와서는 광고도 그렇고 환경도 그렇고 사람도 그렇고.. 느낌은 대한민국 사람은 아름다움에 대한 추구가 강해요. 미적으로 광고의 화면이라든지 드라마 장면이라든지 주변 생활환경도.. 그런 추구 강하다고 생각해요. 어디가든지 잘 꾸미는 거..

　　한편, 나머지 5명은 고정관념이나 편견을 인지하지 못하였다고 답하였다. 이와 같은 인터뷰 결과는 고정관념이나 편견 자체를 스스로 낯설게 인지하지 못한 결과로 해석된다. 결혼 이주 여성의 거주 기간이 대체로 10년 이상이므로 한국에서의 문화 적응을 충분히 경험한 이후라 할 수 있으며, 그로 인한 문화간 차이를 인지하지 못한 결과인 것이다. 실제로 문화간 의사소통에서 나타날 수 있는 고정관념이나 편견은 외잡단에 대한 낯설음, 이질감, 당혹스러움 등에서 시작되며, 외집단으로 범주화하는 과정에서 대상에 대한 정보를 단순화하고 축소하여 선택, 변형된 인지 과정에서 수용한다. 또한 타문화에 대한 인식을 동화의 시각보다는 대조의 시각에서 배타성을 심화시킨다. 즉 외집단에 대한 정보 부족으로 인해 외집단에 대한 고정관념이나 편견이 생성되는 것이다. 그러나 결혼 이주 여성은 한국을 외집단으로 인식하지 않고 내집단으로 인식하는 경향이 강하다는 것을 알 수 있다. 이질성이나 배타성이 아닌, 자신이 속하여 잘 알고 친숙하게 인식되는 대상으로 수용되면서 고정관념이나 편견을 발견하지 못한 것일 수 있다.

다섯째, 인터뷰 진행 중에 연구참여자들에게서 확인되는 특징적인 인지적, 정의적 태도가 주목된다. 거주 기간은 길지만 체계적인 한국어 학습 기간이 짧아 한국어 이해가 부족한 데도 불구하고 이에 대한 인식이 부족하여 자신이 이해하지 못한 부분을 바로 수용하지 못하였다. 그리하여 자신의 착오나 오해를 바로 인정하지 못하는 태도나 자존심 상한 듯한 어투를 사용하였다. 이는 오랜 기간 한국에 거주한 것에 비례하여 한국어 의사소통 능력 또한 원활할 것이라는 자기 기대와 인정이 특정 질문에서 적절한 답변을 하지 못하였다는 좌절감, 불편함이 나타난 것으로 보인다.

'연구참여자 A'는 자신의 솔직한 대답을 자신 있게 말하기보다는 침묵이나 다른 답변으로 모면하거나, 연구자의 질문 태도에 따라 정답을 유추하는 듯한 태도를 보였다. 그리고 처음에 틀린 답변을 했음에도 불구하고 이를 쉽게 인정하지 않고 본인이 잘 이해하고 있었다고 인터뷰하였다. '연구참여자 E'도 공익광고를 봤을 당시에는 그 뜻을 잘 이해했다고 하였지만 예비 조사에서 제출한 답변을 바탕으로 오류를 지적하여 다시 질문하자 자신이 잘못 이해했다는 것을 뒤늦게 인정하는 모습을 보였다. 이처럼 연구참여자들의 대부분이 공익광고에 대한 언어 정보 이해의 정확성이 떨어지는 데도 불구하고, 거주 기간이 길다는 점에서 미루어 짐작하여 자신의 한국어 능력에 대한 과신이 제대로 인지되지 못하고 있음을 확인할 수 있었다.

[연구참여자 A]

Q: 광고를 보시면서 광고에서 전달하려고 하는 뜻을 정확히 이해하셨는
   지, 이해하기 어려웠다면 왜 어려웠는지 등등을 여쭈었어요.

A: 이해하기 어렵지 않아요. 영웅이면은 이게.. 코로나 시국에서, 이 어려
   운 상황에서 보통 사람이라면 극복할 수 없잖아요. 그런데 의료진들
   이 전문 지식을 가지고 사람을 도와주고 막 이렇게 희생하면서.. 그래
   서 영웅이라고, 신이라고 이렇게 공익광고에 나오는 거 아니에요?

(중략) 여기 씬은... 그리스 로마 신화에 나오는 신 그거 아닙니까?

Q: 영웅 씬, 여행 씬, 운동 씬에서 씬을 그리스 로마 신화에 나오는 신으
   로 이해하셨을까요?

A: 아니아니요, 신은 그렇게 이해는 할 수 있는데, 그 광고에 나오는 씬
   은 그 신이 아니죠.

Q: 네.. 그러면 어떻게 이해하셨을까요?

A: 음.. 그건 설명할 수 없네요.

Q: 설명하실 수 없는 이유가...

A: 제가 표현력이 좀...(침묵)

Q: 어.. 그 씬은 영어로 장면을 뜻해요. 혹시 그걸 광고를 보면서 이해하
   셨을까요?

A: 그러니까 우리 드라마 봤을 때 뭐 베드씬, 키스씬 그런 거 있잖아요.
   그것도 그 씬이잖아요.

Q: 네네, 그걸 영웅 씬, 여행 씬, 운동 씬 장면이 나왔을 때 그런 뜻으로
   이해하셨나요?

A: 그렇죠.

[연구참여자 E]

Q: 광고1의 '영웅 씬, 여행 씬, 운동 씬'에서 '씬'이 무슨 뜻으로 이해되셨
   나요?

A: 아.. 어떻게 이야기해야 되지? 말하기가 조금... 그거 볼 때는 알았거든
  요?

  요즘에 일이 좀 많아갖고 정신이 왔다갔다 해서..

(중략)

Q: 광고2에서 천리길, 음식, 산책 이것도 개인의 생활 습관을 강조한 내
  용인데 이것이 충분히 전달되었다고 생각하세요?

A: <u>그 광고 표현을 봤을 때는 충분히 전달이 됐죠.</u> 방역 수칙을 반영해서
  나의 생활 습관을 다 바꿔야 한다 이거죠.

Q: 그러면 이 공익광고에서의 <u>주제는 충분히 이해가 되신 거네요?</u>

A: <u>그럼요.</u>

Q: 네.. 그런데 설문 작성하신 것에서는 주제가 "방역은 주변 사람, 모두
  를 위해 하는 것"이라고 쓰셨어요. 하지만 광고2의 주제는 '방역을 위
  한 개인 외출 생활 노력'이에요. 조금 다른 내용이어서 다시 여쭤어
  요.

A: 그거 못 썼네... (웃음)

_____ 5. 나가며

  본고는 광주 및 전남 지역에 거주하는 유자녀 결혼 이주 여성들을 대상으
로 공익광고를 시청하고 해석하는 데에서 벌어지는 과정을 통해 의사소통의
실패 지점과 그 원인을 살피고자 하였다. 그리고 이를 통해 언어적 측면에서
공익광고가 앞으로 추구해야 하는 발전적 방향을 제시하고자 하였다. 이 과정
에서 본고는 특히 문화간 의사소통 관점에서 분석 틀을 설계하고 이에 근거
한 예비 조사 및 본조사를 실시함으로써 이주민들이 겪을 수 있는 언어 및 언
어 문화적 어려움을 심층적으로 살피고자 하였다.

이를 통해 알 수 있는 공익광고에 사용된 언어의 측면에서의 개선 방안은 다음과 같다. 첫째, 공익광고의 언어는 생산자의 의도를 전달하는 데 있어 좀 더 명시적일 필요가 있다. 공익광고는 국가의 정책을 반영하고 홍보한다는 측면에서 광고의 상업성보다는 공공성을 추구해야 할 의무가 있다. 따라서 상업성을 추구하여 흥미를 자극하는 상업성 광고와는 달리 주제를 명시적으로 전달해야 하기 때문에 동음이의어 사용이나 속담의 사용 등 이질적인 배경을 지닌 수용자들의 인지적 부담을 가중시키는 언어적 전략 사용은 최소화할 필요가 있다. 특히 관용어구의 사용이나 속담의 사용 등은 수용자들로 하여금 화용적 실패를 유발할 수 있는 가능성이 높으므로 가급적 지양해야 할 필요가 있다.

둘째, TV 광고라는 매체의 특성 상 메시지를 전달하는 데 복합적인 요소-자막, 영상미, 출연진, 음악 등-가 관여될 수밖에 없겠으나 언어적 메시지를 전달하는 데 좀더 치중할 필요가 있다. 본조사에서 실시된 전화 인터뷰 조사에서 참여자들은 공익광고를 해석하는 데 있어 한국의 미적 우수성을 꼽은 바 있다. 그러나 이는 오히려 광고 수용자들이 광고의 메시지를 해석하는 과정에 방해 요소로 작용하기도 하고 '공익광고에서까지 아름다움을 추구한다'라는 잘못된 인식을 심어주고 있었다. 물론 광고에서 미적 요소는 무시할 수 없는 요인이기는 하지만, 공익광고의 목적은 심미성 추구보다는 공공성 추구에 있다는 사실을 잊어서는 안 될 것이다.

셋째, 공익광고에 반영된 한국 사회 문화가 다양한 문화적 배경을 지닌 이주민들에게는 다소 생소할 수 있음을 고려하여 생각의 차이에서 빚어지는 오해를 해결할 수 있는 후속적 노력이 필요하다. 이는 공익광고 안에서 언급하는 것으로 이루어질 수도 있겠으나 사회 운동적 측면에서 캠페인 등도 하나의 방법이 될 수 있을 것이다. 또한 한국어 교육 측면에서도 한국 문화를 교수하는 데 있어 교수 자료로서 공익광고 등을 다양하게 활용함으로써 학습자들로 하여금 공익광고에 반영된 한국의 사회·문화적 속성을 자연스럽게 이해할 수 있도록 하는 것도 방법이 될 수 있을 것이다.

유자녀 결혼 이주 여성은 한국에 영구적으로 거주하며 양육의 주체로서 역할을 한다는 점에서 이들을 한국 사회의 구성원으로 존중하려는 노력은 대단히 중요하다. 특히 이들에게 공익광고는 한국의 사회·문화를 간접적으로 경험하는 하나의 수단이자 한국 국민으로 살아가는 데 필요한 정보를 얻는 창구이기도 하다는 측면에서 의의를 지닌다. 그러나 현재 공익광고는 이들이 메시지를 해석하는 데 있어 의사소통적 실패를 유도하는 언어 및 언어 문화적 측면에서의 한계를 안고 있었다. 본고는 이를 공익광고가 추구해야 하는 언어적 공공성 측면에서의 한계라 보고 이에 대한 개선 필요성을 강조하고자 하였다.

그러나 본고에서는 결혼 이주 여성들의 광고 해석 양상을 미시적으로 살폈으나 대조적으로 한국인 모어 화자들의 해석 양상은 살피지 못하였다는 한계를 지닌다. 한국인 모어 화자들의 이해 양상을 살펴 대조적으로 결과를 분석한다면 상호문화적 관점에서 좀더 유의미한 결과가 도출될 것이라 기대한다. 이는 후고를 기약하고자 한다.

고혜원(2020), 「공익광고 언어의 내용 구조와 문체적 특성 연구」-2010년~2019년 TV 광고와 인쇄 광고를 중심으로-, 『국제어문』 85(0), 97-119.

구경모(2021), 「한국의 파라과이 농촌지역 개발 협력 현황과 과제」, 『중남미연구』 40 (1), 245-268.

국립국어원(2020), 『한눈에 알아보는 공공언어 바로 쓰기』.

김혜진·김지혜(2019), 「공익광고를 활용한 한국어 중급 학습자의 복합 문식성 교육 연구」, 『외국어로서의 한국어교육』 52, 45-74.

류성진(2019), 「공공영역에서 언어적 권리의 보장 - 헌법상의 기본권으로서 언어적 권리」, 『公法學硏究』 20(4), 99-128.

마정미(2010), 「TV 광고 텍스트에 나타난 다문화 사회에 대한 고찰 - 공익광고를 중심으로」, 『한국광고홍보학보』 12(4), 223-258.

박길순·이은아(2020),「여성 결혼이민자의 문화적응 스트레스 경험에 관한 연구: 인천시 건강가정·다문화가족지원센터 중심으로」, 『디지털융합연구』 18(11), 595-605.

박재현·김한샘(2015), 「분석적 계층화 과정을 활용한 방송언어 평가 척도 연구」, 『사회언어학』 23(3), 91-112.

배정근·조삼섭(2017), 「공공 커뮤니케이션으로서 정부광고 분석 연구」, 『한국언론학보』 61(5), 434-456.

서은아(2007), 「공익광고에 나타난 언어적 특징 연구」, 『한말연구』 21, 127-142.

신인식(2005), 「TV공익광고에 나타난 영상이미지와 언어에 관한 연구」, 『디자인학연구』 18(2), 111-122.

오장근(2013), 「공익광고의 언어적 특성과 유형 분석」, 『영상문화』 22(0), 147-169.

이시훈·강태완(2004), 「공익광고의 언어와 이미지의 수사학과 수용자 반응에 관한 연구」, 『광고연구』 63(0), 299-329.

이원희(2012), 『문화간 의사소통 능력 향상을 위한 문화간 감수성 연구 -중국인 학문 목적 학습자를 중심으로』, 연세대학교 대학원 석사학위논문.

이인순·윤진(2012), 「공익광고를 활용한 중국어권 학습자 듣기 교수 방안 연구」, 『새 국어교육』, 91, 193-224.

이철우·이혁화(2011), 「공익광고 언어의 표현 전략으로 본 '우리'의 의미」, 『우리말 글』 51, 117-143.

한상미(2005), 『한국어 모어 화자와 비모어 화자 간의 의사소통 문제 연구 -영어권 한 국어 학습자의 화용적 실패를 중심으로』, 연세대학교 대학원 박사학위논문.

황미혜(2014), 「결혼여성이민자의 한국사회 적응을 위한 프로그램에 관한 연구」, 『한 국언어문화학』 11(3), 291-316.

Barry, D. T. (2001). Development of a New Scale for Measuring Acculturation: The East Asian Acculturation Measure (EAAM), *Journal of Immigrant Health*, 3(4), 193-197.

Bonny, N.(2013)/연준흠·김주은 역, 『정체성과 언어학습』, 박이정.

비대면 교육 환경에서의 디지털 리터러시 활용
한국문화 교육의 이론과 실제 연구

심선향

(서강대)

소위 '정보 혁명'의 시대를 사는 지금, 개별 학습자는 정보를 학습자에게 '유도'하는 기관에 덜 의존하고, 여러 소스를 통해 자신의 배움을 '이끌어낼' 가능성이 높다.[1]

_____ 1. 들어가는 말

'코로나19', 팬데믹(pandemic) 시대는 사회 전 분야의 기존의 일상성을 뒤흔들었다. 특히 교수자와 학습자 간의 관계성에 절대적으로 의존하던 교육분야는 유례없는 변화의 급물살에 맞닥뜨리게 되었다. 비대면(非對面, non-face-to face) 교육이 급속히 일상화되면서, 교육계와 학계, 교육현장에서는 '언택트(Un-tact) 환경 하의 최상의 교육'이라는 명제에 몰두하게 되었다.

이는 한국어 교육계도 마찬가지이다. 급증하고 있는 국내 · 외의 한국어 학습자를 위한 비대면 환경의 효율적인 교육 방안이 모색되고 있으며, 2021년 세종학당이 '온라인 세종학당'[2]을 개설한 것이 그 일례이다.

---

1 Bloom, K. & Johnson, K. M.,(2010), _Digging into YouTube Videos: Using Media Literacy and Participatory Culture to Promote Cross-Cultural Understanding_, p113, The National Association for Media Literacy Education's Journal of Media Literacy Education 2:2.
2 온라인세종학당은 한국어 수준별 교재, 강의와 K-Pop, 한국 드라마로 배우는 K-WAVE 한국어 과정 등을 개설해서 전세계 한국어 학습자에게 비대면 교재와 강의를 제공하고 있다.

단기간 내 종식을 예상했던 팬데믹 사회가 장기화되고, 전문가들은 '포스트 코로나(Post-Corona)' 시대는 곧 '위드 코로나(With Corona)' 시대가 될 것이라고 역설한다. 그렇다면, 언택트 환경의 교육에 대한 모색은 일시적인 대안이 아닌, 일상화된 교육의 중심이 될 것임을 염두에 두고 체계적이고 조직적으로 자리 잡아가야 할 주요 가치체계가 아닐 수 없는 것이다.

본 연구에서는 이러한 배경을 바탕으로 언택트 교육 환경에서의 한국어 교육 방안으로 디지털 리터러시를 제고하고, 이를 활용한 한국문화교육 사례를 살펴보고자 한다. 디지털 기반의 정보체계와 디지털 체계 내의 의사소통은 현대인의 삶에 절대적인 가치가 되어있다. 디지털 리터러시는 단순히 디지털 기기의 활용능력을 넘어 디지털화되어 공유되는 모든 정보, 지식체계를 인식하고 선택하며, 이를 통한 의사소통 및 문제해결 능력을 포함하는 용어이다. 특히 현대 교육에 있어 디지털 리터러시는 그 무엇보다 중요한 기술이고 가치이다. 교육학 분야에서는 전통적인 리터러시부터 멀티 리터러시, 그리고 미디어 리터러시에서 디지털 리터러시에 이르기까지 이들 영역을 교육과 연계·활용하는 연구가 활발히 이루어지고 있었고 계속 진행 중이다. 반면 한국어 교육 분야에서는 디지털 리터러시의 유의미성을 고려하거나, 한국어 교육에서의 활용 가능성과 교육 방안을 다룬 연구가 많지 않다. 그러나 한국어 교육 분야야말로 디지털 리터러시와 떼려야 뗄 수 없는 불가분의 관계를 갖는다고 할 수 있다. 한국어에 대한 전 세계적인 관심과 학습자의 급증은 한류의 발전, 성공과 정비례한다고 할 수 있다. 그리고 이것은 전 세계인들이 디지털 기반의 K-Drama, K-Pop, K-Movie 등 다양한 한류 미디어 콘텐츠를 접속하

온라인세종학당 홈페이지 참조 https://www.iksi.or.kr/lms/main/main.do

고, 향유하고, 전파함으로써 가능했던 것이다.

본고에서는 코로나 팬데믹 시대 비대면 환경에서의 한국어 교육에서 디지털 리터러시 활용을 기반으로 한 교육의 가치를 고찰해보고자 한다. 그리고 디지털 리터러시 기반의 수업 단계와 모형을 제시하고, 비대면 환경의 대학교 한국문화 강의에서 디지털 리터러시를 기반으로 한 실제 수업 사례를 공유함으로써, 그 유의미성을 제언해보고자 한다.

2. 디지털 리터러시와 한국어 교육

이용욱(2018: 116)의 말과 같이 현대의 지식은 문자 텍스트에서 하이퍼 텍스트로 그 형식과 내용이 변화하였다. 지식의 구성과 작동 원리도 총체적, 선형적, 인과적, 누적적인 성질에서 파편적, 비선형적, 우연적, 휘발적인 성질로 해체되었다. 이는 곧 문서화 된 지식을 내면화한 1인의 교사에 의한 일방적인 전달의 단선적인 교육 형태는 더 이상 가치도, 의미도 지니지 못하는 시대가 도래했다는 것이다. Bloom&Johnson(2010)의 말처럼 "뉴 미디어 시대인 현대 교육자의 역할은 일방적인 정보 전달에 초점을 맞추던 것에서 지식, 기술과 리터러시 능력을 갖춘 새로운 환경에 '참여'하는 방법을 훈련시키는 역할로 바뀌었다"[3]는 말이 타당성을 갖는 이유이다.

---

3 "The role of the educator, as a result of these new media, has changed substantially from one that is focused on the one-way transfer of information to one that trains students how to participate in this new environment with intelligence, skill, and literacy."
Bloom, K. & Johnson, K. M.,(2010), *Digging into YouTube Videos: Using Media*

교육 전문가들은 기술 문명이 발달한 현시대의 교육은 티칭(Teaching)이 아닌 코칭(Coaching)이 되어야 한다고 말한다. 교육자의 역할도 교사, 곧 Teacher가 아닌 코치(Coach)로서 접근해야 하는 것이다.

교사가 지식 전달뿐만 아니라 문제해결을 위한 일체의 솔루션을 제공해주던 티칭에서, 코칭은 피코치로 하여금 스스로 목표와 변화를 이루도록 질문하고 도와주는 역할을 한다. 전통적인 문자와 문서 매체 기반의 체계에서는 지식을 보유한 1인 교육자의 일방적이고 수직적인 지식 전달을 통한 교육이 중심이 되었다면, 미디어를 통해 누구든 손쉽게 다양한 지식·정보로의 접근이 용이해진 21세기 디지털 정보사회에서는 수평적인 대화와 질문을 통한 안내자의 역할을 하는 것이 이상적인 교육자의 방향이라는 것이다,[4] 따라서 미디어가 지식과 정보의 중심 장(場) 되는 현대 사회에 이상적인 교육과 교육자의 방향은 '디지털 리터러시'와 뗄 수 없는 관계를 갖는다. 디지털 체계의 하이퍼텍스트를 효율적으로 활용하여 문제를 해결하고 필요한 지식을 습득해가도록 이끄는 것이 곧 코칭을 통한 교육과 이어지기 때문이다.

그렇다면 여기에서 리터러시와 디지털 리터러시의 개념을 살펴보고, 디지털 리터러시와 교육의 관계, 그리고 디지털 리터러시와 한국어 교육과의 관계를 고찰해보도록 하겠다.

Literacy and Participatory Culture to Promote Cross-Cultural Understanding, The National Association for Media Literacy Education's Journal of Media Literacy Education 2:2, 113.
4 오정근(2017), 고전 속에 담긴 코칭의 원리, 국민대학교 박사학위논문, 42-43쪽.

2.1. 리터러시(Literacy)와 디지털 리터러시(Digital Literacy)

본래 리터러시(Literacy)는 문자화된 기록물을 통해 지식과 정보를 획득하고 이해할 수 있는 능력을 뜻한다. 그러나 리터러시가 단지 언어를 읽고, 이해하는 피상적인 개념에 한정된 용어는 아니다. 복잡한 사회적 환경과 상황 속에서 그 본질을 이해할 수 있는 다층적인 개념이다. 현재의 리터러시는 단지 언어를 읽고 쓰는 능력에서 더 나아가 변화하는 사회에 적응하고 대처하는 능력으로 개념이 확대되었다. 대중매체를 통해 쏟아지는 수많은 정보와 기호들을 비판적으로 해독하고 수용할 수 있는 능력을 뜻하는 '미디어 리터러시'[5]라는 말이 생겨나고, 이것이 '디지털 리터러시'라는 용어로 변화해 온 것도 이러한 리터러시의 개념과 관련한다.[6]

디지털 리터러시는 협의로는 디지털화된 정보의 신뢰성을 평가·판단하고 자신이 필요로 하는 정보를 취사선택하는 과정을 통해 새로운 지식으로 창출하는 능력을 의미한다. 즉, 이는 단순히 컴퓨터나 인터넷을 활용할 수 있는 수준을 넘어 디지털 정보를 지식으로 전환해서 문제해결에 실제 활용할 수 있는 능력이며, 여기서 더 나아가 창출된 지식을 타인과 함께 공유하는 과정을 통해 더불어 살아가는 디지털 라이프에 필요한 기반 능력[7]으로 정의된다.

---

5 미국의 미디어리터러시교육협회(National Association for Media Literacy Education, NAMLE)는 '미디어 리터러시'를 "모든 형태의 커뮤니케이션을 이용하여 접근, 분석, 평가, 창조, 행동할 수 있는 능력"이라고 정의한다(NAMLE, 2020). https://namle.net/about/

6 근자까지 '미디어 리터러시'라는 용어가 주로 사용되어 왔으나, 최근에는 디지털 기술의 발전으로 대다수의 미디어가 디지털화로 통합되면서 '미디어'라는 개념 정의와 경계가 모호해진 것이 사실이다. 그래서 최근 연구들의 양상은 '미디어 리터러시'와 '디지털 리터러시'의 용어를 혼용해서 사용하거나 대개는 '디지털 리터러시'라는 용어로 보편화, 일반화해서 사용하고 있다.

7 유영만(2001), e-learning과 디지털 리터러시」, 산업교육연구, 96-97쪽,

따라서 디지털 리터러시는 기술 정보화 사회를 사는 현대인이 내면화해야 하는 필수적인 능력임을 알 수 있다. 그리고 디지털 리터러시 능력이 단순히 컴퓨터와 인터넷을 활용할 수 있는 기술적인 능력의 여부로 결정지어지는 것이 아니라는 것을 염두에 두어야 한다.

협의의 개념에 비추어 생각해보면 대다수의 정보가 디지털화되어 통용되는 현대에서는 디지털 리터러시의 차이에 의한 계층 간 정보 단절이나 정보 불평등 현상이 일어날 수 있는 것이 사실이다. 그러나, 본 연구에서 살펴보고자 하는 교육 현장에서 일어나는 디지털 리터러시의 가치는 정보 수용의 질적인 부분, 선택 수용의 부분과 관련이 있다고 할 수 있다.

2.2. 디지털 리터러시와 교육, 그리고 한국어 교육

디지털 리터러시와 교육과의 상관관계를 고찰하기 전에, 한국어 교육과 디지털 리터러시와의 관련성을 먼저 살펴보고자 한다. 한국어 교육과 디지털 리터러시는 실상 불가분의 관계에 있다고 할 수 있다. 2010년대 말부터 가시화된 전 세계의 한국어 학습자 급증 현상[8]에는 한국의 미디어 매체와 콘텐츠가 결정적인 역할을 했기 때문이다. 세계적인 한류열풍으로 촉발된 한국 문화에 대한 관심이 한국어에 대한 관심으로 이어지게 된 것이 부인할 수 없는 사실이다. 학습자 대부분은 미디어를 통해 한국문화를 처음 접하게 되었으며 SNS 등의 다양한 디지털 매체를 통해 관련 정보를 공유하며 한국문화에 대한 정

---

8 2007년 3개국 13개소 수강생 740명으로 시작한 세종학당이 2021년 6월 기준 전 세계 82개국 234개소로 확대되었다. 수강생 수 또한 코로나 상황에서도 증가를 계속하여 현재 7만 6528명으로 100배 이상 증가하였다.
　자료 출처 https://gonggam.korea.kr/newsView.do?newsId=GAJeTmMs8DGJM000&pageIndex=1

보를 축적해 왔고, 한국어 또한 한국문화에 대한 정보 습득의 연장선 상에서 이루어져 왔다고 볼 수 있다.

지금까지 미디어를 통한 한국어 교육은 한국문화 콘텐츠를 활용한 교육이 대부분이었다. 즉, 디지털 콘텐츠를 한국어 교육의 매체로 사용하고, 학생들이 이것을 수동적으로 받아들이는 방식의 교육이었던 것이다. 그러나 현재의 학습자들은 미디어를 수동적으로 수용하고 소비하던 수준을 뛰어넘어 미디어를 수용-이해-활용-재생산하는 과정을 넘나드는 프로슈머(Prosumer)로서의 단계에 이르러 있다. 즉, 이들은 다양한 방법으로 한국문화를 수용할 뿐 아니라 이를 스스로 재해석하고, 창조적으로 재생산해서 유튜브(youtube) 등의 공간을 통해 공유하는 일을 수행하는 것이다. 이러한 수준에 이른 학생들을 한국어 교육 현장에서 만나게 되는 것이다. 그렇다면 앞서 언급한 지금까지의 교육방식, 즉 디지털 매체는 단순히 한류 콘텐츠를 제공하는 곳이며, 디지털 매체를 활용한 한국어 교육은 곧 한국문화 콘텐츠를 도구화해서 활용하는 교육이라는 지금까지의 인식에서 변화가 일어나야 한다는 것을 인식할 필요가 있다.

그렇다면 이를 위해 디지털 리터러시를 활용한 교육에 대한 이론적, 실제적 이해가 먼저 필요할 것이다. 우선 교육에서 디지털 리터러시가 갖는 가치와 의미를 살펴봄으로써, 둘 간의 상관관계를 인식할 필요가 있다.

교육 분야에서 인식하는 디지털 리터러시 역량의 중요성, 교육과의 상관관계, 주요 하위 요소 등을 살펴보도록 하겠다.

21세기에 필요한 교육을 위한 파트너십(The Partnership for 21st Century Learning)에서는 21세기 교육에서 중요한 역량 3가지 중 하나로 '디지털 리터러시'를 꼽았다. 그리고 이 '디지털 리터러시'에 '정보 리터러시', '미디어 리터

러시', '정보통신기술 리터러시', 세 역량으로 제시했다.[9]

영국의 퓨처랩(Future Lab)에서는 교육 종사자들을 위한 안내서 'Digital Literacy across the Curriculum'에서 디지털 리터러시를 삶의 모든 영역에서 디지털 기술과 관련할 때 비판적이고, 창의적이며 분별력 있고 안전한 활용을 가능하게 하는 기술, 지식 및 이해를 아우르는 개념으로 정의하고, 교육에 활용하기 위하여 다음 8가지로 그 하위 요소들을 구체화했다.

〈도표 1〉 The Components of Digital Literacy[10]

---

9 http://static.battelleforkids.org/documents/p21/P21_Framework_DefinitionsBFK.pdf
10 Hague, C., & Payton, S. (2010). *Digital literacy across the curriculum*. Futurelab, 19p.
　www.futurelab.org.uk

퓨처랩에서 밝힌 교육에서 디지털 리터러시 함양을 위한 하위 요소는 기능적 기술, 창의력, 비판적 사고 및 평가, 효율적인 의사소통. 문화적·사회적 이해력, 협업력, 정보수집능력, e-safety(디지털 사용의 안전 관련 요소)이다. 디지털 리터러시 역량을 교육에 활용하여 이상적인 결과를 생산하기 위해서 이와 같은 요소들을 교육안 내에 구체적으로 녹여내야 한다는 것이다.

지금까지 교육 분야에서 디지털 리터러시의 가치, 개념, 하위 요소 등을 중심으로 살펴보았는데, 이제 보다 구체적으로 들어가서 그렇다면 어떠한 과정과 방법을 통해 디지털 리터러시를 효과적으로 교육에 구현해낼 수 있는가 하는 실제적 방안을 생각해보아야 한다. 디지털 리터러시를 효율적으로 활용하여 성과를 도출하기 위하여 구체적인 절차적 단계를 제시해서 효율적으로 학생들을 이끌어야 한다.

하버드 대학교 데이터 사이언스 교육 과정에서 제시한 데이터 분석의 과정을 다섯 단계로 제시했는데 이를 살펴보도록 하겠다.

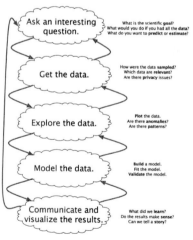

〈도표 2〉 디지털 리터러시 활용 데이터 분석 단계 모형(Blitzstein & Pfister, 2015)[11]

단계 모형을 살펴보면 먼저 흥미로운 질문을 던지는 것(① Ask an interesting question)으로 시작한다. 학생들이 지속적인 흥미를 가지고 접근할 수 있는 주제로 단계를 시작하는 것이 중요하다는 것이다. 이 단계에서 분석의 목적 제시가 수반되어야 한다. 다음 단계는 데이터, 즉 필요한 정보를 확보하는 과정(② Get the data)이다. 데이터 수집 과정에서는 연구 주제와의 연관성, 데이터 사용의 윤리적인 문제 등을 고려해야 한다. 다음 단계는 확보한 데이터를 탐색하는(③ Explore the data) 단계이다. 수집한 데이터를 취사선택하고 구조화하는 단계이다. 그다음은 연구 결과의 가시화를 위해 데이터의 구조화를 이루는 과정(④ Model the data)이다. 마지막 단계는 일련의 결과를 시각화하고, 의사소통에 활용하는 단계(⑤Communicate and visualize the results)이다.

지금까지 현대 사회의 교육에서 갖는 디지털 리터러시 역량의 절대적 중요성, 불가분의 관계, 가치에 대한 무궁한 잠재력을 확인해 보았으며, 이를 토대로 실천적 부분에서 디지털 리터러시를 활용한 대학 교육의 단계 모형을 고찰해 보았다.

이제까지의 연구들을 토대로 본 연구에서 진행할 디지털 리터러시 활용 한국어 교육에 대한 구체적 모형을 설정해가고자 한다. 먼저 디지털 리터러시 활용 교육의 단계를 다음과 같이 상정하였다.

---

11 http://cs109.github.io/2015/index.html

<표 1> 디지털 리터러시 활용 한국어 교육을 위한 단계 설정

1	연구 동기, 연구 주제와 이를 통한 연구의 목적 구상하기
2	데이터 수집하기: 데이터 수집 방법, 경로 설정하기, 실행하면서 추가되는 데이터 경로 포함하기
3	수집 데이터의 탐색: 수집한 데이터의 유용성과 윤리성을 고려 취사선택하기, 데이터의 시각화 작업
4	시각화한 데이터의 결과에 대한 충분한 이해 및 내면화
5	연구 결과 스토리텔링 및 의사소통

위의 교육 단계 모형을 바탕으로 디지털 리터러시 활용 한국어 교육의 구체적 수업모형과 수업 사례를 살펴보도록 하겠다.

3. 디지털 리터러시 활용 수업모형과 수업 시행 고찰

앞서 살펴본 디지털 리터러시 활용 교육의 유의미성과 구체적 단계 모형을 바탕으로 한국어 교육에서 실제 디지털 리터러시 활용 수업 모형을 제시하고, 이를 활용한 수업 사례를 발표하고자 한다. 먼저 수업에 대해 간단한 소개를 하면 다음과 같다.

본 연구에서 진행한 수업은 서강대학교 학부 외국인 학생 전용 <한국문화의 이해와 체험> 수업이다. 한국 사회문화연계 전공 계열의 외국인 학생 교양

필수 강의이다. 한국어 수준 3급에서 6급까지 중급에서 고급 수준의 학생들이 혼합되어 구성되어 있다. 총 수강생 수는 35명이며 아시아권과 학생들이 다수를 차지하고 있으나, 유럽권, 미국·캐나다, 남미권 학생들도 소수 분포되어 있는 다국적 학생 구성의 강의이다.

이제 디지털 리터러시 활용 수업의 주제 및 학습 목표 등 구체적 진행 계획을 다음과 같이 설정하였다.

<표 2> 디지털 리터러시 활용 수업 개요 및 학습 목표

> **[수업 명]** 한국문화의 이해와 체험
> **[수강생 정보]** 학부 1학년 교양 필수 강의
>   한국어 수준 3급에서 6급까지 분포
> **[수강생 수]** 35명
> **[디지털 리터러시 수업 주제]** 대주제 '한국문화' 내에서 소주제 각자 자유롭게 선택
> **[과제 수업 기간]** 6주
> **[평가 방법]** 6주차 발표 및 결과 보고서 제출, 평가
> **[수업 목표]**
> • 디지털 리터러시를 활용하여 한국문화의 다양한 지식을 체험할 수 있다.
> • 다양한 지식·정보를 분석·이해하며, 선택·정리할 수 있다.
> • 취합한 정보를 구조화·시각화하며, 의사소통을 통해 비판적으로 통찰할 수 있다.
> • 다양한 과정을 통해 능동적, 적극적, 비판적으로 한국문화에 대한 지식을 함양할 수 있다.

총 6주에 걸쳐 진행할 디지털 리터러시 기반의 '한국문화'를 주제로 한 수업의 구체적 단계 모형은 다음과 같이 구성하였다.

〈표 3〉 디지털 리터러시 기반 한국문화의 이해와 체험 수업 모형

	1주차	2주차	3주차	4주차	5주차	6주차
주차별 학습주제	수업 안내	데이터 탐색 및 연구주제 설정	자료 수집	결과 도출, 데이터 구조화 및 시각화	결과 작성, 의사소통 준비	스토리텔링을 통한 의사소통
학생 과업	• 수업진행 공지 • 학습목표 안내 • 수업 진행 단계 설명	• 데이터 탐색 • 연구 주제 선정 • 연구 범위 선정	• 검색 키워드 선정 및 컬러링 • 무관한 데이터, 중복 데이터, 경우 제거 • 수집한 데이터의 취사선택, 최종 자료 완성	• 선택한 자료들을 토대로 결과 도출 • 최종 데이터의 구조화 완성 • 완성 데이터의 시각화	• 가장 효과적인 발표 방안, 발표 단계 선정 • 발표를 위한 스토리텔링 연습 • 결의응답을 통한 의사소통 연습	• 데이터 발표를 통한 스토리텔링 • 결의응답 과정을 통한 의사소통 • 자체 평가 및 수업 후 성찰
교수 과업		• 연구 주제 선정 지원 • 연구 범위 선정 지원 • 데이터 탐색에 필요한 배경지식(공공 데이터 종류, 데이터 접근 방식) 제공	• 데이터 분석 및 선택 지원 • 수집 데이터의 변수 여부, 사회적 이슈, 경향성 파악 지원 • 수집한 데이터의 최종 취사선택 여부 지원	• 어떤 시각화 방법이 가장 효과적인지 '생각해' 보도록 유도 • 효과적인 시각화 방법 선택 지원 • 시각화로 결과가 의미하는 바를 예측해보도록 유도	• 스토리텔링 연습 지원 • 데이터 종류 별 효과적 발표 방안 공유 • 발표 과정 안내 및 연습 지원	• 데이터 발표 스토리텔링 절차별 진행 • 결의응답 통한 학생 간 의사소통 진행 • 자체 평가 그룹 및 전체 평가 유도 및 지원

↑↓ : 결의응답 및 성찰, 평가 지원

참고: ▨ 주차별 학습주제

도표는 각 주차 별 학습 주제와 교수 과업, 학생 과업이 분류되어 제시되어 있다. 교수는 해당 주차의 수업 주제와 교수 과업에 해당하는 내용을 지도하고, 학생들은 지도에 따라 학생 과업의 내용들을 실행해 간다. 중요한 것은 디지털 리터러시 기반 수업에 지향하는 학생의 적극적 참여, 능동적 태도, 수업 내 학생과 교수 간의 수평적 관계의 유지이다. 따라서 교수는 필수적인 내용만 전달하며, 학생들이 진행 과정에서 생기는 질문, 확인 사항, 문제 발생 및 지원 요청에 '질의응답 및 성찰, 평가 지원' 역할을 담당하는 조언자이자 코치로서 접근하도록 한다. 학생은 연구 주제설정부터 결과 도출까지의 전체 과정을 스스로 수행해간다는 책임감 있는 자세로 임하게 된다.

수업 시간의 분량 배정 또한 대학 교육 과정에서 중요한 부분이다. 본 강의 <한국문화의 이해와 체험>은 주당 3시간 단위의 수업이다. 디지털 리터러시 활용 수업은 총 3시간 수업 중 평균 1시간 이내의 분량을 소요하여 진행하도록 하며, 나머지 시간에는 강의계획서상의 주차 별 수업 주제에 대한 강의를 정상적으로 이어가도록 하였다. 따라서 수업 시간에는 필수 지식 내용 전달, 학생 과업 일부 실행, 실행 과정에서 발생하는 학생들의 질의, 지원 요청에 교수 응답을 중심으로 진행되며, 이를 기반으로 학생들은 나머지 전체 과업을 수업 외 시간에 스스로 진행, 완료해서 다음 주 수업에 참가하도록 한다. 홀로 과업 수행 중 발생한 문제나 질의에 대해서는 다음 주 수업에 교수와 함께 해결해나가는 과정을 이어가게 된다.

이렇게 수업 내 과업의 다수 부분을 학생 스스로 수행하는 방식으로 설계한 이유는 다음과 같다. 첫째는, 학부 수업 과정에서 기대하는 학습 내용과 진도에 차질을 최소화하기 위함이다. 대학 교육에서 기대하는 일정량의 지식 습득의 범위가 존재한다. 이것을 모두 디지털 리터러시 기반 수업으로 하여 학생들이 자발적으로 지식을 습득하도록 수업 방향을 설정한다는 것은 현실적으로 고려했을 때 무리일 수밖에 없다. 그러므로 수업의 일정 기간, 혹은 수업 내의 일부 시간을 설정하여 디지털 리터러시 활용 수업의 지원 시간으로 구성하는 것이 타당하다고 사료된다. 둘째는 디지털 리터러시 활용 교육이 지향하는 학생의 능동성, 자립성, 적극성을 최대로 발현해내기 위해서이다. 주지했다시피 디지털 리터러시 기반 교육의 주요 특징이 기존의 교수자 중심의 지식 주입식 교육에서 탈피하여 학습자의 자발적인 행위와 실천에 중점을 둔 교육이다. 그러므로 학생 스스로 일정량의 과업을 시행하는 부분은 필수적이고, 중요한 부분이다. 한편, 그렇기 때문에 학생들의 학습 진행 방향이 적절성과 효율성 있게 진행되는지, 학습 과정을 면밀히 체크하고, 더 나은 방향을 논의, 공유, 제언할 수 있는 수업 내 교수와 함께하는 1시간의 수업 단계가 학생과 교수 모두에게 대단히 중요할 수밖에 없다. 이것이 교수가 철저히 수업을 위한 준비를 하고, 수업 내에서 학생 전원을 가능한 세심히 체크하고, 적절한 부분에 필요한 만큼의 협력이 이루어져야 하는, '코치'로서의 교수의 역할이 절대적으로 중요한 이유이다.

그러면 디지털 리터러시를 활용한 <한국문화의 이해와 체험> 수업 시행 결과를 논해보고자 한다. 총 35명 수강생 전원이 학습 결과물 생산에 이르는 전 과정을 순조롭게 마쳤으며, 역시 전원이 발표를 통한 의사소통 단계까지 완수하였다.

본고에서는 전 단계의 세밀한 발전 과정과 결과를 모두 다루기에는 한계가 있기에 최종 결과물 도출 후 학생들의 의사소통 단계, 즉 발표와 질의응답 단계 결과를 공유해보고자 한다.

아래는 <한국문화의 이해와 체험> 수업의 디지털 리터러시 활용 수업의 일부 학생의 시각화 자료이고 마지막 사진은 발표 현장 캡쳐 모습이다. 두 학생의 사례를 살펴보도록 하겠다.

〈표 4〉 디지털 리터러시 활용 수업 결과 발표 자료 학생 1

학생 1					
국적	노르웨이	전공	상담학과	한국어 수준	5급

학생 2					
국적	중국	전공	사회과학부	한국어 수준	4급

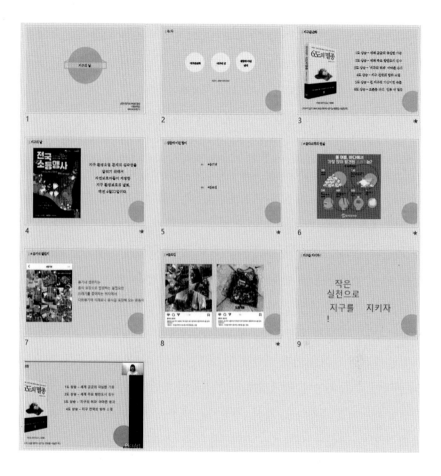

첫 사례인 학생 1은 한국의 역사 중 〈한국전쟁〉을 주제로 연구하였다. 한국전쟁 발발의 배경, 당시 미국과 소련과의 관계를 배경으로 한 남·북측의

미묘한 정치·외교적 상황, 당시 남한 국민의 현실적 모습, 무방비로 전쟁에 노출되었던 배경, 그리고 인천상륙작전을 필두로 한 전세(戰勢)의 변화, 한국 전쟁이 한국의 과거와 현재에 미친 영향 등 한국전쟁에 대한 배경과 과정, 변화와 결과를 치밀하게 조사, 정리하였다. 특히 현대 한국인들도 충분히 지식을 가지고 있지 않은 한국전쟁 당시 국민들의 현실적 상황, 배경 등까지 한국 전쟁에 대한 거시적 미시적 자료와 내용을 충분히 습득하고 이를 다른 학생들에게 설명하며 다룬 점 등이 상당히 인상적이었다.

학생 2는 한국의 생활문화 중 <환경과 한국의 환경 보호 정책>을 소주제로 연구하였다. 지구 온난화 현상이 가져올 한국과 세계의 미래의 재앙을 예측하며 환경 보호 실천의 필요성을 일목요연하게 역설하였다. 그리고 현재 한국에서 시행 중인 환경 보호 정책을 소개하였는데, 대부분의 한국인들도 알지 못하고 있거나, 구체적인 시행 방안에 대한 정보가 부족한 내용들이었다. 용기 내 챌린지, 플로킹, 전국 소등행사 등 현재 대한민국에서 시행 중인 실천 가능한 환경 보호 운동을 세밀하게 일깨워 준 의미 있는 학습 결과물이었다.

디지털 리터러시 수업 진행 결과 학생들 각자 자신이 관심 있는 주제를 선정하여 연구 학생 자신은 흥미롭게 학습을 지속할 수 있었으며, 타학생들은 다양한 주제의 지식을 함께 경험할 수 있어서 보다 유익하였다. 물론, 학생들의 한국어 수준 차이나, 적극성에 따라 결과의 차이는 존재하였으나, 다수의 학생이 데이터를 수집하고, 분석, 정리하는 과정을 거치면서 주제에 따른 자료의 통일성, 적합성, 명확성과 창의성을 갖춘 결과물을 생산해내는 것을 확인할 수 있었다.

디지털 리터러시 기반 수업 시행 결과 고찰 마지막 단계는 학생들은 과연이 수업을 어떻게 받아들였는지, 학생들의 강의평가 결과를 살펴보도록 하겠다. 학생 평가에서 공통적인 평가로 가장 많이 나왔던 내용은 "다른 학생들의 내용을 접하면서 전에는 관심이 없거나 잘 알지 못하던 한국에 대한 다양한 면을 알 수 있게 되었다"는 반응이었다.

강의평가에 대한 보다 구체적인 관찰을 위해 강의평가 중 일부 내용을 함께 살펴보도록 하겠다.

<표 6> 〈한국문화의 이해와 체험〉 수강생 강의평가 중 일부12

- 많은 유용한 많은 것을 배울 수 있었던 강의였다.
- 교수님이 계속 응원을 해 주셔서 도움이 되었다.
- 한국문화에 대해 많은 것을 알고 있다고 생각했는데. 이 강의를 통해서 내가 모르고 있는 많은 것들을 느끼고 배울 수 있게 되어 기분이 좋았다.
- 한국에서 공부하는 것에 대한 자신감이 들게 해 주었다.
- 수업은 교수님이 많은 것을 가르쳐 줘야 하는 것인데 이 수업은 달랐다. 아쉽다.

강의평가에서 흥미로웠던 점은 강의의 많은 부분이 디지털 리터러시를 활용해서 스스로 답을 찾아가는 과정이 많았는데 학생들은 이것을 '수업에서 많은 것을 배웠다'라고 생각한다는 피드백이 많았다는 점이다. 그리고 한국 대중문화 관련 콘텐츠 등 제한적인 미디어 위주의 편향된 디지털 정보만을 쌓아왔던 학생들이 본 과정 학습을 통해 다양하고 깊이 있는 한국문화에 대한 지식을 쌓을 수 있었다는 평가가 여러 학생들로부터 있었다는 점이 디지털 리터러시를 통한 교육의 가치를 일정 부분 실현했다는 일례로 받아들여질 수 있었다. 반면 전통적인 수직적 교수형태에 익숙한 학생이 존재하며, 위 마지

---

12 강의평가 내용은 외국인 학생들인 이유로 맞춤법 등의 언어적 오류가 있어서 이를 바른 문장으로 수정하였고, 기본적으로 평가의 내용은 그대로 반영하여 옮겼음을 밝힌다.

막 평가와 같이 '교수님이 가르쳐 주어야 하는 것이 수업이다. 그래서 수업에서 많이 배우지 못했다.'고 느끼는 학생이 존재한다는 점도 눈여겨 볼만한 결과이다.

그러나 35명의 수강생 중 1명을 제외한 나머지 34명의 학생들이 수업에 대해 만족하고, 유용하고, 즐거운 강의였다는 내용의 긍정적인 평가를 했다.

4. 나오는 말

포스트 코로나 시대는 곧 위드 코로나 시대가 될 것이라고 전문가들은 입을 모은다. 그렇다면 '비대면 교육'은 일시적 대책이 아닌 향후 우리의 교육에 일상화, 정착화된 모습으로 안고 가야 할 방향인 것이다. 또한 디지털 테크놀로지가 산업과 일상생활의 중심이 된 지 오래, 교육 또한 디지털 시대와 디지털 세대를 아우를 수 있는 올바른 방향성과 구체적인 실천 방안에 대한 연구가 끊임없이 이어져야 할 것이다.

이러한 현실과 궤를 같이하여 본 연구에서는 디지털 리터러시 기반 교육을 외국인을 위한 한국어 교육에 활용하는 문제에 대해 이론과 실제 적용 과정을 살펴보았다. 현대의 교육에서 바라보는 디지털 리터러시 역량의 가치를 살펴보고, 한국어 교육에서 디지털 리터러시를 활용하는 방향을 고찰해 보았다. 이어서 디지털 리터러시를 활용한 한국문화 수업의 모형을 제시한 후, 이를 실제 대학 학부과정 한국문화 수업에 활용하여 사례 연구까지 진행해 보았다.

6주에 걸쳐 시행한 디지털 리터러시 활용 <한국문화의 이해와 체험> 수업 결과 총 35명 수강생 전원이 학습 결과물 생산에 이르는 전 과정을 순조롭게 마쳤으며, 역시 전원이 발표를 통한 의사소통 단계까지 완수하였다. 한국어 수준이 상대적으로 낮은 학생들은 발표와 의사소통 과정에 어려움을 겪기도 했으나, 반면, 이들의 생산 결과물은 상대적으로 수준 높은 결과를 보여 학생의 말하기 능력과 디지털 리터러시 활용 학습의 수준은 비례하지 않는다는 특징을 나타내기도 했다. 또한, 몇몇 학생의 학습 결과물은 외국인 학생으로서는 상당히 고무적이라 판단되는 수준의 깊이 있는 결과물 생산을 보여주기도 하였다. 그리고 학생들은 각자 관심 있는 분야를 주제로 선정하여 과정을 진행하였기 때문에 흥미를 가지고 과정에 참여할 수 있었으며, 능동적이고 적극적인 태도를 보여주었다. 자유로운 주제 선정의 또 하나의 긍정적인 효과는 다양한 지식의 경험과 습득이었다. 학생들은 학습 과정과 발표 및 의사소통 단계를 통해 동료 학생들의 학습 결과를 직·간접적으로 학습하게 된다는 것이었다. 즉, 6주라는 과정을 할애하면서 학생들은 한국문화에 대한 35개의 다양한 주제를 학습하게 되는 것이다.

이처럼 전반적인 수업 시행 과정과 결과 고찰을 통해 디지털 리터러시를 활용한 한국어 교육이 학생들에게 교육적으로 만족스러울 만큼의 유용한 방안이 될 수 있다는 것을 예상할 수 있으며, 앞으로 디지털 리터러시를 활용하는 교육이 다양성과 체계성을 가지고 한국어 교육에 활용될 수 있도록 지속적으로 관심을 갖고 발전시켜 나가야 하는 이유를 제시한다고 할 수 있겠다.

본 연구가 디지털 리터러시 활용 한국어 교육에 대한 다분히 거시적인 고찰이었다면, 후속 연구에서는 수업 중에 학생들의 수행 전-수행 중-수행 후의 양상을 세밀하게 살펴봄으로써, 디지털 리터러시 활용 한국어 교육안의 발전에 기여할 수 있는 후속 연구를 이어 나가고자 한다.

"코로나 이전과 이후의 시대는 완전히 다를 것이다."라는 말을 많이 접한다. 슬라보예 지젝(Zizek, Slavoj)은 최근 저서 『팬데믹 패닉』에서 "우리에게는 정말 필사적으로 새로운 대본들이 필요하다."[13] 라는 말을 하였다. 교육 분야에서도 이 말은 동일하게 숙고되어야 할 것이다.

　현시대를 위기로 각성하고 무사히 헤쳐나가는 것도 중요하겠지만, 향후 곧 다가올 코로나 이후의 시대, 지금과는 다른 메커니즘이 요구되는 시대의 교육을 어떻게 준비하고 이끌어 나갈 것인가에 대한 지속적이고 치밀한 연구는 계속되어야 할 것이다.

---

13 Zizek, Slavoj, Pandemic! -COVID-19 Shakes the World-, Polity Press, 2020. 강우성 역, 『팬데믹 패닉』. 북하우스, 2020, 172쪽.

공성수, 김경수(2017), 「멀티리터러시(Multiliteracy) 향상을 위한 글쓰기 교육의 목표와 수업 모형 -비평하기와 종합하기 요소를 중심으로-」, 『리터러시연구』 22집, 11-49, 한국리터러시학회.

권동우, 배혜진(2020), 「'쓰기 윤리'를 매개로 한 '디지털 리터러시 글쓰기' 교육 과정 및 사례 연구」, 『교양교육연구』 14-1호, 81-105, 한국교양교육학회.

신광철(2020), 「위드/포스트 코로나 시대 문화콘텐츠 교육의 방향」, 『인문콘텐츠』 59집, 107-129, 인문콘텐츠학회.

오정근(2017), 「고전 속에 담긴 코칭의 원리 -『대학』과 『중용』을 중심으로-」, 국민대학교 박사학위논문.

옥현진(2013), 「문식성 재개념화와 새로운 문식성 교수,학습을 위한 방향 탐색」, 『청람어문교육』 47집, 61-86, 청람어문교육학회.

유영만(2001), 「e-Learning과 디지털 리터러시 -디지털시대의 새로운 학습능력-」, 『산업교육연구』 8호, 83-107, 한국산업교육학회.

이용욱(2018), 「디지털리터러시 교육의 방향성 연구-텍스트와 하이퍼텍스트, 그리고 네트워크-공간」, 『인문콘텐츠』 50집, 115-135, 인문콘텐츠학회,

장서란(2020), 「교양 국어 수업에서의 미디어 리터러시 교육 필요성 연구 – 이공계 글쓰기를 중심으로」, 『리터러시연구』, 11-6호, 47-77, 한국리터러시학회.

정현선(2004), 「디지털 리터러시의 국어교육적 고찰」, 『국어교육학연구』 21집, 5-42, 서울대학교 국어교육연구소.

정현선, 김아미 외(2016), 「핵심역량 중심의 미디어 리터러시 교육 내용 체계화 연구」, 『학습자중심교과교육연구』 16집, 211-238, 학습자중심교과교육학회.

조영미(2020), 「미디어 리터러시 향상을 위한 한국문화 교육 방안 연구 -<한국유행문화개론>의 프로젝트 기반 학습을 중심으로-」, 『외국어로서의 한국어교육』 59집, 426-452, 연세대학교 언어연구교육원 한국어학당.

Hague, C., & Payton, S. (2010). *Digital literacy across the curriculum*. Futurelab.

Blitzstein & Pfister (2015), Harvard data science course. Retrieved from http://cs109.github.io/2015/.

Bloom, K. & Johnson, K. M.(2010), Digging into YouTube Videos: Using Media Literacy and Participatory Culture to Promote Cross-Cultural Understanding, *The National Association for Media Literacy Education's Journal of Media Literacy Education* 2:2, 113-123.

Zizek, Slavoj(2020), *Pandemic! -COVID-19 Shakes the World-*, Polity Press, 강우성 역(2020), 『팬데믹 패닉』, 172, 북하우스.

강희숙 (姜喜淑) (편저자)

조선대학교 국어국문학과 교수

조선대학교 인문학연구원장 / 재난인문학연구사업단장

한국어 사회언어학과 방언학 분야에서 폭넓고 다양한 주제로 연구를 수행해 왔으며, 최근 들어서는 재난인문학의 이론적 배경과 개념사 및 재난 담론에 대한 분석으로 연구주제를 확장하고 있다.

송현주

경북대학교 국어교육과 부교수

인지언어학 및 말뭉치언어학에 기반하여 한국어 어휘와 의미에 대한 연구를 수행해 왔다. 최근에는 과학과 의료 담화의 비유 사용 양상에 대해 연구하고 있으며, 차별과 혐오 표현의 특성과 교육에 대해 관심을 갖고 있다.

이정애

전북대학교 사범대학 국어교육과 교수

연구 분야는 언어·의미·문화의 상호 교차점에 두고 있는 화용론과 민속 화용론, 언어간 의사소통론, 그리고 한국어 교육 등에 걸쳐 있다. 특히 자연 의미적 메타언어론(Natural Semantic Metalanguage, NSM)의 방법론을 개발한 Anna Wierzbicka (Australia National University 명예교수), Cliff Goddard (Griffith University 교수)와 교류하고 있으며, NSM을 기반으로 한국어 최소언어를 연구하고 있다.

축일남(祝一男)

동국대학교 대학원 국문학과 박사 과정
외국어로서의 한국어 교육 전공. 한국어와 중국어의 대조 연구를 집중하여 인지
언어학 분야의 논문을 발표하였다. 최근에는 인지언어학 관점에서 개념적 은유의
위계성에 근거한 한국어와 중국어의 차이에 관심을 갖고 다양한 주제로 연구를
진행하고 있다.

김성주

동국대학교 국어국문문예창작학부 조교수
최근에는 은유와 인지문법에 관심을 가지고 박사과정 학생들을 지도하고 있다.
이와 관련된 논문으로 요령운·김성주(2021), 축일남·김성주(2021, 2022), 리우하
이러·김성주(2022가, 2022나) 등이 있다.

신유리

연세대학교 국어국문학과 강사
국어국문학과에서 비판적 담화 연구를 전공하였다. 주로 정치 담화와 미디어 담
화 자료를 중심으로 하여 담론, 장르, 정체성 분석을 수행해 왔다. 최근에는 차
별 및 혐오 문제를 사회언어학적, 사회인지적 담화 연구의 관점에서 다루는 데
관심이 있다.

손달임

한국기술교육대학교 교양학부 강의전담 초빙교수
한국어 음운론과 텍스트언어학, 글쓰기 교육 등 다양한 분야에서 폭넓고 다양한
주제로 연구를 수행해 왔으며, 최근에는 미디어 텍스트에 반영된 이데올로기와
사회적 담론에 대한 연구로 주제를 확장하고 있다.

신문적

경희대학교 국어국문학과 박사
비판적 담화분석 이론을 바탕으로 신문 기사에 대한 분석을 꾸준히 진행해 왔고
그 연구 대상을 확대하고 있다.

왕 림

경희대학교 국어국문학과 박사 수료
경희대 국어국문학과에서 신문 기사에 대한 비판적 담화분석 연구를 꾸준히 수행
해 왔고, 말뭉치 기반의 형태론을 주제로 박사학위를 받을 예정이다.

김진해

경희대학교 후마니타스칼리지 교수
한국어 의미론, 어휘론, 말뭉치언어학, 비판적 담화분석 분야의 연구를 수행해 왔
다. 최근세 한국어 말뭉치 구축 사업을 진행했으며, 최근에는 일반 독자를 대상으
로 한국 사회에서 말이 어떻게 작동하는지에 대한 칼럼을 쓰고 있다.

박서희

연세대학교 영어영문학과 석사 과정
연세대학교 영어영문학과 석사 과정에 재학중이다. BK21 사업단 지원 장학생으로, 등재 논문으로는 「코로나19 관련 정치 담화에 대한 비판적 담화 분석: 트럼프와 쿠오모의 연설 비교를 통하여」(사회언어학 29-3), 「제도 대화에서의 질문 유형과 효과성 분석: 국무총리 인사청문회를 중심으로」(인문언어 24-1)가 있다.

신진원

부산대학교 교양교육원 강사
신문사 번역기자로서의 경험을 바탕으로, 국내외 주요 매체를 대상으로 메르스, 세월호 같은 주요 이슈들에 대한 담화분석 연구를 수행해 왔다.

안희연

단국대학교 아시아중동학부 중동학전공 조교수
한아 영상 번역과 미디어 번역 분야와 관련한 연구를 수행해 왔으며, 문화 콘텐츠 및 커뮤니티 통번역과 통번역 교육에도 관심을 갖고 연구 분야를 확장하고 있다.

양명희

중앙대학교 국어국문학과 교수
한국어 문법뿐 아니라 사회언어학과 텍스트언어학, 한국어교육 분야의 논문을 다수 발표하였으며, 최근 조선대학교 인문학연구원 HK[+] 사업단의 연구원으로 재난인문학에 관심을 갖고 담화 연구를 하고 있다.

공나형

전남대학교 국어국문학과 BK21 학술연구교수
한국어 교육학과 의미·화용 분야에서 연구를 수행해 왔으며, 최근 들어서는 한국어 학습자를 대상으로 한 리터러시 교육에 관심을 갖고 연구를 진행하고 있다.

박소연

호남대학교 인문사회과학연구소 전임연구원
한국어교육 및 한국학을 전공하여 한국어 문법교육, 한국어 이해/표현 교육, 화용론, 문화간 의사소통, 상호문화 등에 대해 연구하고 있으며, 한국의 언어문화, 문화 간 의사소통에서의 문화적 편향성, 공손성에 대한 심층 고찰, 교수-학습 방안 등에 대한 연구 주제로 확장하고 있다.

윤 영

호남대학교 한국어학과 부교수
호남대학교 인문사회연구소 소장, 연구재단 인문사회연구소지원사업 책임연구원
그동안 한국어와 한국문화, 문학교육 분야를 연구해 왔다. 최근에는 문화리터러시, 멀티리터러시 등을 포함하여 인문학적 리터러시 분야로 연구를 심화, 확대하고 있다.

심선향

서강대학교 한국사회문화연계전공 강사
한국어·문화 교육과 한국문학·문화 번역 연구를 주 화두로 활발한 연구를 이어오고 있으며, 『재미란 무엇인가-재미의 사회학-』 등의 번역 저서를 출판하는 등 저술 활동도 지속해오고 있다.